高尔夫全书

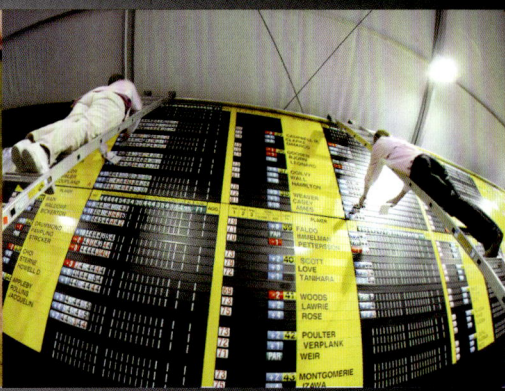

高尔夫全书

英国DK出版公司 编著 王燕 译

DK

北京出版集团公司
北京美术摄影出版社

DK

A Dorling Kindersley Book

www.dk.com

Original Title: The Golf Book

Copyright © 2008 Dorling Kindersley Limited

图书在版编目（CIP）数据

高尔夫全书 / 英国 DK 出版公司编著；王燕译 . ——
北京：北京美术摄影出版社，2015.2
书名原文：The golf book
ISBN 978-7-80501-588-0

高尔夫全书
GAO'ERFU QUANSHU

英国 DK 出版公司　编著　　王燕　译

出　版　北京出版集团公司
　　　　北京美术摄影出版社
地　址　北京北三环中路 6 号

高尔夫全书

目录

引言

　　身为一名曾指导过多位世界顶尖选手的高尔夫教练，高尔夫教学书籍在我事业发展的道路上起到了不可替代的重要作用。我16岁时才接触这项运动，并很快意识到这项运动——将会是我一生的选择——特别是作为一名高尔夫教练。我需要尽快补充基础知识，尽可能广泛地学习，领会其中的奥妙，这样才能赶上其他同行的步伐。我能做到这一点，很大程度上归功于读书：五本指导如何挥杆的书，三本关于球场构造的书，还有一些著名球员的传记，这些成为我私人图书馆的初始。

　　然而，我当时真正需要的其实正是一本像您现在拿在手中的书。这本《高尔夫全书》系统地展示了高尔夫运动的荣耀与辉煌，深入浅出地介绍了有关这项运动的各种基础知识，资料配有图片，既翔实又精练。一书在手，不仅可节约出许多时间，卧室里的书架也可以精简不少。

　　任何一种新事物，在你了解了它的基础知识后，总要再经过一个短暂的接触阶段，积累足够的经验和技巧才能开始享受其中的乐趣。高尔夫在这方面可算与众不同：有关这项运动的理论与技巧五花八门，积累阶段极有可能变成相当漫长；《高尔夫全书》的内容抛开繁琐的练习，切中要害地总结了有关这项运动各方面的基础知识和技术要领。配合精湛的解释，易于吸收领会，令读者轻松掌握有关高尔夫的方方面面。

如何打好高尔夫

　　撰写挥杆、短球及比赛策略章节的是史蒂夫·纳维尔，我们之间曾有过无数次合作。这一章的简图与照片翔实精准，文字简洁明快。除了基本的挥杆技巧外，还介绍了短球与斜坡面击球技巧的详细建议——每个人都会在球场上用到它。不同球杆之间的使用方法差别虽然微小，但却十分重要。这部分的介绍，包括球道发球和推杆的使

　　我当时真正需要的其实正是一本像您现在拿在手中的书。这本《高尔夫全书》系统地展示了高尔夫运动的荣耀与辉煌，深入浅出地介绍了有关这项运动的各种基础知识，资料配有图片，既翔实又精练。

用技术，自然也是本章不可缺少的组成部分。通过这一章，你可以学习到各种技术要领、站姿、手感等对比赛至关重要的内容。

　　高尔夫运动的另一个迷人之处在于，我们可以亲身体验世界冠军和顶尖高手们竞技的场地。举个例子，我不能去温布利球场踢足球，也不公去希亚球场打棒球。"著名高尔夫球场"一章为读者介绍了一些世界著名的高尔夫球场，每一座场地都在高尔夫发展的历史上有着辉煌的纪录和重要的地位。比如爱尔兰的沃特维尔球场（我最喜欢的球场），那里曾经是横跨大西洋连接欧美的第　条海底电缆登陆地。工人们在业余时间的消遣竟在无意中成就了闻名世界的沃特维尔林克斯球场。这是纯粹的侥幸还是爱尔兰的运气呢？不管怎样，它确实是个伟大的球场。书中还介绍了高尔夫球场的详细演变。如奥古斯塔国家球场，每年四月份展露在我们面前的球场是如何不断地进化，成为高尔夫球场设计中的典范之作？为什么PGA巡回赛选手对皮特·戴设计的锯齿草球场第17洞击球比作去做牙科根管手术？本书对这些球场都有详细的介绍，包括它们的历史、轶事，并配有精美的图片。

　　在我从事高尔夫教练工作的18年中，这项运动最大的变化莫过于我们手中使用的球杆。可以说，正是高尔夫球杆的技术革新促成了这些年来球手们挥杆动作的变革。在过去，球杆制造商们能够用来设计制作的材料仅仅限于木头与钢。因此，尽管那个时候的球杆和杆头也有多种不同样式和外形，但实际使用中的差别却微乎其微。随着技术的革新，制造商开始将各种不同新材料用于球杆和杆头制作，如钛、石墨、铍、铜和橡胶嵌入体等，而这些只是其中的一些例子。这些改进很快给我们带来了击球时对杆头不一样的感觉和对球的运动轨迹带来翻天覆地的变化。与材料革命同时发生的是计算机软件和分析技术的进步。现在，计算机可以在数秒内得出球被击打后的运动轨迹，我们甚至不需要看球就能知道它将飞向何处，甚至就连发射角、自旋速度等，都已经成为了可以不需真实动作就可输入电脑的参数。

　　高尔夫运动从诞生的那天起，就不乏辈出的风云人物。究其原因，高尔夫运动是一项充满激情的运动，不管你是初学，还是高手，在球场上总会有显露出真实性格的那一刻。本书介绍了那些在高尔夫运动发展史上占有重要地位的球员，那些世界冠军和其他耀眼的明星们。在我看来，波比·琼斯、本·侯根、杰克·尼克劳斯、塞弗·巴雷斯特罗斯、安妮卡·索伦斯坦，还有泰格·伍兹，他们都为高尔夫运动走向大众做出了不可磨灭的重要贡献。他们伟大的纪录、惊人的技巧，还有他们的激情，吸引了无数世人加入高尔夫爱好者的行列。在这一章里，你可以看到这些著名球星身后那些不曾为人所熟知的故事。这一章也是我个人最喜欢的章节。与多名大赛高手合作的经历告诉我，

研读《高尔夫全书》将是一个充满乐趣的过程。

了解一名球员的个性，其重要性绝不亚于熟悉他的球技。内向、外向、完美主义、爱出风头，各种性格的球员一起组成了高尔夫运动的大家庭。然而他们的目标相同——发挥自己最大的潜力，打出最好的球。因此，当你读到性格外向的李·特维诺和极度内向的本·侯根，会发现尽管他们走过职业生涯的道路相仿，但他们成功的秘诀却大相径庭。这也是高尔夫运动的魅力之一：每位球员都有自己独特的个性，每个人都在为用尽可能少的次数将球打进洞中而奋斗。

给不同读者的话

本书适合所有关注高尔夫运动的人。对于那些经验丰富的选手，书中介绍的卓越的高尔夫球星、高尔夫球场、大满贯赛事的章节将引发他们美好的回忆，重燃激情；初学者可以从基础知识的介绍中学到他们需要的一切，又可以节省时间少走弯路。而对那些目前已初步入门的爱好者来说，阅读本书中介绍的大量技巧与窍门，也能让他们的技术更上一层楼。

而我自己则将继续探寻造就高尔夫天才明星的神秘因素。高尔夫运动永远有着它神秘的一面，激励人们一生不停地学习、进步。因此，对我来说，研读《高尔夫全书》同样是一个充满乐趣的过程，也一定会帮助我成为一名更好的教练。

尼克·布莱德利

1

高尔夫运动概览

高尔夫运动的起源

温斯顿·丘吉尔曾经形容高尔夫运动是"试图用一件明显不顺手的工具把小球推进小洞"。的确，高尔夫是一项难度颇大的运动，但这丝毫不能阻挡人们对它的热情。它迎合了人类一种无法遏制的古怪乐趣——用棍子击打放置在地面上的东西。

这种运动究竟产生于何时，已经没有人知道。但是，显然在最初时，它的形式一定非常简单原始。从一些残存的历史资料上看，它的前身与现代高尔夫运动差别很大，反而更加接近曲棍球。16、17世纪，"真正意义上的"高尔夫才普遍出现在苏格兰东海岸地区。在当时，这是一项不分阶级的运动，无论是穷人还是富人都对其津津乐道。宫廷对于这项运动的态度并不积极，苏格兰国王詹姆士二世还曾竭力对其加以限制，据说是因为它让年轻人不愿意去从事更有意义的运动，比如：射箭等。毕竟，那时候的苏格兰正处于战争中。

高尔夫先驱

尽管如此，当年的高尔夫爱好者和今天的一样，一旦接触了这项运动便从此无法自拔。苏格兰的玛丽女王被斩首的罪名之一就是丈夫被谋杀后的第二天她还在打高尔夫，即便如此，也未能让高尔夫的先驱者们退缩。

最早的高尔夫俱乐部成立于18世纪中叶。那时候发生的另一件重要的事是，高尔夫运动正式规则的制定。尽管只有13条，但在那个体育运动毫无章法的年代，却是一个极大的进步。同样是在那时，圣安德鲁斯高尔夫协会（Society of St Andrews Golfers）确立了一场高尔夫比赛应包含18个洞的规则。现代高尔夫运动初显雏形。

▷从20世纪初开始，位于圣安德鲁斯的皇家古老高尔夫俱乐部（The Royal and Ancient Golf Club）成为高尔夫运动规则的制定者。此比赛照片摄于1905年。

△1859年的某个傍晚，一群高尔夫爱好者在爱丁堡附近的马瑟尔堡（Musselburgh）海边林克斯打球。当时，高尔夫俱乐部在苏格兰沿海各地竟相成立。

高尔夫的革命

据信，在18世纪中叶，全世界只有17个高尔夫俱乐部；其中14个俱乐部设在苏格兰。从某些方面看，这正是高尔夫运动蓬勃发展的时期。然而，令人难以置信的是，当时在不列颠，高尔夫运动却正走向衰败——普通民众在试图参与这项运动时遇到了难以克服的困难。

一个比较突出的难题是，当时没有足够的高尔夫球场地。更重要的问题在于，高尔夫运动所需的器械太贵了，手工制作的高尔夫球——需要大量工人将湿羽毛塞入皮囊中再缝好——价格已经远远超出普通人的承受能力。高尔夫逐渐成为富人与贵族的运动。这种现象持续了许多年，大大阻碍了高尔夫运动的普及。

古塔胶的使用

"古塔胶"高尔夫球的发明改变了一切。用这种类似橡胶的物质制作高尔夫球，工艺简单，价格低廉。一名熟练的制球工人一天只能制作4个填充羽毛的高尔夫球，换作古塔胶球却能制作100个。这种球的弹性也好得多，而且能使用得更久——如果你不把球打丢的话。

随着新球的普及，高尔夫运动日益蓬勃发展。到19世纪末，英国本土已有接近2000家高尔夫俱乐部。而且高尔夫还传播到了大英帝国最偏远的殖民地，使之从此成为一项大众化的运动。

现在，几乎在所有发达国家，高尔夫运动都已发展成为一项庞大的产业。高尔夫器械的制作技术与百年前相比已经面目全非，但这项运动的核心精髓却始终未变。

▽高尔夫球的大规模生产使得这项运动逐渐普及。今天，全世界每年要生产10亿多枚高尔夫球（见44~45页插图）。

◁古塔胶球的发明是高尔夫运动史的重要转折。由于使用古塔胶制成的高尔夫球便宜、耐久，使得这项运动不再成为富人的专宠。

高尔夫三巨头

随着各种比赛的开展，特别是19世纪中后期英国公开赛（Open Championship）的创立，早期球星开始脱颖而出，他们之间的竞争则成了这项运动最初的传奇。历史上，高尔夫运动常常被"三巨头"把持——同一时代总是存在三个特别出色的球星，纵贯他们的高尔夫生涯，他们既互相竞争，又从对方那里得到灵感与启迪。

哈里·沃顿、泰勒和詹姆斯·布莱德是高尔夫运动历史上的第一组"三巨头"。三位都出身于贫穷的家庭，各自的年龄相差不到12个月。他们把持英国公开赛长达20年，包揽了其中16个冠军称号。其中，沃顿一人独得六次，直到今天这仍然是一项未被打破的纪录。

他们为高尔夫运动史留下的并不仅是比分和纪录。泰勒是职业高尔夫协会（PGA）的重要创始人之一；以沃顿命名的奖杯被授予每年PGA巡回赛中平均杆数最低的球员，同样以他名字命名的握杆方式被大部分顶级球员所采用；布莱德则成为一位著名的高尔夫球场设计师。

第二组"三巨头"是沃特·哈根、吉恩·萨拉曾和鲍比·琼斯。他们在各自的职业生涯中一共拿下25个大满贯头衔，给高尔夫运动带来的无穷魅力和乐趣至今无人超越。

紧随其后的是拜伦·纳尔逊、桑姆·史纳德和本·侯根。三人生日前后相差不到4个月，却有着截然不同的风格与气质。纳尔逊有着辉煌的成就，却选择了退出，年仅34岁便结束了职业生涯。侯根的职业生涯被一次险些送命的车祸一分两段，却都是精彩纷呈。桑姆·史纳德的职业生涯之长则无人能比，他有着令人惊叹的技术和最优雅的击球节奏。

最激动人心的挑战

高尔夫运动史上最激动人心的"三巨头"之争来自阿诺德·帕默、盖瑞·普莱尔和杰克·尼克劳斯。他们统治了20世纪60～70年代的高尔夫球坛，共夺得令人难以置信的34个大满贯头衔。其中尤以尼克劳斯和普莱尔的统治地位最为长久，尼克劳斯赢得冠军称号的时间长达24年之久。

进入21世纪后，高尔夫球运动史上第一次出现了一人独霸球坛的局面。泰格·伍兹在当代高尔夫球运动中无人能及的地位将使他成为高尔夫史上最伟大的球员。

△吉恩·萨拉曾采访三巨头中的两名：桑姆·史纳德（左）和本·侯根（右）。萨拉曾本人与鲍比·琼斯、沃特·哈根则是另一组曾经叱咤风云的"三巨头"。

▷阿诺德·帕默、盖瑞·普莱尔和杰克·尼克劳斯在1962年世界高尔夫系列赛中一起打球。三人既是对手，又是好朋友。人们习惯称他们为"三巨头"。

大满贯赛事

高尔夫比赛中最重要的赛事，当属四大满贯赛——美国名人赛（the Masters）、美国公开赛（US Open）、英国公开赛（the Open）和PGA锦标赛（USPGA），它们是每一名高尔夫运动员梦寐以求的目标。众望所归的最伟大的高尔夫球员，也必定是最多大满贯赛事冠军的获得者——迄今为止，这个纪录属于拥有18个大满贯头衔的杰克·尼克劳斯。一个球员在高尔夫名人堂中的地位，直接与其大满贯冠军的获得次数息息相关。

英国公开赛

"大满贯"（Major）这个提法源于何时已不可考，不过可以肯定的是，第一个大满贯赛事是1860年在普勒斯特维克（Prestwick）举行的英国公开赛，比赛只有八名选手参加，最后获胜的是威利·帕克。之后，英国公开赛在普勒斯特维克连续举行了12届。现在的英国公开赛共有九个巡回场地，它们都是不列颠最著名的高尔夫球场：圣安德鲁斯球场（St Andrews）、坎伯利球场（Turnberry）、皇家圣乔治球场（Royal St George's）、皇家特隆球场（Royal Troon）、霍尔湖球场（Hoylake）、缪菲尔德球场（Muirfield）、卡诺斯蒂球场（Carnoustie）、皇家伯克戴尔球场（Royal Birkdale）以及皇家兰瑟姆＆圣安妮球场（Royal Lytham & St Annes）。

美国公开赛

1895年10月4日，第一届美国公开赛在罗德岛纽波特一座9洞高尔夫球场举行，英国选手霍雷斯·劳林斯（Horace Rawlins）以四轮173杆的成绩获得了冠军。那时的美国公开赛名不见经传，是附属于美国业余高尔夫锦标赛（US Amateur Championship）的一种表演赛。当时业余锦标赛的赛程为三天，而美国公开赛的赛程只有短短的一天。第二年，美国公开赛移至纽约辛尼考克山（Shinnecock Hills）的18洞球场举行。没过多久，美国公开赛就跃居为一流赛事。

美国PGA锦标赛

PGA锦标赛始于1916年。在1957年以前一直是比洞赛。起初，PGA锦标赛有着与美国公开赛同样的遭遇，与同时代的业余高尔夫锦标赛相比，职业赛竟难登大雅之堂。

沃特·哈根的崛起结束了这一切，他是比洞赛名副其实的王者，在20世纪20年代连续7年中六次进入决赛，五次夺冠，留下辉煌的战绩。

美国名人赛

四大满贯赛事中，美国名人赛历史最短，设立之初，也没有获得大满贯赛事的称号。它是四大满贯赛事中唯一每年都在固定球场比赛的赛事，比赛场地是佐治亚州闻名遐迩的奥古斯塔球场（Augusta National）。

美国名人赛始于1934年，当时只是鲍比·琼斯个人组织的一场纯邀请赛。真正将其转变成为一项成功赛事的是吉恩·萨拉曾，他在最后一轮第十五号球洞进行了天才一挥，用4号木杆在220码外成功擒得双鹰。

美国名人赛很快成为最重要的高尔夫赛事之一，1949年，桑姆·史纳德第一次获得该赛事冠军，从那一届赛事开始，组委会开始给冠军穿上绿夹克，此惯例一直沿袭至今。桑姆一生中共获得过三次美国名人赛冠军。

大满贯赛事时间有序进行：每年4月举行美国名人赛，接下来是6月的美国公开赛，7月的英国公开赛，最后是8月的PGA锦标赛。

◁◁1873年，汤姆·基德在英国公开赛夺冠，成为捧得英国公开赛奖杯（通常被称为葡萄壶杯）的第一人。

△△◁1948年美国公开赛上，本·侯根夺得奖杯。现在的冠军则只能领到一只奖杯的复制品，并只能保存一年。

◁△1962年7月22日，PGA锦标赛上盖瑞·普莱尔夺冠后亲吻奖杯。第一个PGA赛事奖杯于1916年由富商罗德曼·瓦纳梅克捐赠。

◁1949年，美国名人赛第一次向冠军授予著名的绿夹克，当年获得此项殊荣的是桑姆·史纳德（左）。

阿尼军团

20世纪50年代初，大约只有10%的美国家庭拥有电视机，不过20年后，这一数字已上升至80%。但高尔夫球运动并非从一开始就成为荧屏的宠儿，直到阿诺德·帕默出现。

作为进入电视时代的先锋人物，阿诺德·帕默的出现可以说是高尔夫球运动的幸运。他的魅力使得这项运动影响大增，李·特维诺评价他"是所有体育运动难得的招牌英雄"。

帕默是迄今为止最受欢迎的高尔夫球选手。他帅气迷人，体格健壮得像一名拳击手。他的荧屏形象魅力无穷，吸引了无数的电视观众；同时又显得平易近人，很容易令观众产生共鸣。

他不但技冠球场，而且赢球的过程——无论是跌宕起伏、充满刺激的比分，刚性十足的挥杆动作，还是戏剧性的进球表演和偶尔出现的失误——都颇具欣赏性。

帕默的比赛总让人有种胜负仅一线之差的感觉。观众对他推崇备至，"阿尼军团（Arnie's Army）"很快开始出现在赛场上，这是高尔夫球运动中从未出现过的场景。电视台与阿诺德·帕默双方都是这场幸福联姻的受益者。帕默最强劲的对手杰克·尼克劳斯对此评价到："这是再经典不过的例子，在正确的时间、正确的地点，恰好出现了最适当的人选。"

帕默受欢迎的程度在高尔夫运动史上史无前例，他是第一位将球场上辉煌的成功和球场下蓬勃的商机结合起来的高尔夫运动员，席卷了为之疯狂的媒体，也引发了很高的商业利益，为高尔夫运动带来了滚滚财源。他彻底改变了职业高尔夫运动的经费来源；与此同时，电视台则得到了能确保收视率节节上升的最佳人选。

▷帕默是高尔夫运动史上第一位球星。他和他那颇具高瞻远瞩的经纪人马克·迈克考马克（Mark McCormack）一起将高尔夫推广成为一项全民运动。

△"阿尼军团"一场不落地追逐帕默的比赛进程，并始终给予其最大的支持。他们购买帕默代言的产品，并使电视转播的收视率不断攀升。帕默退役时，去现场向他告别的人数以万计。

高尔夫运动的商业价值

众所周知，当今许多职业运动员球场上的收入都没有在球场外的多，对于那些世界顶级高尔夫球员来说更是如此。对有些人来说，高尔夫是他们热爱的运动，更是一种商业机遇——此中的赚钱机会多种多样，回报更是异常丰厚。阿诺德·帕默是第一个拥有庞大球迷团体的高尔夫运动员，因此，很多公司愿意不惜重金请他为公司商品代言。商品代言也成为当今高尔夫运动员最容易的赚钱方式之一，只是由于公众对球员的关注度日渐增加，现在你很难发现哪个球员会为自己从不使用或不信任的商品代言。

无限商机

通过在衣服或运动包上设置商标及偶尔亲自参加商业活动的方式，球员们可以为任何商品代言，从汽车、高科技产品、手表到世界著名时装、豪华休假胜地或保健产品。这是公司大出风头的机会，对球员来说收入也颇丰。

然而，出席商业活动和商标冠名只是运动员们商业价值中的很小一部分。高尔夫运动员的职业生涯相对较长，但他们十分清楚自己的黄金时期只有短短数年，因此，每个人都想方设法安排好退役后的生活，通常他们总是多多少少仍和这项运动保持着千丝万缕的联系。

几乎所有顶级球员均或多或少地参与高尔夫球场的设计。世界知名高尔夫选手厄尼·艾尔斯设计的高尔夫球场遍及世界各地。他曾经谈到："我喜欢参与整个建设过程。能够创造设计独特的球场并被今后几十年的高尔夫球手所喜爱，这是每一位高尔夫球员的梦想。我对此十分认真，所以我总是精益求精。"球员通常在他们职业生涯的顶峰开始着手转型，这样等他们的运动生涯接近尾声时，球场事业正好已初具规模。

服装业是另一个选择。泰格·伍兹在耐克品牌旗下拥有自己的系列产品，厄尼·艾尔斯、前美国公开赛冠军迈克尔·坎贝尔（Michael Campbell）以及著名英国球员伊恩·波特尔（Ian Poulter）都有自己品牌的"巡回赛系列"高尔夫运动装。所有球员都想在运动服上做文章，争取将自己品牌的运动服装摆上商场货架。

也有不少球员关注葡萄酒行业。尼克·法尔多、格里格·诺曼、厄尼·艾尔斯和卢克·唐纳德（Luke Donald）都拥有自己的葡萄酒品牌。他们像打球时那样专心致志地投入这一行业，精益求精。因此，很多球员推出的葡萄酒都成为获奖名品。

但是，这一切都丝毫未曾代替他们对高尔夫运动的热爱。在每个成功的高尔夫球星背后，都有一队专业的经理人和顾问，帮助他们经营庞大而纷杂的产业。

△很多期望在球场外建立另一番事业的球星都钟情于葡萄酒制造。

◁如今很多顶级球员都有自己的服装生意，有的像伊恩·波特尔那样拥有自己的品牌，有的则是在某一体育服装制造商的品牌旗下拥有一个系列，比如泰格·伍兹。通过这种方式，球员不但能够获得更多的收入，还能树立起属于自己的大众形象。

胜败之间

　　人们通常认为，体育比赛的胜负常常只有一线之差。对于职业高尔夫比赛来说，这更是千真万确的。冠军与跻身前五名的选手之间的成绩差别往往微乎其微。然而，当我们把巡回赛奖金榜的第一名和最后一名进行认真比较之后，却能看出一些值得每个年轻高尔夫选手深思的巨大差别。

　　为了达到这个目的，我们选取了两名选手作为例子：曾获美国公开赛冠军的吉姆·弗瑞克和前英国公开赛冠军陶德·汉密尔顿。两人都是相当出色的选手，在不少重要赛事中取得过优异成绩，尽管弗利克的赛绩要更好一些。但在2006赛季中，两人的运气着实差了不少。

巡回赛最佳成绩

　　根据数据统计（每个选手每赛季都必须打满一定数量的巡回赛才可计入），吉姆·弗利克是当赛季PGA巡回赛的最佳球员。尽管泰格·伍兹赢得了更多的奖金，但弗利克拥有最佳的平均杆数。在他参加的24场比赛中，他的总平均杆数为68.86。这一优异成绩帮助他赢得了700多万美元奖金。

运气的另一面

　　陶德·汉密尔顿2006年共参加了27场比赛，平均杆数为72.84——这一成绩尽管并不算差，却比弗利克平均每轮多了4杆。这就意味着，在一场四轮的比赛中，他的总杆数要比弗利克多16杆（尽管汉密尔顿有时会因轮空而在比赛中只打两轮）。两人的奖金数目

可谓天壤之别。汉密尔顿当赛季的奖金总数只有16万5000美元。也许你认为作为一名高尔夫球手这样的收入已经足够了。可不要忘记，汉密尔顿为了参加这些巡回比赛，仅仅路费就要花掉这笔钱的将近一半，剩下的钱还要被税收扣掉一大部分。他算是幸运的，因为2004年英国公开赛冠军的奖金还没有花完。赞助商也能为他再提供一部分费用。

统计数字背后的事实

　　通过PGA巡回赛综合表现评分（www.pgatour.com），我们可以看出两人的真正差别。汉密尔顿在评分中只有一项超过弗利克——却是最不重要的一项：开球码数。汉密尔顿的平均码数是283码，弗利克是281码。在其他项目上弗利克都好于汉密尔顿，而且有的差距还不小。如击球精确度项目中，弗利克是第八名，球道击球准确率为74%；而汉密尔顿的准确率平均只有56%，名列第184位。弗利克的GIR（即Green in Regulation，表示在规定的杆数内将球从开球处打上果岭）成功率为70%，名列第四；而汉密尔顿的成绩只有57%，列196位。弗利克的平均推杆数排名第八名，而汉密尔顿则排在第132位。

　　所有这些数字加在一起，就是最终每轮4杆的差距。胜负并非只有一线之差，而是巨大的实力差距使然。尽管如此，就像巡回赛网站所说，所有能参与高水平比赛的选手"都是出色的"。

▷吉姆·弗瑞的2006赛季成绩斐然，共获得三个冠军：（从上方沿顺时针数起）南非太阳城盖瑞乡村俱乐部球场举行的内德班克高尔夫挑战赛（Nedbank Golf Challenge）、汉密尔顿高尔夫乡村俱乐部球场举行的加拿大公开赛，以及在北卡罗来纳州夏洛特市鹌鹑谷俱乐部球场（Quail Hollow Club）举行的美联银行（Wachovia）锦标赛。

▷▷曾赢得2004年英国公开赛冠军的汉密尔顿在2006赛季成绩不佳。在27场比赛中，他有19场早早被淘汰出局，最好成绩只有一个并列第十名。

女子高尔夫运动

很久以来，女子高尔夫选手必须忍受一个又一个规则的约束。19世纪末，女选手挥杆高过肩部还会被认为是不雅的举动。现在看来，这实在是不可思议的。不过，如果你看过那时留下的照片上女子球员的规定装束，就不会对此感到奇怪了。

随着社会观念的逐渐转变，高尔夫运动规则也在随之发生变革。第一个打破陈旧观念的是20世纪初的女选手乔伊斯·韦瑟德。她在夺冠比赛中表现出强烈的个人风格与锐不可当之势，令伟大的鲍比·琼斯也由衷赞叹："她是我见过的最好的高尔夫球员"。

女子高尔夫运动不断壮大，特别是在美国，开始于20世纪50年代的女子职业高尔夫协会（LPGA）巡回赛是其中一个非常成功的例子。早至1976年，作为收入最高的女选手，朱迪·兰金就已经能在一个赛季中拿到超过10万美元奖金。进入21世纪，LPGA巡回赛中收入最高的女选手奖金总数已超过200万美元，与欧洲巡回赛中男选手的收入旗鼓相当。

美好的未来

女子高尔夫俱乐部的发展也如火如荼。总的来说，女子球员获得了相当平等的地位，特别是在美国。实际上，美国的女子高尔夫运动发展与世界其他地方（如英国）相比，有着很大的区别。

尽管英国有一些非常出色的选手，但大部分英国高尔夫俱乐部却对女球手的运动时间加以限制，甚至将她们排除在部分俱乐部之外。所幸，时代在发展，很多新成立的高尔夫俱乐部和一些老俱乐部都逐渐废除了这些不合时宜的规矩。

职业女子高尔夫球赛正处在前所未有的蓬勃发展时期。一大批优秀的女选手如安妮卡·索伦斯坦、劳瑞娜·奥查娅、宝拉·克里默、摩根·普利瑟、魏圣美等不断涌现。她们是其他选手的榜样，又是每一位经纪人青睐的对象。越来越多的年轻女孩子被她们所激励，走上职业高尔夫选手的道路。

这就是女子高尔夫运动的现状。对于像安妮卡·索伦斯坦或魏圣美这样优秀的女选手，她们是否能参加男子职业赛仍然存在争论。你喜欢看到她们继续留在女子赛中横扫一个又一个大满贯，还是喜欢看到她们在赛场上艰苦地与男子选手对垒呢？这个问题的答案想必对大多数人来说是不言自明的。

△1930年，戴安娜·费什维克在英国女子高尔夫业余锦标赛上大胆地向传统习俗挑战。

◁女子高尔夫运动的商业运作已渐成熟，在魏圣美等一批年轻球员的号召力作用下，奖金额度不断提高，代言费也日渐丰厚。这种趋势仍将延续下去。

最伟大的球员

泰格·伍兹的成绩无可匹敌，每支球杆在他手下都充满魔力。他有着几乎无可挑剔的技术和无人能比的意志，正是这些优点使他能够轻而易举地获得别人梦寐以求的胜利——尽管我们已经对此习以为常，但这一点也不能抹杀他的伟大。

他在职业生涯中打破过无数记录。第一次参加美国名人赛，他就以12杆的优势赢得冠军。2000年在圆石滩（Pebble Beach）球场举行的美国公开赛上，他更是以15杆的优势获胜，打破了已经保持一个多世纪之久的纪录。第一次参加英国公开赛，他就以8杆优势夺冠。

为这项运动树立新的里程碑似乎是他永恒的事业。年满30岁时，泰格·伍兹已经参加了210项PGA巡回赛，赢得了其中50站的冠军——比曾经达到这一目标的最年轻的选手还要年轻三岁。除此以外，他还获得了其中20次亚军和17次季军——这就意味着在他参加过的所有巡回赛中，41%的场次中都能位列前三名。通过这些比赛，泰格·伍兹获得了超过6000万美元的奖金，以及比这还要多得多的代言费。

泰格·伍兹挣的钱已足够满足自己与家人余生的任何需求，但他显然没有偃旗息鼓的打算。伍兹已经对夺冠上瘾，任何高尔夫运动的纪录在他面前都不再安全。排在他前面的PGA巡回赛冠军纪录保持者还有阿诺德·帕默（62次冠军）、本·侯根（64次冠军）、杰克·尼克劳斯（73次冠军）和桑姆·史纳德（82次冠军）。只要伍兹的身体状况保持正常，打破他们的纪录将只是时间问题。

伍兹更看重的还是杰克·尼克劳斯保持的18个大满贯纪录。人们曾经不相信有人可以打破杰克·尼克劳斯的这项纪录；而现在，大部分业内人士都认为泰格·伍兹将会成为这项纪录的新的保持者，并借此真正成为高尔夫运动史上最伟大的球员。

▷泰格·伍兹自高尔夫球运动生涯开始，已经无数次打破纪录。他顽强的意志和不屈不挠的精神使得他在同时代的球员中脱颖而出。

△伍兹并不是高尔夫职业赛中最远击球距离的保持者。但是在PGA巡回赛官方统计数据中，他在大部分领域都保持着第一名或领先地位。

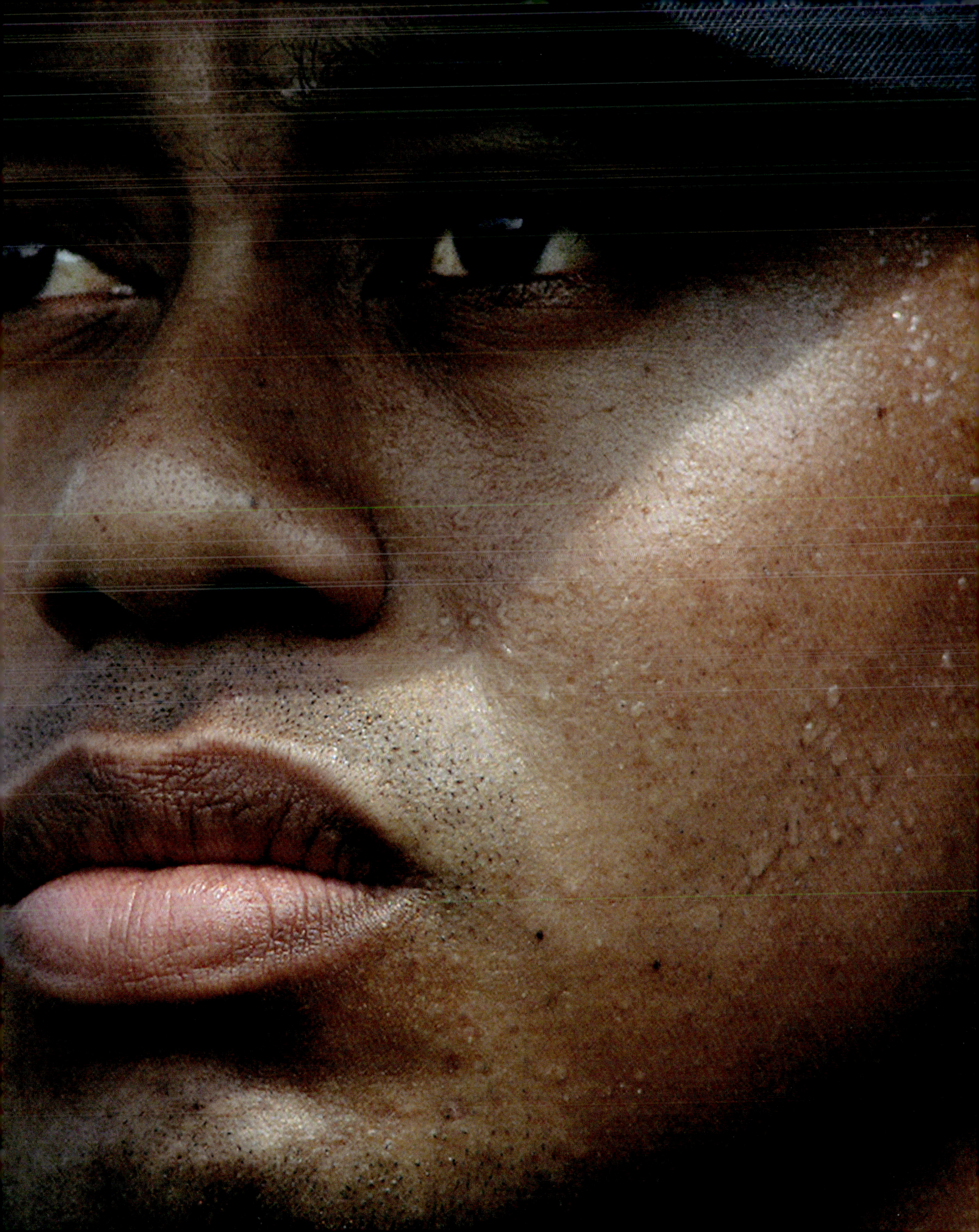

幕后工作

英国公开赛是世界上最受瞩目的体育运动赛事之一，顶级球员的身影每年吸引着成千上万现场球迷和数以亿计的电视转播观众。英国公开赛的组织管理者是皇家古老高尔夫协会（Royal and Ancient，R&A）——同时也是世界高尔夫运动的规则制定者和比赛组织者。与皇家古老高尔夫协会一同负责英国公开赛组织工作的还有作为公开赛举办地的九大俱乐部，每个俱乐部每隔十年轮到一次举办公开赛的机会，只有圣安德鲁斯（St. Andrews）俱乐部例外——它每五年承办一次公开赛。

尽管公开赛赛程只有短短四天，但组织工作异常繁琐。为保证一切都完美无缺，往往要提前五六年就开始准备。从电视转播中我们能了解的幕后故事微乎其微。

媒体中心

公开赛的媒体中心永远是一片繁忙的景象：许许多多手指在笔记本键盘上敲打；电话铃声此起彼伏，伴着嘈杂的交谈声。每当有著名球星走进门来，就会引起一阵类似黑洞效应的骚动——记者们就像被巨大的磁力吸引，蜂拥涌入采访室。

比赛前，组织者会预先安排好著名球员的媒体见面会。而大赛开始后，他们也会在每轮比赛后与记者见面。对于一些球星来说，这是雷打不动的惯例，不管他们的成绩是65杆还是75杆，总之必须要来到媒体中心，回答记者们的提问。

媒体中心的运行是R&A协会新闻官的重大职责之一。"准备工作需要整整12个月。"现任新闻官斯图尔特·麦克道格尔说，"一项公开赛刚刚结束，我们又得马上开始下一项公开赛的准备。我们与采访高尔夫比赛的记者和摄影师见面，听取他们的意见和建议，我们对此一直很重视。我们的工作总是有可以改进的地方。"

▽媒体中心是记者和众多商业与公关代表的大本营。公开赛期间，这里全天候开放。

◁负责维护沙坑的通常是一些志愿者。白天比赛开始前和结束后，以及每位球员通过沙坑之后，他们都要将沙坑用耙子重新耙平。

▷新闻中心的比分板总在不断更新。每一场比赛的大赛官员都用无线电与比分板管理员保持联系。因此，在这里总能获得最新的赛况。

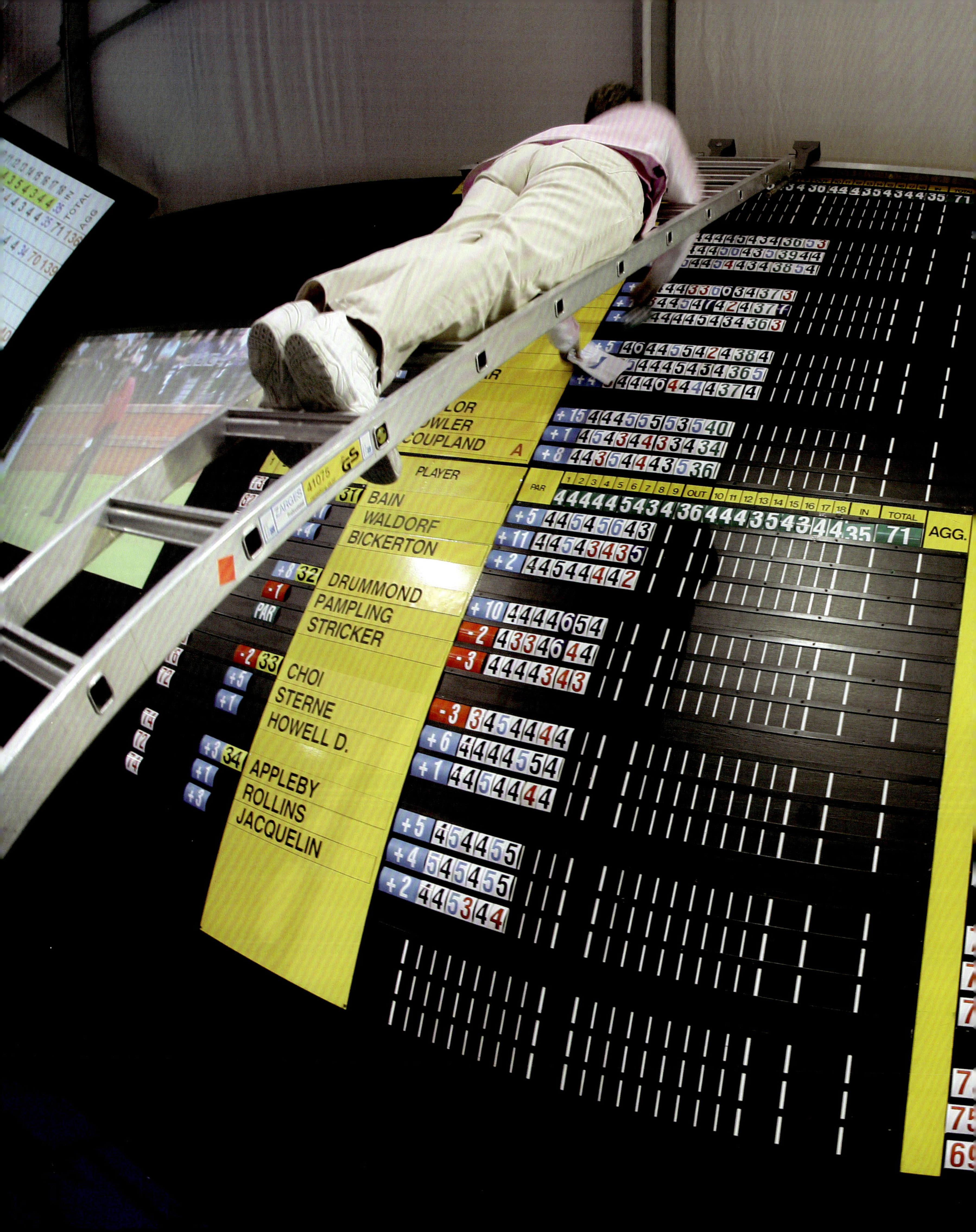

COUPLAND
PLAYER
BAIN
WALDORF
BICKERTON
DRUMMOND
PAMPLING
STRICKER
CHOI
STERNE
HOWELL D.
APPLEBY
ROLLINS
JACQUELIN
PAR
OUT
IN
TOTAL
AGG.

志愿者大军

几乎每一位公开赛冠军都要在获奖答谢词中对帮助大赛顺利进行的众多志愿者表示感谢，用这种方式提醒世人，不要忘记那些不为钱、只因热爱这项运动而对大赛做出过重大努力的人们。

史蒂夫·卡尔曾在1988年皇家兰瑟姆球场举行的英国公开赛上担任记分员，那段时光令他难以忘怀。"我记得最后一轮塞弗和尼克·普莱斯一起上场，"卡尔回忆道，"塞弗领先两杆，并且我们听说两人都在第七洞拿到了老鹰。我先更新了尼克的分数，这时看起来他似乎已与塞弗打成平手。然后，我等了一会儿才加上塞弗的老鹰。观众一下子沸腾起来，那简直太棒了。我高兴地上窜下跳，发现自己拥有了主宰比赛的权力。只用几根磁条，我就可以左右观众的情绪。"

赛场巡视员的工作要乏味得多，但他们离球员很近，另一番值得炫耀的经历。面对成千上万观众，有时需要加以引导——通常，一条绳子就可以解决所有的问题。所有巡视员开赛前都经过短期培训，以保证工作不出差错。

球场管理员来自其他的俱乐部，他们都有自己的本职工作，且他们都是特意请假来做清理球场工作的志愿者，他们跟随在球员身边不断走动。对于一位巴士司机来说，这也许意味着牺牲一天假期，但能够在场地内和自己仰慕的英雄近距离接触，每个热爱高尔夫的人都不会觉得后悔。

练习场

以前不管是什么比赛，哪怕是在公开赛期间，练习场上也只有参赛球员和他们的球僮的身影。现如今，练习场往往人满为患；比赛管理者不得不规定，只有参赛球员随身的工作人员才能够进入场地——这包括球僮，当然还有教练。你大概只认得大卫·利百特（David Leadbetter）、布奇·哈蒙（Butch Harmon）这样的教练，但在公开赛的练习场上往往能看到十来个教练，每个都在认真指导自己的球员，希望他们的动作能够像瑞士手表那样精确无误。

有时候，你还能看到球员的经纪人。他们往往行踪诡秘，只有老练的观众才能从人群中辨认出他们。那些偶尔点头或眨眼示意的人是中介。大部分值钱的交易都发生在场外，但练习场有时也会成为他们穷追猛打的谈判场。

对于那些大运动器材公司的赛场销售代表来说，练习场就是他们的办公室。他们在大客车里建起临时营销处，摆满公司的产品。那里就像是一个高尔夫用品的阿拉丁神洞，各式各样的球杆琳琅满目。但是，普通观众是无法进入车里的。每辆客车都是一个流动的工作站，各路专家汇集在这里，商讨如何对产品加以改进。

规则专家

裁判员和规则专家提前几个月就开始定期举行会议，随着大赛临近，这些会议愈加频繁。大赛开始后，裁判员负责每日的赛场安排，诸如球洞的位置、开球点、球道和果岭上草的清理方式，以及沙坑的深度和形状等，球场管理员也参与这项工作。规则专家还要应付每天比赛中出现的涉及比赛规则的各种情况。

裁判与规则专家都不是志愿者，他们是专业人员，领取薪水的同时也负有很大的责任。大满贯赛的裁判必须要通过由PGA和R&A主持的一系列考试。很多人都有长期的经验和工作背景，从小型比赛中一步步走上大赛的岗位，成为大满贯的裁判员是一项崇高的荣誉。

电视转播是公开赛的重要组成部分，为了能够更好地转播赛况，电视公司都投入了大量资金不断更新转播设备。

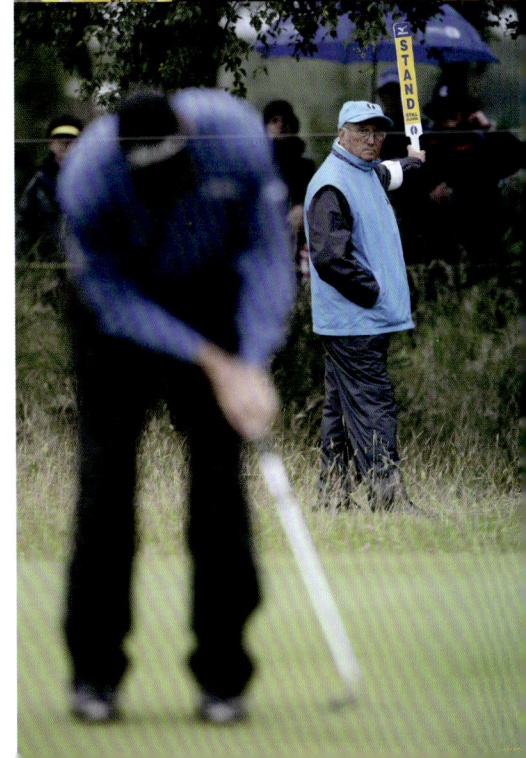

团队协作

高尔夫是一项个人的体育项目——每个高尔夫球员都独自完成全部比赛内容，出现问题的时候无人可以诿过，获胜后也没人能够一起分享。但是在最高水平的高尔夫比赛中，同样出现了某种程度的团队协作，每个世界级高尔夫球星背后都有一群各司所长的工作人员，大家的目标相同：用他们掌握的专业知识帮助自己的老板打出最好成绩。

在这些工作人员中，有些人可能会显得有些多余，但这绝不包括球僮。球员想要获胜在很大程度上要依靠他们的球僮。球僮的工作远不止背着球袋那样简单，他和球员之间必须要能保持默契的配合，他必须知道何时何地应该说些什么、做些什么。球僮必须要对高尔夫比赛和他的球员有足够的了解。

分成

一个好球僮的价值值得上和他体重等重的黄金——这可不仅仅是说说而已。在21世纪初泰格·伍兹雄霸球坛的几年里，他的球僮史蒂夫·威廉姆斯一直是整个新西兰体育界收入最高的人。他的收入来自于伍兹比赛获奖的分成。一般来说，球僮可从球员每次获胜的奖金中获得10%，还能根据其年终排名再获得少量分成。

教练也能从球员的比赛奖金中提成。和球僮一样，教练的责任很重大。教练掌握着球员的前途。一些球员经常与教练在一起，甚至在比赛间隔期间也经常见面；另一些球员则每年与教练在一起工作五到十次，以检查自己的运动状态。球员与教练的个人关系非常密切。

心理教练是现代体育运动中新出现的角色。并不是所有球员都接受这个角色，但确实有些人已经离不开自己的心理教练。心理教练与球员间的交谈内容是保密的，总的来说，这些谈话的目的是为了球员在比赛过程中保持积极稳定的精神状态——以便应付比赛中出现的紧张和压力。

绝大部分顶级球员都有自己的陪练。职业高尔夫运动员的身体素质极好，这在历次大赛中屡见不鲜。球员的体力与二三十年前相比已经有了很大变化。曾获莱德杯冠军、现担任BBC评论员的肯·布朗说："在80年代，球员很少去健身。大约每个星期我都会去跑步，有些人也这样做，那时候的所谓体能训练也就不过如此。说实话，那时候我们都认为应该节省体力，以便打好比赛！"

现在，参加大赛的球员基本均会在赛前进行身体训练，有些人赛后也继续保持锻炼。

▷缪菲尔德球场举行的2002年英国公开赛上，获胜的厄尼·艾尔斯向自己的心理教练与球僮表示感谢。凭借坚强的意志，厄尼在四人赛决赛中最终夺冠。

▷▽在厄尼·艾尔斯的团队中，球僮、教练和心理教练都是重要的成员。图为2003年美国公开赛中，三人在一起协助厄尼训练。

△泰格·伍兹的球僮史蒂夫·威廉姆斯从1999年起就是伍兹团队中不可缺少的一员。伍兹曾公开承认威廉姆斯对其辉煌成就的巨大帮助。

2

高尔夫运动详解

高尔夫球的设计

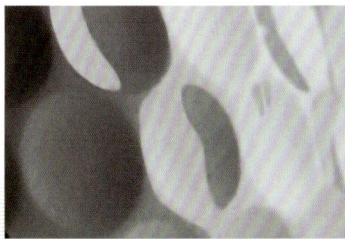

购买高尔夫球曾经是一件十分简单的事情：不同的球之间唯一的差别只有商标和生产编号。而现在，不断进步的生产技术常常使得人们不知如何选择：不同品牌价格差异巨大，是选择低压力还是高压力，软球还是硬球，高控制力还是远距离，是选择XL还是V1，还是XTour？Tour？

还是让我们从最基本的讲起吧。

不同的球体结构

现代高尔夫球的大小和重量都由高尔夫运动的管理者美国高尔夫协会和皇家古老高尔夫协会做出了严格规范。高尔夫球的重量不得超过1.62盎司（46克），直径不得小于1.68英寸（4.6厘米）。

不同公司制作高尔夫球使用的球皮和内核材料不尽相同。很多球皮使用柔软、手感良好的聚氨酯，或稍硬一些的沙林树脂（Surlyn）。内核的材料则有很多种，通常是多种混合的合成橡胶和化合物。整个球可以是一整块材料，也可能是由两块、三块，甚至四块材料拼成。

美国高尔夫协会和皇家古老高尔夫协会还限定了高尔夫球的理论初速度，并制定了科学的检测方法。通过这种方式防止现代技术下的高尔夫球变得过快，从而保护高尔夫比赛成绩，包括标准杆数的连贯性。

此外，还有所谓"综合距离标准（Overall Distance Standards）"。它同样是为了保护高尔夫比赛的传统。管理方不想让某个现代科技公司制造出飞得特别远的球，从而左右比赛。否则的话，那些专业球员会将球打得越来越远，造成比赛失控。

四片球具有独特的中间层，在较硬的球芯和较软的球皮间形成缓冲。

内层是一层薄薄的加强橡胶，用来将击打的力量传至球芯。

球体并非完美的圆形，因此飞行轨迹并不规则。

球芯灌注了固态或液态橡胶，帮助提高球的击打距离。

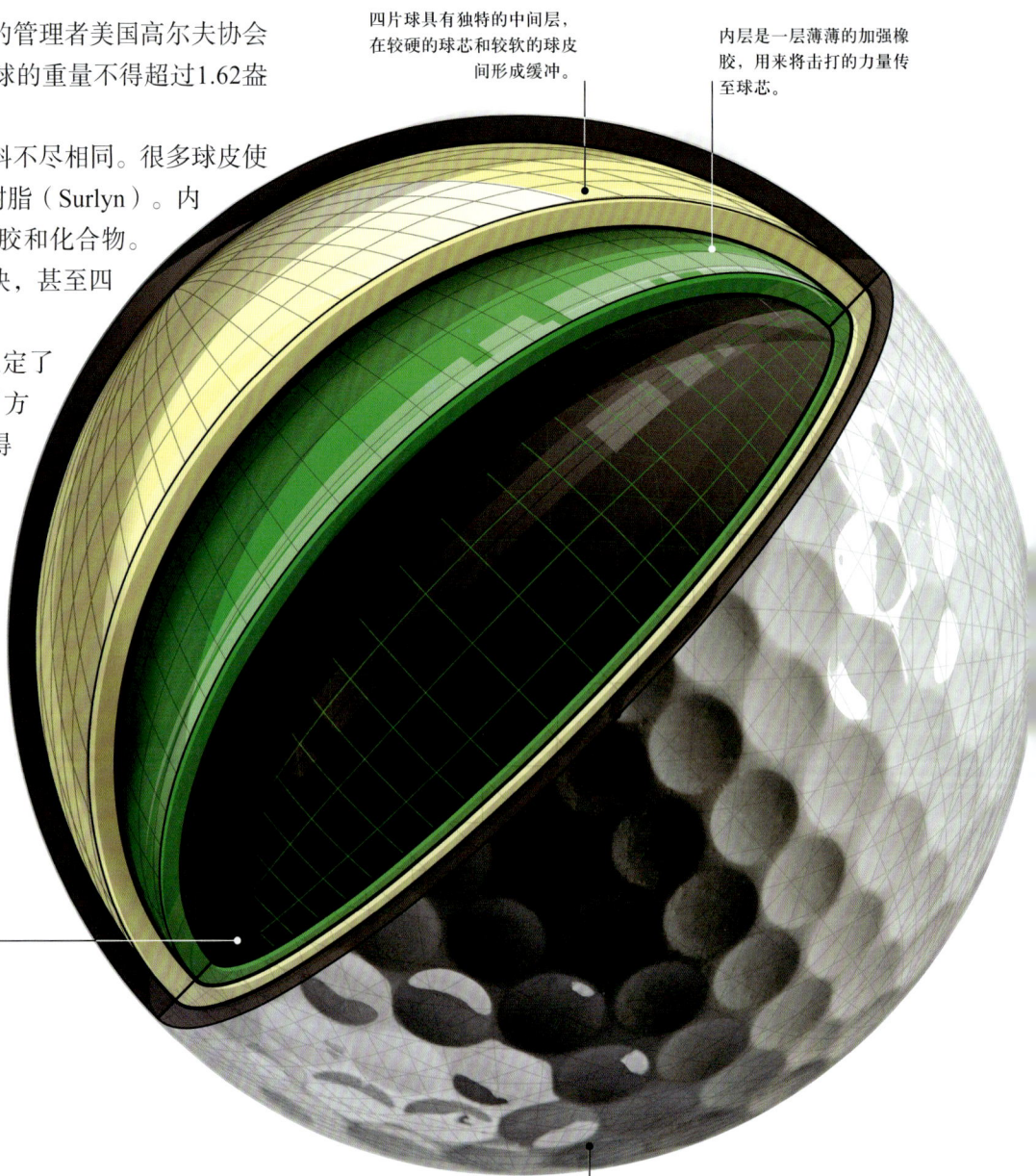

Rly球是手工缝制的，外皮是牛皮，里面填充鹅毛。天气潮湿的时候，球体会腐烂损坏，甚至无法使用。

世界冠军泰格·伍兹使用的四片球是最新科技的结晶。这种球感觉极佳，但外皮容易划伤。与三片球不同的是，它在外皮下面多出一层结构。

高尔夫球的外壳上布满了用来调整空气动力的凹点。两片球采用的是持久耐磨的沙林树脂，三片和四片球则使用了较软的聚氨酯。

凹点的设计

　　每个牌子的高尔夫球表面凹点设计都有些许不同。凹点的设计是为了空气动力学的需要（见右图）。这些凹点配合球体结构的设计，改变了球体四周的气流，从而影响到球的飞行轨迹，如飞行的高度、距离、转速及在空中变向的能力。而表面光滑的高尔夫球升力不足，被击出后很快就会落地。

高尔夫球表面的凹点有诸多不同的设计方案，有的呈整齐直线排列，也有的呈随机分布。

市面上几乎所有高尔夫球的凹点数目都是偶数，这是为了美观的需要。

尽管凹点数目没有规定，但大多数制造商都将凹点数量控制在300~450个之间。

历史性的革新

　　直到20世纪晚期，所有的高尔夫球基本上是一个样子。从1931年至1988年，皇家古老高尔夫协会一直将高尔夫球的直径规定为1.62英寸，比现在通用的美国制式1.68英寸稍小一些。尽管差别很小，但这意味着参加英国职业巡回赛的选手在国外参赛时必须要适应不同的球带来的影响。

■ 图为一家20世纪50年代的高尔夫球制造厂。

高尔夫球的物理原理

　　高尔夫球设计中涉及的物理原理主要是考虑球飞行时气流的作用。理论上，飞行球体后方的气流主要有两种：层流和涡流。表面光滑的球会产生层流，空气在球体前方很早就发生分离，使球的飞行距离缩短。表面带有凹点的球则产生涡流，气流包裹住球体，很晚才发生分离。表面光滑的高尔夫球飞行距离大约要比凹点球短150码（137米）。

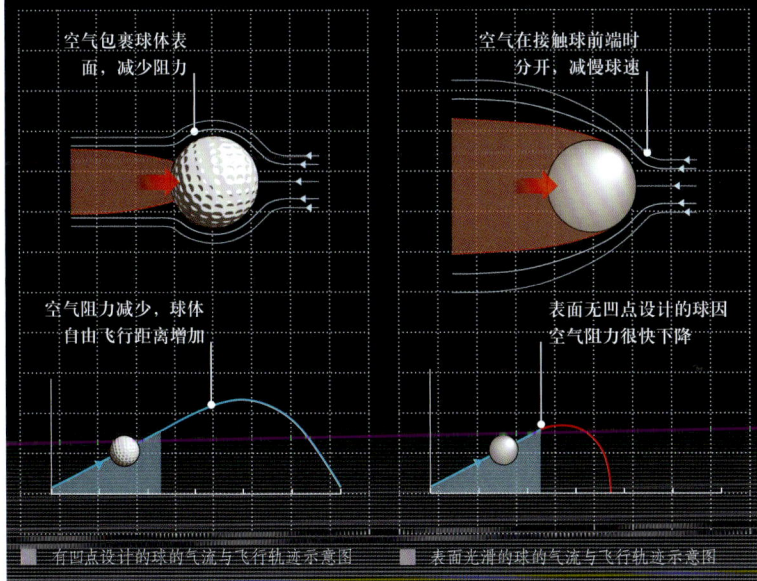

空气包裹球体表面，减少阻力
空气在接触球前端时分开，减慢球速
空气阻力减少，球体自由飞行距离增加
表面无凹点设计的球因空气阻力很快下降

■ 有凹点设计的球的气流与飞行轨迹示意图　　■ 表面光滑的球的气流与飞行轨迹示意图

旋转决定一切

　　各种不同的高尔夫球设计方案目的只有一个：适应不同球员的个性化打法。为了达到这一目的，你必须首先了解自己的需要，然后才能找到适合自己的球。我们可以把高尔夫球笼统地分为三大类：远距离用球，精确用球，以及在两者之间的设计。所有高尔夫球基本上可归入以上三类。

　　远距离用球适合经验不足的球手，以及处在劣势的选手。这种球转速低，飞行距离长。缺点是不容易控制，击球时感觉较硬。由于转速低，在果岭附近使用效果不佳。

　　不过，远距离用球的这些缺点与20年前相比已改进了很多。这要归功于技术的进步，特别是材料和工艺的改进——更好的内核材料与外皮缝制工艺，使球体更加平衡。同时，很多远距离用球也能提供柔软的感觉和很好的控制力。

追求控球力

　　尽管如此，很多制造商仍不满足，他们追求的是为职业高尔夫运动员和经验老道的业余选手提供最佳质感和控制力极佳的球。他们对球体结构和表面凹点进行特别设计，以达到较高的转速，以及击球时更加柔软的手感。这样，球手就可以在果岭附近根据自己的需要击出各种各样不同的球。对于长距离的飞行，这种球也能胜任。

球杆的设计

近年来，球杆的设计革新突飞猛进。复合材料的应用令球杆使用起来越发得心应手。面对琳琅满目的货架，你很容易就会选错目标，买到一支根本不适合自己的球杆。

杆头设计

钛、碳化合物等轻质材料的使用令杆头可以在不增加重量的前提下变得更大，从而拥有更大的击球面积。这是现在球手在击球时较少失误的原因之一。另一个原因是较低的重心，使击球变得更容易。此外，更加合理的重量分配使击球时偏离中心造成的麻烦没有以前那样大。

杆头的形状不仅要美观，更多是出于功能的需要。方头球杆是21世纪的新发明，它看上去有些古怪，其作用可以总结成一个词——转动惯量（MOI）。通俗地讲，MOI指的是转动的阻力。转动惯量的重要性在于，球杆击球时的扭转变形越小，球的飞行轨迹就越直。方头球杆具有很高的MOI值。

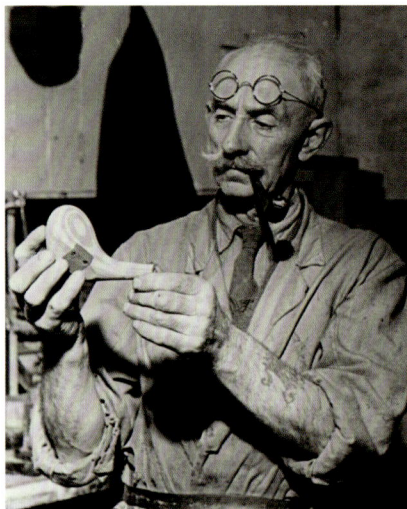

创造历史

现代高尔夫球杆的制造越来越重视转动惯量和球杆弯曲量，这与高尔夫运动早期的情况已大相径庭。直到20世纪90年代中期，球杆头还是木制，主要是柿木。在杆头上用螺丝钉着一块金属，标示出正确的击球位置。这就是人们常说的"击在螺丝上"的含义——即正确的击球位置。

■ 球杆制造工（1950年）

可以调整杆头的重量是问题的关键，这样球手可以改变球杆的特点。高尔夫比赛规则允许球手改变杆头的重量以适应不同的击球需要，但不能在一轮比赛中途更改。

加重的杆头尖端可使击球角度更高。

调整杆头前后的重量块，可分别适应从左向右或从右向左的击球。

加大的杆头设计可以尽量避免击球失误。

转动惯量（MOI）

正确的转动惯量可使击球面更加稳定，最大限度地将击球动能传递到球体。与未击打到正确位置时对比，其优势十分明显。

每个制造商都很看中MOI，但这并不意味着千篇一律。不管什么时候，市面上销量最大的10款球杆设计都不会相同。球杆的设计总是为了功能的需要。有些设计师将球杆设计得非常简洁，并在球杆底部使用可拆卸的加重块以打出不同的球：如左旋球、右旋球，更高或更低的飞行轨迹等。

另一些制造商则选择制造不同形状的球杆以满足不同的需要，这些球杆具有不同的重心位置、平衡点或击球面角度，以达到拉或推的效果。

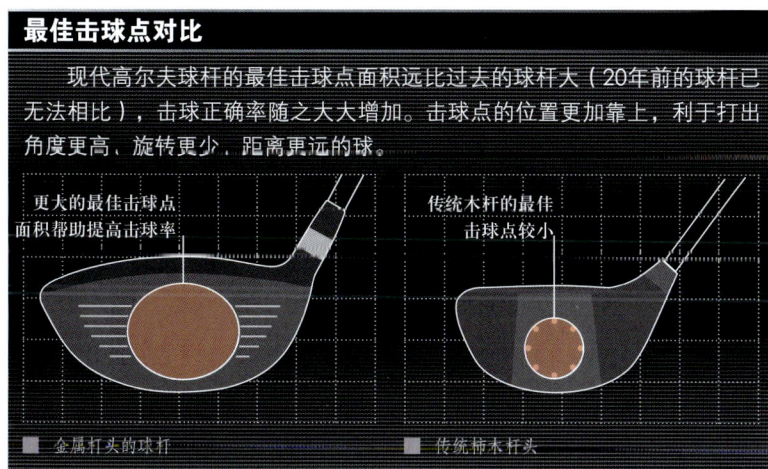

最佳击球点对比

现代高尔夫球杆的最佳击球点面积远比过去的球杆大（20年前的球杆已无法相比），击球正确率随之大大增加。击球点的位置更加靠上，利于打出角度更高、旋转更少，距离更远的球。

更大的最佳击球点面积帮助提高击球率

传统木杆的最佳击球点较小

■ 金属打头的球杆　　　■ 传统柿木杆头

增强MOI设计与轻质复合材料带来更远的击球距离，更好的容错性和精准度。

击球面和杆头使用了金属钛。

球杆使用石墨材料可以减轻重量，提高杆头挥动速度和击球距离。

方头球杆除了在要求特别坚固耐用的击球面和杆身外，别处也使用了轻质复合材料。

最新出现的方形杆头设计，可提供更高的转动惯量。

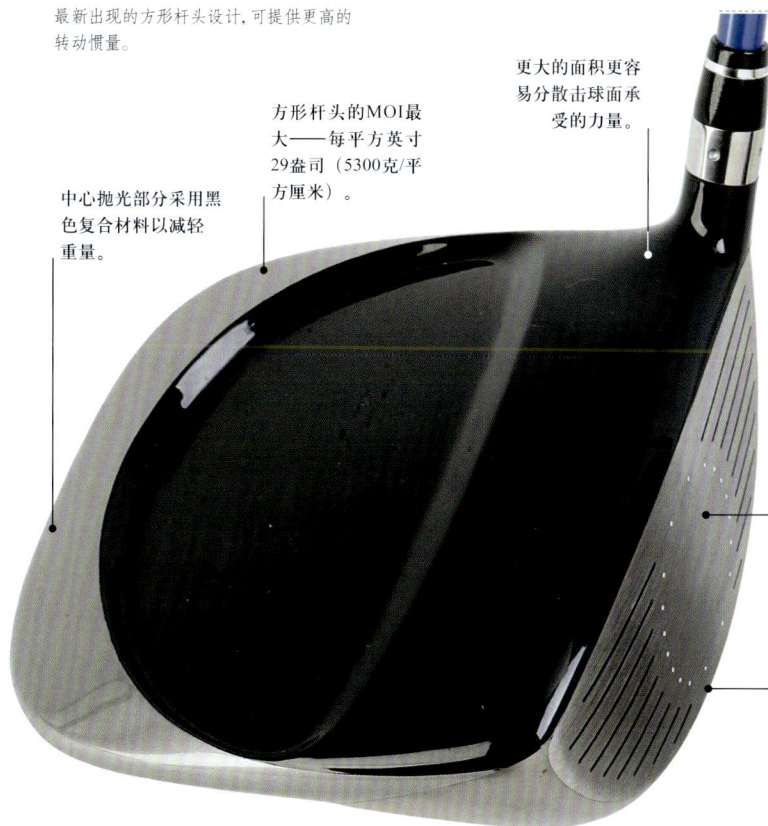

方形杆头的MOI最大——每平方英寸29盎司（5300克/平方厘米）。

更大的面积更容易分散击球面承受的力量。

中心抛光部分采用黑色复合材料以减轻重量。

所有现代球杆的特点：加大的最佳击球点。即使球技不佳的球手，也容易打出好球。

这个球杆的最佳击球点上没有任何沟槽，这意味着能够提供最大的前进动能，而不会产生后旋。

复合材料

21世纪的很多新型球杆都采用了复合材料。杆头的主体与击球面则用金属材料制成，其中最广泛使用的是钛，因为这种金属十分耐用，并且比钢轻。

这种复合设计并非只是销售的噱头。通过采用复合材料，制造商可以改变球杆，特别是杆头部分的重量分配，以满足不同的击球需要。此外，还可以通过改变击球面的厚度产生不同的击球角度，或获得最大球速、更好的容错性。

对杆头尺寸的限制

皇家古老高尔夫协会与美国高尔夫协会对新的高科技球杆杆头大小作了限定。杆头的整体体积不得超过28.06立方英寸（406立方厘米），杆头长度不能超过7英寸（17.8厘米），并且不得超过击球面到背面的长度。

杆头的倾斜角度

大部分新式高尔夫球杆都设计有不同的杆头倾斜角度，通常在7.5°～11.5°之间。不同制造商设计的球杆倾斜角度略有差别。倾斜角度越大，击球角度越高。

根据球的飞行轨迹选择球杆。如果你想打出一个低角度球，就应该选择10°～15°的球杆。

倾斜角度小的球杆在短草球道上很难进行扎实的击球。

杆头的重量分配与倾斜角度决定了击球的角度。

球杆的材质

杆身是高尔夫球杆重要的组成部分。杆身的重要参数有三个：材质、软硬度（Shaft Flex）和弯曲点（Bend Profile）。

杆身的材料有两种：钢和石墨材料。现在能找到一根适用的钢制球杆已经很难了。石墨材料（特别是碳纤维）成为所有高尔夫选手的首选。它的重量轻，弹性好，能够帮助选手将杆头挥得更快，从而将球击得更远。

刚性杆（Stiff Shaft）适合那些挥杆力量很大的老手使用。专业球员一般使用特刚性杆。

刚性杆可最大程度传递力量与速度。

普通杆（Regular Shaft）比刚性杆稍软，适合大多数高尔夫爱好者使用——他们的挥杆力量中等，速度也较慢。普通杆挥杆过快会影响精确度。

这根杆重2盎司（50克）。R代表"普通"。

特制杆（Manufactures Produce）适合女士使用，比普通杆更轻，也更软。初学者也适合用这种球杆。

使用石墨复合材料制成的杆身更轻、更柔软。

挥杆至最高点时，球杆及杆头积聚动能。

球杆的软硬度可决定挥杆时击球面的角度。

弯曲度大的球杆容易打出低轨迹球，弯曲度小的球杆则容易打出高轨迹球。

最佳柔韧性

软硬度是指球杆在挥动时杆身弯曲的程度。健壮的球手和职业球员需要硬球杆（Stiffer-flex Shaft）。经验有限的球手往往需要一点球杆的帮助，所以很多业余球手都选择了中等硬度的球杆（Regular-flex Shaft）。选择具有最适合你挥杆动作和力量的软硬度的球杆，才能最好地发挥你的技巧。太软的球杆会造成杆面向内过度；过硬的球杆则会使杆面向外过度。

弯曲点是杆身最易弯折的位置。两根软硬度相同的球杆，也会因不同弯曲点的设计而具有不同的击打属性。

选择正确的杆身不能仅凭个人感觉。你需要知道正确的击打参数，而这只能通过发球监视器才能精确地测量出。正因为如此，个性化的球杆设计才会令高尔夫球手们趋之若鹜。

使用软硬度和弯曲度合适的球杆可以使击球事半功倍。不合适的球杆则刚好相反。

最合适的球杆

高尔夫球杆种类繁多，需要考虑的因素如杆头倾斜角度、杆身设计、杆头设计等更是令人眼花缭乱。因此，很多高尔夫球手其实都在使用并不适合自己的球杆，这给他们的比赛成绩带来很大影响。

因此，个性化设计变得十分重要。首先，球手示范挥杆击球，同时一台被称为发球监视器（Launch Monitor）的电脑捕捉每次击球时与击打相关的数据——杆头速度、球速、转速、发球角度、飞行轨迹、空中距离、落地后运动距离等。根据这些数据，通过多次试验，最终制造出完美配合球手击球特点的球杆，使发球时的误差减到最低。个性化设计的优势是所有高尔夫球手都不能忽视的。

个性化设计中心可以测量你挥击动作的相关数据，并据此设计出最适合你的杆头和杆身。尝试一下个性化设计方案，你绝不会失望。

PGA巡回赛击球距离图

科技的进步使球手的击球距离不断增大。PGA巡回赛的数据证明了这对于世界顶级球手的帮助有多么大。

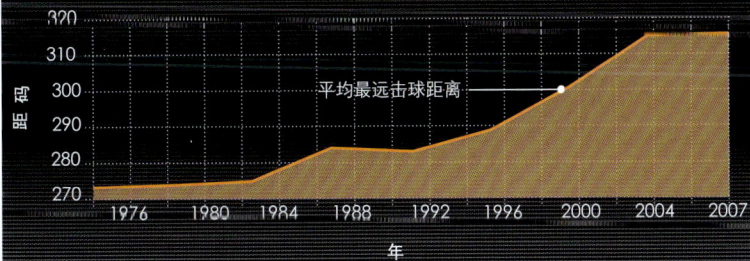

平均最远击球距离

时代变迁

如果还有人质疑科技对于高尔夫运动，特别是对球杆设计的巨大推动，他们应该看一看PGA巡回赛的数据纪录。2006年，PGA巡回赛最远击球手布巴·沃特森的平均击球距离为316码（289米）；1983年，最远击球手比尔·格拉森的纪录则是276码（252米）。两者相差几乎有15%。

这些柿木和金属球杆的制造年代相差不到20年，在技术上却相差甚远。它们的大小、重量和材料都有明显差别。

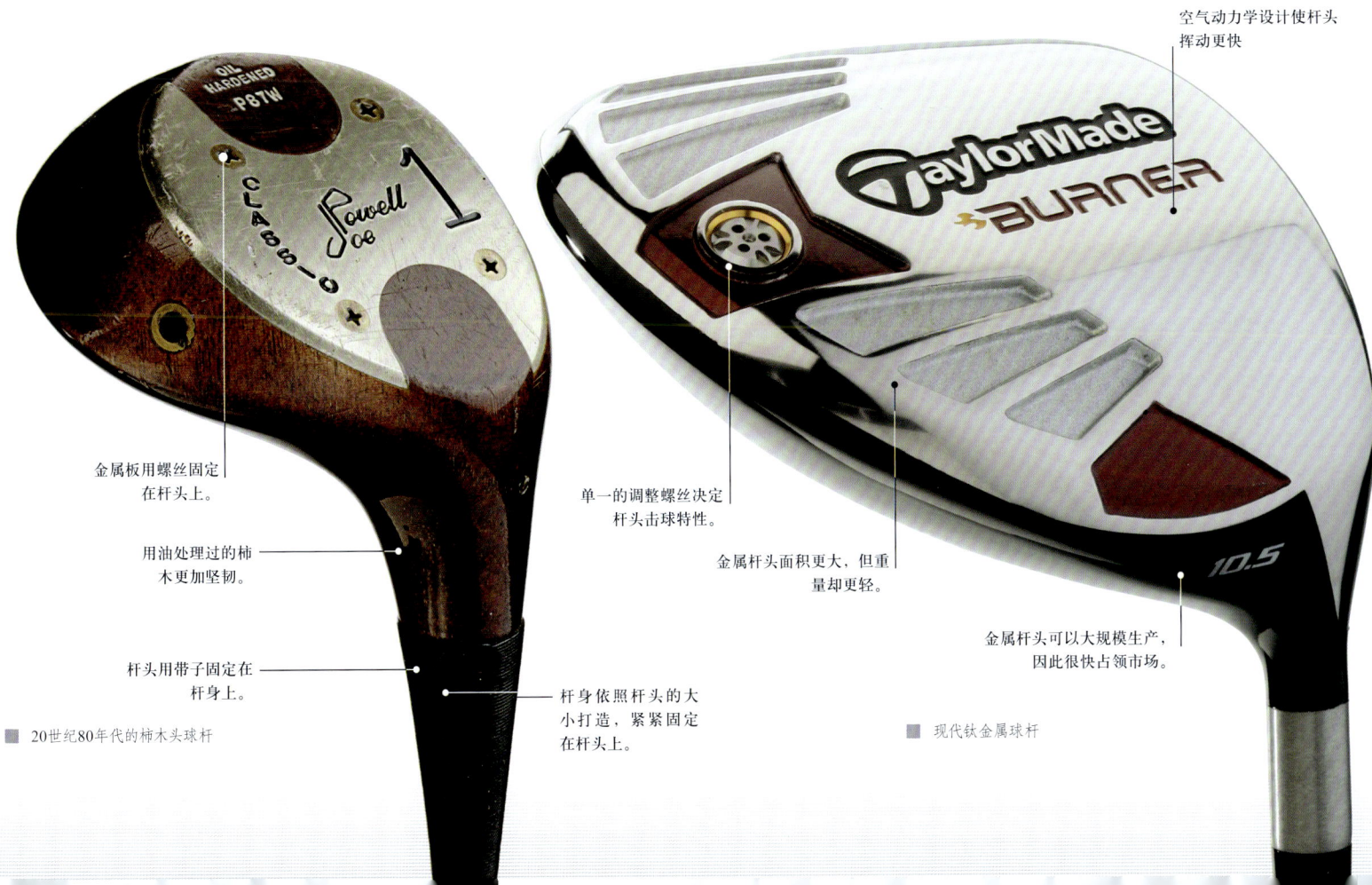

空气动力学设计使杆头挥动更快

金属板用螺丝固定在杆头上。
用油处理过的柿木更加坚韧。
杆头用带子固定在杆身上。
杆身依照杆头的大小打造，紧紧固定在杆头上。
■ 20世纪80年代的柿木头球杆

单一的调整螺丝决定杆头击球特性。
金属杆头面积更大，但重量却更轻。
金属杆头可以大规模生产，因此很快占领市场。
■ 现代钛金属球杆

发球

发球应该算是击球动作中最简单的，因为你击打的是放在球钉上的球。然而，对很多业余球手来说，这一优势被他们糟糕的发球姿势毁掉了。打好一场高尔夫球一定要从好的发球姿势开始。发球的三大要素是：不偏不倚的握杆，肩、臀、膝部和双脚与目标平行，以及像职业运动员那样放松的姿势。掌握这三大要素将对你的发球成绩有很大影响。

双臂下垂，两掌相对　　球杆斜放在掌心　　露出两指节　　轻轻夹住

握杆方式

要达到完全不偏不倚的握杆方式，可仔细参照以下步骤：

- 双臂放松下垂，两手放在握柄两侧，掌心相对。
- 将球杆放在左手掌心，自食指第一指节至掌根肉厚处斜向放置，收拢手指。
- 左手拇指放在握柄前端靠右位置，从镜子中应该只能看到两个指节。
- 牢记双掌相对的原则，将右手放在握柄上，收拢手指。右手应舒适地放在左手上，右手拇指及食指轻轻夹住握柄。

握杆方式

握杆时两手应紧紧勾住，就像连在一起一样。至于双手如何交叉则是个人的选择。大部分顶级球员选择沃顿式（Vardon）握法，右手小指放在左手食指和中指之间（左图）。另一些球员包括泰格·伍兹，将右手小指与左手食指勾在一起（右图）。选择你自己觉得舒服的方式。

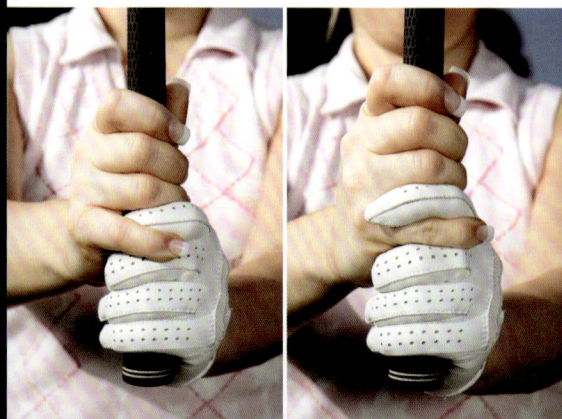

首先放松双臂下垂，双手夹住握柄，掌心相对……

肩部放松
肩部放松，双臂
应自由下垂，与
目标呈一直线。

臀部的位置
上身略向前倾，臀部应在
目标延长线的左侧。

微屈双膝
双膝放松待命，
与双肩、双脚和
臀部均应处于平
行位置。

双脚
双脚连线应与目标呈
一直线。

完美的直线

完美的直线是发球成功的基础。想要做到这一点其实并不难。想象你脚下有一条铁路通向短草球道远方，要击打的球位于离你较远的那条铁轨上，铁轨直通向远处的目标，那就是你的球杆头应朝的方向。离你较近的铁轨位于左侧，与另一条铁轨平行。你的双脚、双肩和臀部都应该位于这条铁轨上。这就是所谓的完美平行直线，它决定着你击球的线路，是强力发球的必要前提。

完美的姿势

想要完成完美的开球，你的双脚应分开与肩同宽，脚尖略向外。球的位置最好位于球手左脚内侧前方，以获得最大的发球角度，打出略上扬的球。你的重心应稍偏重在靠后的脚上——大约四六开最佳，这样可以在挥杆时令重心向右侧移动，获得最大的击球力。

目标延长线
杆头应与目标延长线呈直角，
想象那里有一条铁轨。

击球

发球杆（Driver）是全套高尔夫球杆中最长的，击球距离也最远。它为一局甚至一轮比赛的胜利奠定了基础。好的发球让你能够获得攻上果岭的最佳位置，使你信心百倍，感觉又一个打破纪录的日子即将到来！为了达到这一目标，发球的姿势和力量都同样重要，缺一不可。

■ 挥杆的要领

击球的力量全由挥杆产生，因此掌握正确的动作要领至关重要。你的姿势和身体平衡都应该完美无缺。每次发球前，在心中默念"肩在脚尖上方，双手在下巴下方"，可以帮助你掌握正确的发球姿势。此外，双脚、双肩和臀部要和目标延长线平行（见前页），这样球才能发得正。

■ 掌握节奏

不要急着开球：保持好自己的节奏，以便有足够的时间做好肩膀的转动，更重要的是有足够的时间完成挥杆动作。想要做到手臂挥杆与身体转动的整齐划一，可以在心中默念"后背转向前方，球杆直指目标"。

**不要急于求成，
保持良好节奏**

良好的开球姿势　保持节奏　　　　随杆移动身体重心　　　挥杆完成动作

■ 移动重心

身体重心如果移动得不好，只会减少挥杆的力量。你要记住的关键是，身体重心一定要随着杆头的动作移动。当你向后挥杆时，重心应移向右脚；杆挥向下方时，重心应移向左脚。接下来就可以击球了。

■ 击球完毕，保持姿势

挥杆的同时，要保持低头，直到右肩跟上再自然抬头。挥杆动作的结尾一定要保持身体平衡，这对于整个动作的质量很重要。你一定要牢记这一点。这样，你在击球时更容易控制球的轨迹。挥杆动作要平稳，这样才能保证顺利完成击球动作。

控制你的力量

很多球手认为应该使出最大力量击球。然而，姿势才是发球最重要的一环。落在直道中央的250码（230米）球，要远远好于300码（275米）却落入障碍物中的球。

大部分职业球手只用七八成力发球，而并非力气越大越好。平稳的发球节奏胜过蛮力。学会这样发球，你会发现不仅自己的发球节奏有了改善，发球距离也会更远。

为了更好地控制发球的力量，你可以试试握住球杆更靠下的位置击球。随着挥杆距离的缩短，你对球的控制力也会随之增加。

挥杆秘笈

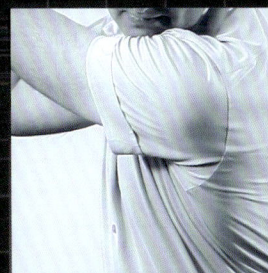

左肩完全扭转至下巴下面

击球过程中保持低头

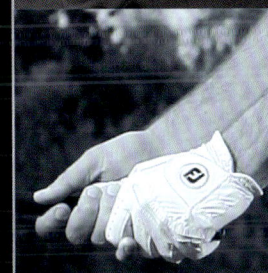

击球动作要流畅

球与左脚跟平行

向高处击球才能飞得更远

自然挥动
球杆击向球时，应该几乎呈自由移动，尽量少附加蛮力。

手腕角度
手腕保持后挥的角度，这样可以增强挥杆的力量。

左肩
下挥杆时，感觉左肩远离下巴。

重心前移
开始挥杆后，保持重心向左移动，切不可后移。

具有魔力的动作

　　高尔夫运动可不是简单的运动，挥杆时几没有什么一劳永逸的诀窍。如果非要找出一个决定性的瞬间，那大概就是从挥杆至身后最高点到开始下击的那一刻了。随着重心移向左侧，臀部伸展，右肘向右下压，两肩后仰，击球动作的准备完成了。

精益求精

　　对着镜子不断地用慢动作练习这一"决定性的瞬间"，试着将它融入击球动作中，直到感觉动作已可自然而然地做出。反复练习益处多多，可以让你养成良好的击球习惯。

球的摆放
球的正确位置应正对左脚跟，这里可获得最佳击球角度，保证不会将球击飞。

站稳脚跟
下挥杆时，双脚应牢牢站稳，这样才能在挥杆中保持平衡与控制力。

挥杆高手——挥杆典范

在高尔夫球场上，最吸引观众目光的，也是所有球员最盼望的，就是既远又准的大力挥杆。球杆设计的不断进步意味着正确的发球将取得惊人的战绩。考虑到你的发球和顶级球员存在着巨大的差距，向他们认真学习是一定会有丰厚回报的。

安吉尔·卡布雷拉的自由挥杆

距离与精确一直被封为高尔夫运动的"圣杯"，让"圣杯"难以寻觅的恰恰是击球的欲望。过分的热切会使你丧失协调性和正确的击球时机，给击球的距离和精度大打折扣。

如果你觉得自己用发球杆总是不顺手，可以读读2007年美国公开赛冠军安吉尔·卡布雷拉的书。这位大个子的阿根廷选手击球距离超远（PGA巡回赛数据显示他2007年的平均发球距离达303.2码），却显得轻松自如。他的秘密就在于放松的动作。

卡布雷拉的蓄势动作非常优美：球杆向后高举，身体大角度扭转积蓄力量。在下挥杆时，他几乎是让球杆自由地下坠，不加控制地凭惯性击向球，仿佛球杆的下落自然而为，球只不过恰好挡在路上而已。这种自由的挥杆比集中精力对着球挥杆要有效得多——后一种方式会带来各种各样的问题。

确保杆头移动速度足够快，这样球在空中的时间才能足够长，飞翔的距离也更远。

球杆一般采用石墨材料，一种既轻又结实的材料。

大力挥杆并不单靠蛮力，强壮的小臂可以产生巨大的力量，令击球距离更远。

▷卡布雷拉的大幅度扭肩动作使他可以让球杆凭惯性挥向球，这种自由的姿势让他的击球距离非常远。

最伟大的发球

1960年，在丹佛樱桃山球场举行的美国公开赛上，阿诺德·帕默进入最后一轮时与领先的麦克·苏查克还差7杆。这最后一轮也成了高尔夫史上最卓越的最后一轮比赛。帕默第一洞发球就以346码直接攻上果岭，并抓获小鸟。在前七个洞中他一共拿下6个小鸟。最后，他以史上最低冠军杆数——65杆领先对手2杆夺冠。这一切都始于史上最出色的挥杆——第一洞的发球。

■ 帕默在做球位标记

维杰·塞恩的秘诀——节奏

挥杆节奏是保持击球动作协调的关键。节奏掌握不好，用任何球杆都打不好球。而对于发球杆这个最不肯原谅球员失误的球杆——造成的结果将是灾难性的。你会错失短草球道，甚至把球打丢。维杰·塞恩是击球节奏方面的大师，有着优异的发球成绩。他的诀窍也是鲍比·琼斯的格言——"下挥时要与举杆时同速"。

这样做是为了让从球杆后举到最高点到开始下挥这一关键时刻的动作更加流畅，令你有时间协调身体的各个部位，掌握最佳的击球时机。掌握了这一点，你就可以像维杰·塞恩一样，把球击得又准又远。

▷维杰使用任何一支球杆时都有着极佳的挥杆节奏，因此击球效果也非常好。他在挥杆练习上投入的时间使他的成绩大增。

亚当·斯科特的秘诀——扭肩

亚当·斯科特（Adam Scott）的身材在高尔夫球员中并不算魁梧，他的力量也不及很多职业球员，但他的发球速度快、距离远，轨迹和一致性都相当出色。PGA巡回赛的数据显示，他发球落在短草球道上的概率高达60%，同时平均发球距离也达到300码。他后挥球杆的姿势可谓教科书式的典范，这是他发球成功的最大原因。

斯科特发球时整个肩膀都扭转过去，身体好像一只上紧的发条。他的下半身则扭转得较少，臀部的扭转角度大约只有肩部的一半。这个动作使得他能够积蓄很多力量——直到挥杆的时刻。

在挥杆开始的时刻，他的上身像发条一样逐渐打开，带动下半身向前，将所有的力量传导至球上，再配合正确的手和胳膊动作，完美的击球就此产生。

无论是斯科特还是其他优秀的发球选手，有一点秘诀是共同的，那就是：手、胳膊和身体要像一根完整的发条一样协同运动，任何部分都不能超前或落后。

◁斯科特的能力与技巧令其在世界各地所向披靡。他曾获得欧洲、美国及亚洲巡回赛的冠军。

铁杆与铁木混合杆——设计风潮

球道铁杆是一种长距离球杆，却比发球杆更好用。铁杆和发球杆一样杆身很长以便将球击得更远。但与发球杆不同的是，铁杆击球面更平直。铁杆的杆头更加向上倾斜，可以打出更高的球，也更容易产生后旋——它可以减轻侧旋的影响。这意味着铁杆比发球杆更容易打出直球，也更不容易将球击飞。

高球铁杆

高球铁杆（Lofted Metals）有很多种不同的设计。除了美学角度的考虑外——这也是高尔夫球手追求的因素之一，铁杆的设计思路与发球杆基本相似：最大的球速、更好的稳定性和更大的转动惯量（MOI）。

铁杆还要求具备很高的适应性，因为在球场上，铁杆的使用范围是很广泛的，从发球区、短草球道到障碍区不一而足。很多人都喜欢多带几支铁杆，以应付各种不同的击球环境。

然而，近年来技术的革新使得高球铁杆（现在已经有些名不符实了）的用途更加广泛了。

铁木混合杆的技术革命

铁木混合杆也是救命杆，它的设计与外形都和传统球道铁杆有所不同。杆头较小，就像一根放大了的长铁杆，后部圆滑。其击球轨迹与长铁杆类似，但要好打得多。铁木混合杆的适应性非常强。

高倾斜角度的球道铁杆本来是给女士和老人使用的，直到铁木混合杆出现才改变这一局限。现在很多职业球手球袋中都有它的位置。

钢与石墨复合的杆头能同时满足击球距离与易用性。

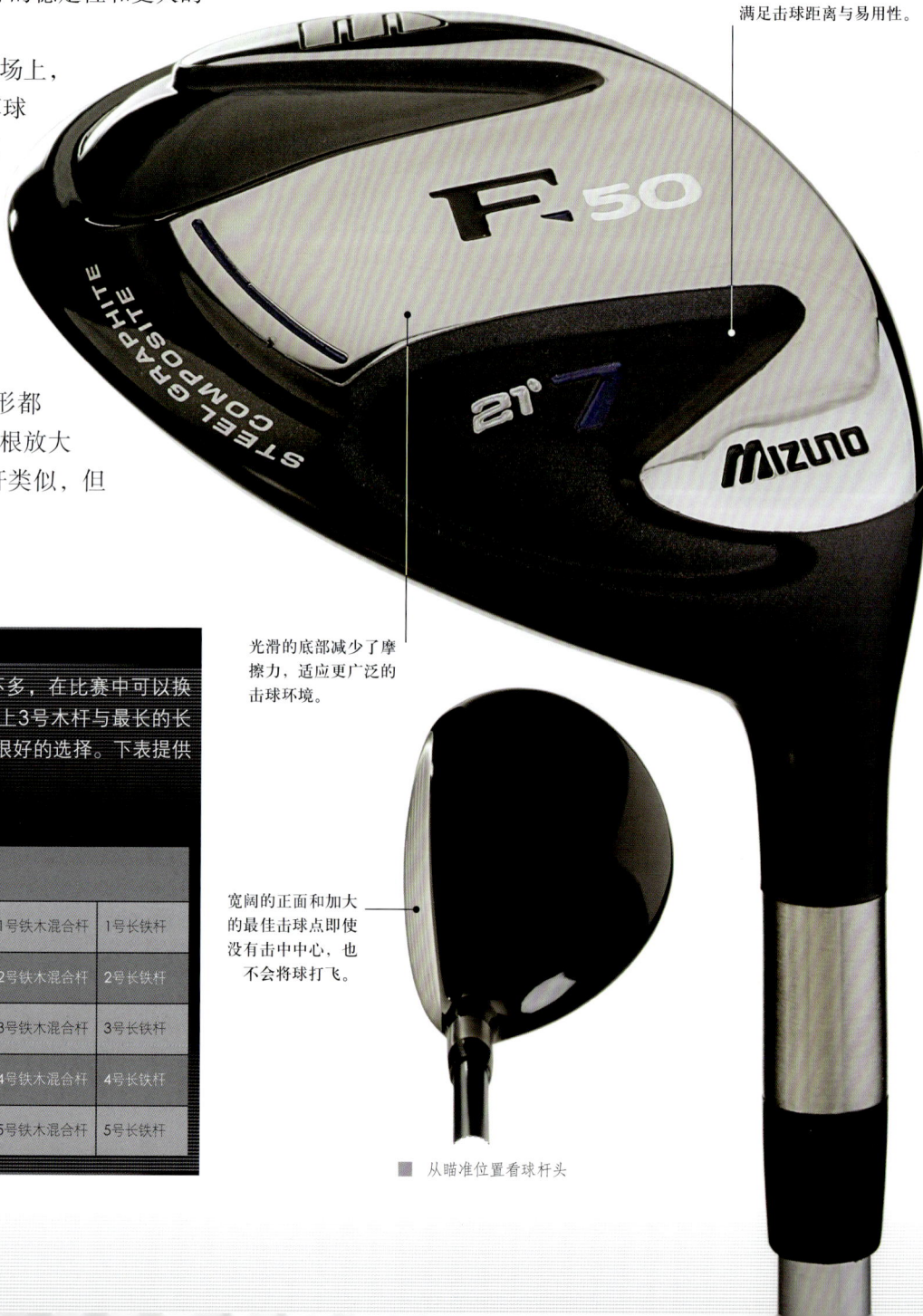

光滑的底部减少了摩擦力，适应更广泛的击球环境。

宽阔的正面和加大的最佳击球点即使没有击中中心，也不会将球打飞。

■ 从瞄准位置看球杆头

球道铁杆和铁木混合杆与长铁杆对比

球道铁杆和铁木混合杆与长铁杆的击球距离差不多，在比赛中可以换用，各自所长也各有所短。需要考虑的是，如何填补上3号木杆与最长的长铁杆（如5号铁杆5-iron）间的差距。铁木混合杆是个很好的选择。下表提供了不同的最佳组合。

球道铁杆和铁木混合杆的倾斜角度堪与长铁杆的倾斜角相比。

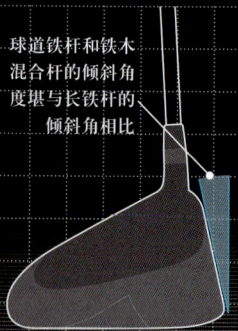

换算表			
210~230码	3号球道铁杆	1号铁木混合杆	1号长铁杆
190~210码	4号球道铁杆	2号铁木混合杆	2号长铁杆
170~190码	5/7号球道铁杆	3号铁木混合杆	3号长铁杆
160~180码	9号球道铁杆	4号铁木混合杆	4号长铁杆
150~170码	—	5号铁木混合杆	5号长铁杆

紧凑、圆滑的杆头在复杂的障碍区也能应用自如。同时，铁木混合杆还是在紧凑的Par4球洞场上的最佳选择——足够的倾斜角度和相对较短的杆身既能满足精确度又不会损失过多的击球距离。

铁木混合杆的优势主要归功于其杆头的设计和重量分配。对于长铁杆来说，杆头的重量分配调节起来很困难。而铁木混合杆的杆头更圆也更厚，可以更方便地调节杆头的重量分配。这样一来，重心降得更低而最佳击球点的范围更大，球就更不容易被打飞。这种设计还使球的射出角度更高，更容易在空中停留更长的时间。对于大多数爱好者来说，用长铁杆打出长距离的高球是很难的，而用铁木混合杆就容易得多。

厚实的杆头重心更低。

外围重量让球杆能更好抵御击偏了的球。

紧凑易用的铁木混合杆适合多种击球环境，甚至可用于果岭附近。

传统的铁杆杆头更宽，与铁木混合杆相比适应性较差，只适合开球或球道击球。

赛场上的优势

铁木混合杆击球时感官上更加稳定，从上面看下去，令人觉得要比用一支长铁杆击球可靠得多。这种心理上的优势再加上铁木混合杆本身设计的优势，使得这种球杆使用起来越发得心应手。令人惊讶的不是铁木混合杆的迅速推广，而是很多顶级球员现在也开始使用这种球杆。人们也许会觉得以他们的技术就算用长铁杆也能打出一样好的球，但铁木混合杆本身的优势是谁也无法忽视的。世界排名前50名选手几乎均用上了铁木混合杆。

铁木混合杆最热心的使用者之一是2007年英国公开赛冠军派洛·哈灵顿（详见199页）。他认为，对于有些人特别是上了年纪的人和挥杆力量小的人，只需要带6号以上的长铁杆即可，2,3,4和5号长铁杆完全可以用相应的铁木混合杆代替，它们击球更容易，而且球的高度、距离、准确性都有所增加。

掌控粗草区

"救命杆"发明以前，在粗草区很难开出长距离的球。长铁杆的杆头会被草缠住，使击球偏离方向。而铁木混合杆有着更大的杆头和圆形的底部，可顺利摆脱草的影响，打出更高更准的球。

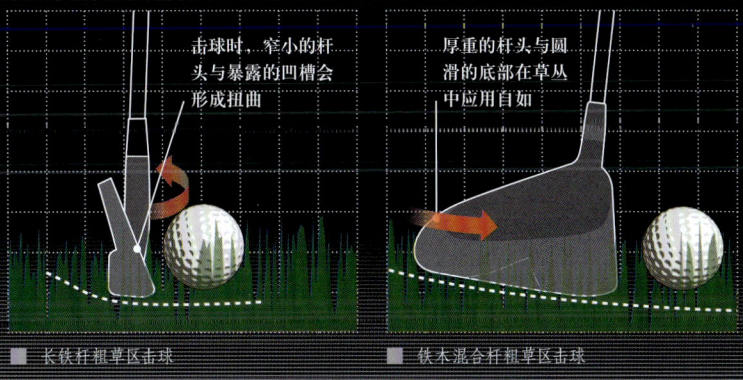

击球时，窄小的杆头与暴露的凹槽会形成扭面

厚重的杆头与圆滑的底部在草丛中应用自如

■ 长铁杆粗草区击球

■ 铁木混合杆粗草区击球

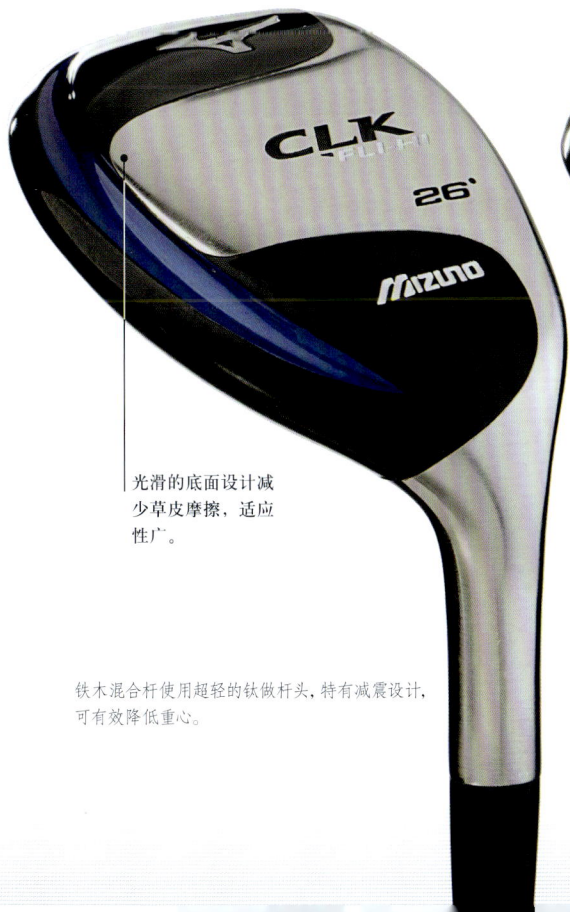

光滑的底面设计减少草皮摩擦，适应性广。

重心靠外接近击球面，可击出低角度平直的球。

钨镍合金加重块使重心更低，加大击球角度，减少旋转。

铁木混合杆使用超轻的钛做杆头，特有减震设计，可有效降低重心。

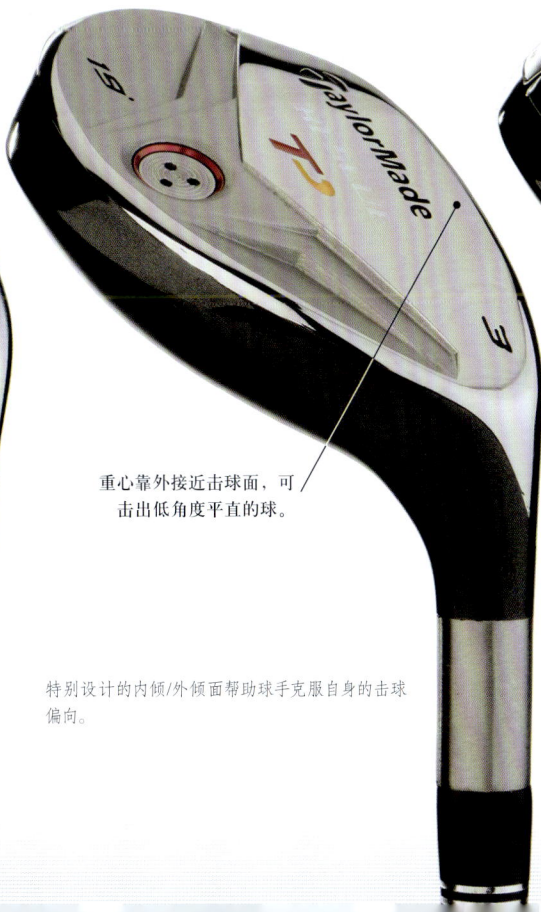

特别设计的内倾/外倾面帮助球手克服自身的击球偏向。

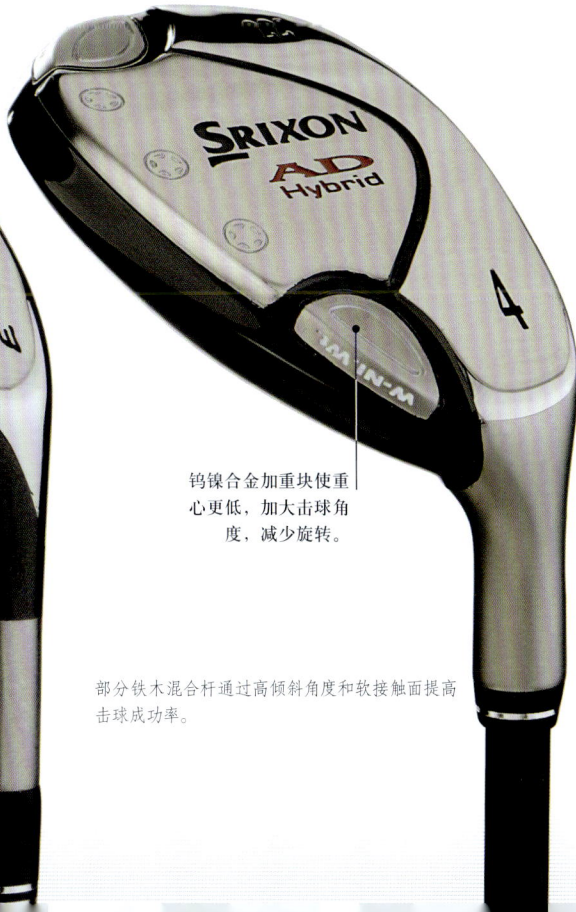

部分铁木混合杆通过高倾斜角度和软接触面提高击球成功率。

球道铁杆

掌握了球道铁杆的使用，你就能在场上掌握更多的选择机会，使自己的球技更上一层楼。球道铁杆比发球杆更加准确，而击球距离也不差。使用球道铁杆可以在艰难的5杆洞两杆攻上果岭，也可以帮助你从小障碍区打出远距离的球。球道铁杆是高尔夫球手最好的伙伴之一，只要你了解如何运用它们。

■ 坚实而充满活力的姿势

击球姿势是成败的关键之一，它决定了挥杆时身体动作的变化与质量。保持良好的击球姿势习惯很不容易，只要你有机会，就应该尽量多地按照以下步骤练习：

- 身体站直，双脚与肩同宽。双手握住杆柄，手臂与胸同高，放松。
- 由臀部以上身体向前弯折，直到球杆触地。
- 放松膝盖，大腿蓄势待发，要感到背部挺直，下巴抬高。

高尔夫的挥杆应是一个完整而流畅的动作，很难从完全静止的姿势开始。在开始挥杆前，应将球杆前后晃动，以减轻手、胳膊和肩膀的紧张。

击球姿势演练

■ 左肩在右膝上方

保持以上姿势，起杆准备击球。你的身体动作是力量的源泉。成功的挥杆需要正确、有效的身体动作。在心中默想让左肩转向右膝上方，以完成身体的扭转。右膝要保持放松，作为身体旋转的轴心。

■ 身体旋转

在你挥动手臂的同时，身体需要继续扭转。惯性会使你的挥杆动作越过击球点直到动量耗尽，不过你可以在心中默想，动作结束时，胸口应该正对目标。这会让你能够更好完成击球而不停留的动作。

> 在开始挥杆前，应将球杆前后晃动，以减轻手、手臂和肩膀的紧张感。

准备姿势　　　流畅的起杆　　　左肩在右膝上方　　　转身挥杆击球而不停留

完美的平面

有好几个分解点可以检查你的击球动作，这是其中最好的一个。当你向后挥杆到左臂与地面平行时，确保双手完全交叉，将球杆稳定在完美的平面上。

你可以对着镜子检查：你的双手应该正对胸前，球杆向下连线接触地面的位置应该正好在球与你的脚尖中间。检查好这个姿势，再继续转身完成向后挥杆的全动作。

挥杆的诀窍

向后挥杆时双手保持在胸前

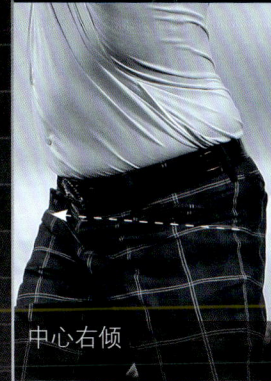

中心右倾

右脚踩实不动

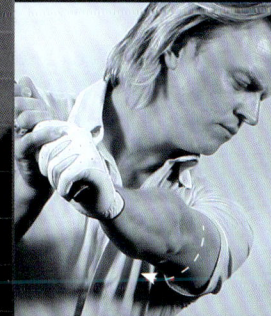

左臂转动，保持杆头平衡

握紧双手
手臂的挥动与身体扭转同时进行

抬头
保持高度，给肩部留出转动的空间。

扭肩
转动肩部至平行，完成身体的扭转。

膝盖放松
右膝保持放松

膝盖与臀部
臀部转动时，左膝向着球移动。

保持节奏

球道铁杆的击球距离很远——它是球袋里第二长的球杆。但不要急于求成。保持好顺畅的节奏，坚实的最后一击才是成功的关键，你能够获得所期的距离，同时又不会失去准头。

铁木混合杆

　　铁木混合杆是近来高尔夫运动器械最重大的发明。简洁的杆头和较短的杆身使铁木混合杆击球成功率大增，并能打出高角度的发球。由于它在障碍区比长铁杆击球更容易，因此获得了广泛的应用。为了保证障碍区发球的成功率，你应该牢记以下一些铁木混合杆的使用诀窍。

■ 击球姿势

　　击球姿势对击球的成功率至关重要。错误的站姿只能使击球成功率下降，而正确的站姿则可大大提高挥杆和击球的成功率。

　　使用铁木混合杆在障碍区击球时，应将球向击球的反方向移动一点，大概在你左脚内侧两个球的距离最好。同时，双手的位置应比球略靠前。做好这两点，你就能掌握强劲击球所需的略下降的击球角度。

选好球杆

　　正确选择球杆是获胜的关键，这也是铁木混合杆大受欢迎的原因。在长铁杆捉襟见肘的障碍区里，使用铁木混合杆往往可以收到意想不到的好结果。但是你也不能太偏执。比方说，如果你觉得使用7号长铁杆效果会更好，就不要考虑用铁木混合杆。

正确的站姿

短距离挥杆

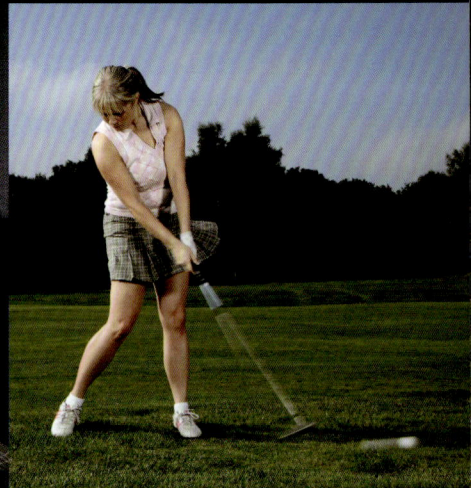

下降击球

■ 修正你的动作

　　在向后挥杆时，幅度有平时的四分之三即可——缩短的挥杆距离可以让你更容易地控制击球的力度和精确度，击球时更加干脆利落。但你必须完成完整的肩部转动，以及手臂的挥动动作。请默念"肩部平行"、"手臂垂直"。

■ 击球

　　准确地击中球背，要做得好像在空气中练习抽杆一样。略下降的击球角度可以最大程度地减少夹在杆头与球之间的草，使杆头与球的接触更加紧密。

铁木混合杆与切滚球

铁木混合杆的用途并不限于短草球道——150~200码（137~183米）的距离上，它还可用来打切削球，很多职业球员都会这样做。如果你的球正处在果岭边缘，离球洞还有相当距离，一个干净利落的切滚球是聪明的选择。它与使用挖起杆打出的高弧球相比更加灵活，而且也稳定得多。

低位握杆双手抬高

要想用铁木混合杆打好切滚球，需要在姿势上做一些改变。首先，球要放在双脚中间的位置，身体重心偏向前方的脚。其次，手握杆的位置尽量向下，靠近铁杆部分，以便尽可能地减少手腕的转动。站位要尽量靠近球，双手的位置比正常的发球略高。

如果球停在棘手的位置上，铁木混合杆是最好的选择，绝不会打失。

低姿

转肩

转肩

现在，你需要像用推杆推长球时一样击球。挥杆的动作应该由转动肩部和手臂挥杆两部分组成。双手在击球过程中不要用力。

挥杆

如果动作正确，击球后球杆头仍离地面很近。球基本上是被加速推出去的。球的飞行轨迹较低，而且由于击球时没有回旋力，球将继续向球洞滚去，就像推杆推出的球一样。在最初几次尝试中击球动作可能会有些过度，但很快就可掌握要领，正确控制击球距离。

挥杆

球道铁杆的运用典范

如果你在电视上观看一场高尔夫球赛，特别是大满贯赛这种对击球距离和精度都有额外要求的重大赛事，你会发现很多顶级球员频繁使用球道铁杆。无论是在紧凑的Par4球洞的发球，大型Par5球洞的长距离球，还是远距离向果岭发起攻击时，球道铁杆都是必不可少的武器。

泰格·伍兹的击球角度

球道铁杆与发球杆不同，但想要发挥它的优势，击球要领却和发球差不多，要求尽量平击。很多人对这一关键要点没有掌握。他们觉得球是放在草地上，没有了开球的支架，因此应该下击——就像用长铁杆那样。这是错误的，你必须要平击球。

请看伍兹的击球，他在用球道铁杆击球前向后挥出一个圆弧。他领会了平击球的重要性：这是你控制球速、精度与距离的关键。

球杆向后挥动时应该感觉到仿佛绕着你的身体转动，同时再配以标准的扭肩动作。这样可以帮助你在球杆后挥到最高点时保持完美的姿势，以便从内侧平着击球。你应该用球杆将球横扫出去，击球动作一定要坚决。

扭转乾坤的一击

1983年，莱德杯在佛罗里达PGA国家球场举行，最后一天的个人决赛上，塞弗·巴雷斯特罗斯与福兹·佐勒尔（Fuzzy Zoeller）对阵，在第十八号球洞将球击入了短草球道上的沙坑。看上去他要输掉比赛，但塞弗接下来用3号木杆打出了240码直达果岭边缘，这一杆真是惊心动魄，也确保他和佐勒尔打成平手。莱德杯美国队队长杰克·尼克劳斯称这是他见过的最出色的击球之一，这是极高的褒扬。

■ 令人难以置信的塞弗

上肢的转动和弧线挥杆是使用球道铁杆的诀窍。

双手自始至终要平衡用力，以免杆头方向失控。

不要所求过多——球道铁杆的优势在控制而非距离。

▷球道铁杆挥杆时应划圆弧，击球角度要平，这是泰格·伍兹能够打出既远又精确的完美击球的原因。

吉姆·弗瑞克的控球

使用球道铁杆开球是个不错的选择。你不但能打出较远的球，同时更加上倾的角度使得球臂使用发球杆时更好控制。你更容易把球打到短草球道上，这是一件好事。

一旦你决定使用球道铁杆发球，你要牢记的要点是，千万不要总想着去追求和用发球杆时打得一样远。这是一个很多人都会犯的错误——但不包括吉姆·弗瑞克。

弗瑞克的挥杆动作也许并不完美，但没有人比他能够更好地掌握击球的节奏，也没有人能像他那样好地控制球的落点。他知道自己对球的要求有多少，从来也不会追求过分的距离。这也许就是他比其他顶级球员都能更多地击中短草球道的原因。

因此，当你用球道铁杆发球时，请牢记——位置而非距离才是要点。这是使用这支球杆最关键的诀窍。

◁吉姆·弗瑞克的挥杆动作也许不是赛场上最优雅的，却十分准确。高概率击中短草球道是他的强项之一。

保罗·凯西的浅弧线挥杆

英国选手保罗·凯西（Paul Casey）使用每根球杆都能打出令人惊异的远距离球，球道铁杆也不例外。然而，我们还是应该注意他在使用球道铁杆时的优势所在：他挥杆时向后划过一条浅浅的弧线，同时身体转动幅度很大。如果能将这两个动作结合在一起，你的击球效果也会有显著的改善。

击球时手、臂、肩膀一定要放松。紧张会毁掉一切。凯西随后会在开始的30英寸（76厘米）距离内将球杆紧贴地面扫出，同时左肩向后转动，这是第一个产生力量的动作。接下来，球杆将自如地挥出。

> # 他挥杆沿一条浅弧线向后，同时上身转动角度很大。

▷凯西向后挥杆的幅度很大，再加上肩部的强烈转动，为接下来的击球动作积蓄了强大的力量。

铁杆的设计

以前，选择铁杆时只需要考虑一件事：你是喜欢刀背式铁杆经典正统的外观，还是喜欢较轻、击球成功率更高的中空式铁杆？很简单。然而，随着高尔夫球杆制造技术的突飞猛进，人们的选择也越来越多了。

中空式铁杆

高尔夫球杆制造商们最关注球杆在比赛中的性能改进。他们的改进方法主要是通过调整球杆的重心和重量分配，以达到最佳效果并尽可能帮助球手减少失误。随着技术的进步，达到这一目的途径也变得越来越多种多样。

更加复杂的新制作技术和工艺意味着新的中空式球杆变得更加结实、更易击中球，平衡感、协调性和失误率都得到进一步改善。市面上有许多中空式铁杆都设计得非常优秀，特别是高端产品。这些球杆的主要差别只是外观不同而已。

中空式铁杆的杆头中心是空的，杆头的重量都分布在边缘。这种设计使杆头在球击打在边缘处时更不易变形。

倒锥面设计最大程度将动能传导给球，使击球距离更远。

杆头距凹槽的适当偏移量使击球面基本呈正方形，增强对球的控制。

中空式铁杆的最大特点——杆头重心的重量重新分配到四周。

铁杆的制作

20世纪60年代，很多巡回赛职业选手还在大赛之间回到自己俱乐部装备店，一边修葺完善自己的球杆，一边为俱乐部的其他成员提供服务。现在的顶级球员们则自始至终都有高尔夫设备销售商提供完善的服务，为他们量身定做各种各样的球杆。随时代变迁，呈现日新月异之势。

桑姆·史纳德在自己的高尔夫专业店中工作，摄于1949年。

击球面的沟槽要保持洁净，及时去除粘在上面的泥土和草叶，以便击球时产生最大的后旋力。

长铁杆的杆身多采用钢制，特别是那些技术熟练的高尔夫高手使用的铁杆，对他们来说，准确度比距离更重要。

铁杆的击球面

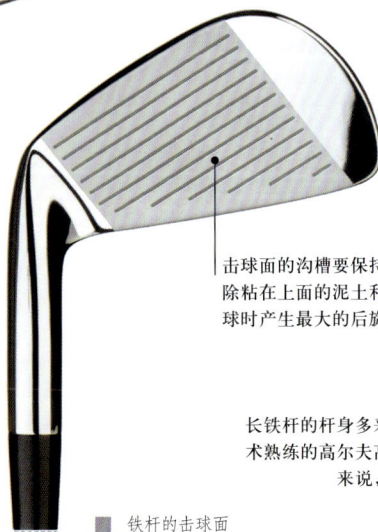

复合材料的采用与可移动的重心设计

复合材料的杆头是近些年的新发明。一些铁杆采用钛制作击球面，使杆头的重量可更多分布于边缘，特别是底部。这样设计的优点是球更不易被击飞。

同样道理，另一些公司则设计了嵌入杆头中的复合材料部分，以降低重心，提高击球角度。

可移动的重心设计是另一项新发明。作为21世纪最新的铁杆设计技术，钨的使用改变了由倾斜角度决定的击球特性，既可获得最佳击球角度，又提高了击球的成功率。

背部的双减震碟设计有效缓冲击球力量，令手感更加舒适。

钨镍合金的配重块可降低重心，提高击球角度，减少旋转。

这是比较常见的最新中空式球杆，配有WS系统——减震碟和钨配重块及中空的设计。

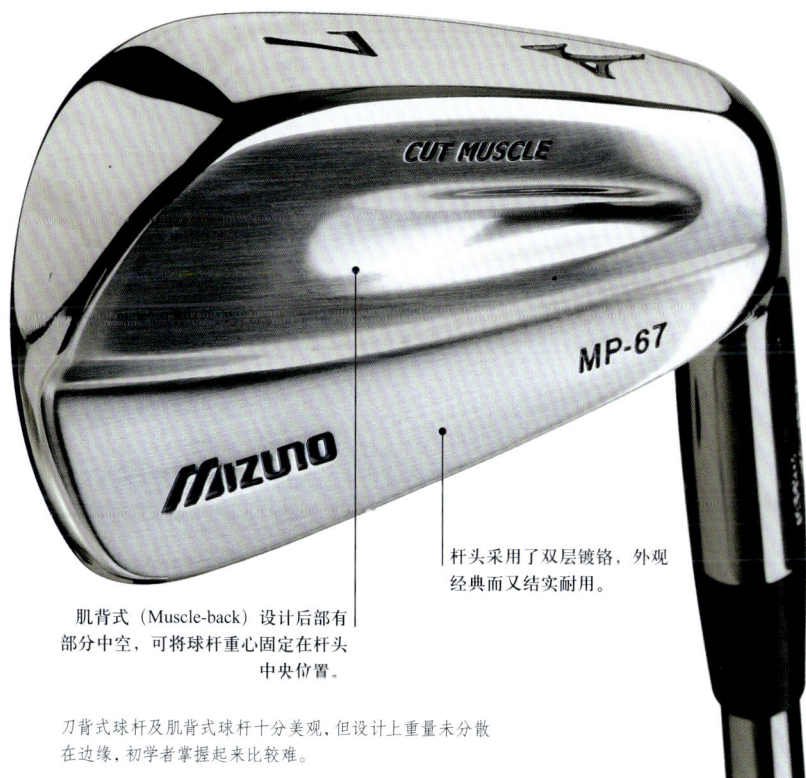

杆头采用了双层镀铬，外观经典而又结实耐用。

肌背式（Muscle-back）设计后部有部分中空，可将球杆重心固定在杆头中央位置。

刀背式球杆及肌背式球杆十分美观，但设计上重量未分散在边缘，初学者掌握起来比较难。

传统的刀背式设计

在新技术不断投入使用的同时，市场上仍有很多种刀背式铁杆出售。制造商改进了熔炼技术，使传统刀背式球杆过于柔软的石墨合金钢杆头变得更加坚韧，提供了更好的远距离球控制力。

新世纪的刀背式铁杆具有迷人的肌背式（muscle-back）外形，同时击球特性也有很大改善。球杆的重心控制在杆头中央，以便击球更加干脆，减少偏向。经验丰富的球员使用这种球杆可以更好地控制球路。

一套顶级的刀背式长铁杆是很多球员梦寐以求的装备。然而它们并不适合初学者，你一定要十分熟悉击球要领才能发挥出它们的优势。

兼容并包的新设计

无法决定该选择刀背式还是中空式球杆的人，还有新的选择——"渐进式套装（Progressive Set）"，它同时兼具两种长铁杆的优点。长铁杆一直是初学者最怵头的装备，现在有了中空和偏心设计，你可以更好地驾驭这些球杆，不会总将球击飞了。

"渐进式套装"中的铁杆与传统的中空式铁杆有所不同，总的来说，越是倾斜角度大的铁杆，中空的部分就越小。

这种设计集中了两家之长。中空设计令击球面有所扩大，在小障碍区使用起来比传统的铁杆要好得多。偏心设计的杆头则使击球面更呈方形，减少了球的旋转。同时，在使用短铁杆时又不必作出妥协，你自始至终都能感受到传统刀背式铁杆强劲的手感。

完美的解决方案

革新的"渐进式套装"长铁杆融合了传统刀背式与中空式铁杆的特长，在使用长铁杆时可以享受到中空式设计的优势，使用短铁杆时也可体验到刀背式设计的快感。

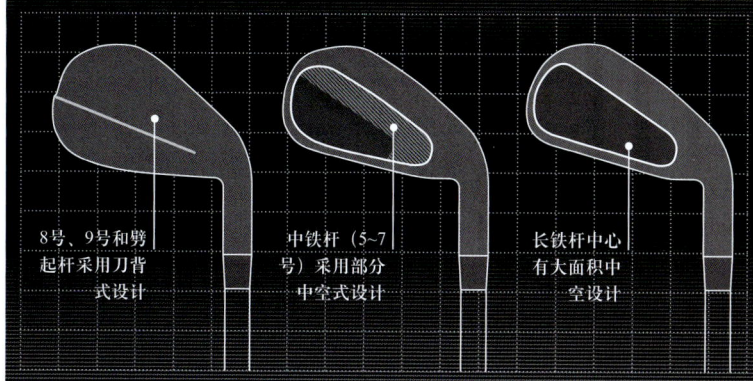

8号、9号和劈起杆采用刀背式设计

中铁杆（5~7号）采用部分中空式设计

长铁杆中心有大面积中空设计

铁杆的杆面角与杆长

杆面角是造成高尔夫击球效果千变万化的重要因素之一。如果所有的球杆杆面角都相同，那么世界冠军也无法打出令人满意的低杆数。同一套铁杆中，3号铁杆的杆面角大约为22°，而劈起杆的杆面角则高达48°，两者外观有显著的区别。同样，铁杆的长度也有明显区分，较长杆身的球杆适合打远距离的球，而短杆则有更高的精确度。

▷ 一套铁杆共有9根，除了杆面角有明显不同外，底部与前缘样子也有一些区别。

▽ 3号铁杆的杆身比劈起杆的杆身要长4英寸（10厘米），每隔两杆长度增加半英寸。

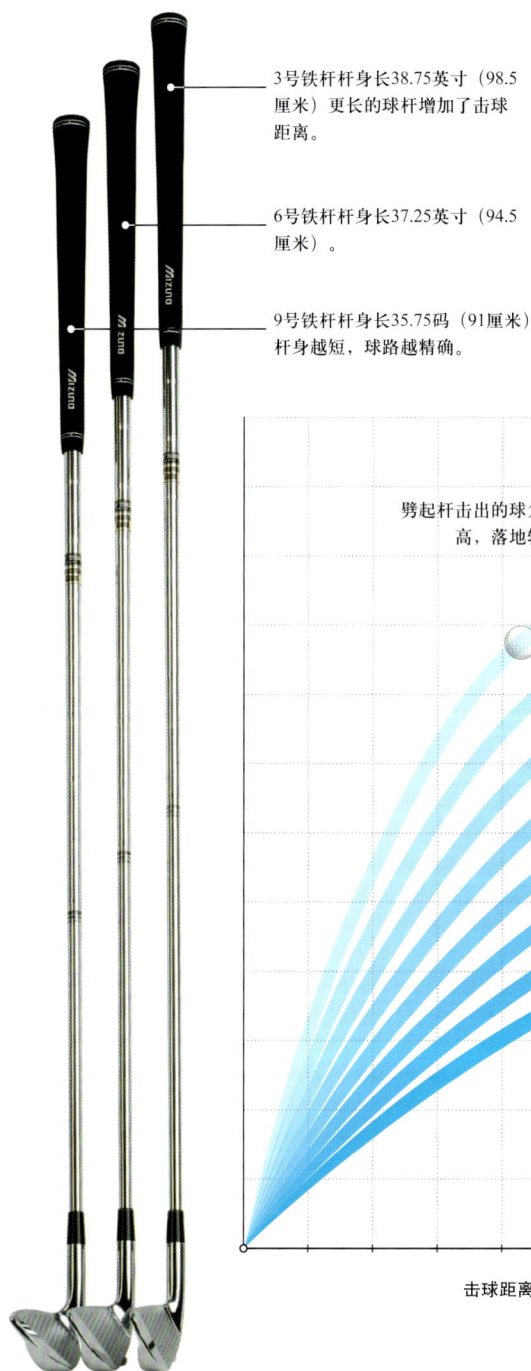

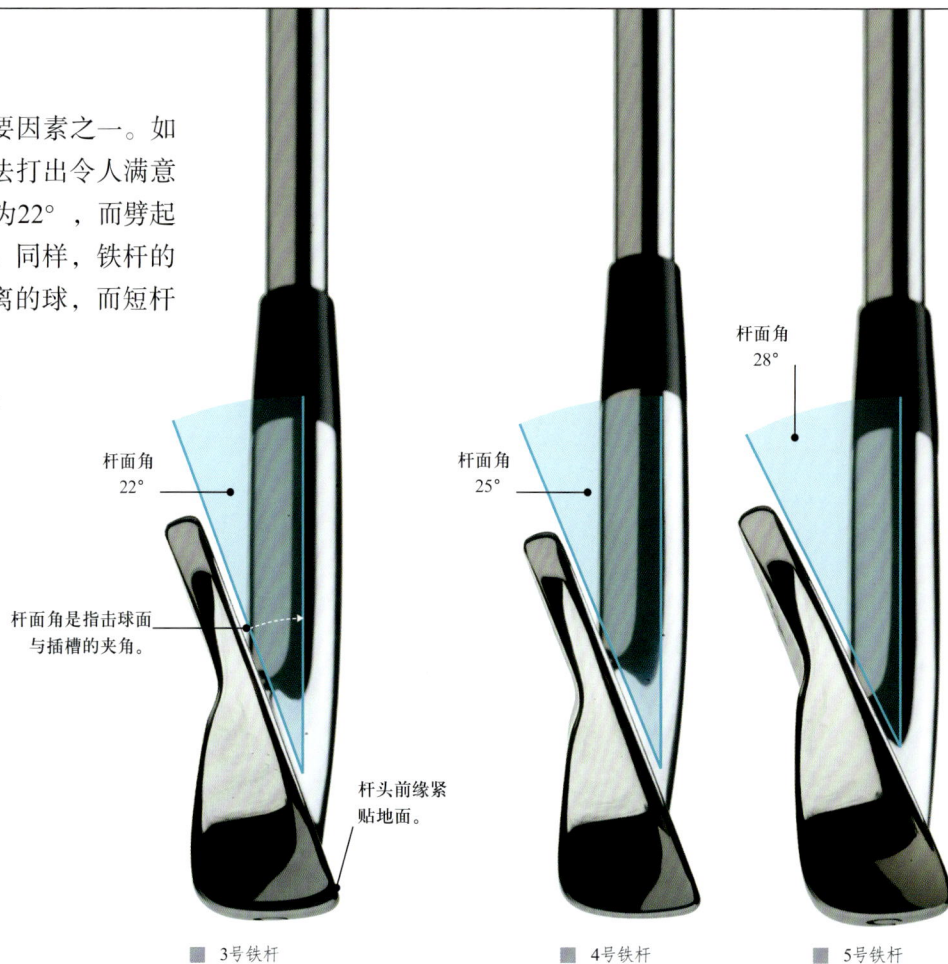

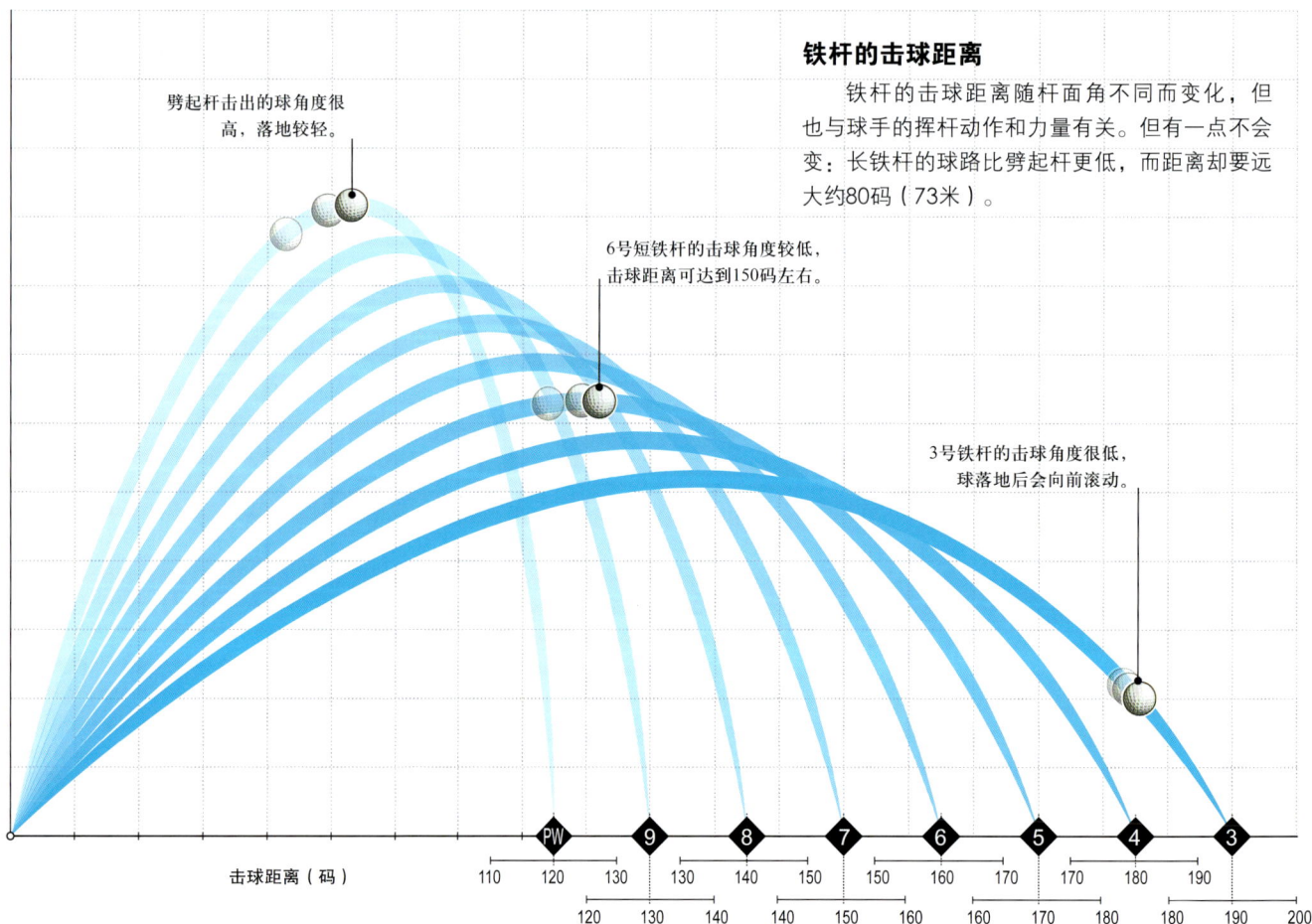

3号铁杆杆身长38.75英寸（98.5厘米）更长的球杆增加了击球距离。

6号铁杆杆身长37.25英寸（94.5厘米）。

9号铁杆杆身长35.75码（91厘米）杆身越短，球路越精确。

杆面角是指击球面与插槽的夹角。

杆面角 22°

杆面角 25°

杆面角 28°

杆头前缘紧贴地面。

■ 3号铁杆　　　■ 4号铁杆　　　■ 5号铁杆

铁杆的击球距离

铁杆的击球距离随杆面角不同而变化，但也与球手的挥杆动作和力量有关。但有一点不会变：长铁杆的球路比劈起杆更低，而距离却要远大约80码（73米）。

劈起杆击出的球角度很高，落地较轻。

6号短铁杆的击球角度较低，击球距离可达到150码左右。

3号铁杆的击球角度很低，球落地后会向前滚动。

击球距离（码）

	PW	9	8	7	6	5	4	3
	110	130	130	150	150	170	170	190
	120		140		160		180	
	120	130	140	140	160	170	180	190
		130		150		180		200

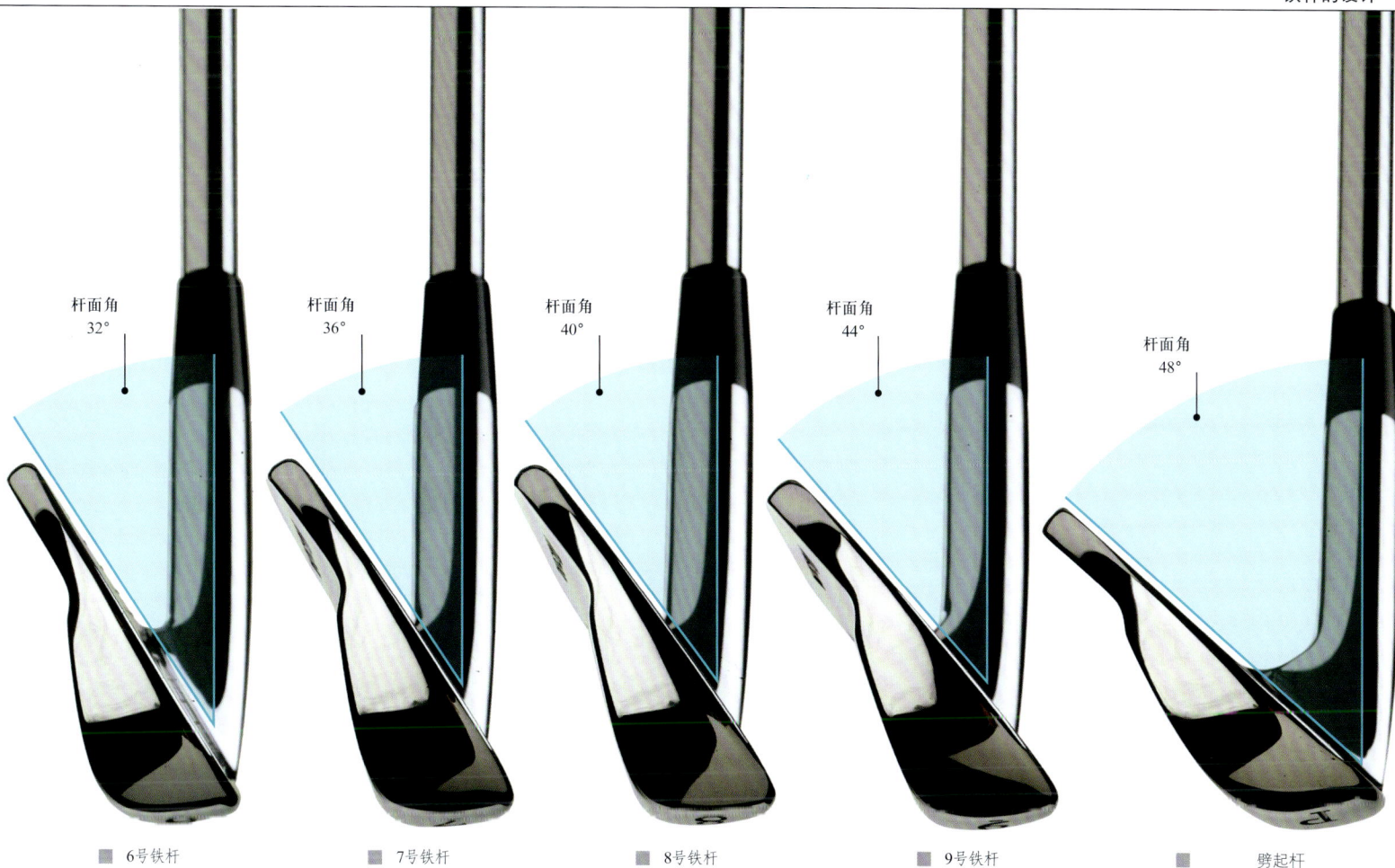

杆面角
32°

杆面角
36°

杆面角
40°

杆面角
44°

杆面角
48°

■ 6号铁杆　　　　■ 7号铁杆　　　　■ 8号铁杆　　　　■ 9号铁杆　　　　■ 劈起杆

定制

　　定制球杆可以最大限度地满足球手对球杆特性的要求。为了达到这一目的，设计师需要考虑挥杆速度、击球角度、出射角度等诸多动力学因素，以及球手的身高、双手大小、年龄、性别等。一套完美的定制球杆必须满足以下要点。

　　·杆长：理想的杆长主要取决于球手的身高，其次是握杆时手指尖到地面的长度。

　　·底角：底角是杆身与杆头底边的角度。总的来说，身材矮

球员可以在一系列可替换的杆头和杆身中选择最适合自己的组合。

球杆设计师常常出现在赛场上，为赞助商调整他们提供给职业选手的球杆。

的球员需要底角较平的铁杆；高个子则应使用底角高的球杆。

　　·杆身材料：不同制造商各自推出许多不同类型的杆身设计，重量、硬度、柔韧性各不相同。击球力度越大，越需要更硬的球杆。

　　·握柄尺寸：握柄尺寸要适合手掌的大小。如果握柄过细，双手可能会过于紧张造成失误；过粗则会阻碍挥杆时的手部动作。

铁杆击球

如何用好铁杆是一门艺术。铁杆有很多支，每一支的杆面角、长度、击球距离都不相同。一名优秀的球手必须掌握从3号到9号每一支铁杆的使用方法：如何控制球的飞行路线和距离，以及旋转速度。尽管如此，这并非是一项不可能的任务，任何人都能很快提高他们使用铁杆的技巧，只要他们能够学会该看哪里，以及如何将理论化为实际。

正确的球位

球的摆放位置至关重要。如果球的位置摆放不正确，或者击球者认识不到这个问题的重要性，结果很可能就是功亏一篑。

■ 这里介绍一个有用的窍门。使用挖起杆打球时，球应该放在两腿正中间；球杆越长，球就应该逐渐移向前方。比如，使用5号杆时，球应该向前移动一个球的位置；当你使用3号铁杆时，球就应该更靠前，位于你的左脚内侧。

■ 这样做的目的是为了使你保持正确的击球角度——使用挖起杆时，角度较大，杆身越长，击球角度就越小。这是用铁杆击球的关键。

球离身体的距离也取决于球杆的长短。球杆越短，你就应该站得离球越近。可参见58页球道铁杆击球的图解来判断正确的站位。

控制球的飞行距离

控制好球的飞行距离也是用好铁杆的关键。你需要做的是确定自己使用每支铁杆的最佳距离。你可以在练习场上测试——击20个球，然后去掉距离最远与最近的各5个球，计算使用不同铁杆时的击球距离（即球落地时的距离）。把每支球杆的击球距离记录下来，养成打球时随时查看的习惯，这将使你受益匪浅。

■ 接下来你要学习的是控制自己的挥杆动作。动作一定要流畅、平衡。你的注意力仍然要集中在击球的那一瞬间，但你要了解自己力量的极限。大多数顶级球员在击球时会使用全力的80%~85%，这是保持击球动作一贯性、控制球飞行距离的必要条件。

球杆绕颈旋转

球一旦击出，接下来的动作将不会再有什么影响——这是完全错误的。尽管球已经击出，但如果你能够继续集中精力完成整个动作，仍然会对你使用铁杆的能力有所帮助。

使用不同球杆时球的摆放位置也不同

球杆长度是关键

■ 这是值得你牢记的动作姿势：作为结束挥杆动作、保持平衡的要点之一，请将球杆继续绕颈旋转，甩向脑后。这可以帮助你更好地完成"穿球而过"的挥杆动作，保持这个良好习惯可以提高你使用铁杆的成功率。

击球后的姿势

练习流畅的挥杆动作

挥杆秘笈

注意力集中于球的背面

击球瞬间右臂紧贴身侧

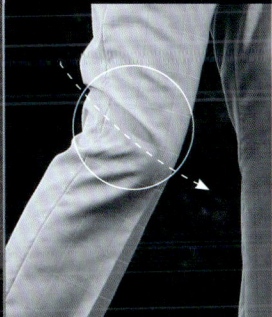

右膝向球的方向移动

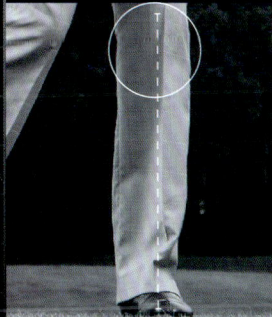

左膝站稳并保持弹性

头部
头部位于球的后方，保持身体旋转的轴心。

肩膀
右肩下沉，保持良好的挥杆轨迹。

向下击球
杆头击球时略向下倾斜。

手引导球杆杆头

很多初学者喜欢在用铁杆时抽球，认为这样的效果更好。这是比赛中常犯的重大错误之一。请看那些顶级球员，他们是用手带动球杆击球，击球时的角度是向下的。动作的关键是当你击球时，球杆的上端应该是向前倾斜的，这样可使杆头与球紧密接触，球的飞行轨迹更加实用。

保持弧线
左臂伸直，保持挥杆弧线。

留出空间
左臂向后为手臂挥动留出空间。

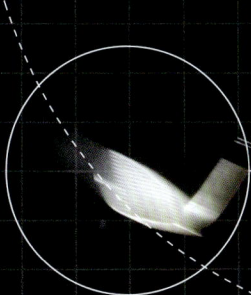

各种打法

大部分业余选手认为，只有经验丰富的球员才能做到随意采取各种打法。其实并非如此。形成自己的打法规则很简单——不是左曲球就是右曲球，不是高球就是低球，只要用心学很快就能掌握，这在实际比赛中十分有用。球场上的很多情形，也是你可以好好利用后获益匪浅的机会。

左曲球（DRAW）

对于右手打球的选手来说，左曲球是令球在空中时自右向左运动；对左手选手来说则是自左向右。

■ 击球面直接对准球，就像打直球时一样。然后调整双脚，令其延长线偏向你想要球偏转的方向，但不要再改变击球面的方向。

■ 现在，沿着你双脚的方向进行正常的后挥杆动作。

■ 击球时注意右手在左手上方的转动，让杆头更好地得以延伸。

■ 继续保持平衡，完成整套动作。

从瞄球球位相反的角度开始挥杆，循着击球的最终路线，直到击球时杆头的位置形成的是一种侧旋，这会让球朝着一个方向飞出后在空中向一侧旋转。

重心仍像往常一样

瞄准目标　　正常挥杆　　翻手　　完成动作

右曲球（FADE）

右曲球对右手球员是指球从左向右运动，对左手球员则是从右向左运动。

■ 击球面对准球，并朝着你想要球落地的方向。调整双脚延长线朝向球击出时的方向，但不要转动击球面。

■ 沿着对准的方向正常挥杆。

■ 击球时，要迟一些再伸展双手——与转动右手的动作相反——以保持杆面一直对着击球区域。

■ 继续动作进行击球，平稳收杆。

打左曲球和右曲球的关键就是熟能生巧，多练习就能控制球在空中运动的变化，最终能够做到根据实际情况改变球的运行线路。

身体正常扭转

瞄准目标　　正常挥杆　　手的动作后推　　保持完成动作

如何打低球

在某些情况下，如为了躲避半空中的树枝，需要降低球的飞行高度，这就是低球。打低球时，击球姿势需要进行一些必要的调整：

■ 首先，手握球杆的位置比平时向下1~2英寸。球的位置应该更靠后，双手位于球上方靠前。这样可以降低击球面的角度，以便击出低球。重心更多放在前面的脚上。

■ 挥杆动作变化不大，只要采用3/4后挥杆，并确保完整的转身动作即可。

■ 向下挥杆时，你的胸部应该"盖"住球，球杆尽量擦着地，手要一直位于击球面的前方。应感觉到球杆头是擦着地面击向球的。

■ 缩短的收尾动作标志着整个击球动作控制良好、平衡而有力。

不要试图用蛮力击球，好的技巧更重要。干净有力的击球动作是成功的关键。同时要记住，球路降低的结果将增加球落地后滚动的距离，挑选球杆时不要忘记这一点。

向后的挥杆动作只有平时距离的3/4。

球靠后，重心向前　缩短的向后挥杆　靠后的站姿　有力的收尾动作

如何打高球

高球的使用在球场上并不常见。当你的前方有一棵树，或是需要在紧凑的距离内跃过障碍物时，就需要打高球了。

打高球的击球动作并不需要大幅度的改动，只要一些微调即可。

■ 既然是打高球，那么击球时击球面的倾斜角度就应更大些。因此，你应该把球略向前移。与打低球时手在球前不同，现在双手应保持和球的位置垂直。

■ 向后挥杆动作比平时要大，双手举高。

■ 击球时应感觉重心在身体右侧逗留的时间比平时更长。

■ 完成平衡的收尾动作，重心比平时稍偏右侧。

双手与球处于同一平面。

击球时重心仍然偏向右侧。

球向前，双手靠后　双手举高　重心偏后　平衡的收尾动作

铁杆的运用典范

衡量铁杆水平的标准是果岭命中率。顶级球员们一般能有80%的命中率，他们的技术值得人们借鉴。铁杆的运用不仅在如何攻上果岭，还有很多方面，包括使用什么技术和策略。

击球时保持击球面冲着目标

击球时右臂完全伸展。

坚实的腿部保证转身动作有力平稳，手臂挥杆流畅自如。

厄尼·艾尔斯：伸展手臂

厄尼·艾尔斯是位出色的击球手。他的击球动作看似力量不大，其实在优美的节奏下隐藏着强大的力量。因此，他的铁杆运用纯熟，技艺精湛，打出的球又远又准。

厄尼的挥杆动作大有可以借鉴的地方，比如他挥杆击球时完全伸展开的手臂。这帮助他获得更高的击球速度，以及至关重要的下倾击球。

在模仿厄尼的动作时，要注意使自己的右臂在击球时完全伸直，杆头贴近地面，这样更容易自如地完成穿球而过的挥杆动作，使手臂如同厄尼一样伸展。

◁厄尼的挥杆动作十分经典，受到众多球手的羡慕。通过击球时手臂的伸展，看上去毫不费力、节奏感十足的动作一下变得非常有杀伤力。

最伟大的铁杆战绩

赛尔吉奥·加西亚在1999年美国巡回赛的最后一轮比赛中，用铁杆打出了天才的一杆。在第16洞，他的球落到一棵巨大的橡树根部，离球洞还有189码。他本来想用切削球的打法，灵机一动却拿了6号铁杆，闭上眼睛使出全力击向球。当他睁开眼睛时，他看到球完全按照自己所设想的那样在空中飞行，并直接落到离球洞不足35英尺（10米）的地方，差一点就直接进洞而拿到小鸟。

■ 加西亚第16洞的天才一击

科林·蒙哥马利：良好的控制力

苏格兰选手科林·蒙哥马利保持着8次欧洲巡回赛奖金榜（Order of Merit）榜首的纪录，他的挥杆动作并不是最标准的，却是当代对铁杆击球距离控制得最好的球员。他将球直接打入果岭球洞旗杆范围内的次数，大概是过去20年所有高尔夫球员当中最多的。

蒙哥马利最拿手的一招每个初学者都可以很快掌握，那就是他挥杆的节奏。无论是3号铁杆还是9号铁杆，他都能保持同样的挥杆节奏。特别是从后挥杆的最高点到开始向下挥杆的时间。他从不急于用力，总是给自己留出足够的时间——流畅的挥杆节奏——这就是我们要学习的。

▷蒙哥马利也许有这样那样的性格特点——他急躁，注意力不够集中，他对铁杆的运用却流畅、精准，毫无破绽。

▽索伦斯坦从不畏难退缩，每一杆都直指球洞。她每个击球都经过深思熟虑，极少犯错误。

安妮卡·索伦斯坦的转身动作

安妮卡·索伦斯坦是近20年来最伟大的女子高尔夫选手之一，在整个高尔夫史上也名列前茅。她是女子高尔夫运动的新标杆——就像男子高尔夫的泰格·伍兹一样。她的技术可谓完美无缺，几乎毫无破绽。

然而，她的挥杆动作却有一个与众不同的怪癖。在击球那一瞬间，她总是明显地将头偏向左侧。这似乎不是一个很好模仿的动作，毕竟有些动作只是对特定的选手才适用。我们从中却可以领悟到一些东西，对你改善自己的挥杆动作是很有帮助的。

利用头部的转动，安妮卡在击球时获得了更好的上身转动，同时也更利于她左侧身体让出位置，以便手臂能够自如地完成挥杆的动作。

> 然而，她的挥杆动作却有一个与众不同的怪癖。在击球那一瞬间，她总是明显地将头偏向左侧。

斜坡面击球

没有哪块高尔夫场地是完全平坦的。实际上，唯一能确保水平的地方只有发球点，而这只占你击球数的很少一部分。只要你踏上高尔夫球场，就必须要学会如何处理斜坡上的球，无论是上坡、下坡，还是偏向一侧的斜坡，在比赛中都会经常遇到。

球高于站位

你首先需要注意的是，如果球的位置高于你的双脚，那么击球时很容易偏向下坡的方向。为了克服这一倾向，挥杆动作要有所改变：

▍首先，应瞄准实际目标的右侧。同时，手握球杆的位置应靠下。这样使球杆有效长度缩短，以适应球比水平位置偏高的特点。此外，站立姿势应更直，双膝比平时稍用力。

▍斜坡的作用再加上你的站立姿势的影响，会使你觉得挥杆的动作有所延长——球杆比平时绕身体转得更多。这是正常的感觉，你只要尽力保持好高度和脊柱的角度即可。

▍转身完成收尾动作，保持好身体平衡。

挥杆时要站稳。

瞄准目标右侧　　　　身体站直，控制好动作　　　　保持高度，保持平衡

球低于站位

斜坡同样影响着球路，你的站姿和位置会限制身体的转动。

▍球会偏向右飞，所以请瞄准目标的左侧。自臀部以上应比平时更向下弯，以使上身接近球。膝部要保持更多的灵活空间，以便站得更稳。

▍由于身体的转动受到限制，向后挥杆更多依靠手臂力量，因此双手移动距离缩短，但位置应更高。由于力量减小，握杆位置应向上移。保持良好的挥杆节奏。

▍在斜面限制的允许范围内尽可能流畅地挥杆，击球，完成动作。

此类击球的关键点在于击球瞬间之前要保持原始的高度和脊柱的角度，如果放任身高的变化，很容易造成球路的偏向。

握杆位置靠近球杆尾部

瞄准目标左侧，屈身　　　　更短更好地挥杆　　　　放松的收尾动作

上坡击球

这大概是在斜坡上击球最简单的情况，球自然就有飞向空中的趋势。但是要想把球打好，仍然要注意以下一些问题。

■ 右肩应明显低于左肩，重心放在后面的脚上。双脚应比平时更分开，由于上坡击球时球路容易产生左曲(hook)，因此应瞄准目标偏右的方向。

■ 击球过程中尽量适应斜坡的角度，保持好身体的平衡，不要向后或向前（斜坡方向）移动。

■ 保持重心稳定，低头，让击球动作的惯性带动身体达到结束姿势。

根据斜坡角度调整双肩位置 | 保持平衡 | 低头

了解击球角度

在上坡或下坡击球时，球杆需要灵活地选择。问题的关键是击球角度的改变。在下坡击球，球的初始角度会明显变小，因此你可以使用更小的球杆——如用6号铁杆代替5号铁杆。在上坡击球时，情况则正相反。初始角度更大，因此你可以使用更大的球杆，如用7号铁杆代替8号铁杆。不要强行纠正斜坡的影响，要顺其自然。记住：下坡时用小球杆，上坡时用大球杆。

下坡击球

这是斜坡击球中难度最高的一种，因为你会感到球很难飞起来。这并非错觉，向下的斜坡使你失去了击球的角度，球很容易平飞向前方。

■ 双肩、臀部一定要尽量和斜坡平行，左肩要低于右肩。击球位置要向后移——这非常重要，你可能会觉得应该将球向前放，以便更容易击向空中，但实际上那样反而会适得其反。

■ 向后挥杆时要举得更高，双手早一些交叉。这样会在击球时容易产生较高的角度。在向后挥杆的过程中，一定要保持身体重心的平衡。

■ 向下挥杆击球的过程中，试着感觉自己好像是在追着球移动，身体下坐，使杆头沿着斜坡的方向向前伸展。不要试图将球向空中击打。

球的位置要靠后 | 双手提前交叉 | 击球时身体下坐

复杂情况下击球

站在高尔夫球场上，你所面对的包括大自然、高尔夫球场设计师和复杂多变的比赛本身。经验丰富的球手知道如何应付球场上各种复杂的情况，无论是肆虐的大风，还是难缠的障碍物；熟悉可以利用的诸多因素，可以帮助你更好地获得胜利。

利用好风向

风在高尔夫球场上无处不在。无论是微风还是狂风，你都要学会应付。迎风时你应该选一支较大的球杆，并减力击球，这样球更容易克服风力的影响。最常见的错误是仍然使用平常的球杆，并试图加大力量以克服风力——那样永远不会奏效。顺风时则要选择较小的球杆，同样要减力击球，不要用平常的球杆并减小击球力量，否则常常会击不到球。此外，可用3号木杆代替发球杆开球。球飞得越高就可越好地利用风力，增加击球距离。

■ 侧风：职业选手通常会选择迎风击球，比如在风向从左向右时打小左曲球，他们认为这样能更容易地控制好球的距离和旋转。这是高手的选择。通常，更简单的方法是顺风击球，比如在风从右向左吹时，只要瞄准目标的右侧击球即可，风会帮你完成剩下的工作。

瞄准右侧，利用侧风的力量

从障碍区击球

在障碍区中遇到的最大问题是草会夹在杆头击球面与球之间，这会减弱击球力度，使球的飞行距离缩短。解决办法是保持较大的击球角度，这可使杆头与球最大限度地贴近，从而更容易打出接近于"正常"的铁杆击球效果。

■ 球后撤至双脚之间，双手位置比球靠前，向后挥杆时早一点交叉双手。

■ 向下挥杆击球过程中要用手带动球杆，注意完成随后的收尾动作。

> 关键是保持较大的击球角度，这可使杆头与球最大限度地贴近。

双手在前，早一点交叉

更加倾斜的击球角度，完全伸展的收尾动作

长沙坑球

在直道沙坑中打球首先要做的是挑选一支杆面角足够大的球杆，以将球顺利击出沙坑。如果在这基础上，还能打出足够的飞行距离将球击上果岭，那就算是你的好运气来了。干净利落的击球是一切的关键，沙子会大大减弱你挥动球杆的力量，即使击球动作稍重，也会大大影响球的飞行距离。

■ 双手握杆的位置向下移动1英寸。这可以使杆头远离沙地，击球动作更加干净利落。

■ 双脚踩入沙子中，获得更好的支撑。由于这样会使你挥杆的动作线路下降，所以握杆位置下移是关键。

■ 保持流畅、平衡的挥杆动作，击打球的背部，不要试图把球挖起来。

■ 击打球的背部，不要击中沙子。如果你击中了沙地，将会使击球动作变"重"。

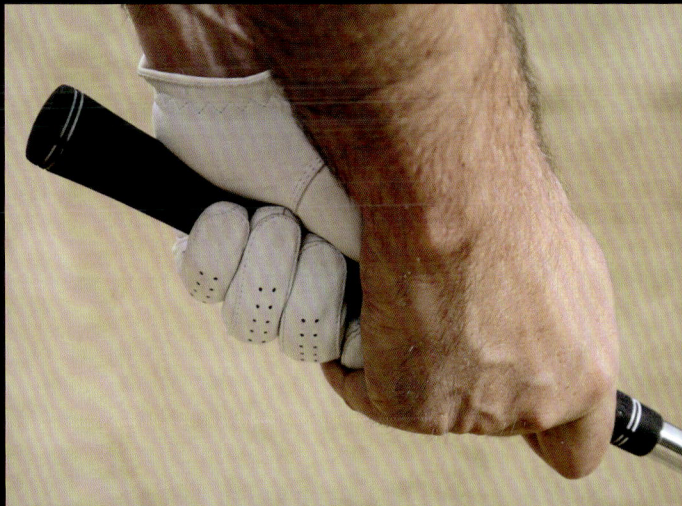

缩短挥杆长度

双脚踩实

流畅的击球

双脚站稳才可在挥杆时保持身体平衡

绝佳的练习机会

通常，将球打入直道沙坑就意味着你的比赛过程不利。但这也是一个极好的练习机会。维杰·塞恩最喜欢的练球方式之一就是在直道沙坑中用铁杆练习全力击球，这对于练习干净利落的击球动作非常有帮助。维杰是世界顶尖的高尔夫选手，所以如果连他也青睐这样的练习方法……

球杆要击打球，不要碰到沙子

挖起杆的设计

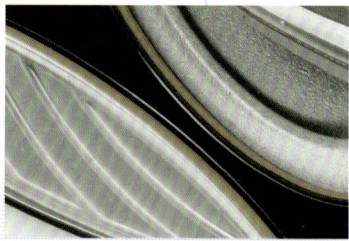

直到20世纪90年代，高尔夫选手在使用挖起杆时的选择余地一直都很小。实际上，只有两种球杆可供选择：劈起杆和沙地杆。如果想要获得更大的杆面角，就只能选择自己拆下击球面，进行即兴发挥的改造。现在，这两种球杆已经被大量不同的新型挖起杆代替，这些球杆有着52°~64°不等的杆面角，可以提供多种多样的选择。

精确武器

虽然不能像推杆那样享受推球入洞的快感，但挖起杆确实有自己的过人之处。这是一件精确的武器，它依靠良好的手感、击球的高转速和最优秀的控制力成为许多高尔夫球手必备的选择。

大概也正因为如此，挖起杆并不像发球杆、推杆或是铁木混合杆那样热销。一部分原因在于，设计者没有太多的选择余地可以增加挖起杆的威力。他们只能在比较基本的设计内容上动脑筋，比如沟槽的结构，或者金属的种类；而这些听上去远不如"转动惯量"或是"重心"那样具有高科技感。

但是，正是这些因素将很大程度上影响你的比赛进程。要知道，在一场高尔夫比赛中，除了使用推杆的击球外，很大一部分击球距离都小于100码（91米），这意味着你包里的挖起杆将有许多次大显身手的机会。

挖起杆的外形比长铁杆更像刀片，因此它们更易击打。杆头底部更圆，前端离地距离也更高。周边的重量分配也是决定手感和精准度的一个至关重要的因素。

黑色的镍制杆底材质比铬软，在果岭附近使用有更好的手感。

弧形的底部帮助球手更好地完成沙地和长草地上的击球。

杆头采用碳合金钢晶流工艺铸造，手感极佳，击球距离控制精确。

劈起杆的杆面角从插槽中心测量，大约为46°。

圆弧形的底部反弹角较小。

■ 迎面示意图

沟槽的处理

负责制定世界高尔夫比赛规则的英国高尔夫协会（R&A）与全美高尔夫协会（USGA）限定了高尔夫球杆沟槽的长度、深度、沟槽间距等一系列数据。旋转球是挖起杆最大的特色，因此每个球杆制造商都在规则允许范围内将沟槽的设计发挥到了极限。没有这些规则的话，费尽心机想要球旋转起来的新手们真要谢天谢地了。

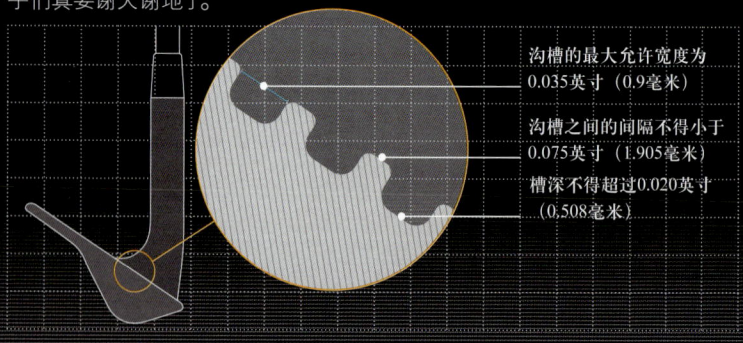

沟槽的最大允许宽度为0.035英寸（0.9毫米）

沟槽之间的间隔不得小于0.075英寸（1.905毫米）

槽深不得超过0.020英寸（0.508毫米）

旋转为宗旨

击球时产生的高转速是挖起杆最大的卖点。击球面与沟槽的设计都是为了增加球杆击球时的摩擦力，以使球产生旋转。新型挖起杆击球面上的沟槽设计非常有效，职业高尔夫选手即使在障碍区也能够用它打出惊人的旋转球。当然，球手仍然需要控制击球的准确度。

杆头设计

挖起杆杆头在选择使用的金属种类时，不光要考虑实用——某些金属的材质更柔软，用在杆头上的手感更好——同时也要考虑美观。经典的镀铬击球面仍然很流行，同时另一种较轻的滑面设计也开始出现在市场上。与此类似的还有被称作"油壶（Oil Can）"的击球面设计，采用了哑光工艺,同时手感更轻巧。

也有公司制造出一种称为"锈蚀"或"陈化"的击球面。其作用是一样的，这些杆头随时间而产生锈蚀，从而帮助球手获得更好的控制力。此外，一些制造商还提供一种乌黑工艺的挖起杆。总之，可供选择的挖起杆种类已经很多，每个球手都可以根据自己的喜好进行选择。

挖起杆表面可以使用多种材料：镀铬、镀铜、乌黑工艺、"油壶"设计及锈蚀处理。

铜制表面的杆头比其他材质的杆头触感要柔韧，因此更受欢迎。

乌黑工艺是一种复杂的氧化处理，其目的是减少瞄球时光线的刺眼感。

球杆细节

备有一套尺寸不同的挖起杆,球手在球场上就可以有多种选择,所以球手至少要备有两根——理想的应该是三根——挖起杆。

高挖起杆是球筒里杆面角最大的一根球杆。

每个球手都应备有一根沙地挖起杆（56°）

"间隙"杆介于劈起杆与沙地挖起杆之间。

杆面角

对任何一名球手，只带一支挖起杆都是绝对不够的。两支挖起杆是最低配置，最好是同时带三支。在选择自己的挖起杆系列时，最重要的是每支球杆的杆面角之间的差异要均匀，最好控制在4°左右。你可以以9号铁杆作为基准，携带最大杆面角多少度的挖起杆则取决于你的需要。

挖起杆的反弹

反弹是指杆头的最外延和球杆底部之间的关系，它可以决定在特定位置上击球的精准性。反弹角是指球杆底部着地定位时杆头外延与地面之间的夹角。

不同的反弹角度适用于不同的击球，所以在购买挖起杆时，咨询一下当地的职业装备店，选择一根适合自己要求的球杆是很重要的，有的适合在修剪得很平坦的草地上击球（低反弹角），有的适合在沙坑处打球（高反弹角）。

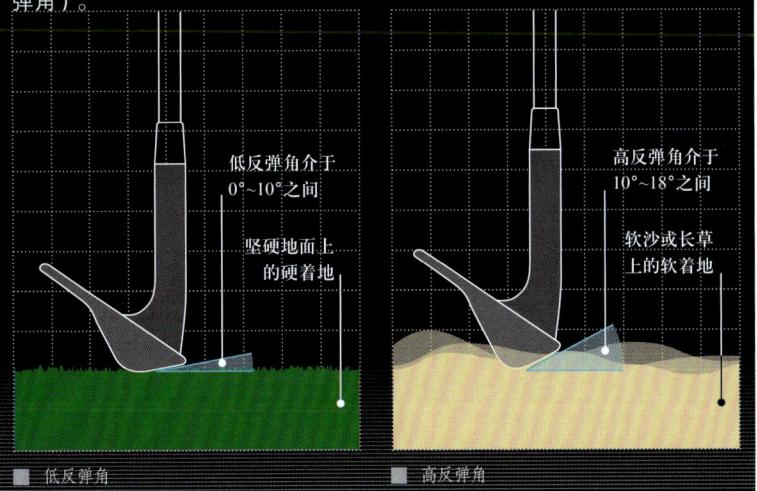

低反弹角介于0°~10°之间
坚硬地面上的硬着地

高反弹角介于10°~18°之间
软沙或长草上的软着地

低反弹角　　高反弹角

劈起杆

　　高尔夫球手必备的卓越技巧之一就是劈起球技术。打4杆洞时，如果你球座开球有麻烦，劈起球能帮你挽回标准杆；打5杆洞时，如果两杆无法到达果岭，劈起杆更有可能造成抓获小鸟的机会。如能把3杆减为两杆，那对得分就会有很大的影响了。这奇妙的技术非常值得去探索。

掌握秘决

平稳为要

　　劈起球可不适合非常自我的人。这并不是你能把劈起杆打多远的问题，而得看球落地后离球洞旗杆有多远，这是成功的唯一标尺。由此，要消除任何强劲挥杆的想法，平稳加速进行挥杆会更有效。如果你觉得有必要用力打出劈起球才能击中目的地，那就用错球杆了。

四项准备要素

　　糟糕的劈起球经常是由准备不足造成的，以下四点是对劈起杆进行更好的准备，可以打出更好的劈起杆。

- 两腿微分，肩膀摆正。
- 双手夹住握柄，控制好，这在挥杆时会让你最有感觉且能掌控好杆头。
- 把球置于站位内，向前伸出手。
- 抬起下巴，这简单的动作会形成更好的站姿，脊背会更加挺直，向左转肩也有了空间。试着感觉一下，看球时就好像在看自己的鼻尖。

保持三角形

　　挖起杆的挥杆经常很难掌握，部分是因为许多业余选手认为这用不着全部的身体，他们以为这需要别的不同的动作。最普遍的做法是挥杆时手起的作用太大，而身体却调动不起来。这会导致挥杆和距离的控制都很差。

敏捷的击球

　　理想的劈起杆是让球飞得不能再高时轻柔地落地，只滚动很短的距离或不滚动。记住此点后，向下挥杆时，应形成轻微的下垂击球角度。目标是打出敏捷的击球，击球会铲到草皮，球飞行中形成很多后旋。不过，击球时一定不要停留，那样会铲起一大片草皮，击球距离也不会远。你要做的是全神贯注于成功的一击，让球利落着陆。

向后拉杆时保持双手、手臂和身体协调一致　　　　　　进行敏捷的接触草皮式击球，完成击球过程

挥杆秘笈

杆角
后拉杆时，球杆要
超过垂直线。

低手位
后拉杆时双手及肩膀
高度，向前击球时也
要及肩膀高度。

双手与胸部
要保持挥杆时身体处于同一
步调，要记着整个挥杆过程
中双手都应位于胸前。

身体的旋转
身体随着手臂
协调地旋转。

步距偏窄
双腿略分开，
步距较小。

肩到肩的挥杆

　　业余选手打劈起杆时常见的失误就是太全力以
赴，击球太用力。球会像气球一样飞向空中，掌控
不住其旋转或运动轨迹。

　　要记住，劈起杆重要的是对球的掌控，而不是
比谁把球打得远。要牢记"肩到肩的挥杆"即向后
拉杆时双手要及肩膀的高度，向前击球时也要及肩
膀的高度。

　　另外一项需要注意的是下挥杆时要保持平稳的
节奏，进行击球时要"自然地加速"，这样才能打
出漂亮又连贯的挥杆，判断路线、距离和球的旋转
都会容易很多。

将球置于两脚中央

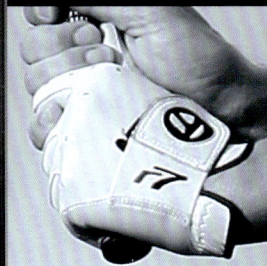

球杆手柄尾端应指向
地面

双手带动杆头击球

头位于击球点上方，平
稳挥杆

保持左臂伸直

劈起杆的运用典范

出色的劈起杆球手都能掌控好球的旋转、球运行的路线、距离以及精确性。这也是为何他们经常能在100码（91米）或近100码的距离外两杆入洞的原因。相同长度下，许多业余选手采用劈起杆时却更容易错失果岭而需要打上3杆，甚至4杆。研究一下这些最佳球手的打法会让你也像职业球手一样打出出色的劈起杆。

整个击球过程中要保持左手臂的紧张状态。

双手带动杆头击球。

注意力应在球的后方，让球杆有力地与草皮接触。

洛克·唐纳的杆面向外打法

在大多数劈起杆的处理上，专家都会建议人们采取杆面略比瞄球位置向外的打法。这样更容易掌握球的飞行，杆面呈一定角度时打出的球还会有种优雅的感觉。这样还让你能在整个击球过程中向下挥杆，不用担心将球击出果岭之外。

看看出色的劈起球球手——英格兰球手洛克·唐纳（Luck Donald）是怎样打球的：他挥杆时的节奏感和时间安排都掌握得很好。无论他是从80码（73米）外还是一半长的距离外打球，整个击球过程中他总能全神贯注于挥杆。

◁出色的劈起杆动作会让你有机会把球打得离球洞更近，从而节省杆数。洛克·唐纳对击球的完全投入让他成为高尔夫界最出色的劈起杆球手之一。

最重要的一记劈起杆

1995年，在橡树山举行的莱德杯上，竞争到了白热化的地步。最后一天，决定胜负的一场关键比赛终于来临了：尼克·法尔多对阵柯蒂斯·斯特兰奇。第十八号球洞之前，这对选手一直平分秋色，难分胜负。在最后一洞，法尔多把球打到了草丛里，他用力将球救了出来，打到了果岭内距球洞100码（91米）的地方。接着，他打出了出色的劈起杆，将球打到了离洞口5英尺的地方，最终推杆拿下标准杆。而柯蒂斯吞下柏忌。欧洲队再次捧回了1993年在贝尔弗利球场（Belfry）痛失的莱德杯。

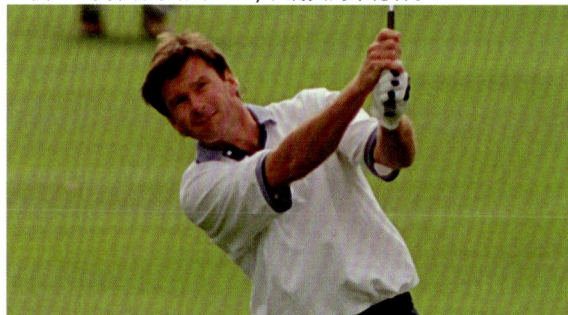

■ 法尔多一记劈起杆赢得了莱德杯。

雷帝夫·古森的击球角度

在对球的感觉上，雷帝夫·古森非常个人化，他没有挥杆教练，不过这并未妨碍他成为高尔夫界最受人敬佩、最棒的挥杆手。他的劈起杆非常具有观赏美感、自然，其挥杆有着成功技巧的关键点是：接近球时，球杆有一定的角度，可以利落地有力击球，让球飞速旋转起来并把距离控制在最佳位置。

以下即为让你能超越"大鹅"古森的挥杆技巧：挥杆时想象一下自己是要击中前方放在公园长椅下的球，这样你会尽量向下击球，双手让杆头去找球。下一次练习时你就试试这种打法，无疑会对击球运筹帷幄。

▷古森的下挥杆会采用大角度的击球方式，这样球的后旋力非常好，距离也更易于掌控。这也是他两次美国公开赛夺冠的原因之一。

▽业余选手最容易失手的一处就是真正击球时会减速，而全球最佳球手，如托马斯·比约恩，为了打出更精彩的劈起杆都是击球时加速挥杆。

托马斯·比约恩的加速击球

短杆大帅戴维·佩兹曾证实加速的杆头更不易出现空击。劈起杆需要的是积极的击球方式，撞击到球时球杆的加速度很快。托马斯·比约恩的劈起杆堪称绝佳典范，技艺超群。

记着下面几点：后拉杆的长度要足够你进行加速运动，然后平稳地把球击到目的地。后拉太短时，就得用力击球；太长时，为了别把球打得太远，就得减速。

> 托马斯·比约恩的劈起杆堪称绝佳典范，技艺超群。

铲起球

可以想象一下：有一天我们全能打出标准的高尔夫，几乎不会错失果岭，根本用不着铲起球。这样的想法固然很美，不过高尔夫可不是想入非非就可以的。即使全球最出色的球手也会错失果岭——平均每一轮会有三四次。部分原因是他们打球打得太出色，有时一个利落的铲起球加上简单的一推，或者经常一个铲起球就能力挽狂澜。这的确是个绝活，也是每位高尔夫球手孜孜以求的。

▌准备姿势

把失败的铲起球归因于错误的准备姿势也许有些过分，不过许多球手也是因为忽略了此阶段的重要性才使得其职业生涯陷入极度的困境，这么说可是千真万确。

99%的铲起球正确准备姿势可以用简单的一句话概括："球靠后，双手和重心靠前"。挥杆姿势是让杆头接近球身时呈轻微向下的角度，击球时让杆头快速与草皮接触。

"看到"击球

全面的出色铲起球需要高度的想象力，这也是所有顶级职业球手能够发挥出色的先决条件。这需要在脑海里构思到球的飞行路线、着陆点以及不同条件下会滚多远，相应调整要使用的球杆，然后信心百倍地进行击球。

球位靠后，双手靠前　　整个击球区域内双手要比杆头靠前　　保持平稳的节奏

▌双手靠前

铲起球的一条金科玉律就是击球区域内要确保双手一直比杆头靠前，这样才能保证至关重要的向下击球角度。这也是业余选手要明了的重要一点。双手靠前更有可能打出干净利落、连贯性强的击球。但是，如果让球杆的杆头比双手还要靠前，然后进行击球的话，到达球身之前的挥杆路线就已打到了最低端，这样肯定会击空。

▌放松前臂

从本书前几章你可能了解到：手部、手臂以及身体的紧张会让你打不出有力、连贯性好的球。对于铲起球也是如此。为了防止此类问题发生在你身上，一定要确保在后拉杆以及击球过程中保持前臂放松。这会给你的挥杆加上"润滑剂"，让挥杆节奏更为平稳，也能保持在击球区域里匀速加速，这样球在离开击球面时不会太"火"，而是会沿着轻柔、更易于掌握的路线飞行。

选择球杆

为打出简洁的铲起球而进行预备发杆及挥杆可以用不同的球杆来完成。想要用铲起球越过粗草区及沙坑而到达球洞旗杆处，就要用角度大的球杆，比如选用挖起杆。如果需要打出低位铲起球，就要用角度不太大的球杆，可用7号或8号杆，挥杆效果会一样。你需要做的就是确信准备阶段一定要让球处于杆头后方，手和重心处于杆头前方，整个击球区域内双手要比杆头靠前。要相信自己的挥杆，剩下的就由角度来决定了。

挥杆秘笈

在整个击球过程中左手腕要握紧

双腿不动，才能很好地支撑击杆动作

要想打出好杆要保持脊柱呈一定倾斜角度

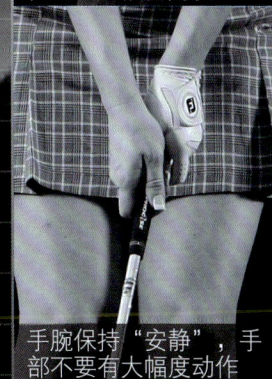

手腕保持"安静"，手部不要有大幅度动作

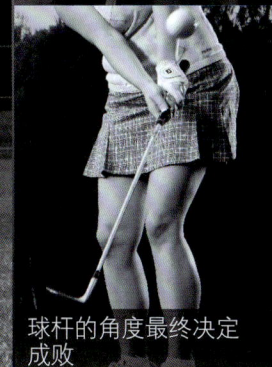

球杆的角度最终决定成败

身体的转动

典型的铲起球需要相对较短的挥杆，不过并不是说身体不用转动。其实，球杆与球接触点不成功往往是由于双臂向下挥杆时，身体没有相应地转动，这样杆头会处于双手前方的位置。所以挥杆时一定要记着扭转胸部，让身体和双臂保持协调。这会让挥杆更具动力，并能保持双手总位于球前面的位置，以便保持正确的下击球角度。

头位
球在飞出足够长时间后才能抬头。

上身的运动
双手、双臂以及躯干应该成为一个整体、一起转动。

轻握杆
握杆不要用力，最有感觉为好。

弯曲
采用双腿微分的站姿，膝盖弯曲。

后续完成动作
杆头运行距离向后挥杆时运行距离运。

放低球杆
击球过程中，杆头保持接近地面，只在挥杆结束后才能抬高。

铲起球的运用典范

观看最佳球手打球最赏心悦目的一点就是他们在果岭周围的娴熟技巧。他们的铲起球千姿百态、巧妙绝伦，令人称道。全球每位球手都可能打出出色的铲起球，因为此项球技没有体力的限制，球手不一定要体格非常健壮，这是一种距离短相对简单的挥杆技术。

◁奥拉沙宝总是放松心态，以不紧不慢的速度击球，他知道发球时打出的旋转会让球适可而止。

手臂和肩膀进行挥杆时，上身尽量不动。

击球瞬间，手应置于球的前方。

乔塞·马里亚·奥拉沙宝的加速击球

近年来，西班牙人在高尔夫球坛享有盛誉，出现了一批擅长短杆的球手。两届名人赛冠军乔塞·马里亚·奥拉沙宝就是其中的佼佼者。有时，他的挥杆也会令他失望，那么，他会发挥出竞争力进行弥补。

进行铲球（推球）的球手都具有威胁性。奥拉沙宝的铲起球技术非常出色，整个击球过程中，手都处于球杆杆头的前方，所以加速击球的感觉很好。这是非常敏捷、积极的动作，打出的低飞球会向前飞出，旋转后停下。

打铲起球时记住这种姿势很重要。其实，脑子里记住奥拉沙宝的铲起球姿势，会对正在和铲起球较劲的球手很有帮助，记住这点，击球时就不会进行任何的减速，也会促使双手一直保持在击球点的前方。

> 奥拉沙宝的铲起球技术非常出色，整个击球过程中，手都处于球杆杆头的前方，所以加速击球的感觉很好。

崔京周的始终如一

　　韩国球手崔京周曾多次在PGA巡赛夺冠，为巡赛统计数据上"节节攀升"的球手，这个数据包括球手一年中曾进行过多少次能确保他在比赛中拿到标准杆的铲起球及推球。

　　作为球手，崔京周最出色的素质就是每一次铲起球动作都能一致，根据预测球的不同轨迹、高度及旋转来选择不同的球杆。对任何一位业余选手来说，这是很好的范例。随着对铲起球动作的娴熟掌握，球手可以不断应用自己的动作。

▷作为勇猛型球手 (在成为职业球手之前，崔京周是位力量型球手)，崔京周在果岭附近总是手法柔中有刚，击球出色。

最出色的铲起球

　　1987年名人赛上，当地球手拉瑞·麦兹本无取胜希望，却最终打入和赛弗·巴雷斯特罗斯以及格雷·诺曼的延时赛。赛弗在延时赛的第一洞打出了柏忌，无缘冠军。诺曼按规定杆数将球打上了果岭，只剩两推就能夺冠了。这时，麦兹打出了巧秒的铲起球，球跃上了果岭，直奔洞口而去，竟然入洞了！诺曼未能擒获小鸟，麦兹夺冠。

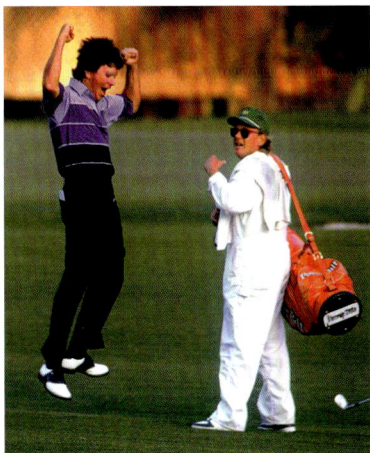

■ 麦兹铲起球入洞，名人赛夺冠。

赛弗·巴雷斯特罗斯的即兴发挥

　　赛弗·巴雷斯特罗斯在他那一代球手中最具创造力，他也是顶级短杆高手。这两项素质当然不可分开，丰富的想象力是成功短击球的先决条件。你先得在脑海中想象出在果岭附近可以打出怎样的铲起球，然后开始打，感觉一下真实的击球。铲起球不是一维空间的，要有变化。

　　所以练习短杆时可选择不同的球杆进行，要不停地变化目标位置，每次都要在脑海中想象出球要飞越的路线、着陆地点以及接近球洞要滚多远。记住：每一杆都不一样。脑海中构思出球的路线后，选择最合适的球杆。关键是要变换使用的球杆——有时是不让球做长距离滚动的高杆，有时是低的滚地球。

　　不要总站在果岭旁只对着一个目标练习，这样没有任何挑战性——你的短杆也不会有任何切实的长进。

◁巴雷斯特罗斯是他那一代球手中最具想象力的短杆能手。他总能想到会出现什么问题，并且能迎刃而解。

沙坑球

沙坑挖起杆是球手必备的装备之一，其设计也是完全为了迎合其功能。挖起杆的由来还要感谢金满贯得主吉恩·沙拉曾（见109页），他首先意识到球杆杆头要有更宽的底面，才能有效地将球从沙坑里解救出来。有的球杆杆头外沿笔直、底面狭窄，侧面看非常像经典的刀背杆，它们能深入沙坑中，却消耗了许多挥杆的力度。

沙地挖起杆的挥杆原理：

吉恩·萨拉曾发明沙地挖起杆的灵感一半来源于他对使用的球杆的失望，一半来源于他的想象力。他曾说自己观察过鸭子在水面上飘的动作，细致地观看鸭子滚圆的下腹部怎样掠过水面，所以他设计的沙地杆也有着滚圆的下腹部，我们现在将其称为厚底或球杆底部。沙拉曾发现这样的杆头在掠过沙地时非常好用。

■ 开球采取自由击球姿势

为了更好地利用沙地杆的弹性效果，你应该遵循几项开球要点，这对挥杆有很大影响：

·采取向外的自由站姿，即双脚在目标左侧呈一线。

·杆头朝外，即对准目标的右侧。

■ 沿着目标线挥杆

把球放到正确位置上以后，挥杆也就容易多了。秘诀就是沿着身体的线条挥杆，也就是与目标线"外至内"的路线相交。

·把焦点定在球后方大概两英寸（5厘米）的地方，这是预设的杆头击球时进入沙地的地点。

·然后后拉杆向前，手臂和身体同时扭转。

·从预设好的地方击入沙地中，在球下方的沙地中加速挥杆，击球时将球杆挥往目标左侧。

·每个沙坑球都要这样处理。

正确握杆：

双脚站好后，接下来处理握杆。要记住，沙地挖起杆只有在杆面向外时才能发挥得最好。准备工作里这一点最为重要，同时也是为何在放置好球以后，采取简单路线，确保杆头向外并进行挥杆属明智之举的原因。

握住球杆向前方伸出，左手握杆，逆时针旋转杆身，直至杆面向外打开（下图左）。然后，抓杆时不要改变杆面位置（下图右）。这样，杆面在整个挥杆过程中都会向外，这是最佳效果，也是出色沙坑球的必备要领。

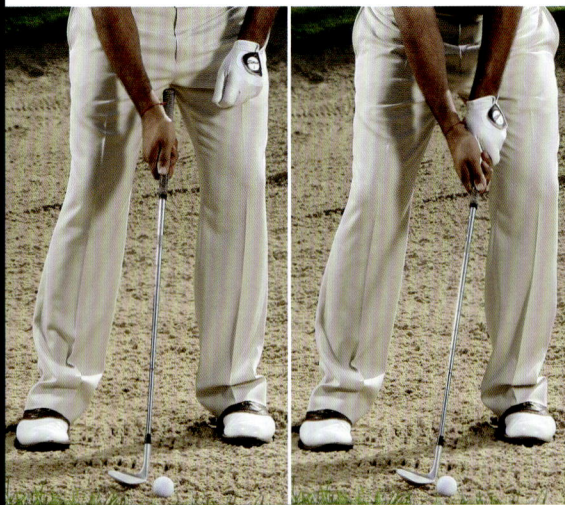

向外的站姿，杆头面向外　　沿着目标线挥杆，在球的后方击球，以后做同样处理

稳住双脚，选择好位置

站在沙坑里不比站在结实的地面上，所以双脚站稳非常重要。把双脚在沙地里稳一稳，站稳脚跟，然后选择球后方的位置进行击球。

虽然听起来有些奇怪，但短距离沙坑球的确是高尔夫所有击球中唯一不用真正击到球的一种击球。杆头在球的下方划过，球会随着沙子的爆破力飞上果岭。记住：在沙地里稳住双脚后击球。

> 业余选手都对沙坑球心存畏惧，其实只要掌握了基本要领，很容易就能化险为夷。

握杆
重要的是让杆头朝外，然后握杆。如果弄反了，杆面就会在击球时形成直角，球会击空。

膝盖弯曲
膝盖在站位时及整个挥杆过程中都应保持弯曲。

手部呈一线
处理果岭旁沙坑球时，手部应比球轻微靠前或与球保持水平。

杆面角及弹跳性

某种程度上，挖起杆杆面角的选择要由球场上沙坑的性质来决定。沙坑较浅、果岭较大的球场需要杆面角较大的挖起杆；而在林克斯球场上，沙坑非常深，需要打出能将球抬升很高的救命杆，要求有较大的杆面角。

另一个要点就是沙地挖起杆应具有一定的弹跳角度，要大于8°，一般为12°~14°。这样的弹跳角度能确保杆头能从沙地中划过，而不是插到沙地中（见78~79页）。

重力分配
落在前脚上的重力应略微多一些。

杆面
使用挖起杆时，杆面向外可以起到意想不到的效果。

球要置于两脚之间正中部的前侧

肩膀、双脚及跨部都对着目标线

击打球后方的沙地

感觉球杆的底端跟部先进入沙地

击球时脊柱保持一定角度

沙坑球打法——典范动作

顶级球手都能彰显卓越的果岭旁沙坑球技术。其实，有人也对现代职业高尔夫提出了批评，他们粗暴地指出：球手之所以能在比赛上表现出令人眼花缭乱的球技，是因为现在的沙坑缺乏威胁性。无论怎样，我们在观看这些顶级球手让球随着飞溅的沙子飞出沙坑落在离球洞旗杆几英寸的地方时，还是充满惊奇的。

肩膀的转动以及接下来的击球过程都要全力以赴地进行。

将注意力集中在球后侧大约2英寸（5厘米）处，对准此处沙地下杆击球。

盖瑞·普莱尔的练习方法

南非球手盖瑞·普莱尔，这位个性突显的黑骑士，是史上最出色的沙坑球球手之一。他曾说过"练习得越多，也就越幸运。"这用在他自己身上有失公平。其实，他是当时练习沙坑球最刻苦的球手，不愧为沙坑球天才，但结果与幸运无关。

从普莱尔的沙坑球练习方法中，我们可以学到很多。有些球手总是以最佳路线练习。不过普莱尔并非如此，他会随意地将一捧高尔夫球扔到沙坑里，然后一个一个地打。有些球的路线较好，有些并非如此。这就意味着普莱尔有着令人难以置信的想象力和技巧，能够从不同位置以各种方法击球。他做好了应对一切意外的准备。

他常给自己设定目标，比如：他一定会打完三个沙坑球后才肯收兵，去陪妻子或客人吃晚餐。

◁作为高尔夫界最刻苦的球手之一，普莱尔总是付出很多时间来钻研球技。功夫不负有心人，他是出色的沙坑球球手，9次大满贯夺冠。

最出色的沙坑球

2002年的莱德杯上，最后一天，欧洲队胜利在望。保罗·阿辛格已3次落后于尼克拉斯·法斯两洞，不过这位美国选手在4杆洞第十八号球洞打出了一杆年度最佳杆，从高果岭旁沙坑球入洞，让莱德杯的竞争更为精彩。

■ 阿辛格沙坑入洞后与周围的队友击掌欢呼。

菲尔·米克尔森的腕部转动

菲尔·米克尔森是顶级赛事中最有创造力的短球球手，在果岭周围能进行多种富有魔力的击球，包括沙坑球。他经常选择角度特别大的沙地挖起杆，达64°，用这样的球杆进行果岭旁沙坑击球，球几乎可以垂直向上，落地时突然停住。能打出这样的球，也不仅仅归因他选用的球杆，还在于他娴熟的技巧。

米克尔森是通过转动手腕而将球杆向外撤置于非常陡的角度来准备击球的，这样形成了拱形的挥杆路线，侧面看就是明显的U形。这样，球杆回来击球时弧形线坡度很陡，下落的坡度也很陡。然后，米克尔森会让杆头在球下方的沙地中飞速而过，手部非常敏捷有力。这就是关键所在：击球时双手的敏捷性。球会直入云霄，然后在其轨迹的末端戛然而止。只有在比赛前经过训练，球手才能在赛场上应用这种技巧。

▷米克尔森对球的掌控能力很强，所以他可以打出咄咄逼人的高尔大。大角度沙地挖起杆的选用，让他从果岭旁沙坑虎口脱险的能力技高一筹。

▽加西亚是一位直觉型且非常具有想象力的球手，果岭旁击球技术娴熟，是位触球感很好的球手，这主要得益于他的轻握杆。

塞尔吉奥·加西亚的短球手法

塞尔吉奥·加西亚是另一位西班牙引以为豪的球手，其短杆打法令人叹为观止。他的打法可以说是自己发明的，最好用"高明"来形容。不过，因其独具个性的特质，此种手法的确非常难以教授。不过，每个球手还是可以从他轻握杆的手法上学到点东西。

有效地轻握杆也会作用于双臂和双肩，这会让你在向后拉杆及向前挥杆时双臂及双肩如被润滑了一样具有节奏感。只有这样才能有很好的触球感，这是所有出色球手的特点。

提高触球感是很难掌握的，不过学习加西亚这种轻握杆的方法，会让你踏上成为更出色的沙坑球球手的道路。

每位球手都可以学习一下加西亚的轻握杆手法。

推杆的设计

推杆的有趣之处在于，它有着远比球袋里其他球杆更为丰富而优美的外形变化。从最早的镰刀形杆头到重量分布型（Heel-and-toe）杆头、锤形（Mallet）杆头，以及最先锋式设计、转动惯量很大的深背式（Deep-backed）推杆。说起来，只要不违反管理机构的规定，什么样的设计都能见到。

设计原理

周边分布重量是今天市场上可以见到的许多推杆的设计原理。通过将推杆底部的重量移到杆头后部，增强了其动力稳定性。这意味着杆面在撞击时较稳固，就算击球偏离了杆头中心，球还是会落在你想让它落的地方。

例如，两推杆或三推杆侧面有着垂直于杆面、和高尔夫球大小相当的白色平圆形表面来帮助球手瞄球。从这一基础的设计原理可以引伸出多种不同打法，每一种都能既减少偏心球的失误，又使瞄准更加容易。高尔夫球手可以依据个人喜好做出选择。

重量及扭曲

这些大胆的深杆面（Deep-faced）设计关键的考虑因素就是转动惯量（MOI）。重心从杆面大大后移，远远落在球的后面，这样能产生很高的转动惯量，可以提高推杆杆头抵抗撞击造成的扭曲的能力。而大量巡赛职业球手对此种推杆的使用也增加了制造商大胆宣传的可信度。

罗伯特·J·贝特纳蒂设计的这款推杆是现代重量分布型球杆的典范之作，最早是由平（Ping）公司于20世纪60年代研发的。在周边分散重力的目的是为了对抗杆面受撞击时所产生的扭曲。

黑线处是击球面上的甜点。

这款简单而经典的贝特纳蒂"C系列"推杆，杆头由单块低碳钢锻造而成。

重量可以拆卸，这样球手能调整球杆的平衡性。

锤形推杆的原理是重量置于杆头后部，以减少击球时杆头的扭曲。

杆头接合处的错位有助于球手看清球位。

加强杆头两头的重量可以减少杆头撞击所产生的扭曲。

贝特纳蒂的蜂巢杆面已是一项专利，可以稳定击球路线，球滚动得更为平缓。

重量远离杆面。

低碳钢材料柔韧度好，不过在击球时这种金属会发出"咔嗒"的响声。

两推杆及三推杆：球手可以把球放在杆头上"虚拟"的球前面呈一条直线，以便更好地瞄准。

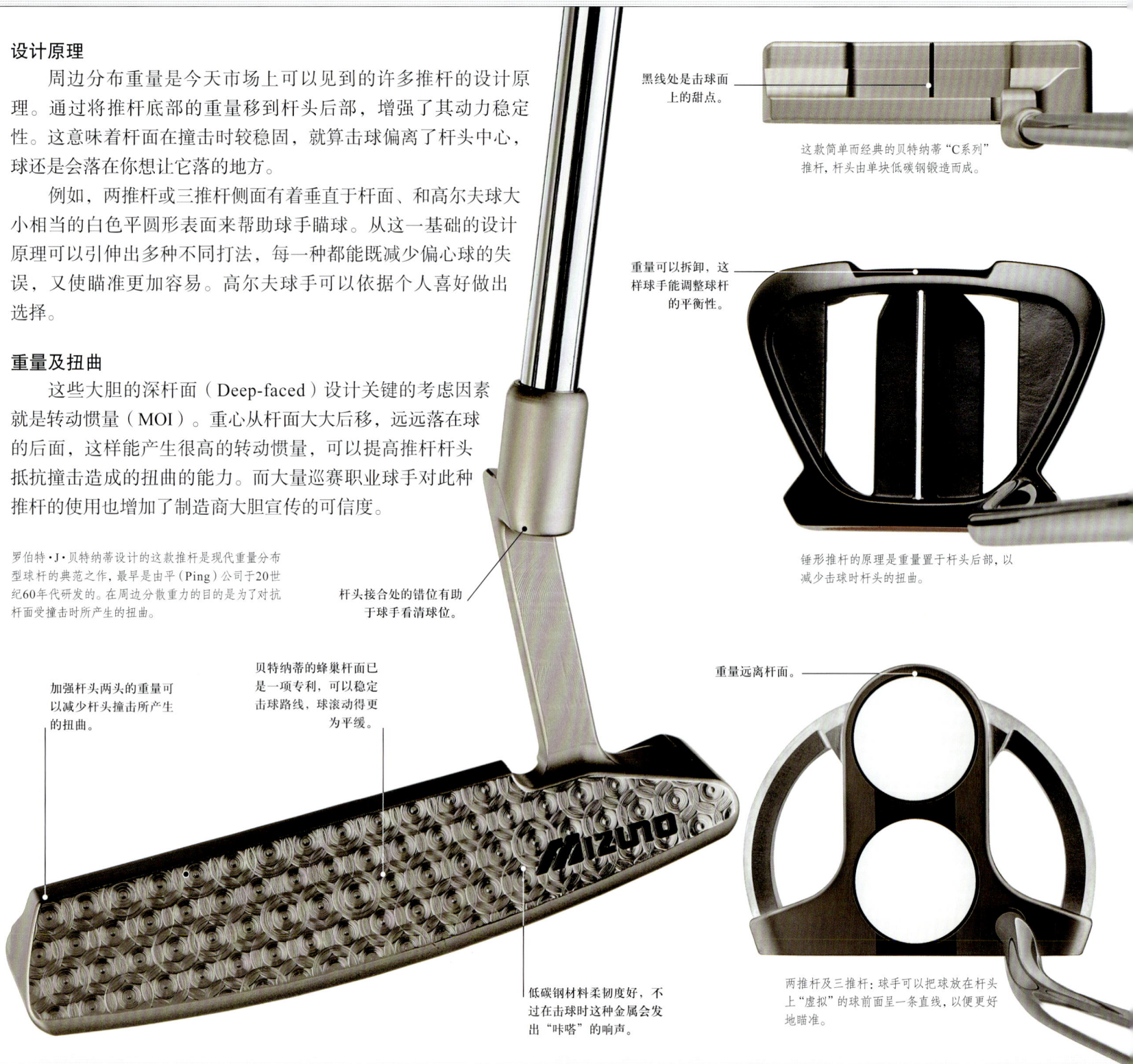

推杆杆面

无论使用何种球杆，球感都很重要——但推杆无疑是此中之最，因为此时对距离的判断决定了一切。而在实际使用中，杆头与球相碰那一瞬间的声音与双手感受到的振动一样，都是球感的重要组成部分。

这就是为什么现代的推杆很流行杆面嵌入物的原因，这种合成嵌入物比构成杆头的金属更软。击球时的声音听起来也不一样，感觉更好，或者说，球手能得到更好的反馈来判断球离开杆面后的速度。

有些推杆为了让球感更好，由轻质钛合金做材料。锤形杆头也可以大大加重，并有杆面倾斜角。

转动惯量高的推杆也会有杆头填充物，用来产生最大的前旋，让球滚动得更好。

弯曲的杆柄被用于推杆，以使球杆与杆头底面呈一特殊夹角。

立式铣床打磨后，杆面的不平整度不超过1‰英寸。

把重量从杆面移到后部可以让击球更为平缓。

杆面嵌入物可以是塑料合成材料或钛合金，让球手更有球感。

高分子聚合物填充的凹槽可减缓球的后旋。

完美的击球平面。

■ 凹槽技术

■ 蜂巢杆面

球杆长度

推杆的长度可以根据各人的喜好来选择。标准的杆长为35~36英寸（89~91厘米），高手也经常使用短一些、32~33英寸（81~84厘米）的球杆。

还有一些选手的喜好则相反，他们推崇多种更长的推杆。如常见的扫把杆（Broom Handle），在使用时杆尾正对着下巴或是胸骨；此外还有腹式推杆（Belly Putter），也叫小扫把杆（Baby-broomhandle），在使用时杆尾顶住腹部。这些长推杆也有多种不同式样的杆头搭配，以供选手根据自己的需要选择。

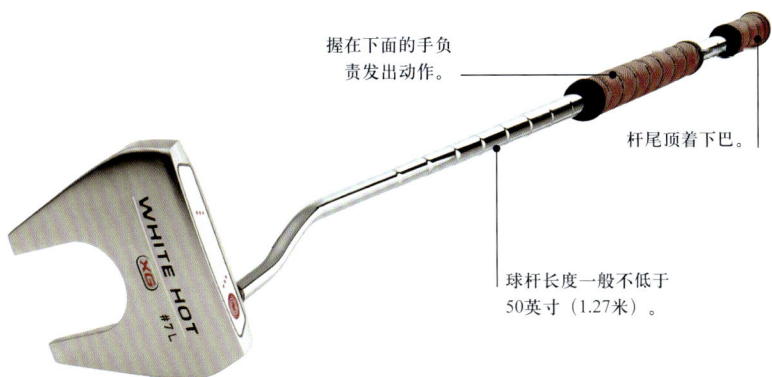

握在下面的手负责发出动作。

杆尾顶着下巴。

球杆长度一般不低于50英寸（1.27米）。

扫把杆推球动作流畅，颇受欢迎。使用时将杆尾正对下巴，呈钟摆状挥动。

推杆与上旋球

这可能听上去很奇怪，但有些推杆会使球产生明显的后旋，造成球在最初一段时间内打滑，影响其滚动。真正好的推杆会使球产生上旋。

这一球杆的特性再加上由下往上击球的角度，会让球形成很到位的滚动。在线路正确的前提下，贴着草皮带有上旋的球肯定比带有后旋、滑动的球更容易击中目标。

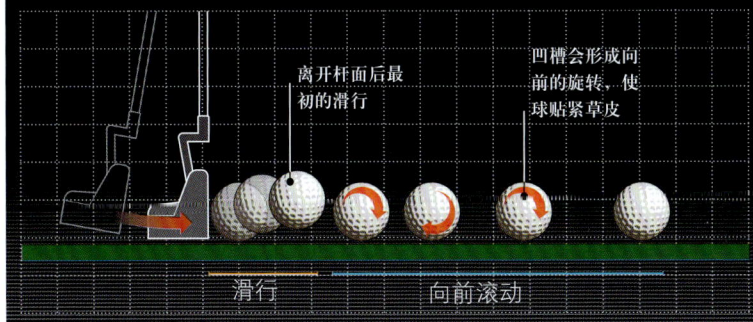

离开杆面后最初的滑行

凹槽会形成向前的旋转，使球贴紧草皮

滑行　　　　向前滚动

值得付出的代价

许多高尔夫球手难以接受价格昂贵的高科技推杆，然而推杆的重要性是不言自明的：如果总不入洞，比分肯定不会上升。如果你还是不能接受，不妨这样比较一下：在一轮高尔夫球赛中，使用推杆的机会比发球杆要多三倍，然而价格却只有后者的一半。从"单位使用成本"上讲，推杆只有发球杆的1/6。

推杆

　　推杆是高尔夫中最为个人化的技术，在任何巡赛中我们都可以见到风格各异的挥杆，在基础相同的情况下也有多种方式让球入洞。不过，大多数出色的推球手还是具有相同之处，这就是出色推杆的传统智慧。你可能有自己的风格，不过如果能将以下核心要素融入你的打法中，就能打出更多出色的推杆。

■ 俯瞰球

　　推杆是一种高挥杆，所以球位非常重要。要记住两点：第一，球应处于站位靠前些的位置，这样面朝球时，球处于稍微靠前的视野内，这非常有利于推球；第二，视线应俯瞰球，这才是观察球到球洞路线的最好视角。

　　有一个简单的路线能帮你找到最佳球位：摆好舒适的姿势后，把球从鼻梁处抛下，球着陆的地方就是最佳球位。

■ 精准定位

　　推球手的目的显然是他要进行多少推的决定性因素。如果定位不准，怎能击中目标？

　　帮助你减少失败推球的一个方法就是把球置于果岭上时，要将球体上制造商的名称对准你想要打出的路线。然后把推球球杆的推球面置于球的后方，这样推球面正好和你要打出的路线垂直。还有种办法就是在球身上画一条线，这也非常有效，许多出色球手都这么做，因为这样你会对目标和途经路线有个很好的视觉上的把握。

从鼻梁处抛球　　　　　　最佳球位　　　　　　　肩膀摆正　　　　　　　检查眼睛与路线是否吻合

■ 肩膀与眼睛保持平行

　　当摆好最佳球位后，下一个关键点就是让眼睛和肩膀都平行于球开始滚动的位置，这两个检查点很容易找到。

　　握住握柄后，把推杆横在胸部，握柄线应该和进洞线一致，这样有助于你做线上推杆。同样，握住握柄把球杆举到眼睛下方，看看握柄是否和进球路线一致。如果一致，可以让你对路线做到胸有成竹，球也肯定会进洞。

 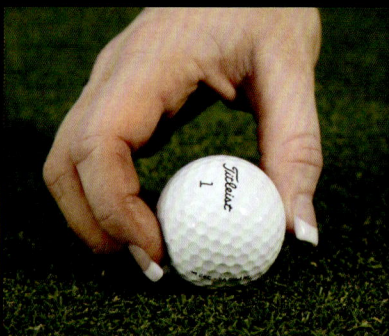

头部勿动

击球前任何头部的移动都会带动肩部，也会让推球偏离自然的路线，导致击球出现弯度，推杆失败，特别是短推，头部的移动更是致命。这也是球手为何要高度紧张地盯着球是否会进洞的原因。

对出色的推球手来说，主要要把握的一点就是击球过程中必须保持头部雷打不动。最简单的办法就是一直保持低头状态，直到你听到球落入球洞的声音为止。

保持不动
头部应保持纹丝不动，直到球已滚出去以后才可动。

保持完美的三角形

推球过程中，你应该试着让肩膀和手臂保持固定的三角形。击球当然不是呆板的，但也不要有许多单独部位的移动，应该是手、手臂和肩部一起协调配合下形成的柔和动作。

保持一体
许多球手推球时喜欢握柄比平时多一些，这样才能有助于击球过程中手部和腕部更稳当。

禁止移动
击球时，从跨步往下都不能动，想象自己的腿被固定在了混凝土中。

确保球的线路
做短推时，要想象一下在击球瞬间球手的脸在看着球洞。

站稳脚跟
两脚要均摊体重，要有那种双脚植根于土地中的感觉，这样才是挥杆的安全基础。

挥杆秘笈

左手手腕后部呈此角度

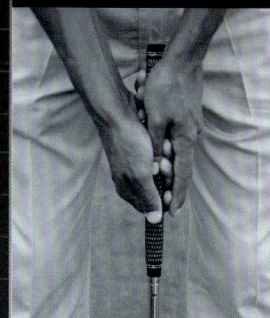

击球过程中手要轻柔地握住球杆

往后拉杆时谨记"压低左肩"

前推及整个击球过程中谨记"抬高左肩"

直到听到球入洞再抬头

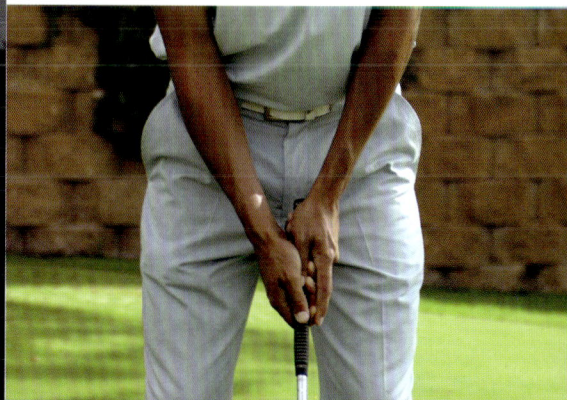

推杆的艺术

推杆经常被形容为赛中赛，这种说法也许有些过时，但的确比其他用语更为准确地描述了推杆的要素。推球可能会挽回一轮打得糟糕的比赛，也可能会毁掉很高的分数。推球的艺术有很多面，这里提到的基本技巧对提高球技很有用处。

了解果岭，进行推杆

没有一马平川的果岭，因此许多推球会半路改道，有时是微妙的变化，有时却是天壤之别。需要处理好推球改道和有坡度的果岭，最好的办法是把每一推都当做直推。以下为说明：

■ 确定推球会造成多大的路线改变，比如，一个偏向左侧3英尺（90厘米）的改道，那么球洞就不是你的目标了，你的新目标是一个想象中要比实际球洞偏左3英尺（90厘米）的球洞。

■ 在击球前确定路线时，要瞄准推球面，定位你的站位，注意力还应放在假想洞上。

■ 笔直地朝假想洞击球，果岭的坡度自然会帮你解决后面的问题，让球入洞。

这种依旧进行直推的方法的好处就是：比引导球在变道果岭上进洞更有推球的感觉。

对付半路改道的推球以及有坡度的果岭有一个绝妙的办法，那就是进行直线推球，其余的事情由果岭自行解决即可。

好好确定一下球会在哪里改道，然后定位好地点对着这个假想目标进行"直"推，坡度自然会处理好后面的事情。

确定球洞旁边的假想洞

站好站位，瞄准假想洞

进行正常的推球，让坡度起到作用

完美的短推练习

这是泰格·伍兹最喜欢的短推练习法之一，在某次赛事上，他每天都练30分钟，4轮比赛中，8英尺之内的60个推球，有59个他都会采用这种方法。

■ 最好在相对较平缓的果岭上进行练习，推球越直越好。把球杆置于地上，用发球台木销夹住球杆头的前后两侧，留出大约1/2英寸的空隙（随着练习的进行，较有信心时可以适当缩短空隙）。

■ 放球，进行推球，试着让球杆的杆头从两个木销之间穿过。

如果推杆歪了，击球时杆头的前头或后头就会碰到木销。这样的练习会让你循着路线进行击球。如果练习中总是推球不入洞，就检查一下推球面上的球洞目标位置，也许位置没有摆正。

做好准备　　从木销间推杆

钟表式练习

练习推杆技巧的另一个有趣方法也非常有用，那就是绕着洞口摆放一圈12个高尔夫球，就像钟表上的12个点钟，然后一次把1个球打入洞中，每次不进洞的球都要重打，直到可以连续将12个球打入洞中。刚开始练习时可以把球置于3英尺（1米）远处，然后再增加长度，直到自己觉得对推球很有信心，这样推球技术也会提高。

■ **完美的长推练习**

好的长推球意味着球速和球的急速滚动。如果球入洞了，就是入洞了。就像是投资的分红一样。不过要从40英尺（12米）处或更远的地方推球，就算是最出色的球手，如果两推能完成也会心满意足。想要提高长推时对空间的把握能力，最好的办法之一就是听听下面的建议：

把一人把球座木销插到地上，从距离球洞20英尺（6米）远的地方开始练习，然后逐渐增加长度，每一次可以增加3英尺（1米），只要果岭允许，就用更多的木销来延伸距离。

先从第一个木销开始，第二个球摆在第二个木销处，依此类推。每一推只有一次机会，就像在真正的高尔夫赛场上一样。也可以岔开些击球，随意选择不同的木销处进行推球。

这种练习非常有效，它训练你观察球的能力，并把这种视觉感受转化为距离感。

增强距离感

推杆的典范动作

专业高尔夫就是要打出小鸟球，然后进行推球。在一个赛季中，全球最佳球手们大概每一轮比赛都要进行28次到29次推球，也就是每一轮在7~8座果岭上都会进行标准的单推，这的确让人不敢小窥。如前面所提及，成功推球有很多方法。

泰格伍兹——稳固

下一次观看泰格·伍兹推球时，可以先不用看球到底往哪里打，而是观察一下他的髋部和腿部。你会看到整个击球过程中，这两个部位会保持纹丝不动。这是很重要的一点，也是顶级球手和许多业余球手的差别。

髋部和腿部的稳定是泰格击球的稳固基础，在他向后拉杆和整个推杆的过程中都是如此。这令他更容易打出稳定、连贯、路线正确的球。

最出色的推球

1999年在松林球场举行的美国公开赛上，出现了美公开赛史上最让人心痛的比赛：佩恩·斯图亚特的夺冠，也是他最后一次夺冠，不久后他在一次飞机失事中丧生。虽然还有争议，斯图亚特的推杆仍堪称是最出色的一推。在第十六号球洞上，他已经在25英尺（7.5米）外成功推球，确保了此洞的标准杆。接着，在第十七号球洞，他用6号铁杆进行了3英尺（1米）外的一击，抓获小鸟。在第十八号球洞，他能拿下标准杆就能夺得他的第二个美国公开赛冠军了。可球陷入了麻烦中，他把球救出来打入球道后，用高杆挖起，此时距球洞有15英尺（4.5米），然后进行了"赢得美国公开赛的一推"，球不偏不倚地滚进了球洞。

斯图亚特的最后一次大满贯

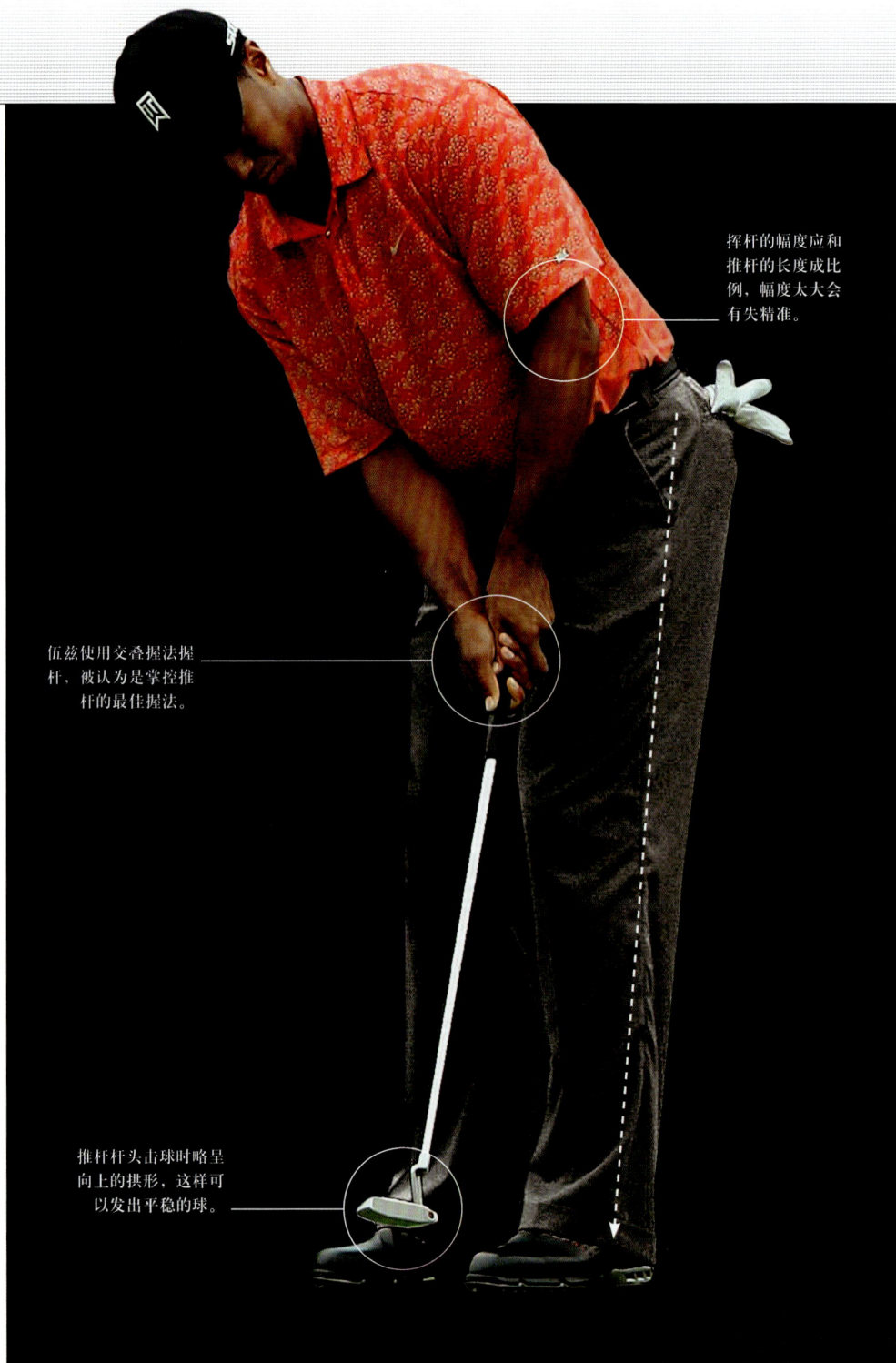

挥杆的幅度应和推杆的长度成比例，幅度太大会有失精准。

伍兹使用交叠握法握杆，被认为是掌控推杆的最佳握法。

推杆杆头击球时略呈向上的拱形，这样可以发出平稳的球。

△伍兹的诀窍是在最关键的时刻，他会让推球头下沉一下，击球稳定，每一推都堪称完美。据说其步骤是理想的推球步骤。如果球未入洞，也只会超出洞口18英寸（45厘米）。

派洛·哈灵顿的握杆

派洛·哈灵顿也是公认的最佳推球手之一，2007年的公开锦标赛上，派洛·哈灵顿的握法是他还是小男孩时就养成的握法——左手位于右手下方。这样握杆的不仅他一人，吉姆·弗瑞克和托马斯·比约恩也是喜欢这样握杆的出色球手。

左手位于右手下的握法可以起到平衡肩膀的作用，并可以促成钟摆式推杆，还有助于在球手位于球的后方时左腕保持更有力的姿势，这样会减少偏向左侧的推球，这也是很多球手容易出问题的地方。其他球手认为在往后拉杆时或整个推球过程中，把推球球头靠近地面也会有助于球的滚动。

如果因自己果岭上的表现很沮丧，就要试试不同的推球方式。这种所谓的"左撇子"的握杆方式并不适合所有人，不过益处多多，不容错过。

▷哈灵顿是职业巡赛上最让人信赖的推球手。每一轮平均会有28推，这也将他推向了世界最佳推球手排行榜。

▽大卫·汤姆斯的自由流畅式推球让他成为了出色的长推球手。从很远的地方将球推到球洞附近——也被称为"长推"——是种专长。

大卫·汤姆斯的精准重量级推球

从很远的距离外能够将球打到目标位置后停球不动——甚至有时直接入洞——是顶级球手才有的出色技术。在这方面，前PGA冠军大卫·汤姆斯比同时代的许多球手都要技高一筹。他是出色的长推球手。

对于想要学到汤姆斯球技的人来说，特别要注意的一点是：挥杆要自由流畅，不受任何限制，应是非常自然、笔直的姿势，手臂也舒适、自然地下垂。这样推球才能呈漂亮的流动拱形。整个过程就好像没有打球，只是一种轻快挥舞的动作，球就上了道。

另一种很有用的练习也是汤姆斯自己常常采用的，那就是看着球洞做推球练习。这也有助于你把握长度以及采取什么样的步骤，能提高你对长推的距离判断力。

> 对于想要学到汤姆斯球技的人来说，特别要注意的一点是：挥杆要自由流畅，不受任何限制。

球场操控

如果说各种挥杆打法是你的金刚钻，那么球场操控可以被看做是干瓷器活的方法。这与你在球场上使用何种策略有关，包括怎样选择球杆、怎样沉着应战、怎样避开麻烦、怎样摆脱麻烦等诸多方面。本书最后这一章向您介绍几位最高明的高尔夫球战略家，希望能帮助你在高尔夫球场上找到一条更为顺利的进攻路线。

如果打右曲球，要从开球区右侧开球，往球道左边打，这样失误的概率较小。

▌ 避免球座开球引起麻烦

全球3/4的业余高尔夫球手处理长球时，都采用左-右路线的打法（左手打球的人用右-左的打法），称作右曲球或右旋球。这样，球道的右手边会成为许多球手面对的最危险的地方。如果你也采取这种路线，将危险最小化的有效方法就是：开球时把球置于开球区最靠右的地方，然后瞄准球道的左侧。

如果采取这样的方法击球，球当然会呈由左至右的飞行路线，然后停在球道中间。这样做最重要的是失误的概率很小，因为球是直线飞行的，只会落在左侧的草丛中。如果球比预期的稍微偏一些，最糟糕的应该就是球落在了右侧的草丛中。

这一洞的危险区域就是球道右侧草丛过去后的下坡，球落到那里就没法再滚回来。

这一杆开始时循着左侧的草丛的方向，而落地时球在球道正中。

选择你的打法

　　如果通往果岭的路线上有障碍物，你就得采取别的打法。重要的是：要牢记击球时球弹出的路线有着简单的规则（见70~71页）。

■ 短杆需要使用有弯度斜角的球杆，这样易于打出左偏球/左旋球而不是右偏球/右旋球。

■ 长杆需要使用弯度斜角较小的球杆，这样易于打出右偏球/右旋球而不是左偏球/左旋球。

　　在考虑哪一种打法才能更接近目标时，要记住这些因素。由此可见，总有一种选择会比另一种简单易行。

良好的开端

　　不管比赛前做过多少热身练习或挥杆练习，站在第一号洞发球台上时，你还是会紧张。采取下面的做法会让你的发球更成功，开始一局信心百倍的比赛：

· 选择自己觉得用着很有信心的球杆，不要觉得非用发球球杆不可。
· 做几次深呼吸以放慢心跳。
· 轻握杆。
· 平稳地挥杆。

短铁杆打左偏球　　　　长铁杆打右偏球

瞄准果岭，避开大树固然很好，不过明智的打法是朝球道挥杆。

选择自己的处理方式

　　即使是全球最好的高尔夫球手也会有失误，这并非世界末日。不过要是相同的错误一犯再犯，事情就严重了。

　　许多球手野心太大，他们把球打得陷入困境，然后再做英勇的补救，却惹来更大的麻烦，本来能5杆拿下的一洞可能需要7杆或8杆。

　　发现自己陷入困境时，比如球击中了大树，先要确保下一杆能让球回到正轨，这就足矣。不要想着让球穿越树木间狭小的缝隙或选择吃不准的路线，只要打出有效的简单1杆即可。这样，失误只会让你丢掉1杆。

最重要的是尽享乐趣

　　所有的高尔夫球手一踏上球场，就会表现出自己最出色的一面。不过，不要让野心蒙蔽你的双眼，错失高尔夫带给你的乐趣。

　　伟大的球手沃特·哈根曾在11次大满贯赛事上夺冠，也是最伟大的冠军球手之一，打球对他来说是一件充满生活乐趣的事，这是现代高尔夫运动难以企及之处。哈根向我们表明：你可以尽享高尔夫带来的乐趣并且夺冠（见108页）。

　　哈根是值得我们学习的楷模。如果能保持平和的心态，对没打好的球泰然处之并且首先能镇定自若，那么我们就能享受到高尔夫的乐趣，还能越打越好，这即是此项运动让人难以割舍之处。

尽量减少失误

3 伟大的高尔夫球员

汤姆·莫里斯父子

在高尔夫运动早期发展阶段，有两个家族起到着筚路蓝缕的作用：如果球手不姓帕克或莫里斯，却想在公开赛中取胜，那简直就是天方夜谭。公开赛设立伊始，老威利·帕克和老汤姆·莫里斯一直是球坛双雄，可以说公开赛简直就是他们二人对决的赛场，直到小汤姆脱颖而出。

老汤姆·莫里斯简况

生于：1821年6月16日，苏格兰圣安德鲁斯
卒于：1908年5月25日

大满贯：4次
公开赛：1861、1862、1864、1867年

荣誉
公开赛冠军年龄最长者，46岁

小汤姆·莫里斯简况

生于：1851年4月20日，苏格兰圣安德鲁斯
卒于：1875年12月25日

大满贯：4次
公开赛：1868、1869、1870、1872年

荣誉
三连冠后成为冠军腰带的持有者

老汤姆·莫里斯不仅是高尔夫冠军，还是缪菲尔德、普勒斯特维克和卡诺斯蒂球场的最初设计者。

老汤姆·莫里斯被公认是高尔夫运动史上的第一位职业球员。1867年，46岁的老汤姆·莫里斯成为了年龄最大的公开赛冠军，这也是他7年中夺得的第四个公开赛冠军。一年后，他的儿子小汤姆以17岁的年龄成为此项赛事年龄最小的冠军。这两项纪录均一直保持到今天。小汤姆是高尔夫神童，13岁时他就能和当时最好的高尔夫球手一试高低。赢得了第一个公开赛冠军后，小汤姆在第二年又获此殊荣。1870年，在普勒斯特维克球场，他以149杆拿下了36洞，领先对手12杆，第三次夺冠。三连冠后，他当之无愧地被授予了冠军腰带。第二年，此赛事没有举行。1872年，公开赛设立了葡萄壶奖杯（Claret Jug），小汤姆再次获胜，夺得了此赛事四连冠。

然而，在1875年，小汤姆·莫里斯的妻子难产，母子都未能活下来，小汤姆·莫里斯从此精神不振。那年圣诞节清晨，他死于肺部动脉破裂，年仅24岁。

老汤姆曾在圣安德鲁斯的高尔夫制造者阿兰·罗伯特森手下做学徒，之后担任了普勒斯特维克球场的球场管理员。在那里，他设计了第一个12洞球场，也曾为卡诺斯蒂球场和缪菲尔德球场以及

1859年圣安德鲁斯的高尔夫爱好者，其中有阿伦·罗勃特森（右首第三位），为当地的球杆及高尔夫球制造商。19世纪50年代，老汤姆斯曾为罗勃特森的学徒。

其他球场的设计出谋划策。在普勒斯特维克高尔夫俱乐部举行的第一届公开赛上，老汤姆被威利·帕克击败；在接下来的两届公开赛上，老汤姆反败为胜；到1863年却被再次击败，不过，1864年和1867年又重获冠军。人们公认为莫里斯肩负起了发展现代球场管理的重任，也为高尔夫球规则的标准化及球洞数的制定起到了很大作用；他还参与设计了多种核桃木球杆，在当时被广泛使用。1865年，他回到了圣安德鲁斯做球场管理，1904年，他退休回到了自己位于第十八号球洞附近的住所。4年后，这位高尔夫球创始之父辞世而去。

小汤姆·莫里斯赢得了4届公开赛冠军，并在普勒斯特维克创下了一杆入洞的纪录。

约翰·鲍尔和哈罗德·希尔顿

高尔夫球历史上，只有三位人士曾以业余选手的身份赢得了公开赛冠军，其中一位是传奇人物鲍比·琼斯，另外两位都是英格兰人——约翰·鲍尔和哈罗德·希尔顿，两人都是霍尔湖镇皇家利物浦高尔夫俱乐部成员，他们不仅是一对同时代的球手，也是那个年代的高尔夫领军人物。

1890年，普勒斯特维克夺冠使得约翰·鲍尔成为第一位夺得公开赛冠军的英格兰人。他沉默寡言、意志坚强，观看他的比赛是一种享受。伯纳德·达尔文曾写到："约翰·鲍尔的比赛令人赏心悦目，此项运动的任何其他壮观场面都未曾带给我如此的快感。"鲍尔也是英式高尔夫最为中坚的力量，正如鲍比·琼斯在美国的影响一样。鲍尔曾在1888年至1912年间，创纪录地获得8项业余选手锦标赛冠军称号（最后一次时他已51岁）。其职业生涯最辉煌的年是1890年，这年，他同时赢得了业余选手锦标赛和公开赛冠军。

哈罗德·希尔顿的战绩与琼斯相比同样不遑多让。1911年，他成为唯一同时获得英国与美国业余选手锦标赛冠军的球手。那年，第三次取得英国业余选手桂冠后（他共取得过4次英国业余选手锦标赛冠军），他在纽约州拉伊的阿帕瓦米斯球场对战美国球手弗雷德·希尔绍夫，比赛势均力敌，最终希尔顿在第37洞战胜对手，获得冠军。他还赢得过两次英国公开赛冠军，第一次是在1892年的缪菲尔德球场，那时公开赛首次扩展为两天72洞的赛程。5年后，他在故乡霍伊湖再次赢得公开赛冠军。

迥异的打法

鲍尔内向、谦逊，他在果岭上的表现可能不算最为出众，但其无与伦比的长球技术弥补了这一点。别人还在力求将球击中果岭的时候，他已能灵活地运用自己的击球优势，直接将球打到球洞附近。与鲍尔相比，希尔顿的击球动作相当凶猛。达尔文在描写希尔顿的击球时写到："一个小个子踮着脚，不顾一切地挥起球杆，让人觉得球杆、他的整个身体几乎均要和球一起飞出去。"希尔顿对高尔夫运动一直充满热忱，即使退出比赛生涯后，他还在1911年担任了《高尔夫月刊》（Golf Monthly）的第一任编辑。

约翰·鲍尔参加了1914年在皇家圣乔治球场举行的业余选手锦标赛。1927年，鲍尔最后一次参加英国业余赛时，已年届66岁。

约翰·鲍尔简况

生于： 1861年12月24日，英格兰霍尔湖镇
卒于： 1940年12月2日

夺冠次数： 8次
英国业余选手锦标赛：1888、1890、1892、1894、1899、1907、1910、1912年

大满贯： 1次
英国公开赛：1890年

哈罗德·希尔顿简况

生于： 1869年1月14日，英格兰西科比镇
卒于： 1942年5月5日

夺冠次数： 5次
英国业余选手锦标赛：1901、1911、1913年
美国业余选手锦标赛：1911年

大满贯： 2次
英国公开赛：1892、1897年

哈罗德·希尔顿是第一位赢得全美业余选手锦标赛冠军的非美裔球手。

伟大的"三剑客"

早在"三巨头"帕默、尼克劳斯和普莱尔称霸高尔夫球坛前，已有过另一个著名的"三剑客"组合。世纪之交，哈里·沃顿、JH·泰勒与詹姆斯·布莱德三人的职业生涯不仅在不列颠，更在全世界极大地推动了高尔夫运动的发展。

沃顿、泰勒和布莱德三人之间年龄相差不到一岁，25岁时，三人就已经主宰了刚刚兴起的职业高尔夫运动。从1894至1914年的21年中，他们共赢得了16次公开赛冠军，这是后人无法超越的壮举。

哈里·沃顿6项公开赛冠军的纪录一直保持至今。他被认为是当时最出色的球手，名震四海，曾3次远涉大洋到美国参赛，使得高尔夫运动迅速流行起来。1900年，他在芝加哥高尔夫俱乐部举办的美国公开赛上夺冠，此外还有两次屈居第二。精确的击球是沃顿获胜的关键，他球技稳定，球道击球无比出色，把铁杆的精准发挥到了极致。有人说，如果他一天中两次打同一个球洞，那他下午的击球位置一定和上午的一样。他写了很多关于挥杆的指导文章，大力推荐他改进的双手叠交握法，即"沃顿式握法"（Vardon Grip）。与另一种"圣安德鲁斯握法"（围绕身体的平面挥杆）相比，沃顿更喜欢大角度的动作。

出生在泽西岛的沃顿少年时就开始背球杆当球僮，并很快迷上了这一运动。1896年，在缪菲尔德球场他第一次战胜泰勒夺冠，最后一次夺冠是在1914年。其职业生涯的后半段一直饱受肺结核的折磨。他还设计过多个高尔夫球场，包括与之结下不解之缘的南赫茨球场（South Herts），他的最后3次公开赛冠军均在这里获得。有两项奖项以沃顿的名字命名：欧洲巡回赛奖金得主；美国高尔夫球赛最低平均杆数获得者。

JH·泰勒简况

生于：1871年3月19日，英格兰德文郡
卒于：1963年2月10日

大满贯头衔： 5次
英国公开赛：1894、1895、1900、1909及1913年

荣誉
莱德杯队长，1933年

詹姆斯·布莱德简况

生于：1870年2月6日，苏格兰法夫镇
卒于：1950年11月27日

大满贯： 5次
英国公开赛：1901、1905、1906、1908及1910年

哈里·沃顿简况

生于：1870年5月9日，海峡群岛泽西岛
卒于：1937年3月20日

大满贯头衔： 7次
英国公开赛：1896、1898、1899、1903、1911及1914年
美国公开赛：1900年

第一次在苏格兰以外举行的英国公开赛上，JH·泰勒夺冠。

作为当时最杰出的高尔夫球员，哈里·沃顿创下了当时无人能超越的6次英国公开赛冠军及1900年美国公开赛冠军的纪录。

沃顿打球时总是乐在其中，布莱德击球严谨、专业，而泰勒的神情有时会让人觉得他对面前的球怀着深仇大恨。

——伯纳德·达尔文，高尔夫栏目作家

1947年，JH·泰勒成为皇家古老高尔夫俱乐部荣誉会员，10年后他又成为皇家北德文郡高尔夫俱乐部的荣誉会员。

JH·泰勒最初在韦斯特沃德胡村（Westward Ho）学球，他使用的是当时传统的平挥击球法，擅于利用风向。沃顿第一次夺冠时，泰勒已经两次夺取了公开赛冠军（他共取得了5次公开赛冠军）。泰勒第一次夺冠是在1894年肯特郡桑德维奇皇家圣乔治球场（Royal St George's），那是公开赛第一次在苏格兰之外举行。他还曾至少6次在公开赛上屈居亚军。泰勒自己最满意的一场比赛是1900年圣安德鲁斯公开赛，他在每一轮都以最低杆数领先，从而以8杆优势战胜沃顿夺冠。他在自己参与设计的皇家米德萨里俱乐部（Mid Surrey）转为职业球手，是PGA（职业高尔夫协会）的创始者之一。

詹姆斯·布莱德是苏格兰人，高大强壮，习惯于尽力将球打得最远，尽管有时不得不为此到处找球。他的击球不是特别精准，但短球技巧高超，这使得他在赛场上格外引人注目。与泰勒一样，布莱德赢得过5次公开赛冠军。尽管他的起步晚于其他同行——沃顿在他之前已获得了3个冠军——却首先拿到了5次冠军。布莱德是萨里郡沃尔登高尔夫俱乐部（Walton Heath）的第一名职业球员，他还是一名优秀的球场设计师，格伦伊格尔斯（Gleneagles）的国王球场和皇后球场都为其佳作。

1902年英国公开赛上，桑迪·赫德与JH·泰勒（后排右）、詹姆斯·布莱德（前排左）及哈里·沃顿（前排右）合影。

沃特·哈根

沃特·哈根的一生精彩多姿，作为高尔夫运动史上第一位出色的表演赛球手，他个性张扬，还有一点自负。不管怎么说，他确实是一个敢想敢做的人。他被称为"沃特爵士"，或者"黑格"（Haig），很好地代表了高尔夫运动在"兴旺的20年"的发展。他一生赢得过11个大满贯头衔，在高尔夫运动史上功绩卓著。

沃特·哈根简况

生于：1892年12月21日，纽约州罗切斯特市
卒于：1969年10月6日
身高：1.80米

夺冠处女赛：1915年马萨诸塞公开赛
巡赛夺冠次数：51次
PGA巡回赛：44次
其他赛事：7次

大满贯：11次
名人赛：1936年并列第十一名
美国公开赛：1914、1919年夺冠
英国公开赛：1922、1924、1928、1929年夺冠
美国PGA锦标赛：1921、1924、1925、1926、1927年夺冠

荣誉
莱德杯团体赛：1927、1929、1931、1933、1935年

他是个不负责任的花花公子，也是名机敏而顽强的竞争对手。

——格兰特兰德·赖斯，体育栏目作家

沃特·哈根曾两次在美国公开赛上夺冠；参加过6届PGA锦标赛，5次夺冠；他还横渡大西洋，4次在英国公开赛上夺冠。不过，在高尔夫运动史上他留下的最光辉、最长久的记忆则是他开创了职业球员进行巡回赛的模式，证明了职业球员完全可以通过参加巡回赛获得惊人的财富。在哈根之前，职业球员都隶属于俱乐部，他是争取到独立身的第一人。

哈根出身于移民家庭，7岁开始在罗切斯特的第一家高尔夫俱乐部作球僮，辍学后成为一名职业球员助理，他完全是自学成才。他的站姿像打棒球——总是向球冲过去——这也是他对待生活的态度。他乐于为了挽救一个坏球而费尽心机，不达目的决不罢休；竞争越激烈，他的状态就越好。在6次PGA锦标赛及一次比洞赛中，他只输过一次——1923年和吉恩·萨拉曾对决时的最后一轮比赛。莱德杯创立伊始，理所当然由他来担任美国队队长。他参加过9次莱德杯比赛，7次都获得了胜利。

哈根称霸之时，正是高尔夫运动迅猛发展的时期。他的出现使美国职业高尔夫的水平有了很大提高，把英国抛在了后面。1920年，哈根在肯特郡皇家五港球场（Royal Cinque Ports）第一次参加英国公开赛，他身穿萨维尔街定做的大衣，乘坐一辆专用司机驾驶的奥地利戴姆勒汽车抵达球场，却被告知不准进入俱乐部会所，结果只能在车里换鞋。两年后，他赢得了自己的第一个英国公开赛冠军，作为庆祝，他给自己的球僮开出一张50英镑的支票。1923年，在特隆（Troon）举行的公开赛上，哈根获得亚军。当时俱乐部会所只在颁奖仪式时对职业球员开放。哈根没有接受俱乐部的邀请，却选择了当地一家酒吧，并请在场的顾客开怀畅饮。

■ 1920年的香烟卡。

1921年，沃特·哈根在苏格兰格伦伊格尔斯（Gleneagles）参加英美对抗赛。这项比赛是莱德杯的前身。

吉恩·萨拉曾

在人们印象中，小个子萨拉曾总是穿着一条灯笼裤，衣着整齐干净。他对高尔夫运动的热爱感染了很多人。萨拉曾赢过7项大满贯，发明了沙地挖起杆，后来还率先参与"壳牌高尔夫精彩世界"电视比赛节目的录制。他是高尔夫运动史上一名出色的形象大使。

球星简介

生于：1902年2月27日，纽约州哈里逊
卒于：1999年5月13日
身高：1.68米

夺冠处女赛：1922年南部春季公开赛
巡赛夺冠次数：41次
PGA巡回赛：39次
其他赛事：2次

大满贯：7次
美国名人赛：1935年夺冠
美国公开赛：1922、1932年夺冠
英国公开赛：1932年夺冠
PGA锦标赛：1922、1923、1933年夺冠

荣誉
波比·琼斯奖：1992年
获得一次职业生涯金满贯
莱德杯团体赛：1927、1929、1931、1933、1935、1937年

吉恩的沙地铁杆

萨拉曾发明了沙坑挖起杆，这种球杆杆面角很大，前端翘起。球手通过击球后面的沙子将球挖出沙坑。

■ 萨拉曾大展其沙地挖起杆技巧

17岁时，尤吉尼奥·萨拉塞尼决定改名，那年因为一记单击入洞的击球，他的名字首次上了报纸。"我看到了报纸上自己的名字，让人觉得好像是位小提琴手。"他解释到，"我喜欢一个听上去更像高尔夫球手的名字。"

很快，他的新名字便家喻户晓。1922年，年仅20岁的萨拉曾第一次获得美国公开赛冠军，一个月之后再获美PGA冠军——他一生中共获得两次美国公开赛冠军和三次美PGA冠军。第二年，他再次获得美PGA冠军。然而，有沃特·哈根和波比·琼斯作为与萨拉曾同代的球手，他的冠军之路走得格外艰难。其职业生涯的转折来自富于创造性的智慧。在当时，沙坑仍然是高尔夫球手的大敌，萨拉曾在对杆面角的运用和击球落点的把握上都有自己独到的见解。最终，他不仅改造发明了现代高尔夫运动中的沙地挖起杆，而且创造出一套崭新的沙坑打法，这大大增加了他两杆入洞的机会。

萨拉曾并不是最佳球技高手，他有着自成一派的挥杆方法和不太寻常的握杆方式，会让左手的4个手指露在外面。不过，随着他对沙坑球挽救性打法技巧的不断提高，他在比赛中表现出了更多的自信，1932年他再次赢得美国公开赛。同年夏天，他重返英国，1923年他曾想打入英国公开赛却未能取得资格，卷土重来的萨拉曾在那一届英国公开赛上夺冠，那也是唯一在肯特的王子球场举行的一次公开赛。接着，他又赢得了两次大满贯赛事，其中第二次就是1935年的名人赛，此赛事使他成为第一位赢得现代金满贯的球手。他被人们称为"老爷"，萨拉曾一直担任名人赛的荣誉发令员，直到他以97岁高龄辞世。

> 造物主对每个人都是平等的。我只是比别人高出1杆而已。
> ——吉恩·萨拉曾

1922年，在伊利诺伊州斯考奇乡村高尔夫俱乐部（Skokie County Club）举行的美国公开赛上，萨拉曾以1杆优势战胜波比·琼斯获得冠军。图为获胜的萨拉曾被热情的球迷扛在肩上。

在高尔夫历史上，无论在职业赛事还是业余赛事上，波比·琼斯都是最伟大的冠军球手。

——查尔斯·普莱斯（Charles Price），高尔夫专栏作家

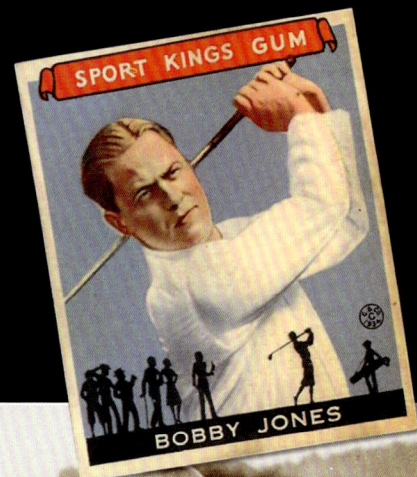

SPORT KINGS GUM

BOBBY JONES

波比·琼斯

在高尔夫历史上，或许无人能毋庸置疑地被列为最伟大的冠军球手，而波比·琼斯对这样的称号却可以当之无愧，也许他还称得上成为最受欢迎的球手。20世纪30年代，他赢得了金满贯的至高地位，这一点上能和他相比的只有两人：1953年得到三大头衔的本·侯根以及2000年至2001年夺得四连冠的泰格·伍兹。不过，这两位人士可不及琼斯那样深得人心。

球星简介

生于：1902年3月17日，美国佐治亚州，亚特兰大
身高：1.72米
卒于：1971年12月18日

巡赛夺冠次数：9次
PGA巡回赛：7次
其他赛事：2次

大满贯：7次
美国公开赛：1923、1926、1929、1930年夺冠
英国公开赛：1926、1927、1930年夺冠
美国业余选手赛：1924、1925、1927、1928、1930年夺冠
英国业余选手赛：1930年夺冠

荣誉
金满贯：1930年
沃克杯团体赛：1922、1924、1926、1928、1930年
创建了奥古斯塔国家高尔夫球场

很少有人受到人们如此爱戴，更别说是高尔夫球手了——球场上，琼斯的仰慕者会在他打每一杆时都追随着他。

镜头中的波比·琼斯

琼斯制作了多部指导打高尔夫的影片。照片中琼斯（左起第三位）正在检查刚拍摄完的一组镜头。在系列片《波比·琼斯：我怎样打高尔夫》（1930年）中，出现了琼斯指导当时一些名流打球的镜头，其中包括菲尔茨和洛丽泰·杨。

■ 影片中的高尔夫大师

罗伯特·泰尔·琼斯很小的时候就被引介进入了亚特兰大东湖高尔夫俱乐部（East Lake）。那时他很病弱，人们认为新鲜的空气对他的身体有好处，没想到这个孩子立刻迷上了这项运动，他也证实了自己是个高尔夫神童：9岁时便能在最后一轮击败16岁的对手，成为俱乐部少年组冠军。到12岁时，琼斯已经成为俱乐部的冠军了。两年后，他成了佐治亚州州级冠军，并第一次出战美国业余选手赛。

随着对高尔夫的接触，在卡诺斯蒂球场一位专业人士斯图亚特·梅登的指导下，琼斯在东湖俱乐部学会了此项运动的门道以及运行机制。不过，琼斯可不仅是一位高尔夫球手，他还获得了佐治亚州理工大学的工程学学位以及哈佛大学的英国文学学位。一年后，他又学习了法律专业，并且通过了资格考试。虽然其职业可能是一位律师，但成就其英雄角色的还是高尔夫球手。

到21岁生日时，琼斯已经在国家级锦标赛上打了7年球了，不过直到那时，他还未赢得过很重要的奖项。他具有的打高尔夫体质很罕见，不过坏脾气总是拖他的后腿，他曾摔过球杆，出言不逊，甚至美国高尔夫协会的主席给他写过信，警告他如果继续这样就取消其参加重大赛事的资格。

琼斯精神上受到了打击，焦灼不已，除了重大赛事，几乎不参加别的比赛。美国运动专栏作家艾尔·兰尼这样描绘他的这段时期："他个性很让人猜不透，外表给人一种非常成熟、温柔体贴、才思敏捷的感觉，可内心里他却易怒，经常失去理智。在年轻的波比·琼斯身上，情感、脾性无序地混杂在一起，易怒，有时控制不住自己。"不过，琼斯还是学会了把握住自己，成为了一位令人闻风丧胆的配对赛选手——无人能在锦标赛

1930年的赛季中，波比·琼斯取得的奖杯（从左至右）：公开赛冠军奖杯、美国业余赛冠军奖杯、英国业余赛冠军奖杯以及美国公开赛冠军奖杯。

上两次击败他。当时的业余选手大满贯赛他参加了21次，13次获胜。他还3次赢得美国业余赛，4次赢得美国公开赛，3次赢得了公开赛，并赢得过1次英国业余选手锦标赛。在其他五种赛事的7次比赛中，有四种都得过亚军。

1923年的美国公开赛是琼斯的大突破，最后一轮中，他本来稳操胜券，却在最后接连出现柏忌、柏忌、双柏忌，最终进入了延时赛。他自己说过："我那会儿打得不像个冠军，倒像个懦夫。"不过，在最终的18洞延时赛中，琼斯表现得可是个冠军了，从距球洞200码外的一条沙线开始，琼斯用2号铁杆将球击过水域，落在了距果岭5英尺的地方。这是他众多最佳击球中的一次，堪称传奇。

波比的二战

二战期间，琼斯作为小罗伯特·T·琼斯担任空军长官。开始，他被分到防空警报部门，这是一个公民志愿者组织，负责在大西洋沿岸做观察工作，后来在海外服役。战争期间，他曾允许美国军队在奥古斯塔国家球场上放牧牛群。

■ 脱下灯笼裤换上了军装的琼斯。

传奇故事的由来

有关琼斯的一个传奇故事就是：他自己提出自己犯规、应该被罚杆的事。1925年的美国公开赛上，他在瞄准球时，球动了，虽无人察觉，琼斯还是自己提了出来，为此失去了进入延时赛并得到冠军的机会，当被问及此事时，琼斯说："高尔夫运动只有一种方式，那就是遵守规则，我仅仅遵守了规则而已，你不会夸奖一个人没有抢银行吧。"

1926年，在兰瑟姆球场（Lytham），琼斯第一次赢得公开赛冠军，成为在同一年中同时拿下英国公开赛冠军和美国公开赛冠军的第一人。在准备公开赛时，他在桑丁戴尔打出过一轮几近完美的球，共挥杆66次，33杆往外打，33次往回打，其中33杆是从球座打上果岭，33杆是推球，其中只有1杆是长推球，也有一些错失良机的球。

进军金满贯

1930年，琼斯开始进军金满贯，即夺得英美公开赛以及业余赛冠军（见212~213页）。英国业余选手一对一配对赛始于圣安德鲁斯球场，琼斯唯一一次赢得此殊荣就是这次，琼斯觉得在四项赛事中此项殊荣甚为重要。然后就是在霍尔湖举行的英国公开赛，最后一洞他竟打出双柏忌球后虎口脱险。美国公开赛是在因特拉肯（Interlachen）举行的，进攻最后一个果岭时，他从40英尺（12米）外入洞，取得了胜利。琼斯金满贯的最后一战是美国业余选手锦标赛，这与英国业余选手比赛一样，是配对赛。最终，他再次击败了所有选手。报道称琼斯的这场比赛为"牢不可摧的四边形"，不过让人们深深记住的还是"金满贯"这个词。

为了能投入到家庭生活和商业中，28岁的琼斯在那年后半年宣布退役。他带领一批投资者在佐治亚州的奥古斯塔买了一片地。在艾利斯特·麦肯兹的协助下，从1934年起，琼斯着手创建名人赛比赛场地——奥古斯塔国家高尔夫俱乐部（见第214~215页，以及第296~299页）。1948年，他打了一生的最后一轮高尔夫，不久他就被诊断患有肌肉神经衰竭症，接下来的23年中，他的病情不断恶化，他只能"尽我所能"。

派特·沃德托马斯曾写到："琼斯是冠军中的冠军，世上没有哪位球手曾取得或能取得他所取得的成就，也没有哪位球手能拥有比他更持久的魅力、更独特的个性。"

在圣安德鲁斯赢得了英国业余赛后，琼斯被护送回俱乐部会所。这次获胜是其夺取金满贯的第一赛。

1916
以14岁的年龄赢得了佐治亚州业余赛冠军。

1923
在因伍德（Inwood）乡村俱乐部举行的美国公开赛上，琼斯在延时赛的第十八洞稳拿其第一个大满贯冠军。

1927
在圣安德鲁斯，琼斯打出了285分的纪录，保住了公开赛冠军称号。

1929
在翼角球场的延时赛中，击败了艾尔·埃斯皮诺萨（AL Espinosa），夺得其第三个美国公开赛冠军。

波比·琼斯与圣安德鲁斯球场

1912年，第一次见到这座老球场时，琼斯对之并没有什么特别印象。在公开赛第三轮中，他排名第四十三，第十号球洞打出了双柏忌，在3杆洞第十一号球洞把球打进了沙坑，他捡起球时，还有6个球洞未打。他并没有撕毁记分卡或气冲冲地离开球场，不过他的确中止了比赛。多年后，他对球场的看法有了很大的改变："我越研究它，越是喜欢它，越是喜欢就越想研究。"1927年，在圣安德鲁斯，他赢得了第二个公开赛冠军；1930年，他也是在此赢得了其金满贯的第一项赛事，即英国业余选手赛。

1936年，在参观柏林奥林匹克球场的途中，琼斯在苏格兰进行了短暂的停留，他又在圣安德鲁斯打了一场球，这次来访并没有公开宣传，来观球的观众人数竟高达5000人。整个城镇的另一端万人空巷，人们大喊着："我们的琼斯回来了。"1958年，琼斯成为圣安德鲁斯皇家古老高尔夫俱乐部的荣誉会员，纪念仪式上他被授予圣安德鲁斯皇家自治镇之荣誉市民的称号，并成为新高尔夫俱乐部公员。

琼斯曾说："即使夺走我生命中所有的东西，只要留下我在圣安德鲁斯的经历，我也享有丰富而充实的一生了。"1972年，在圣安德鲁斯镇上举行了一次纪念琼斯的活动，曾在英国业余选手决赛中被琼斯击败的罗杰·韦瑟德在一次演讲中说到琼斯"在技巧及比赛精神上无人能及"。老球场的第十号球洞被命名为"波比·琼斯"。

△吉恩·萨拉曾（左）和琼斯（右）是不相上下的对手。1935年的名人赛是琼斯参加的新赛事，萨拉曾赢得了比赛。

◁△1930年，在皇家圣乔治球场举行的沃克杯上，琼斯代表美国队出战，这是他的第五次沃克杯之行，也是最后一次。他对战的是英国选手哈特雷（RW Hartley）。

■ 1930年的香烟卡

> 对有些人来说，高尔夫不仅仅是一项运动，在他们心中，无人能替代波比·琼斯。
>
> ——格兰特兰德·赖斯，体育栏目撰稿人

1930	1930	1930	1930	1934	1958
英国业余选手锦标赛上，琼斯以7杆的优势击败罗杰·韦瑟德而封冠。	在霍尔湖，琼斯赢得了他的第三个公开赛冠军，也是其金满贯的第二部分。	在因特拉肯举行的美国公开赛上，琼斯在最后一个果岭处，40英尺（12米）外推球入洞。	在梅里恩球场举行的美国业余选手赛上夺冠，业余赛及公开赛冠军共同成就了琼斯的金满贯。	重现江湖，琼斯来到佐治亚州自己的奥古斯塔新球场打新的名人赛。	成为继本杰明·富兰克林后第二位被授予圣安德鲁斯皇家自治镇之荣誉市民称号的美国人。

乔伊斯·韦瑟德

乔伊斯·韦瑟德对女子高尔夫的影响即如波比·琼斯对男子高尔夫的影响，其短暂却所向披靡的高尔夫生涯处于20世纪20年代。琼斯是她心目中的英雄，英雄相惜，琼斯也曾把韦瑟德描述为他所见过的最佳高尔夫球手。创立柯蒂斯杯，韦瑟德起到了中坚力量的作用。

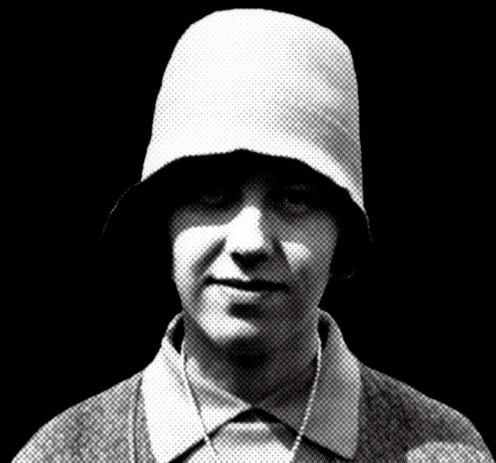

韦瑟德开始打高尔夫是受到其兄弟罗杰·韦瑟德（那时的最佳业余选手之一）的鼓励，那时她正在苏格兰度假。1920年，她参加了在谢林汉姆（Sheringham）举行的英国女子高尔夫锦标赛，本只想作为友情出赛，不料却在决赛中击败了当时的明星球手塞西尔·雷彻。随后，她又接连5次夺得了英格兰赛事的冠军及4次英国业余选手冠军。在英国业余选手锦标赛中，她打了38场比赛，36次夺冠。

1925年，在第三次取得英国赛事冠军后，她隐身而退，不过在1929年，她卷土重来，在圣安德鲁斯球场击败了当时的美国最佳球手格利纳·科莱特。在老球场这场著名的夺冠后，28岁的韦瑟德再次从高尔夫球坛全身而退。一年后，波比·琼斯也以28岁的年龄退出球坛。韦瑟德对柯蒂斯杯的成立贡献很大，可以说她应为英国队出战1932年柯蒂斯杯时的队长。

琼斯曾经常与韦瑟德的兄弟罗杰对阵，在1930年圣安德鲁斯的英国业余选手赛上曾击败过罗杰。一星期以后，在老球场后座发球台进行的四人比洞赛中，波比和乔伊斯进行了决一雌雄的比赛。一轮下来，琼斯打出了75杆，乔伊斯打出了76杆，不过琼斯觉得自己"望尘莫及"，他说："她打多少分并不重要，重要的是她打球的路数，想让韦瑟德女士错失一杆是不可能的事，她也从未失误过。"1935年，她曾到美国参加巡赛，影片记录下了她和琼斯的比赛，这对对手都有着自由流畅的挥杆打法。那次巡赛上，韦瑟德曾在位于亚特兰大东湖的琼斯的私人俱乐部挥杆。她的搭档是后来成为英国业余选手赛冠军的查理·耶茨，在前14洞的比赛中，耶茨就被韦瑟德远远甩在了后面，他回忆道："我本应很尴尬，不过看着她的挥杆，我被迷住了，顾不得尴尬了。"

1932年拍的影片记录下了韦瑟德优雅的挥杆，那时距她在女子业余赛中最后一次夺冠已有3年时间。

球星简介

生于：1901年11月17日，英格兰萨里
卒于：1997年11月18日

获胜次数：9次
英国女子业余选手冠军：1922、1924、1925、1929年
英国女子锦标赛冠军：1920、1921、1922、1923、1924年

荣誉
柯蒂斯杯选手/队长：1932年

1929年英国女子高尔夫锦标赛上，乔伊斯·韦瑟德带领众多选手及观众正在穿过圣安德鲁斯球场的小桥。

我和什么样的球手都打过球，有男有女、有职业选手也有业余选手，但只有和韦瑟德的比赛时才有那种望尘莫及的感觉。

——波比·琼斯

亨利·科顿

科顿还未来得及去白金汉宫参加封爵仪式，就辞世而去了。不过高尔夫界的第一位爵士仍非他莫属，他也是欧洲高尔夫巡赛的一位元老。他曾写过多本书籍，设计过高尔夫球场，还是当时最令人敬佩的英国教练。他是高尔夫"三剑客"和尼克·法度之间出现的英国最出色的球手。

科顿所处的时代，很多高尔夫职业球手都是球僮出身或者子承父业，是科顿打破了这种定式。他在英国伦敦的公立学校受教育，中产阶级的家庭背景似乎预示了他只能做个业余球手。不过，科顿决意要把自己的高尔夫才能发挥得淋漓尽致，这意味着他必将转为职业球手。

他的第一次公开赛胜利结束了一年以来公开赛中英国选手未能夺冠的惨状。那是在1934年的皇家圣乔治球场，他一跃而起，开场两轮即打出了67杆和65杆的成绩，第二轮65杆的纪录保持了43年之久，令人叹服。邓禄普制球公司为了纪念这次盛事，制造了"邓禄普65"，并在随后几年一直生产此球。接下来的比赛中，科顿不太顺利地进入了最后一轮，打出了79杆，不过还是以5杆之差胜出。3年后，他在卡诺斯蒂球场对战强大无比的美国莱德杯选手，再次获胜。美国作家艾尔·兰尼这样描述科顿："那时他是一位奇怪、冷酷的汉子，不过他的3/4挥杆法无人能及，这样的打法我以前只在侯根身上看到过。科顿用铁杆进攻果岭时，沉着冷静、不苟言笑，那种专注充满了魔力。像侯根一样……他给人一种冷酷的印象，不过还有另一种相同的感觉……球一定会命中，不会有别的可能，没有什么他做不到的。"

科顿喜欢有阳光的冬天，他一直和妻子图兹住在葡萄牙伯尼那，很多职业球手会不远千里去那里向科顿请教球技。

球星简介

生于：1907年1月26日，英格兰霍尔姆斯查佩尔
卒于：1987年12月22日

巡赛夺冠次数：16次

大满贯：3次
公开赛：1934、1937、1948年

荣誉
莱德杯团体赛：1929、1937、1947年
莱德杯队长：1947、1953年
哈里·沃顿奖金得主：1938年

■ 科顿在伦敦大剧院演讲的海报

1947年，科顿最后一年参加莱德杯，在英格兰皇家米德萨里球场的一场比赛中，科顿采取切削击球进攻果岭。

拜伦·纳尔逊

拜伦·纳尔逊曾以其"连胜"（见216~217页）闻名高尔夫球坛，他还被人们当作第一位高尔夫绅士来怀念。2006年，他辞世而去时，泰格·伍兹正在攻下PGA巡赛七连冠。纳尔逊曾在1945年这个历史性赛季中连续11次夺冠。他退出球坛60年后，在缅怀他的讣告中，人们更愿提及的是这位伟人，而不只是高尔夫赛事。

球星简介

生于：1912年4月4日，美国德克萨斯州，沃克西哈奇
卒于：2006年9月26日
身高：1.85米
转为职业球手：1932年

夺冠处女作：1935年新泽西州公开赛
巡赛夺冠次数：63次
PGA巡赛：52次
其他赛事：11次

大满贯：5次
名人赛：1937、1942年夺冠
美国公开赛：1939年夺冠
公开赛：1937年第五名
USPGA：1940、1945年夺冠

荣誉
沃顿奖得主：1939年
PGA巡赛奖金得主：1944、1945年
莱德杯团体赛：1937、1947年
莱德杯队长：1965年
PGA年度球手：1945年

"拜伦爵士"1945年的11场连胜至今仍是高尔夫史上最值得一提的纪录之一。

纳尔逊的职业生涯并不长，却创下了他退出比赛后很长一段时间内无人能打破的纪录。他是第一位做过电视评论员的高尔夫球星，也指导过很多颇有前途的高尔夫职业球手，其中有汤姆·沃特森和肯·温图利。他还长期担任名人赛的荣誉发令员。从1968年起，达拉斯公开赛就成为了知名的拜伦·纳尔逊精英赛，这是美国唯一一个以球手名字命名的赛事。"拜伦阁下"是人们对他的诨称，也表达了人们对他创下的高尔夫传奇的深爱，他送给其他球手的手写贺卡或纪念留言都成了宝贵的纪念品。温图利在谈及他和纳尔逊的全国表演赛时，曾提到，比赛前纳尔逊总会去核查球场纪录以及创下这项纪录的球手，如果是当地俱乐部的职业球手创下的纪录，他就不会打破这项纪录。

纳尔逊和萨姆·史尼德、本·侯根在同一年出生，并和侯根出生在同一州（德克萨斯州）。1927年，两人一起竞争格兰花园乡村俱乐部（Glen Garden Country Club）的球僮锦标赛，纳尔逊微胜对手。1942年的名人赛延时赛中两人再试高低，结果纳尔逊再次以微差取胜。纳尔逊赢得过两届名人赛，两届美国PGA头衔以及一届美国公开赛，不过他未获得过公开赛冠军。

他是第一位真正去适应新式大球及新式铁柄球杆的知名球手。他的铁杆打法就像机器人打出的那样稳定，1939年的公开赛上，72洞的比赛规则，他有6次打到了洞口旗杆。美国高尔夫协会将设备检测机器命名为"铁杆拜伦"，因为正是通过测试拜伦的挥杆协调性，此设备才得以使用。那时，只有前15名或前20名的球手才能每星期得到奖金，纳尔逊接连113场比赛都有进项，赚了大钱。

有关连胜

由于血液状况不正常，纳尔逊未能参加二战，1944年，他离开了自己效劳的托莱多因弗内斯俱乐部，只参加巡赛。那年，他8次获胜，不过对自己的滚地球以及一些粗心的打法很不满意。每一轮比赛，他都记下注意事项，并细致地进行分析。第二年，他在巡赛中18次获胜。那个赛季其平均杆数为68.34杆，2000年，泰格·伍兹才打破了这个纪录。11场连胜的纪录是以1945年3月迈阿密的四人赛拉开帷幕，以同年8月的孟菲斯邀请赛落下帷幕。有些不公正也不准确的说法是，纳尔逊的连胜是因为球场难度太小，其实那年萨姆·史尼德和本·侯根都赢得了几次巡赛。杰克·伯克曾说："我不管和他打球的是长臂猿还是什么，连赢11次的确惊人。"

1946年，纳尔逊获胜6次，年底，年仅34岁的他便退出了球坛。他和第一任妻子露丝在沃思堡市附近购买了一个农场，他曾公开承认，头两年他获胜的主要动机就是赚钱再买些奶牛或扩建农场。"我很疲惫，我得到了我开始打高尔夫时想得到的一切"，他说，"是该做些别的事的时候了，拥有农场后，什么都不重要了。"

■ 麦片包装广告上的纳尔逊。

> 我懂得不多，对高尔夫略知一二，我知道怎么做炖菜，我也知道怎样才是体面人。
>
> ——拜伦·纳尔逊

▷纳尔逊在球僮小屋里，他的职业生涯始于此，即1927年和本·侯根一起竞争格兰花园乡村俱乐部的球僮锦标赛。

▷▷1951年，在圆石滩克罗斯比举行的赛事上，平克·克罗斯比（Bing Crosby）激动地拍下了高尔夫第一绅士的影像资料。纳尔逊以209杆拿下54洞。

▽纳尔逊使得高尔夫挥杆艺术进入了现代阶段，他很好地利用了铁杆和大球的优势，其铁杆打法独具节奏。

桑姆·史纳德

桑姆被称作"猛将桑姆"或简称"猛将",他有着最精妙的高尔夫挥杆动作,协调性很好、富有节奏,及时且准确,使其成为当时最长击球手之一。其职业生涯长达60年,取得过162次巡赛胜利,其中7次是大满贯赛事。

球星简介

生于: 1912年5月27日,美国弗吉尼亚州,艾什伍德
卒于: 2002年5月23日
身高: 1.80米
转为职业球手: 1934年

夺冠处女赛: 1937年奥克兰公开赛
巡赛夺冠次数: 165次
PGA巡赛:82次
老年巡赛:13次
其他赛事:70次

大满贯: 7次
名人赛:1949、1952、1954年夺冠
美国公开赛:1937、1947、1953年第二名,1949年并列第二名
英国公开赛:1946年夺冠
USPGA:1942、1949、1951年夺冠

荣誉
PGA巡赛奖金得主:1938、1949、1950年
PGA年度球手:1949年
沃顿奖得主:1938、1949、1950、1955年
莱德杯团体赛:1937、1947、1949、1951、1953、1955、1959年
莱德杯队长:1951、1959、1969年

桑姆·史纳德的出身的确名不见经传,他在弗吉尼亚州温泉镇出生,并一直生活在那里,这是蓝岭山脉山脚下一个以渔猎为生的小镇。史纳德是家中5个儿子中最小的,他看到哥哥休谟在家里草场上打球,就学了哥哥的打法,使用的是以断树枝自制的球杆。桑姆是个出色的运动员,他在派对助兴时,用一只手做俯卧撑,同时能将空易拉罐从门的上面踢出门外。他的高尔夫球技可能是自己琢磨出来的,不过当他在北卡罗林纳州的格林布赖尔(Greenbrier)转为专业球手助理时,球技才开始突飞猛进。他终生都保存着一根那时使用过的球杆,一直到去世,距他90岁生日仅有6天。

亨利·皮卡德曾给了史纳德一根球杆,这根球杆的杆身硬度更大一些,比他以前用的韧度较大的球杆更加得心应手,由此他的挥杆水平有了大幅度提高,成为了巡赛赛场上击球距离最长、最直的球手。只有推杆还是他的弱项,因此他也尝试过不同的推杆技巧。不过,他的劈起杆打法无人能及,并且长铁杆打法也技高一筹,这足以弥补其推杆的不足。

乡下小子

史纳德是美国巡赛上最伟大的冠军,共获得过82个官方认证的冠军,最后一次是在他52岁时取得的,其他在美国以外获胜的赛事就更多了,他不太喜欢在国外比赛。内心里,他一直是个乡下小子,他的经纪人弗雷德·考克兰曾对其低微的出身大书特书,史纳德一直不喜欢幽默,他可能有些粗鲁,政治上也不太识时务,媒体曾对他的球场失利津津

乐道。

1937年,他曾在最后一洞打出了三柏忌而输掉比赛;1947年,在延时赛中最后一洞的三连推遭到同样的厄运;在1949年和1953年,他曾打出最后一轮76杆和81杆。这样的场合,当史纳德被问及是否紧张时,史纳德答道:"紧张?我觉得太紧张了,

史纳德曾为一项赛事的最多冠军纪录保持者,曾8次夺得大格林斯博罗(Greater Greensboro)公开赛冠军。

> 如果错过了一睹桑姆·史纳德打高尔夫的机会，人们会非常心灰意冷，以至于即使驱车途径泰姬陵也要拉上挡风玻璃无心再去欣赏。
> ——吉姆·默里，体育专栏作家

史纳德在PGA巡赛上82次获胜，成为最伟大的球手，最后一次夺冠时，他已52岁。

你用结槌都无法将一个亚麻子塞进我屁股里。"

史纳德总认为出国比赛旅行费用比一等奖的奖金还高，尽管如此，1946年史纳德还是到圣安德鲁斯参加了公开赛，火车进入圣安德鲁斯镇时，史纳德说到："这里看着像是一片被遗弃的球场。"当然，他说的是圣安德鲁斯球场，这样的侮辱性言论不径而走，《泰晤士报》记者报道说："史纳德是个美国乡下佬，无疑会认为比萨斜塔会倒在他脚下。"尽管如此，史纳德还是征服了球场，比赛时有风，史纳德应付自如，领先4杆夺冠。人们对他的挥杆这样评价："他就是走到球旁，在上面倒上蜂蜜而已。"当然这纯属溢美之言。

史纳德是位出色的运动员，一直到其职业生涯结束时，他挥杆的优雅、娴熟一如既往。

桑姆的大突破

在西弗吉尼亚州格林布赖尔打四人赛时，桑姆·史纳德迎来了自己的大突破。他得到了教授专业球员的工作，有一次在4杆洞第五号短球洞进攻果岭时，他将球打到了后面一个酒店客人身上，险些失去教员的工作。这位客人是铁路公司的一位主管，酒店就是他的，不过第二天他又看了史纳德打球后，聘请史纳德做了他的私人教练。

■ 史纳德在格林布赖尔的高尔夫职业装备店里。

本·侯根

本·侯根曾说过"不管是什么样的球，必须救出来"。在球技练习或对球技的提高上，无人能和侯根相比。和同时代的拜伦·纳尔逊或桑姆·史纳德相比，侯根起步较晚，却立刻在二战后的高尔夫运动中所向披靡。尽管曾经历过险些丧命的车祸，侯根却在1953年赢得了3次大满贯赛事，其中包括他唯一一次参加并夺冠的英国公开赛。

球星简介

生于：1912年8月13日，美国德克萨斯州，斯蒂芬维尔
卒于：1997年7月25日
身高：1.70米
转为职业球手：1929年

夺冠处女赛：1940年南北公开赛
巡赛夺冠次数：64次
PGA巡赛：64次

大满贯：9次
名人赛：1951、1953年夺冠
美国公开赛：1948、1950、1951、1953年夺冠
公开赛：1953年夺冠
USPGA：1946、1948年夺冠

荣誉
PGA巡赛奖金得主：1940、1941、1942、1946、1948年
沃顿奖得主：1940、1941、1948年
PGA年度球手：1948、1950、1951、1953年
莱德杯团体赛：1947、1951年
莱德杯队长：1947、1949、1967年

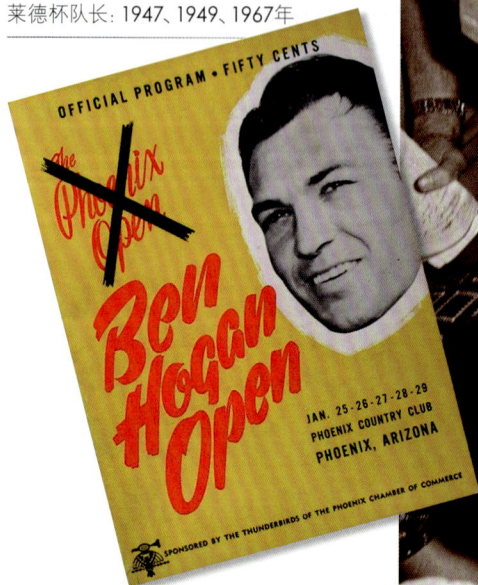

本·侯根性格复杂。他年仅九岁就不得不面对父亲开枪自杀身亡的事实。他在德克萨斯沃思堡市的格兰花园乡村俱乐部起步，开始作球僮，和拜伦·纳尔逊齐头并进，一步步发展起来。不过开始转为职业球手时有些不顺利，他发现自己总是身无分文，在冬天还得做一些零工，有一次甚至做过赌场里的发牌员。日复一日的苦练后，侯根一改往日狂暴的打法，落球变得有力量却平缓了许多，他称自己以前的打法像是"口袋里揣了条响尾蛇"。侯根的推球技术不是最出色的，后来也的确令其职业生涯逊色不少，不过能从发球台到果岭打出那么完美的球也只有侯根能做到了。《时代》周刊曾认为他的这种技术像是"一台压盖机"一样精确无误。

3年的兵役，他一直没有打球，直到1946年，侯根取胜13次后，他发现成功的关键就是要重视基本功的练习。1946年的美国PGA上，他赢得了自己9次大满贯中的第一次，不过胜利真正接踵而来还是在他第一次赢得了美国公开赛以后：1948年到1953年间，他参加过11次大满贯，8次获胜。

■ 凤凰城公开赛盛事

侯根以刚毅果断著称，据说还很难以接近。不过，1950年的美国公开赛后，侯根喜笑颜开。

幸运脱险

　　1949年，侯根在德克萨斯遭遇了车祸，撞到了一辆正在超车的灰狗车上。撞车的刹那间，侯根横在了车里，保护住了妻子。两人都得以幸存，侯根却锁骨断裂，胯骨、肋骨及左膝盖被撞碎。从此，他一直受到凝血的困扰，腿部血液循环再未能恢复正常。

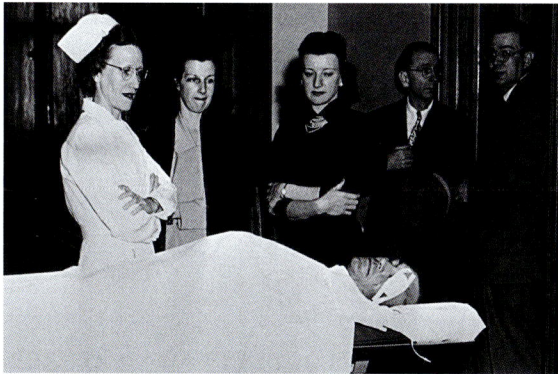

■ 车祸后，侯根处于危急之中。

　　车祸后（见220~221页），对侯根来说，打高尔夫意味着和疼痛作战。1950年的美国公开赛是他一生中最精彩的一次获胜，他在最后一天坚持拿下了36洞，又在第二天的18洞延时赛中获胜。1951年，他征服了魔鬼球场奥克兰丘，再次赢得了美国公开赛。两年后，他赢得了第二个名人赛冠军和第四个美国公开赛冠军。1953年，侯根第一次远渡重洋来英国参加公开赛。那时，由于美国PGA比洞赛制定了防止重复参赛的规则，侯根已不再参加美国PGA了。在卡诺斯蒂球场，他在最后一轮打出了68杆，创下了球场纪录，"小冰人"（侯根的昵称）也立刻占据了苏格兰球迷的内心。

　　侯根是全世界得到过四大满贯赛事的5位球手之一，也是除了泰格·伍兹外唯一一位在一个赛季里赢得了3次大满贯的球手。

侯根的挥球让职业球手羡慕不已，他的方法也一直被人们采用。其技巧也是当今许多教练包括大卫·利百特所重点强调的。

你可能听说过我刻苦训练，实际上，我是自得其乐。我总是迫不及待地等待清晨的来临，我好能去打球。

——本·侯根

贝贝·萨哈蕾亚斯

贝贝·萨哈蕾亚斯是美国第一位运动员中的巾帼英雄。她是一位极具天赋的体育全面手，当她转而从事高尔夫运动时，已经是成功的奥林匹克运动会的田径运动员了，而在高尔夫上，她也取得了同样的成功。在她的努力下，1950年女子职业高尔夫协会（LPGA）得以成立。

球星简介

生于：1917年11月20日，美国德克萨斯州，阿瑟港
卒于：1956年9月27日
转为职业球手：1947年

夺冠处女赛：1940年西部公开赛（做为业余选手）
巡赛夺冠次数：31次
女子PGA巡赛：31次

大满贯：10次
西部公开赛：1940、1944、1945、1950年夺冠
美国女子公开赛：1948、1950、1954年夺冠
女子冠军锦标赛：1947、1950、1952年夺冠

荣誉
英国业余选手锦标赛：1947年夺冠
美国业余选手锦标赛：1947年夺冠
1932年洛杉矶奥运会田径项目获得两块金牌，一块银牌

从奥运明星到高尔夫冠军，贝贝·萨哈蕾亚斯是位令人感动的运动员，她才华出众，打球节奏掌握得很好。

1938年，米尔德丽德·迪德里克森嫁给了职业摔跤运动员乔治·萨哈蕾亚斯后改姓为萨哈蕾亚斯。她又将自己的名字改为当时的传奇棒球手贝贝·露丝的名字贝贝，棒球比赛中她能打下5个全垒得分。其实，她在许多体育项目方面都很有天赋，包括篮球、网球、潜水、轮滑、保龄球、桌球，更不用提田径赛。在1932年美国奥运会预赛上，萨哈蕾亚斯在8项赛事中有6次获胜。那年夏天的洛杉矶奥运会上，她赢得了标枪项目以及80米跨栏的金牌，还创下了新的跳高纪录，却因为其动作被认为不规范而得到了银奖。

出色的业余选手

萨哈蕾亚斯在转为全职高尔夫球手后，本来击球距离就很远，不过她还是用了不少时间练习打球。在1933年赢得了德克萨斯州业余选手比赛后，她被业余赛禁赛了，因为有人认为她是其他项目的职业运动员，却打高尔夫赚钱。她继续进行了很多表演赛，后来终于恢复了其业余选手的身份，胜利接踵而至。1946年，她夺得了美国业余选手赛，第二年又夺得了在吉尔因（Gullane）举行的英国业余选手赛。

1947年，萨哈蕾亚斯转为职业球手，她曾3次赢得美国女子公开赛，并在女子PGA巡赛设立奖

金后的最初两年中一直引领奖金排行榜榜首。1953年，她被诊断身患癌症。即便如此，手术后她仍重返赛场并以12杆的出色表现赢得了1954年美国公开赛，这也是她最后一次夺冠。1955年，她癌症复发。在病床上，她对丈夫说的最后一句话是："亲爱的，我不会死的"。

就高尔夫运动来说，萨哈蕾亚斯入门较晚，她是在1932年奥运会期间因体育栏目作家赖斯介绍而开始这项运动的。赖斯坚持认为在大赛事之间，萨哈蕾打出过一轮91杆。

> 她堪称无敌的女战士亚马逊，有史以来人类最伟大的体育运动员。
>
> ——格兰特兰德·赖斯

马克思·福克纳

英国锦标赛曾一度被澳大利亚、南非及美洲选手所占据，马克思·福克纳夺冠后成为英国选手希望的灯塔，直到托尼·杰克林再度夺冠前，福克纳是那时近20年中的最后一位英国锦标赛冠军。他有着爱炫耀的性格，可以说是英国版的沃特·哈根，他令战后的高尔夫界焕然一新。1951年的波特拉什（Portrush）之赛是人们对他的永久记忆。

生于：1916年7月29日，英格兰，贝克斯希尔
卒于：2005年2月26日
转为职业球手：1946年

巡赛夺冠次数：18次
欧洲老年巡赛：2次

大满贯：1次
公开赛：1951年夺冠

荣誉
莱德杯团体赛：1947、1949、1951、1953、1957年

在1951年的波特拉什公开赛上，福克纳最终摆脱了深草区，夺得冠军，这是他唯一一次大满贯夺冠。

一家报纸专栏曾发表文章，执笔者是体育栏目记者伊恩·伍德里奇，文章描述在1951年的公开赛上马克思·福克纳跑来跑去地给观众签名，并且总加上"1951年公开赛冠军"字样。其实，福克纳是在最后一轮决赛之前只给一个小男孩签了名，在孩子父亲的请求下，加上了"1951年公开赛冠军"字样。由此，福克纳想着："我这是干了什么，这下必须要夺个冠军了。"

比赛中他领先6杆，最终以285分稳拿桂冠，还赢得了300英镑的奖金。福克纳擅长使用铁杆进行直击，那个星期他的推球表现得也很好。第二轮只进行了24推，他使用的那只特殊的轻推杆，只是他收藏使用过的300个轻推杆中的一个，这些球杆大多是他自己做的。

团体赛选手

1957年，在约克郡林迪克（Lindrick）高尔夫俱乐部举行的莱德杯上，福克纳未能参加个人赛，不过他的角色却很重要。当时得到获胜分数的肯·波斯菲尔德回忆到："那时，球场上不设计分板，用对讲机报分数。我们在球场上打球并不知道别的赛场上的情况，幸亏有马克思，他真是太棒了，每次看到他，他肯定带来了好消息，他会跑到我身边说：'里斯要赢了'，'布朗高出4杆了'，'我们逼得他们逃了，加油，你能打败这家伙的'。然后他就跑远了，10分钟后又跑回来，又带回了新消息。没有他，我们可能也能取胜，不过那天他真是非同寻常，我永远不会忘掉他那天所做的。"

波比·洛克

波比·洛克是从第一位从南非崛起的伟大球员，也开创了南非球员时代，后来南非又崛起了盖瑞·普莱尔，进而发展到了厄尼·埃尔斯和雷蒂夫·古森开创的现代时期。洛克也是迄今为止高尔夫界的最佳推球手之一，果岭上的出色表现让他在1949年到1957年间赢得了4次大满贯锦标赛冠军。

他是我见过的最出色的推球手。

——彼得·厄里斯

一生的职业生涯中，洛克几乎一直使用着同一支山胡桃木杆，击球板都生锈了。洛克击球非常出色，确保球能在某个死角轻松入洞。他对球的出色感觉也表现在其长距离使用铁杆上，以及精准的铲起球上。

桑姆·史纳德到南非旅行时，来和洛克一试高低，进行了几场表演赛，洛克赢了12次，而史纳德只赢了2次。不过史纳德很高兴自己能给洛克一些发展其运动生涯的建议，年轻的洛克曾向史纳德请教他是否可以到美国谋生，史纳德回答道："谋生？可不是简单的谋生啊，很快你就会非常富有。"到了美国，洛克的确经常赢得比赛，不过因为很多美国选手不想让个外国人在巡赛中称霸，洛克遭到了人们的怨恨，并以他未参加一些比赛项目为借口而被禁赛。在美国比赛的禁赛期间，洛克开始到英国参加比赛，他决定重整旗鼓，击球时总是远远地将球向右打出去再收回来，他原本的打法就给人们留下了深刻的印象，新的改变可以说如虎添翼。

1957年，在圣安德鲁斯，洛克赢得了其第四个也是最后一个公开赛冠军，在进攻最后一个果岭时，他为别的球手挪动了球标后却没再挪回到原来的位置。这次比赛是第一次电视转播公开赛，回放中播出了这个小错误，不过组委会规定要保留洛克的得分。3年后，洛克在一次车祸中受伤，一只眼睛的视力受到了很大影响，英雄昔日不再。

球星简介

生于：1917年11月20日，南非，杰米斯顿
卒于：1987年3月9日
转为职业球手：1938年

夺冠处女赛：1938年，南非公开赛
巡赛夺冠次数：72次
PGA 巡赛：11次
欧洲巡赛：23次
南非巡赛：38次

大满贯：4次
名人赛：1948年第十名
美国公开赛：1947、1951年第三名
公开赛：1949、1950、1952、1957年夺冠
USPGA：1947年并列第三名

荣誉
1976年皇家古老高尔夫俱乐部荣誉会员

在其职业生涯的大部分时间里，洛克几乎无一例外地穿着灰色的法兰绒长裤、白色的鞣皮皮鞋、亚麻上衣，系着领结，戴着白色的侯根帽。

1949年在皇家圣乔治球场，洛克手捧葡萄壶杯，这是他4次公开赛冠军中的第一次。

彼得·汤姆森

波比·洛克在高尔夫球坛为南非挥旌大战时，彼得·汤姆森也登上了高尔夫舞台，为澳大利亚举起了战旗。两人统领了20世纪50年代的公开赛，汤姆森共5次夺冠，4次是在50年代。后来，他成为一名作家和高尔夫评论员，也是位球场设计师，在老年巡赛上又4次得冠。

球星简介

生于： 1929年8月23日，澳大利亚墨尔本
转为职业球手： 1949年

夺冠处女赛： 1950年，新西兰公开赛
巡赛夺冠次数： 70次
PGA 巡赛：6次
澳大利亚巡赛：20次
欧洲巡赛：26次
老年巡赛：11次
其他：7次

大满贯： 5次
名人赛：1957年第五名
美国公开赛：1956年并列第四名
公开赛：1954、1955、1956、1958、1965年夺冠
USPGA：未出场

荣誉
总统林队长：1998年
澳大利亚PGA主席：
1962、1963、1994年

汤姆森是个智慧型球手，他不相信训练场上的苦练。据说，他要是打球时有了难题，就会在椅子上坐下来，分析原因及应如何解决，然后才去球场上用一打左右的球实践一下自己的想法。他打高尔夫有个简单的方法：选择好位置后会顺着地面将球打上果岭。因此，他的打球方法很适合澳大利亚的快速球场以及英国的夏季林克斯。除了精湛的球技外，他认为赛场上获胜的关键要素就是竞争的诀窍。1952年到1958年间，他夺得了公开赛上的第一次和第二次冠军。

1967年，汤姆森的儿子捧着澳大利亚公开赛奖杯。汤姆森是个夺冠高手，曾赢得过10个不同国家的全国性比赛冠军。

公开赛冠军

1954年，汤姆森在皇家伯克戴尔球场取得了第一次成功，接连两年夺冠，成为继小汤姆·莫里斯之后第一位连续赢得3次公开赛的球手。1958年取得第四次冠军，1965年在皇家伯克戴尔取得第五次冠军。那时，美国的最佳球手已经开始"再发现"公开赛的魅力了，汤姆森的对手中就有阿诺德·帕默、杰克·尼克劳斯、菲尔·罗杰斯和卫冕冠军托尼·勒玛。不过汤姆森也处在最佳状态时期，最终他在美国牢牢地建立起自己的声誉。他的美国之行很短暂，只夺得了一次冠军。不过，20世纪80年代老年巡赛开始举办后，汤姆森重返美国，几年中横扫美国高尔夫老年巡赛，直到后来退出比赛，成为电视节目评论员并开始从事球场设计工作。

汤姆森相信细心的设计，沉着冷静的思考以及遵守常识是打高尔夫最重要的几点。

比利·加士柏

任何球手和阿诺德·帕默放在一起时，都会显得没那么令人振奋了，不过比利·加士柏却向人们表明，还有其他方式可以取得职业成功。和帕默咄咄逼人、魅力四射的性格相比，比利是位保守、耐心又很自律的人。加士柏向人们表明：耐心也是一种品德。1966年美国公开赛是他最大的胜利。

球星简介

生于： 1931年6月24日，美国加利福尼亚州，圣迭戈
转为职业球手： 1954年

夺冠处女赛： 1956年，拉巴特公开赛
巡赛夺冠次数： 66次
PGA 巡赛：51次
冠军巡赛：9次
其他：6次

大满贯： 3次
名人赛：1970年夺冠
美国公开赛：1959、1966年夺冠
公开赛：1968年第四名
USPGA：1958、1971年第二名，1965年并列第二名

荣誉
莱德杯团体赛：1961、1963、1965、1967、1969、1971、1973、1975年
莱德杯队长：1979年
PGA巡赛奖金得主：1966、1968年
PGA年度球手：1966、1970年
沃顿奖得主：1960、1963、1965、1966、1968年

或许不能否定，1966年美国公开赛值得一书的原因是由于阿诺德·帕默丢掉了冠军称号，而不是由于比利·加士柏赢得了冠军。在圣佛朗西斯科的奥林匹克俱乐部，帕默还有9洞未打时就领先了7杆，不过帕默虚张声势的风格旋即遭到了覆灭，而加士柏一贯稳健的表现却得到了回报。帕默最终以39杆收兵，加士柏32杆，不得不进行延时赛。第二天的比赛中，中场

比利·加士柏的推球一般都能入洞，不过在1968年鲍勃·霍普沙漠精英赛上，小鸟推却没入洞。

时，帕默又领先了4杆，但随后不得不认输。加士柏说："我见过别的球手打球时由于压力变得很紧张，但阿尼不会"，"有一次眼看我就要赶上他了，他的挥杆也变得更短、更快了。"

加士柏是经验十足的冠军球手，1965年到1975年美国巡赛上他51次获胜，其中有3次大满贯冠军。1966年他赢得了自己的第二次美国公开赛冠军，1970年在延时赛中他夺得了名人赛冠军，这次对手是他圣迭戈的同乡吉恩·利特尔。后来，他在两届老年巡赛上（1983年和1988年）获胜，还赢得了其他7项赛事冠军。

稳健有加

加士柏打球最基本的是稳健、直击和出色的推球。他说自己太懒了，不愿去球场上锻炼铲起球或推球。不过同伴们知道他的实力，"想要当冠军就得做个有心人，"杰克·尼克劳斯说，"你必须能掌控自己的情绪以及高尔夫比赛，比利·加士柏在这方面很在行，却没得到人们的认可，他没有别人那样的击球技巧，但确实能让球入洞。"

在球场上，他的形象比较像"冰人"本·侯根；球场下，据说他"很简朴，就连方济会的修士和他相比都显得像个时尚人士"，戴夫·希尔在自传里提到加士柏时写到："他的个性单纯得就像一杯水"。加士柏和他的妻子都是摩门大教堂的教徒，他们有11个孩子，许多都是从国外贫穷地方收养来的。

> **打高尔夫重要的是要控制好自己的头脑和内心，挥杆只是一小部分。**
>
> ——比利·加士柏

朱里斯·博罗斯

朱里斯·博罗斯转为职业球手也不是很早，但其职业生涯却为时不短，也很成功。1968年，他赢得美国PGA冠军，当年48岁，成为年龄最大的大满贯冠军。不过，这对于一个30岁才转为职业高尔夫球手的前会计师来说已经很成功了。

球星简介

生于： 1929年3月3日，美国康涅狄格州，布里奇波特
卒于： 1994年5月28日
转为职业球手： 1949年

夺冠处女赛： 1951年，马萨诸塞公开赛
巡赛夺冠次数： 22次
PGA巡赛： 18次
其他： 4次

大满贯： 3次
名人赛： 1963年并列第三名
美国公开赛： 1952、1963年夺冠
公开赛： 未出场（DNP）
USPGA： 1968年夺冠

荣誉
莱德杯团体赛： 1959、1963、1965、1967年
PGA年度球手： 1952、1963年
PGA巡赛奖金得主： 1952、1955年

博罗斯是匈牙利人后裔，住在康涅狄格州。在转为职业球员之前，他曾和桑姆·史纳德以及汤米·阿默打过很多场高尔夫，两人都是当地高尔夫俱乐部的会员。阿默很佩服博罗斯处理沙坑球的高超技术，不过当博罗斯决定要以高尔夫谋生时，阿默并不太赞成。不过，博罗斯很快就在美国高坛小有影响了，1950年第一次参加美国公开赛，他就得到了第九名的成绩，第二年晋升为第四名，1952年在诺斯伍德一举夺冠。

他的打法很适合美国公开赛，击球路线很直，总能保持一种轻松的风度。李·特维诺曾这样评价他："领先球手计分板上的所有球手中，只有他能让我害怕。他推球的时候，很难说他是在练习还是要拿下5万美元的奖金"。他并不怎么练习，人们担心他可能某一杆会被困住，他却会悠闲地走到球跟前，以独特的方式站好，然后挥杆。或许这一点才

让他夺冠的状态更为持久：第一次美国公开赛获胜后又过了11年，即1963年，在布鲁克林博罗斯延时赛中击败了阿诺德·帕默和杰克·卡比特（Jacky Cupit）后再次夺冠。5年后，博罗斯在胡桃山谷（Pecan Valley）的延时赛中以1杆之差战胜了阿尼和鲍勃·查尔斯，赢得了美国PGA，帕默那年也参加了比赛。

1977年，博罗斯在PGA老年锦标赛上夺冠，两年后，他和罗伯特·德·文森佐搭档，第六号球洞一个小鸟球入洞推让他拿下高尔夫传奇赛（Legends of Golf）。他这一推被认为推动了1980年老年PGA的形成。

▽博罗斯在洛杉矶公开赛上进行球座开球，这是他1956年的第一个赛季，他是前一年的巡赛最高奖金得主。

△1968年名人赛上，博罗斯正在考虑怎样处理一个铁杆球。那年他全美排名第十六名，不过4个月后赢得了美国PGA赛事。

△1971年的莱德杯上，尼克劳斯和帕默排成一线设计推球路线。两人的竞争给20世纪60年代的高尔夫球坛增添了很多乐趣和戏剧性色彩。

◁阿诺德·帕默给球场带来了一批新的观众，其整个职业生涯激发了全球观众对高尔夫的兴趣。

阿诺德·帕默

波比·琼斯可能被奉为高尔夫界难以企及的上帝般的英雄人物，帕默却是高尔夫界的人中豪杰。阿诺德·帕默是工薪阶层眼中的高尔夫英雄，他是高尔夫之王，无论男女、贫富、打不打高尔夫的人都非常爱戴他。他6年中在7次大满贯赛上夺冠，那时正值电视开始播放体育节目，帕默成了第一位电视明星。

球星简介

生于：1929年9月10日，美国宾夕法尼亚州，拉特罗布
身高：1.78米
转为职业球手：1954年

夺冠处女赛：1955年，加拿大公开赛
巡赛夺冠次数：95次
PGA巡赛：62次
老年巡赛：10次
其他：23次

大满贯：7次
名人赛：1958、1960、1962、1964年夺冠
美国公开赛：1960年夺冠
英国公开赛：1961、1962年夺冠
美国PGA：1964、1968、1970年并列第二名

荣誉

美国业余选手得主：1954年
PGA巡赛奖金得主：1958、1960、1962、1963年
PGA年度球手：1960、1962年
莱德杯团体赛：1961、1963、1965、1967、1971、1973年
莱德杯队长：1963、1975年
总统杯队长：1996年
PGA老年锦标赛冠军：1980、1984年
美国老年公开赛：1981年
老年选手锦标赛冠军：1984、1985年

帕默在匹兹堡郊区的拉特罗布球场上长大，父亲迪肯是球场的果岭维护员和专业球员。从一开始，帕默就具有一种与生俱来的进攻性。在一次扔球杆事件后，帕默受到了训斥，从那以后，他的进攻性受到了正面的引导。帕默3岁的时候，父亲把一柄球杆放到他手里，并教给他怎样正确握杆，这种握杆方法他一生再没改变过。父亲告诉他："只要用力击球，球能打出去并且能找到球就行"。帕默一生也一直这样打球。

帕默曾在维克森林大学就读，并在海岸巡防队服军役。1954年，他赢得了美国业余选手赛冠军，第二年转为职业球员，开始了和年轻的妻子温妮驾着野营车游历的生活。他赢得了一些比赛，还参加了名人赛，不过他的打球风格没有给本·侯根这样经验丰富的老手留下什么深刻印象。1958年，帕默扭转乾坤，在奥古斯塔球场和桑姆·史纳德进入最后一轮比赛时打成平手，并最终获胜。在第十二号球洞，球被打到了果岭，陷在了护堤上。接下来不知该怎样打，裁判员告诉他，要先打落在地上的这一球，然后又扔了一个球让他打。前面一球帕默先打了5杆，然后将随意扔出的球打出了3杆标准杆。在第十三号球洞，帕默打出了低于标准杆3杆的老鹰球，那时才知道第十二号球洞的球生效的是随意扔出的球，3杆标准杆有效。

阿尼的黄金时代

波比·琼斯在28岁时退出球坛，而帕默在28岁时刚开始在大满贯取胜。虽然前面的4次大满贯头衔都被杰克·尼克劳斯独领风骚，但在奥古斯塔球场

高尔夫运动中，他堪称前无古人后无来者。

—— 杰克·尼克劳斯在自传中对帕默的描述。

最快的环球飞行

帕默是一位热忱的飞行员，他保持着多项飞行纪录。1976年，他驾驶着利尔63型（LearJet 63）飞机仅用58小时完成了环球飞行一周；1996年，他购买了第一架赛斯纳奖状X飞机（Cessna Citation X），完成了全程3000英里（5000公里）的航程，并创下了速度纪录。他所使用的当地的飞机场也因此重新被命名为阿诺德·帕默区域机场。

▌帕默站在即将驾驶的双翼机旁。

帕默终于表现出了最佳状态。就是在这里，阿尼军团——阿尼忠实的支持者（见第131页）——形成了。1958年到1964年间，阿尼间或地赢得了些大满贯头衔。1960年的赛事中，他在最后两洞都打出了小鸟球，胜出1杆夺冠。第二年，在走上第十八号果岭时，一位朋友的祝贺分散了他的注意力，他打出了双柏忌，以1杆之差负于盖瑞·普莱尔。1962年延时赛中，他以内环洞31杆的成绩击败了普莱尔和道·芬斯特沃德。

帕默最大的胜利当数1960年樱桃山（Cherry Hills）美国公开赛，那也是他唯一一次赢得美国公开赛。还有一轮未打时，帕默落后于迈克·索查克7杆。在更衣室休息时，帕默吃着汉堡包和几位选手以及记者朋友们聊着天，他认为下一轮打出65杆就行，他很自信地说："那样我就能打到280杆了，这样的杆数总能赢得公开赛。"不过有人回应说："只有侯根才能打到65杆。"帕默觉得这话是对他的鄙视，旋即在球场上他用短球开始了4杆洞第一号球洞，两个推球即抓获小鸟。打完前7洞，他已抓获6只小鸟，最终拿下65杆，胜出对手2杆。两年后，在奥克蒙特美

国公开赛上，帕默输给了尼克劳斯，瞬时，要征服"金熊"赢得大满贯成了难上加难的事。不过，尼克劳斯和帕默是对友好的对手，不论球场上下，终生如此。

1960年，在赢得了名人赛和美国公开赛后，帕默前往圣安德鲁斯参加英国公开赛。在开往英国的飞机上，他在想：应该设立个如"琼斯金满贯"那样的职业荣誉称号。金满贯是指获得过美国公开赛、英国公开赛、美国业余选手赛和英国业余选手赛冠军的荣誉称号。帕默和他的记者朋友鲍勃·德拉姆想到要成立个现代大满贯——即美国名人赛、美国公开赛、英国公开赛及美国PGA锦标赛四项冠军得主。1960年的英国公开赛上，帕默输给了克尔·纳哥尔（Kel Nagle）位居第二，不过，第二年在伯克戴尔，他还是赢得了英国公开赛冠军，在可怕的长草区把球打到了现在的第十六号球洞处，现在在这处奇妙的地方还有块纪念帕默这一杆的牌子。接下来的一年，他又在特隆球场赢得了英国公开赛冠军，当时球场一片沸腾。随着电视的介入，也正是帕默激发了人们对公开赛的兴趣，促使美国人每个夏季为了高尔夫而不断前往英伦。

最后的道别

球场上胜败难料，1966年，在圣弗朗西斯科奥林匹克俱乐部举行的美国公开赛上，还有9洞未打时，帕默领先7杆，可最终却在第二天的延时赛里输给了比利·加士柏。帕默也不是完美无缺的球手，不过正如塞弗·巴雷斯特罗斯所说，目睹球场上帕默从自己制造的麻烦中脱身而出真是见到了奇迹。"陷入麻烦是挺糟糕，不过摆脱麻烦也是很有趣的

> 高尔夫的成功依赖的不仅是身体的力量，而且还有心智和性格的力量。
>
> ——阿诺德·帕默

事"，帕默说，"我想总有个安全的地方，不过我个人认为，在高尔夫球场上可没有什么安全地方可言。"没有帕默，现代球手不会通过竞争得到千百万的奖金；不是帕默在20世纪80年代的积极推动，老年高尔夫球坛也不会发展到今天的规模。一切只因他爱打高尔夫。

阿诺德·帕默，像其他不愿离开舞台的名人一样，其告别球坛也是富有传奇性。1990年，他参加了圣安德鲁斯英国公开赛，1995年再次参赛；还参加了奥古斯塔球的几次比赛，最后几轮没有出示帕默的得分牌。1994年，奥克蒙特美国公开赛，帕默回到了自己的家乡宾夕法尼亚州，36洞的比赛中，他的每一杆都受到了人们的鼓掌欢迎，大部分观众根本没有关注别人的比赛。在赛后的新闻发布会

1954
在海岸巡防队服了3年的兵役后，帕默回到球坛赢得了美国业余选手冠军。

1958
帕默从波比·琼斯手中接下了名人赛冠军奖牌，这是他在奥古斯塔4次获胜中的第一次。

1961
在皇家特隆球场第一次赢得英国公开赛冠军。

1962
卫冕英国公开赛冠军。他在英国球场上的出现为赛事注入了新的生命力。

1962
那个赛季中，帕默夺得了7项PGA巡赛冠军，他和新对手杰克·尼克劳斯的竞争正式开始了。

1963
亚特兰大东湖的莱德杯团体赛上，帕默担任队长，率领美国队取得了胜利。作为选手，他参加了8次比赛。

阿尼军团

　　20世纪60年代晚期，帕默发现自己的荣耀正被一位新星所替代，这位新星就是尼克劳斯。正当他开始败北于这位出色的对手时，其巨大的球迷团"阿尼军团"出现了，并从未离开过他。他的广受欢迎对美国老年PGA的形成起到了很大作用，这让他有资格出席老年PGA的首个赛季。1980年至1988年间，帕默赢得过10次巡赛，其中5次是老年大满贯。

■ 阿尼和崇拜他的球迷们

△阿尼和尼克劳斯之间的竞争属于强强对决，高尔夫界最伟大的英雄帕默对抗最伟大的球手尼克劳斯。

△▷帕默认为球只有一种打法，这种大张声势的打法非他莫属，直到他参加老年巡赛。

上，帕默肩上搭着条大毛巾，记者都不知该提什么样的问题了。

　　帕默想说什么，眼泪却夺眶而出。他说："已经40年了，每次走向第十八号球洞时，都会受到这样的热烈欢迎，我想这就说明了一切。大家一定非常清楚我的感受，这40年内的付出、乐趣和享受。我得到的奖杯并不多，赢过几场比赛，几场大满贯。我想最重要的是高尔夫对我恩惠有加，这就是我想说的。"他把头埋在了毛巾里，转身离开了。

名人赛上，4届名人赛冠军帕默向观众致以最后的一挥手，这是奥古斯塔球场上感人至深的道别。

1973 帕默最后一次以选手身份出现在莱德杯上，在缪菲尔德球场，美国队19:13获胜。

1980 老年巡赛上也缺不了帕默，老年PGA锦标赛首赛季中他就夺得了冠军。

1981 帕默成为同时拥有美国公开赛和美国老年公开赛冠军称号的第一人。

1984 赢得了五项老年大满贯中的两项，即老年PGA（图）和老年选手奖。

1994 奥克蒙特乡村俱乐部的美国公开赛是帕默第32次出战美国公开赛，也是最后一次，同时他告别了美国PGA赛事。

1995 圣安德鲁斯球场的公开赛是帕默第35次出战英国公开赛，同时恰当地道别。

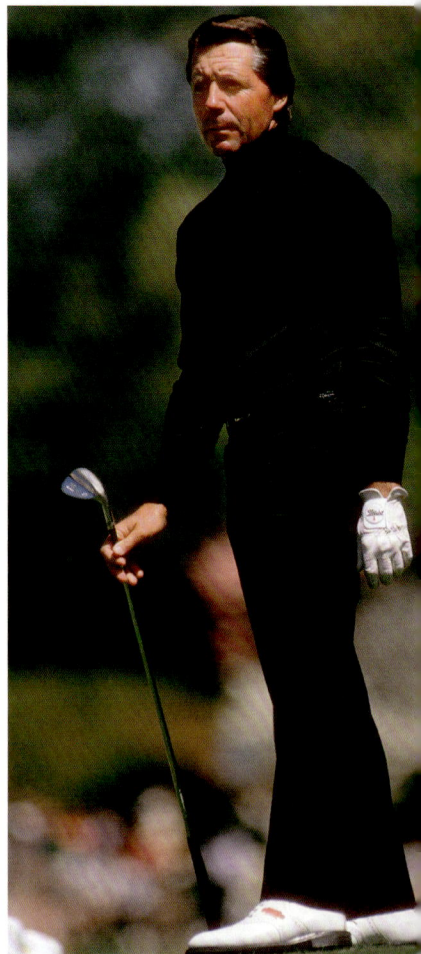

△普莱尔在巡赛锦标赛上取得了如其在PGA巡赛上同样的成功，两项赛事上，他各有9次大满贯。

◁1968年"黑骑士"在亲吻公开赛奖杯，如其译名一样，他在高尔夫球场上独具个性。

普莱尔是高尔夫界的大人物，很有影响。他津津乐道于自己的宗教信仰、自己对高尔夫的献身以及积极应对困难的本性，但毋庸置疑他在高尔夫界却有着神圣的地位。

——詹姆斯·劳顿（James Lawton），体育专栏作家

盖瑞·普莱尔

盖瑞·普莱尔和阿诺德·帕默、杰克·尼克劳斯构成了高尔夫界的"三巨头"（见224~225页）。他赢得过9次大满贯锦标赛的冠军，超过了任何一位非美国出生的球手，为此，他付出了很多的艰辛。据说其职业生涯中共旅历过1500万英里（2400多万公里）的路程，他并不像有些球手那样有很好的天赋，但让他能够身心投入的是其对高尔夫的献身和信仰。

球星简介

生于：1935年11月1日，南非，约翰内斯堡
身高：1.70米
转为职业球手：1953年

夺冠处女赛：1955年，东兰德（East Rand）公开赛
巡赛夺冠次数：163次
PGA巡赛：24次
冠军巡赛：19次
其他：120次

大满贯：9次
名人赛：1961、1974、1978年夺冠
美国公开赛：1965年夺冠
英国公开赛：1959、1968、1974年夺冠
美国PGA：1962、1972年获胜

荣誉：
PGA巡赛奖金得主：1961年
总统杯队长：1995、2003、2007年
9次老年大满贯冠军

盖瑞·普莱尔是位极具竞争力的猛将，勇猛的击球为他赢得了9次大满贯。

直到2007年，普莱尔还参加了第50次名人赛，70多岁时仍到世界各地打高尔夫，在高尔夫界没人比他飞行过更远的路途。在其职业生涯之初，国际间的旅行比现在还要困难，但普莱尔却飞行在世界各地，在每片大陆上几乎都留下了他发球起杆的身影。他坚定的盟友就是妻子薇薇恩，曾有一度，他们带着6个孩子、30多件行李为打球旅行，到达目的地后往往要租一长串的出租车。

1955年，普莱尔第一次离开南非来到了英国打高尔夫，不过其球技还没有达到要求的水平。这次旅行几乎让他溃不成军，英国的同行们不屑一顾地对他说，他最好回到约翰内斯堡，找份别的工作做。普莱尔说："这更加激励了我打球的决心和斗志。"1956年，他第一次赢得了南非公开赛，从此开始了繁花似锦的球场生涯。再度回到英格兰时，他击败了当地职业球手亚瑟·里斯，一年后在桑丁戴尔举行的90洞邓禄普赛事上，他引领了PGA巡赛。

突飞猛进

普莱尔一直刻苦训练，不断提高球技，1959年的缪菲尔德公开赛是他的一个大突破。最后一天要打36洞时，他还落后8杆，却对设备管理人员说："明天你会看到一个小奇迹，哦，其实是个大奇迹，我会赢的。"他的确做到了，最后一轮打出了68杆的好成绩。

两年后，普莱尔以同样幸运的过程赢得了名人赛。本来有可能获胜的是阿诺德·帕默，不料他遭遇双柏忌，最终普莱尔夺冠。第二年，普莱尔赢得了美国PGA冠军，在1965年贝尔瑞夫（Bellerive）举行的美国公开赛上，普莱尔在延时赛中击败了克尔·纳哥尔。就此，他和吉恩·萨拉曾以及本·侯根一样，跻身为现代大满贯锦标赛得主。他比尼克劳斯早一年得到了金满贯头衔。这个极富声望且独具特色的奖励名单上还有另外一个人——泰格·伍兹。

从20世纪60年代早期开始，普莱尔球场外的事务就由马克·迈克马克来代理，他还代理着帕默和尼克劳斯的事务，不过球场上普莱尔却面对着最严峻的考验。在普莱尔赢得其9次大满贯时，尼克劳斯已经赢得了其18次中的第十四次。还有李·特维诺，约翰·米勒和汤姆·沃森来为高尔夫界这最具竞争力的一段时期助兴。普莱尔的铁杆技巧很高，劈起球也很出色，滚地球和推球都咄咄逼人。

普莱尔喜欢配对赛的比赛模式，曾五次在温特沃斯举办的全球配对赛上夺冠，为拥有此殊荣的最佳球手中的第二位。

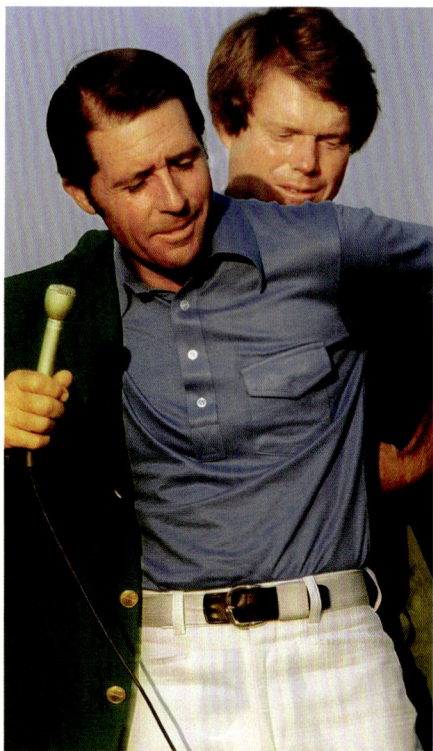

1978年的名人赛上，汤姆·沃特森正在帮普莱尔穿上绿夹克。这是普莱尔第三次在奥古斯塔夺冠，也是他最后一次在大满贯赛事中夺冠。

要善待自己的身体，这样它才会与你相伴终生。

盖瑞·普莱尔

不过他独树一帜之处是沙地球的处理，他是有史以来最出色的沙坑球高手。其他球手一般只希望沙坑处推球能达到标准杆，普莱尔却要从这里击球入洞。

1968年，普莱尔在卡诺斯蒂球场赢得了其第二个公开赛，他用3号木杆高超地进攻5杆洞第十四号球洞，距球洞仅两英尺，然后捕获了老鹰，挡住了尼克劳斯的进攻。他们二人一直是绝配的对手，虽然彼此不相上下，金熊终究未能超越这位南非球手。1974年，在皇家兰瑟姆球场，普莱尔用神奇的9号铁杆在第十七号球洞的长草区发起进攻，领先彼得·奥特修斯4杆，领先尼克劳斯5杆，赢得了第三次葡萄壶奖杯。

那时普莱尔已穿过3次绿夹克，后来在1974年和1978年他又赢得了两次冠军，特别是1978年，他在最后一天打出了64杆的好成绩，30杆就拿下了半场。1972年，在奥克兰丘举行的美国PGA锦标赛上，在第十六号球洞，他又使用了卓越的9号铁杆，从长草区将球打得飞越了树林和水域，稳夺冠军，这是他第二次得到此赛事冠军。

躯体和灵魂

对普莱尔来讲，最重要的是信仰，他总是想让人们理解他打高尔夫之所以出色是上帝赐予的。他是第一位对自己的饮食进行节制的球手，吃健康食品，在一轮比赛中，他的场间补充食品向来是香蕉和葡萄干。他也是第一位严格进行体能训练的高尔夫球手，那时，高尔夫球手都认为他们不是运动员，认为体能训练和他们没什么关系。无疑，这一点上普莱尔又走在了前面。

作为先锋人物，有人指责他对南非政治局势的立场不对，普莱尔对这样的非议进行了辩驳。他曾撰文写过自己是位有尊严的南非人，并支持种族隔离制度，由此备受指责。后来在自传里，他一改以前的写法，并成立了一个基金会来帮助那些弱势群体中的孩子，希望以此来改变不合理的体制。

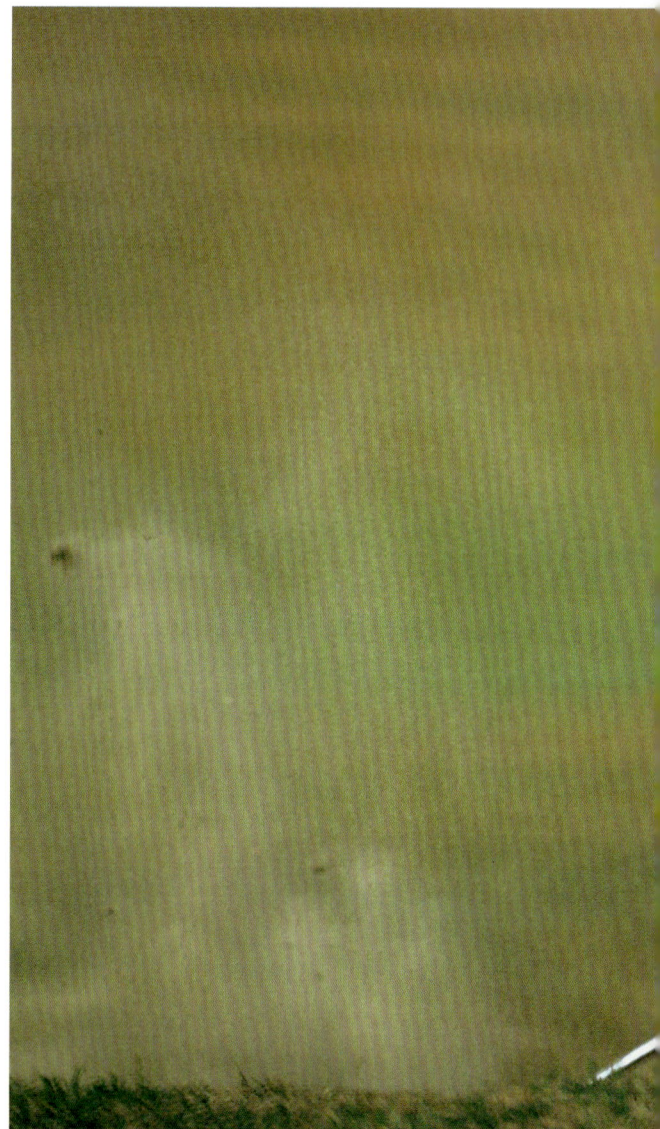

他写了一本书《高尔夫金满贯》，这样描述自己："个头小、皮肤黑、较慎重、较刻苦……没什么天赋，只有苦练，对潮流较敏感，谈到举重、节

1959	1961	1965	1965	1965	1969
在穆菲尔德，普莱尔成为最年轻的公开赛冠军。	在奥古斯塔，普莱尔成为第一位非美国裔的名人赛冠军。	在全球高尔夫联赛上夺冠，那时此赛事还是邀请赛而非PGA巡赛。	在美国公开赛上夺冠，成就了其职业金满贯的荣耀，那时普莱尔年仅29岁。	在温特沃斯3对2击败了彼得·汤姆森，赢得其5次全球配对赛冠军中的第一次。	在美国PGA锦标赛中，黑人激进分子认为普莱尔是个法西斯主义者，在第10号球座处，他们朝普莱尔脸上扔来杯冰激凌。

多以黑骑士形象现身

曾有过一段时间，普莱尔为了减少太阳光照射，只穿白色的衣服，不过在其职业生涯的大部分时间里，他都是一身黑衣——为了更好地吸收太阳光，让肌肉暖和些。1960年的公开赛上，他穿的裤子一只腿是白色的，一只腿是黑色的。不过，为了避免人们认为这代表着某种政治立场，他只在职业生涯晚期重新穿过一次这条长裤。

■ 普莱尔在老球场球座发球。

普莱尔是沙坑球大师，无论何时他的沙地进攻都咄咄逼人，可不是简单地摆脱困境。

食、坚果、葡萄干以及上帝，就会喋喋不休；穿深色衣服，戴着高顶帽，表情严肃，总之是个小人物、小角色。"

普莱尔在全球赢得过150个冠军称号，从一开始，他就深信毅力和刻苦的本性可以克服自身的缺陷。没人能像他那样在方方面面都刻苦训练，当然，越是刻苦训练，也就越成功。他说："我能告诉你的就是，我越多地训练，就越幸运。"这的确是获胜秘笈。

1974
成为唯一一位在20世纪3个不同年代里赢得过公开赛的球手。

1978
普莱尔9次大满贯中的最后一次，那次名人赛他胜出1杆夺冠。

1998
成为名人赛中最后一轮打出切击球的年龄最大的球手。

2003
第一次在南非举行的总统杯上，普莱尔担任国际队的队长。

2007
参加其第五十次名人赛，力图挑战阿诺德·帕默在奥古斯塔创下的出场最多的纪录。

△1969年，在皇家兰瑟姆公开赛上，尼克劳斯用短铁杆对果岭发起进攻。

△1978年，在圣安德鲁斯，尼克劳斯再度拥有了公开赛葡萄壶杯。

◁1986年，在奥古斯塔的第十七号球洞果岭处，尼克劳斯以低于标准杆3杆的小鸟球入洞，举起推球杆庆祝。

杰克·尼克劳斯

早在人们计划庆祝高尔夫百年盛会的几十年之前，杰克·尼克劳斯就被认为是20世纪最佳高尔夫球手。他获得过18次大满贯头衔，这是高尔夫界的珠穆朗玛峰，虽然有泰格·伍兹正在接近峰顶，但还无人能真正登顶超越。在接连154次的大满贯赛事上，有一半的赛事尼克劳斯进入了前10名，19次得到了第二名。"金熊"不仅获胜次数多，也是高尔夫界有史以来最有比赛风度的球手。

球星简介

生于：1940年1月21日，美国俄亥俄州，哥伦比亚市
身高：1.78米
转为职业球手：1961年

夺冠处女赛：1962年，美国公开赛
巡赛夺冠次数：113次
PGA巡赛：73次
冠军巡赛：10次
其他：30次

大满贯：18次
名人赛：1963、1965、1966、1972、1986年夺冠
美国公开赛：1962、1967、1972、1980年夺冠
英国公开赛：1996、1970、1978年夺冠
美国PGA：1963、1971、1973、1975、1980年夺冠

荣誉
美国业余选手锦标赛：1959、1961年
PGA巡赛奖金得主：1964、1965、1967、1971、1972、1973、1975、1976年
PGA年度最佳球手：1967、1972、1973、1975、1976年
唯一一位3次赢得过四大满贯的球手
19次在大满贯锦标赛中获得第二名
8次老年大满贯冠军
莱德杯团体赛：1969、1971、1973、1975、1977、1981年
总统杯队长：1998、2003、2005、2007年

1966年，尼克劳斯成为第一位卫冕名人赛冠军的球手，图中他正把球扔到远处以示庆祝。

尼克劳斯在俄亥俄州的哥伦比亚市长大，是父亲查理鼓励他开始在赛欧托乡村俱乐部（Scioto）打高尔夫的。很早，尼克劳斯曾扔过次球杆，不过那也是最后一次发生这种事。父亲渐渐给他灌输了高尔夫的价值观——无论输赢，打球要大度。有一次，杰克就要打到70杆了，这是他第一次打出这样的杆数，可父亲却坚持先回家，因为家里人在等他们吃饭。吃完饭他们又回到了球场上，杰克打出了老鹰球，创下了69杆。

16岁的时候，尼克劳斯赢得了俄亥俄州公开赛，三天内进行4轮赛事，最后一天有36洞。在第二天下午比赛后，尼克劳斯又乘机到了俄亥俄州另一端去和萨姆·史纳德进行了一场表演赛，虽然比赛未能获胜，不过和史纳德的比赛鼓舞了尼克劳斯的斗志，下定决心第二天要赢，他第二天也的确赢得了比赛。

基本功

尼克劳斯的长期教练是杰克·克劳特，这位教练在德克萨斯州长大，曾和本·侯根、拜伦·纳尔逊一起打球。他很重视正确的基本功练习，特别强调保持头部不动。他曾抓着尼克劳斯的头发让他挥杆，当然，疼痛教会了尼克劳斯该怎么做。

尼克劳斯可以以迅雷不及掩耳之势从发球台发出球，他将力量型击球发挥到了新的水平。他还能打出威风的铁杆球，也很擅长推球。他曾说过，他不进行很多

的长推球，这样，短击球自然很少失误。其实，他在10到15英尺（3到5米）的范围内进行的推球比别的球手都多。他并不是最具天赋的球手，但灵活的头脑和对球场的掌控比别人都好，总是能在恰当的时机打出恰当的球。他是位懂得斟酌利弊、并不急躁的球手，在大满贯比赛中，他摸索到，越是不犯愚蠢的错误，就会把别人越远地甩在后面。有些人认为他只在万不得已的时候才打出很激进的球。是否尼克劳斯打得更猛烈些就会赢得比赛，这我们不

阿诺德·帕默在为名人赛上第一次夺冠的尼克劳斯穿上绿夹克，尼克劳斯共取得了6次名人赛冠军。

> 杰克知道他要击败你，你也知道杰克要击败你，而他还知道你知道他要击败你。

——汤姆·维斯科普夫

握手言和

　　杰克·尼克劳斯对莱德杯的影响非常深远，1969年，他表现出的体育精神让全世界高尔夫界欣喜万分。比赛中，杰克林(Jacklin)再有一个短推就能取胜了，尼克劳斯说："这一推你不会失误的，不过我不会给你这次推球机会。"最终比赛打成了平局，美国队保住了莱德杯。

■ 尼克劳斯和杰克林握手言和。

得而知，不过，他说过："我想我能比别人打的时间更长些。"

破笼而出

　　尼克劳斯赢得过1959年和1961年两届美国业余选手比赛，1960年的美国公开赛也险些夺冠，最后36洞他对决老将本·侯根，侯根说道："今天我和这个小毛孩打球，要是我替他着想的话，他能10杆就拿下公开赛了。"两年后，尼克劳斯的第一次职业冠军称号恰恰就是美国公开赛，在延时赛中，他击败了阿诺德·帕默，而比赛就是在帕默的家乡宾夕法尼亚州举行的。在奥克蒙特球场光滑的果岭上，90杆中，尼克劳斯只进行了一次三连推，帕默说道："现在这大家伙破笼而出了，大家最好跑掉藏起来吧。"那时尼克劳斯刚刚大学毕业，留着平头，有些胖，成了观众特别是帕默球迷们的嘲笑对象，叫他"俄亥俄的胖子"，更甚的是，还大声地这样叫，不过这从未影响过他。几年后，尼克劳斯也成了观众喜爱的球手。

　　1966年，尼克劳斯成了第一位卫冕名人赛冠军的球手，同时赢得了缪菲尔德公开赛，他非常喜欢这个球场，甚至把俄亥俄州自己的球场也命名为"缪菲尔德村"。公开赛的获胜让他完成了金满贯的4项赛事，他甚至可以说得到了3次金满贯：6次名人赛冠军、5次美国PGA冠军、4次美国公开赛冠军、3次英国公开赛冠军。他把在圣安德鲁斯取得的公开赛冠军（他在1970年和1972年曾两次获胜）看成其高尔夫资质中必不可少的一项。第一次比赛上，道格·桑德斯在第十八号果岭的短推失利，和尼克劳斯进入了第二

> 我觉得我打高尔夫时，就得让一切围着我转。如果想把一件事做好，就得让一切围绕着所做的事情运转。
>
> ——杰克·尼克劳斯

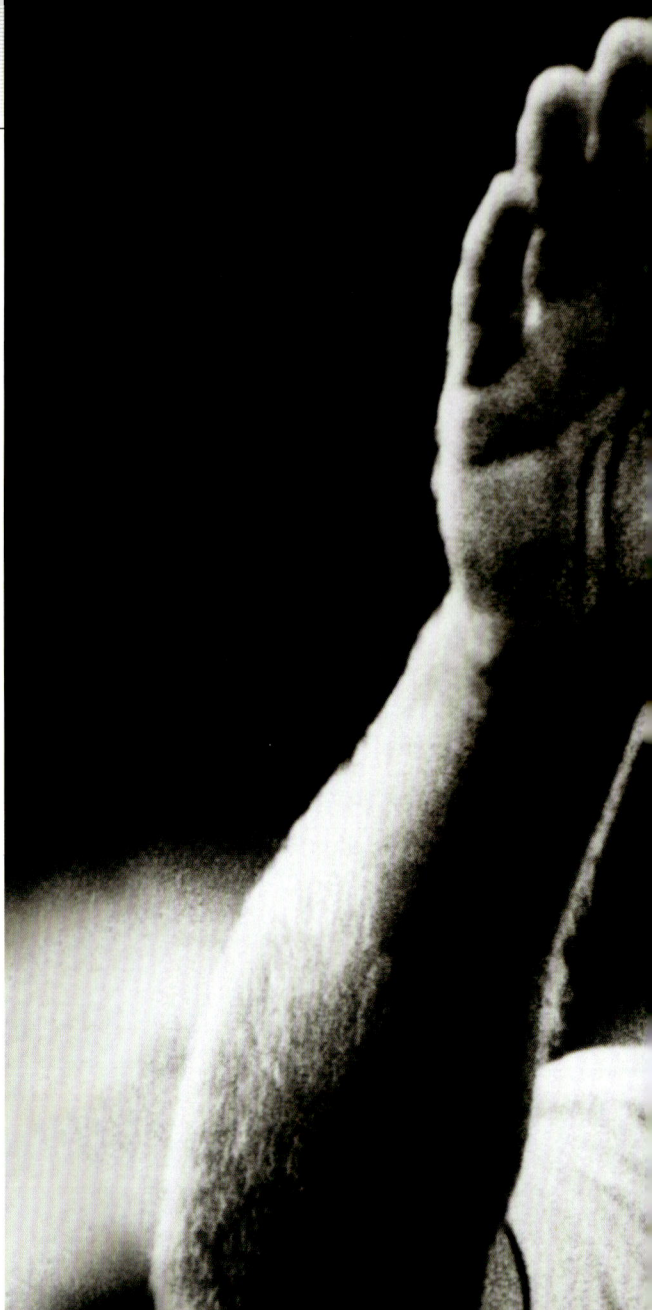

1961
赢得其第二次美国业余赛冠军，以8剩6战胜了达德利·威桑(Dudley Wysong)，那时的赛事是比洞赛。

1962
赢得其美国公开赛上的18次大满贯冠军中的第一次，这也是他职业高尔夫生涯中的第一次胜利。

1966
名人赛上获胜，成为第一位成功卫冕名人赛冠军的球手。

1969
在伯克戴尔莱德杯上崭露头角。最后一天他和托尼·杰克林握手言和，传为佳话。

1972
在奥克兰丘球场赢得了美国PGA，成为第一位两次获得职业金满贯的球员。

1978
被《体育画刊》杂志评选为"年度最佳运动员"。

△尼克劳斯获得过6次名人赛冠军，1986年的奥古斯塔名人赛上，伯纳德·兰格（Bernhard Langer）正在为尼克劳斯穿上绿夹克。那年尼克劳斯46岁，成为年龄最大的名人赛冠军。

◁1971年，在佛罗里达的棕榈海滩，尼克劳斯赢得了第二次美国PGA冠军，正在对鼓掌的观众致谢。

天的18洞延时赛，比赛到了最后一个4杆短洞时，还是胜负难料，尼克劳斯脱掉了毛衫，迅猛地将球打过果岭，接着进行了铲地球和推球，3杆拿下此洞并夺冠。

　　尼克劳斯的最后两次名人赛获胜得非常奇特。1975年，他在著名的三人赛中阻挡住了约翰尼·米勒和汤姆·维斯科普夫的进攻，在第十六号球洞处以45英尺（13米）外的距离安全入洞。1986年，在高尔夫球史上最激动人心的星期天名人赛上，尼克劳斯以46岁的年龄横扫球场，夺得了冠军（见230~231页）。

　　进军老年巡赛后，尼克劳斯还是频频夺冠，不过他并不热衷于"仪式"高尔夫球赛（他这么形容此类比赛）。最终他也无法避免要告别球坛，2005年，在圣安德鲁斯的第十八号洞处的史威肯溪桥上，他告别了自己的职业生涯。

1986
第六次获得名人赛，那也是他25年高尔夫生涯中最后一次夺得大满贯冠军。

1993
重返美国老年公开赛并赢得了冠军，1992年他没有赢得任何比赛。

1998
58岁的尼克劳斯成为大满贯上前10名球手中年龄最大的一位，名人赛上揭幕的一块牌匾是对他职业生涯的纪念。

2002
在为电视节目录制的"大角羊之战"上和泰格·伍兹合作，他们两人赢得了1200万美元的奖金，各得一半。

2005
尼克劳斯退出了球坛，同时获得了总统自由奖章，图为布什总统在为他佩戴奖章。

米奇·怀特

米奇·怀特不仅是她那个时代的安妮卡·索伦斯坦，还是公认的最佳挥杆球手之一。她在斯坦福大学就读了一年后，放弃了学业转而开始追寻自己的高尔夫生涯，早年对这项运动的训练以及果断的打法，使她成为同代人中很有优势的一位球手。27岁时，她就赢得了其职业生涯的金满贯。

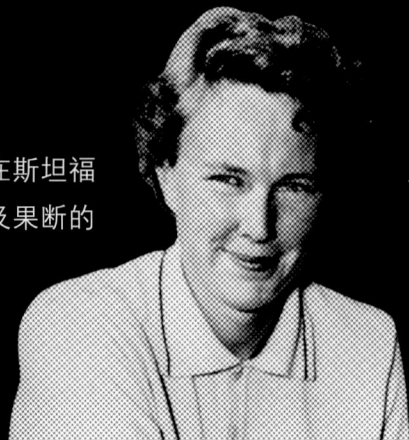

米奇·怀特生性谦逊、羞涩，不过她的球杆为她说明了一切。在圣迭戈长大的她，在11岁时就能打到100杆，一年后就能打到90杆，14岁时已能打到70杆。巡赛中，她总是知道怎样精准地打出自己想打的球。

既是朋友又是对手的贝特西·罗尔丝（Betsy Rawls）曾这样评价米奇："米奇移动杆头的速度非常快，技法非常出色，她可以在很远的地方发起进攻。击球很有力量，不过挥杆时不会浪费自己的力量，这些都为她快速移动杆头创造了条件。"

对怀特来讲，虽然旅行已习以为常，巡赛的获胜却并非易事。不过，她将自己投身到高尔夫运动中，做过秘书，出纳，还当过女子高尔夫协会会长。她的首次获胜是在1956年，不过真正成为很有优势的球手，还是在击败了对手罗尔丝之后，"贝特西教会了我最重要的一点：高尔夫球场上，你要为每一件事负责，推球不成功不要抱怨果岭，球杆选择不当不要抱怨球僮，比赛失利不要抱怨运气不好。"

1956—1973年之间，怀特赢得了82场比赛，其中包括13次大满贯冠军、4次美国公开赛冠军。1964年的第四次公开赛夺冠，是在家乡圣迭戈取得的，父母也来观赛，这是怀特最喜欢的一场比赛。1961—1964年之间，她赢得了44次比赛，其中1963年参加了13次赛事，1964年参加了11次。她的压力一直很大：如果不参加比赛，赞助商就会拿停止赞助来威胁她。这样，她穿梭于比赛间，疲于奔命。不过，除了完成比赛任务，她也赢得了所有想要赢得的奖项，她取得的成功让女子高尔夫界硕果累累。朱迪·兰金曾说："米奇震惊了整个高尔夫界，令人刮目相看。"

1961年4月，怀特向大家展示女子高尔夫冠军保持者奖杯，她得到了229杆的分数，低于球场纪录1杆。

> 力求完美是我打球的动力，我总想比别人打得还要好，就是这样。
>
> ——米奇·怀特

鲍比·查尔斯

鲍比·查尔斯属时代先锋人物。在1993年迈克·威尔夺冠之前，查尔斯一直是最出色的左手击球球手。他也是第一位左手赢得大满贯的球手。在他之后，直到2005年，米歇尔·坎贝尔才成为第二位左手赢得大满贯的球手。查尔斯是第一位赢得了大满贯的新西兰球手，也是唯一一位得到新西兰爵士荣誉勋章的高尔夫球手。

和米克尔森一样，鲍比·查尔斯本来使用右手，几乎做什么都可以左右开弓，不过从事体育运动不能这么做。他的父母都用左手打高尔夫，于是查尔斯也开始使用父母的各种球杆学习用左手打球。随着左手使用的打球设备越来越多，也出现了许多左手打球的出色球手。查尔斯的成功以及他对左手球杆的生产赞助，推动了这方面的市场。

查尔斯获得过4次新西兰公开赛冠军，第一次是在1954年，18岁的他作为业余选手夺冠。直到1960年，查尔斯才转为职业球手，这之前他一直边做银行职员边磨砺自己的球技。

转为职业球手3年后，查尔斯才迎来了自己最大的胜利，即1963年在皇家兰瑟姆及圣安妮球场举行的公开赛上的夺冠。在公开赛上36洞延时赛中，查尔斯击败了美国选手菲尔·荣格斯，胜出对手8杆。在上午的一轮比赛中，他进行了11次单推，果岭上的成功表现一直是其职业生涯的成功所在。当时，《星期日电讯》报对他进行了这样的报道："只要他出现在果岭上，球洞就不会安全。他的手腕决不会出问题，移动杆头比那些高尔夫球史上铁手腕的人要慢得多，但不管在多远的位置，查尔斯都能推球入洞。"

不久，他就开始连连取胜，其职业生涯很长且值得一书，并多年在冠军巡赛上夺冠。他曾在五大洲取得过66项赛事的胜利。在赢得公开赛30年后，他在老年巡赛上再次夺冠，到最后一洞时，他本来落后于汤姆·霍顿1杆，但最终擒得小鸟并获胜。《高尔夫周刊》这样评价他："如果你要对哪一位球手能在大满贯上推球获胜孤注一掷，那就非查尔斯莫属了；如果要试试谁是7英尺推球手，无人能及查尔斯。"

球星简介

生于：1936年3月14日，新西兰卡特顿
身高：1.85米
转为职业球手：1960年

夺冠处女赛：1961年，新西兰PGA锦标赛
巡赛夺冠次数：66次
PGA巡赛：6次
澳大利亚巡赛：8次
冠军巡赛：36次
其他：16次

大满贯：1次
名人赛：1963年并列第十五名
美国公开赛：1964年第三名，1970年并列第三名
英国公开赛：1963年夺冠
美国PGA：1968年并列第二名

荣誉
新西兰爵士荣誉勋章：1999年

▷1993年，这位新西兰球手重返皇家兰瑟姆球场并取得了英国老年公开赛冠军，30年前，他就是在这里夺得了公开赛冠军。

◁鲍比·查尔斯是第一位左手挥杆夺得大满贯赛事的选手。图中他在公开赛夺冠后又夺取了葡萄壶杯。

我性格内向，做事认真，特别在高尔夫上更是如此。高尔夫就是我的工作，球场就是我的办公室。

——鲍比·查尔斯

李·特维诺

李·特维诺是高尔夫球史上最具性格的球手之一，曾为娱乐界人士，也曾居于奖金榜榜首。赢得过6次大满贯冠军——英公开赛冠军、美国公开赛冠军、美国PGA冠军，三项赛事都曾两次夺冠。特维诺在美国达拉斯长大，家境贫困，28岁才开始参加巡赛。健谈的他总是妙语连珠。

球星简介

生于：1939年12月10日，美国德克萨斯州，达拉斯
身高：1.70米
转为职业球手：1960年

夺冠处女赛：1968年，美国公开赛
巡赛夺冠次数：85次
PGA巡赛：29次
冠军巡赛：29次
其他：27次

大满贯：6次
名人赛：1975、1985年并列第十名
美国公开赛：1968、1971年夺冠
英国公开赛：1971、1972年夺冠
美国PGA：1974、1984年夺冠

荣誉
沃顿奖得主：1970、1971、1972、1974、1980年
莱德杯团体赛：1969、1971、1973、1975、1979、1981年
莱德杯队长：1985年
冠军巡赛年度最佳球手：1990年

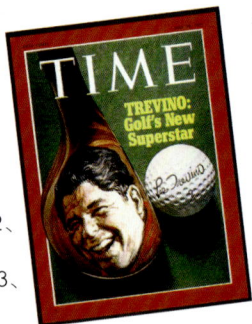

Cover star, July 1971

1968年在橡树山球场，特维诺以4杆之差击败了杰克·尼克劳斯，赢得了第一个大满贯（他共赢得过4次巡赛大满贯）。

1967年，当李·特维诺在美国公开赛上出现时，他还是个名不见经传的球手，那是他的第一个赛季，出色的表现让他名列第五（赢得了6000美元），不久，他赢得了同年的年度新手奖。

转为PGA巡赛上的职业球手前，特维诺需要在达拉斯以及周边的高尔夫球场拼命挣钱才能谋生，有关其早期生活的轶事很多，据说他曾多次为了钱在其工作的球场上的小型高尔夫球赛上获胜，不过与其说他用的是球杆，还不如说他用的是"胡椒博士"牌子的胡椒瓶。他的高尔夫实属自己摸索出来的，不过，他对这项运动的投入却是侯根式的。

特维诺早期曾做过艾尔帕索地平线岭（Horizon Hill）球场的职业球手助理，他也在这里参加过两人组赌注配对赛，并开始和职业球手接触。雷·弗洛德来到这里打球时，当被告知他要和给他把球杆从车里拿到更衣室的小伙子打球时大吃一惊，不过，前两轮的54洞比赛过后，弗洛德已被落在后面，最终他得拿下老鹰球才能取胜。返回巡赛后，弗洛德曾这样告诫其他球手："艾尔帕索有位不起眼的墨西哥小子，他要是来这里打球，你们就都得给他让道啦。"

特维诺后来的确出师巡赛，1968年的美国公开赛上，他领先4杆击败了杰克·尼克劳斯，崭露头角。不过他的最佳年份是1971年，那年他被冠以"超级墨西哥人"的称号，接连赢得了美国公开赛、加拿大公开赛以及伯克戴尔冠军公开赛锦标赛。一年以后，在缪菲尔德，正值尼克劳斯即将赢得一年中的第四个大满贯头衔，托尼·杰克林也正处于最佳状态，但最终特维诺再次夺冠。最后一轮中，他先将尼克劳

1972年，特维诺在缪菲尔德赢得了公开赛两连冠中的第二次，他兴奋不已，最后一轮第十七号球洞的铲起球入洞令英格兰的托尼·杰克林沮丧之至。

> 压力？这些人不知道什么才是压力。压力是当你和一些精明的赌徒下了25美元的赌注后，口袋里只有10元钱时的那种感觉。

——李·特维诺

挥霍无度

　　李·特维诺是高尔夫界最爱表现的球手之一，乐于挥霍奖金。据报道他曾两度耗光了财产，不过幸运的是他发过3次大财。1971年，他赢得了两次大满贯奖项，就获奖奖项来讲，那是他最多产的一年。20世纪80年代早期，他在PGA巡赛奖金榜上位居第二，仅次于杰克。

■ 特维诺热衷于别具一格的旅行方式。

　　斯送出球场，然后和杰克林一决高低。特维诺在五杆洞第十七号球洞打得很糟糕，不过一个救命的铲起球为他保住了标准杆，显然，杰克林如果这一洞能稳获小鸟，特维诺夺冠的机会就微乎其微了。而特维诺的这一救险杆也的确让杰克林有些紧张，他竟推出了柏忌，让特维诺拿下了这一不太可能夺下的冠军。

　　1974年和1984年特维诺都夺得了美国PGA，不过他一直备受背部病痛的折磨。在1975年的西部公开赛上，他曾受到电击，一直没有恢复。不过在年届50时，其职业生涯再度回春，老年巡赛上他频频获胜，赢得了4次巡赛大满贯头衔，两次是在1992年取得的。终其职业生涯，在精神上他都势不可挡。谈到厄运，他会说："我遭遇过电击，经历过两次背部手术，离过两次婚，我怎能被击败？"

　　球场下，他是个很自我的人，的确称得起"快乐的墨西哥人"。1972年的世界配对赛上，杰克林曾问他："李，我们今天不谈话怎么样？"特维诺回答："当然可以，托尼，你不用说，只听就行了。"

"快乐的墨西哥人"曾说："1967年我还未参加巡赛时，讲个笑话也没人会笑，公开赛夺冠后，我讲了同一个笑话，大家笑得天翻地覆。"

托尼·杰克林

20世纪60年代，英国高尔夫球坛上出现了一位前所未有的杰出选手，那就是托尼·杰克林。他是时代的产物，虽然其作为领军人物的时间并不很长，但他还是成为了那个时代最耀眼的明星之一。杰克林夺取过英国公开赛和美国公开赛的冠军，不过，他对欧洲高尔夫所做的最大贡献就是：不遗余力地为20世纪80年代莱德杯欧洲队的复兴献计献策，使得莱德杯成为了真正的竞赛。

球星简介

生于：1944年7月7日，英格兰斯肯索普
身高：1.78米
转为职业球手：1960年

夺冠处女赛：1962年，库姆丘助理赛
巡赛夺冠次数：28次
欧洲巡赛：8次
PGA巡赛：4次
冠军巡赛：2次
其他：14次

大满贯：2次
名人赛：1970年，并列第十二名
美国公开赛：1970年夺冠
英国公开赛：1969年夺冠
美国PGA：1969年并列第二十五名

荣誉
欧洲巡赛奖金获得者：1973年
莱德杯团体赛：1967、1969、1971、1973、1975、1977、1979年
莱德杯队长：1983、1985、1987、1989年

◁杰克林成为60年代挥杆大师中的佼佼者之一，曾有一度，他头上的光环甚至替代了杰克·尼克劳斯头上的光环。

▽1969年在皇家兰瑟姆球场，杰克成为18年以来举起公开赛葡萄壶杯的第一位英国人。

杰克林是北英格兰人，却从南部赫特福德郡的波特吧（Potters Bar）高尔夫俱乐部开始了其打球生涯，受教于一位严厉的澳大利亚教练比尔·斯特兰（Bill Shankland），比尔原为橄榄球球员，后转为高尔夫球手。杰克林很注重自成一格，在其职业生涯早期，一次接受采访时，他出场时穿着金丝织物做的长裤，白色高领的金色羊绒衫，金色的鞋子。苏格兰球手艾瑞克·布朗曾这样评价自己第一次与杰克林的相遇："那时我觉得他是个自大的家伙，不过如此。其实他无所不能，有魄力，做事很投入，当然会恃才傲物。他有可能赢得任何一项比赛，包括公开赛。"

两年后的1969年，杰克林的确证明了自己，他赢得了皇家兰瑟姆球场举行的英国公开赛，成为自马克斯·福克纳1951年夺冠以来的第一位国内冠军球手，也表明了美国球手统领公开赛并不是绝对

斯坎索普车队

1970年，杰克林在黑泽汀举办的美国公开赛上夺冠。为了庆祝这次胜利，他的家乡林肯郡斯肯索普举行了贯穿城镇的游街车队，杰克林坐在一辆白色的卡迪拉克上，人们夹道欢迎。比赛中，一开始杰克林就保持领先，到最后比对手戴维·希尔高出七杆夺冠，这样悬殊的结果在50年内还从未有过。

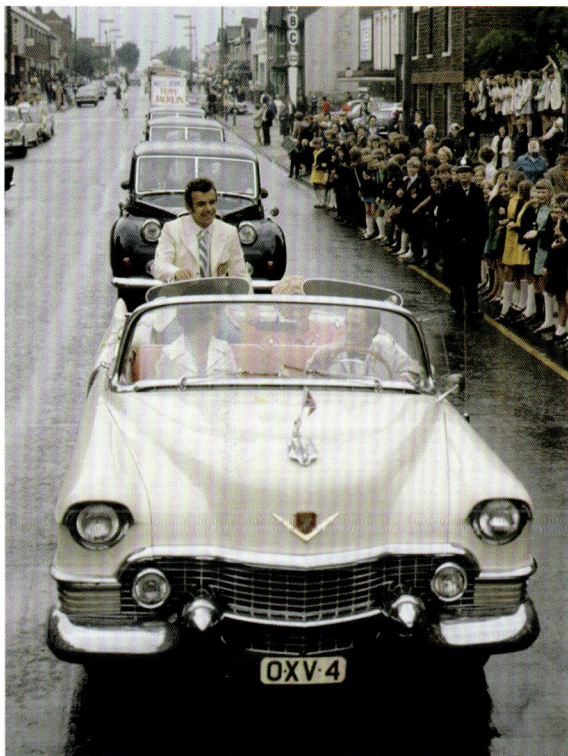

■ 美国公开赛冠军荣归故里。

的。第二年，杰克林又在美国明尼阿波利斯市的黑泽汀新球场赢得了美国公开赛，每一轮后他都居于领先位置，成为继1920年泰德·瑞德夺冠后第一位以7杆领先的英国球手，也是继1900年哈里·沃顿后第一位同时赢得了英美公开赛的球手。

杰克林一直是位常胜冠军，直到1972年缪菲尔德公开赛上被李·特维诺击败，特维诺在第71杆时铲起球入洞，拿下了不太可能得到的标准杆，杰克林对这突然的转变有些无所适从，三连推竟打出了柏忌球，昔日难现。生活中，在1988年杰克林经历了妻子维维尼患脑出血去世的不幸；在商场上，他也一直未能取得想要的成功。

作为球手，他总是和一些出色的对手狭路相逢，不过，莱德杯确保了他在高尔夫球史上的地位。1969年，他和杰克·尼克劳斯进行了一场著名的比赛，最终，尼克劳斯承认了杰克林的推球，形成了平局。1983年，杰克林被授予队长职位时，他自成一路，对球手的进行了一流的训练，在他振奋人心的引导下，球手们进步得很快。塞弗·巴雷斯特罗斯成为球场上的领队后，1983年，杰克林有次小小的出师不利，到1985年，他引领欧洲队赢得了28年以来未曾夺冠的莱

德杯。接着，1987年，在美国缪菲尔德村球场举行的莱德杯上夺冠，这是欧洲队第一次在美国土地上获胜。1989年，在贝尔弗利球场举行的莱德杯上，欧洲队与美国队打成平手，这之后杰克林光荣退役，他令莱德杯重新成为一项具有活力的比赛，并成为世界体育赛事中最激动人心的赛事之一。

20世纪70年代和80年代杰克林在赛场上一直未能得志，不过最终成为了一位鼓舞人心的莱德杯队长。

这是我心中的珠穆朗玛峰，没人能将之夺去……我攀上峰顶的那一刻。

——托尼·杰克林 1969年公开赛获胜时感言

雷蒙德·弗洛德

雷蒙德·弗洛德在其职业生涯早期就曾多次取胜，不过后期的成就更为突出。他从巡赛上的花花公子——沃特·哈根的后继者——成长为一个家庭型男士，老年后也成为高尔夫界最受人尊敬的政治家之一。1993年在贝尔弗利球场举行的莱德杯上，他成为年龄最大参赛球手，4分中3分是他赢得的。

球星简介

生于：1942年9月4日，美国北卡罗莱那州，布拉格堡
身高：1.85米
转为职业球手：1961年

夺冠处女赛：1963年，圣彼得斯堡公开邀请赛
巡赛夺冠次数：66次
PGA巡赛：22次
冠军巡赛：14次
其他赛事：30次

大满贯：4次
名人赛：1976年夺冠
美国公开赛：1986年夺冠
英国公开赛：1978年并列第二名
美国PGA：1969、1982年夺冠

荣誉
沃顿奖获得者：1983年
拜伦·尼尔逊奖：1983年
莱德杯团体赛：1969、1975、1977、1981、1983、1985、1991、1993年
莱德杯队长：1989年

赢得比赛后大家都会欣喜万分，我刚出道时，每场比赛后都会庆祝一番。

——雷蒙德·弗洛德

家庭型男人雷蒙德·弗洛德在其职业生涯晚期仍胜利连连，此图为1986年赢得美国公开赛时的场景。

弗洛德的父亲是名军人，曾在退役后开了一家高尔夫练球场。1963年弗洛德首次参加巡赛，年仅20岁。四个月后他赢得了巡赛的第一次胜利。不过获胜来得太过容易了，后来他感慨道："那时比赛获胜对我来说没什么意义，当时觉得巡赛就是一场大型舞会，无非就是从迈阿密到洛杉矶再到纽约，或者到其他一些激动人心的地方。"

1969年美国PGA赛事，弗洛德赢得了四大满贯冠军中的第一项头衔。1973年，他邂逅佳人玛利亚·普里莫莉，坠入爱河，随即成婚，玛利亚对弗洛德整个人生与职业生涯的影响最大。有一次他在赛事中途退出了比赛，进行两天调整，"玛利亚像只老虎一样对我怒吼，让我清醒地认识到自己的重点在哪里，从那一刻起，我就变得更加成熟、耐心且负责任了。"

随即，弗洛德迎来了其高尔夫生涯巅峰时刻。1976年，他夺得了名人赛冠军，胜出对手8杆，平了杰克·尼克劳斯那时271杆的赛场纪录。1982年他又赢得了第二次美国PGA冠军。比赛在南山高尔夫球场举行，开场第一轮弗洛德即打出了63杆的成绩，这也是他职业生涯中杆数最佳的一轮比赛。终其职业生涯，弗洛德共有9次三连冠。1986年，他赢得了在辛尼克山举办的美国公开赛，最后一轮打出了64杆的好成绩，那时他已43岁。四年后，他几乎再度赢得名人赛，却在延时赛中输给了尼克·法尔多。

比赛中，弗洛德一旦找到取胜诀窍，眼中就会透露出无比坚定的神情，目光锁定下一杆。同行把他的这种眼神称为"凝视"。兰尼·沃德金斯说道："当弗洛德眼中透露出这种眼神时，就很难对付他了。"

弗洛德击球柔和却很有力量，一直被认为是高尔夫界最佳铲起球手之一。

黑尔·厄文

在大满贯锦标赛历史上，有着多次最短距离推球，黑尔·厄文就错失过其中的一次。他的确错过了这次推球，但同时也创造了赛史上最长的一次重要推球之一（至少是较长的）。黑尔·厄文曾三度赢得美国公开赛冠军，堪称老年巡赛上的泰格·伍兹，是位具有拼搏精神的球手，这是观众在任何一种体育项目中都希望见到的。

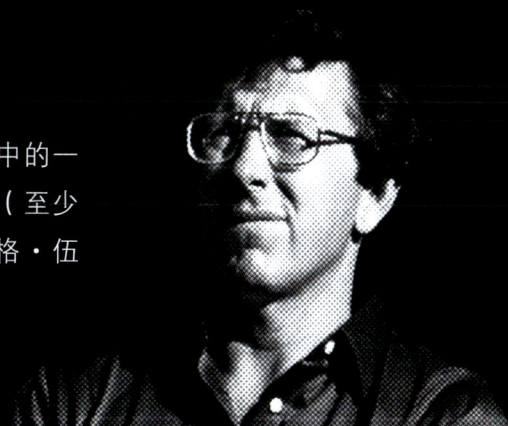

厄文在堪萨斯的沙地果岭上开始学习打高尔夫。他最早钟爱的是棒球，不过上大学时，他却是知名的美式橄榄球防守队员。回忆起那时，厄文说："我身高条件不够，速度条件也不够，什么条件都不够，不过我下定决心要攻克这项运动，高强度训练提升了我的球技，得以迎战其他球手。"

厄文的高尔夫打得很稳定，对进攻球道及果岭的力量的把握也始终如一，这让他在美国公开赛上得到了回报。1974年，在翼脚球场举行的锦标赛上，他对决的是年轻的新手汤姆·沃特森和老手阿诺德·帕默，最终厄文以高出标准杆7杆的成绩获胜，制造了高尔夫界著名的"惨败"。五年后，在因弗内斯举行的比赛中，厄文最后一轮打得不成功，他自己认为"从第一洞开始就卡壳了"，尽管如此，他还是夺得冠军。

同年，即1979年在皇家兰瑟姆举行的公开赛上，厄文和塞弗·巴雷斯特罗斯进行最后两轮的角逐，最终以第二名的成绩结束比赛。这场比赛是一次风格和个性的冲突，厄文是"反塞弗"型的，他认为球打得正未必是好球。1983年在皇家伯克戴尔球场，厄文一路追赶着汤姆·沃特森，不过在第三轮第十四号球洞时，他在两英寸外进行轻击时，球打空了，推球球杆打到了地上然后越球而去，吞下柏忌。

1990年在梅地那（Medinah）举行的美国公开赛上，他连入三球。比赛两周前，他的确梦想过这样的结果。他用低于标准杆5杆的成绩拿下了最后8洞，最后一洞从50英尺（17米）外进行击球，球围绕着果岭旁围成环状的观众绕了一圈，接下来的推球让他进入了和迈克·唐纳德的延时赛。第二天的延时赛中，厄文最终取胜。

1995年，年届50的厄文得到了进行冠军巡赛的资格，成绩斐然。厄文曾赢得过45场冠军巡赛，其中包括七场老年大满贯。他还名列冠军巡赛冠军奖金榜榜首，收入达到了2300万美元。

球星简介

生于：1945年6月3日，美国密苏里尼州，乔普林
身高：1.83米
转为职业球手：1968年

夺冠处女赛：1971年，松海传统精英赛（Sea Pines Heritage Classic）
巡赛夺冠次数：87次
PGA巡赛：20次
冠军巡赛：45次
其他：22次

大满贯：3次
名人赛：1974、1975年并列第四名
美国公开赛：1974、1979、1990年夺冠
英国公开赛：1983年并列第二名
美国PGA：1975年并列第五名

荣誉
莱德杯团体赛：1975、1977、1979、1981、1991年
总统杯队长：1994年

▽黑尔·厄文的不懈努力使他成为美国公开赛上理想的竞争者，他也赢得过3次此项赛事。

▷1990年在梅地那举行的美国公开赛上，厄文一记长推打入延时赛。第二天他最终获胜。

南茜·洛佩兹

作为明星球手，南茜·洛佩兹的成功和个性魅力让她的体育生涯异彩纷呈，她可以与阿诺德·帕默以及塞弗·巴雷斯特罗斯斯并驾齐驱。出现在20世纪70年代晚期的她，像一束阳光照耀球坛。即使有家庭要照料，南茜的职业生涯仍很长久，也取得了很大的成功，赢得了很多奖项，还取得过三次大满贯冠军。

球星简介

生于：1957年1月6日，美国加利福尼亚州，托伦斯
身高：1.70米
转为职业球手：1978年

夺冠处女赛：1978年，弯树精英赛
巡赛夺冠次数：52次
女子PGA巡赛：48次
其他：4次

大满贯：3次
女子PGA锦标赛：1978、1985、1989年夺冠
卡夫-纳比斯科赛：1995年并列第三名
美国女子公开赛：1975、1977、1989、1997年第二名
杜穆里埃精英赛：1979、1996年第二名

荣誉
女子PGA年度球手：1978、1979、1985、1988年
年度新手奖：1978年
柯蒂斯杯团体赛：1976年
索伦海姆杯团体赛：1990年
索伦海姆杯队长：2005年

2005年索伦海姆杯上，洛佩兹率领美国队取得了胜利，其左侧为克里斯蒂娜·吉姆，右侧为娜塔莉·古尔比斯。

无论何时，洛佩兹都是最佳女子高尔夫球手之一。12岁时，她就赢得过新墨西哥州业余选手赛。1977年，洛佩兹转为职业球手，开始了第一次整个巡赛赛程。1978年，她轰动一时。那时，洛佩兹共赢得了9次大赛（包括女子PGA锦标赛），不过真正引起媒体和公众关注的是她的五连冠赛事。

洛佩兹拥有着优雅的举止和迷人的微笑，虽为明星，却非常脚踏实地。父亲多明戈是位能低于标准杆3杆的高尔夫球手，他激发了洛佩兹的高尔夫天赋，不过却从未强迫她学球。当洛佩兹正要踏上巡赛生涯时，母亲玛利亚却意外去世了，这对洛佩兹来说是个很大的打击，却加强了她取得成功的信心。她说过："我想为了父母赢得比赛，为了让我打高尔夫，他们牺牲了很多，无论何时只要我需要他们，他们总在我的身边，我想让他们以我为荣，除了打好球，我别无可以回报他们的。"

美国偶像

知名球星米奇·怀特曾这样评价年轻的洛佩兹："我从未见过这么年轻的球手控制力这么好。"不过，胜利不可能总属于一个人，洛佩兹和棒球球手雷·怀特成婚后获胜的次数开始减少，转而开始照顾家庭。

在美国公开赛上，洛佩兹曾有4次居于亚军，第一次是1975年的业余选手赛。1997年全年她在巡赛上获胜48次，最终在公开赛上却是亚军，败北于英格兰选手艾利森·尼克拉斯，而洛佩兹正是艾利森的偶像。赛后，洛佩兹感叹道："今晚我可能睡不着了，我会想到自己的每一杆……我本应该怎样打。"不过，她并不是输家，仍旧是位强劲的竞争对手、伟大的冠军。

洛佩兹庆祝胜利时的微笑。早期洛佩兹成为巡赛场上轰动一时的新星时，人们常见到她这样的笑容。

> 我的一切得益于我自身、我的丈夫、我的家庭以及我的生活。公众生活中，每个人都应善待他人。
>
> ——南茜·洛佩兹

约翰尼·米勒

回顾20世纪70年代中期高尔夫球坛，如果你认为与其说约翰尼·米勒是位球手还不如说他是位高尔夫广播员，那人们肯定认为你发疯了。有一段时期，这位来自加利福尼亚的瘦长个金发小伙子球打得非常棒，他曾赢得过两届大满贯。现在，他是你听说过的高尔夫最佳解说员之一。

球星简介

生于：1947年4月29日，美国加利福尼亚州，圣弗朗西斯科
身高：1.88米
转为职业球手：1969年

夺冠处女赛：1971年南部公开邀请赛
PGA巡赛夺冠次数：30次
其他赛事：5次

大满贯：2次
名人赛：1971、1975、1981年并列第二名
美国公开赛：1973年夺冠
英国公开赛：1976年夺冠
美国PGA：1977年并列第十一名

荣誉
PGA巡赛奖金榜榜首：1974年
PGA巡赛年度最佳球手：1974年
莱德杯团体赛：1975、1981年

> 我打球兴起的时候就像身处梦幻之地……别的感觉都没有了。
>
> ——约翰尼·米勒

1973年到1976年间，米勒的表现足以惊人。1973年，他赢得了奥克蒙特美国公开赛。在最后一轮仅用了63杆，这是此项大满贯赛事中第一次有人打出如此低的杆数，而且奥克蒙特球场还有着最快、最魔鬼式的果岭，场地之险恶非同一般。那次，最后一轮比赛前下过暴雨，果岭不再那么坚硬，米勒也打出了最佳一轮挥杆。这位26岁的加利福尼亚小伙子是在圣弗朗西斯科和圆石滩的奥林匹克俱乐部学习的打球。开场时他接连三次捕获小鸟球，不过胜利还是遥遥在望，前9洞他共用了32杆，后9洞用了31杆，创下了无人能及的纪录。

1974年，米勒参加的前三次赛事都夺得了冠军，那年他共参加了8次赛事。第二年，他夺得了四项冠军，名人赛上与杰克·尼克劳斯和汤姆·韦斯科夫进行了激动人心的角逐，最终尼克劳斯胜出。1976年，米勒在皇家伯克戴尔举行的公开赛上获胜，最后一轮打出66杆，战胜了尼克劳斯和年轻的塞弗·巴雷斯特罗斯。这次公开赛后，米勒很难再成功应对果岭，只零星取得过几次胜利。到80年代末，他几乎退出了巡赛，转而开始为NBC电视节目做球赛解说员，他做这一行可是直言不讳。后来他也参加了一些赛事，如圆石滩电信电报公司（AT&T）举办的职业选手业余选手混合赛。1994年，在与汤姆·沃特森和汤姆·凯特进行的最后一轮角逐中，米勒取得了很大的成功，对自己的成功他说道："这不正常，纯属巧合，我不是打高尔夫的，我只是个解说员。"

△1976年约翰尼在伯克戴尔球场赢得公开赛时的场景，他领先于杰克·尼克劳斯和塞弗·巴雷斯特罗斯，证明了自己也是最佳球手之一。

▷1971年米勒在皇家伯克戴尔举行的公开赛上。五年后，他在此夺得公开赛冠军。1971年的名人赛及美国公开赛上他赢得了前5名的成绩。

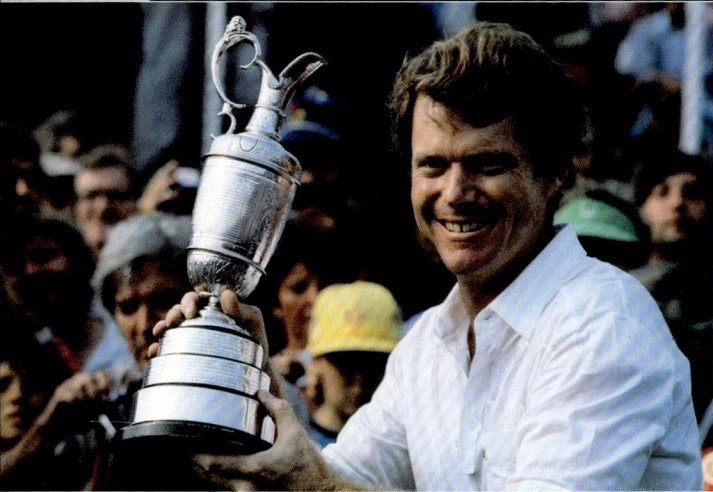

◁◁1983年伯克戴尔球场汤姆·沃特森高举公开赛前葡萄壶杯，这是他第五次夺得此奖杯，他以一杆优势击败了安迪·宾和黑尔·厄文

◁1981年莱德杯上的美国队正值巅峰期，当时沃特森任队员，和尼克劳斯搭档

▽1977年沃特森在奥古斯塔球场即将赢得绿夹克，在第四号球座发球时，本·克伦肖一直在旁观看

汤姆·沃特森

汤姆·沃特森共赢得过5次公开赛冠军，这足以证明他是位杰出的高尔夫球手，也让他受到了英国高尔夫观众的推崇。20世纪70年代中期，他取代了杰克·尼克劳斯成为最佳球手，从1975年的公开赛开始，几年中他共赢得过8次大满贯冠军。

球星简介

生于：1949年9月4日，密苏里，堪萨斯城
身高：1.75米
转为职业球手：1971年

夺冠处女赛：1974年西部公开赛
职业赛事获胜次数：62次
PGA巡赛：39次
锦标赛巡回赛：10次
其他：13次

大满贯：8次
名人赛：1977、1981年夺冠
美国公开赛：1982年夺冠
英国公开赛：1975、1977、1980、1982、1983年夺冠
美国PGA：1978年第二名

荣誉
PGA巡赛奖金获得者：1977、1978、1979、1980、1984年
沃顿奖奖主：1977、1978、1979年
PGA巡赛年度最佳球手：1977、1978、1979、1980、1982、1984年
莱德杯团体赛：1977、1981、1983、1989年

我与少数头号明星无法相比，只能说比大多数球手强一些。

——汤姆·沃特森这样概括自己的职业生涯

沃特森球技卓越，就连杰克·尼克劳斯都不得不承认："我发挥出了最好的球技，仍得不到最好的结果，没办法。"有些球手能暂时战胜尼克劳斯，而对沃特森来说却总能这样（见228~229页）。1975—1983年间，他赢得过8次大满贯，其中包括5次公开赛。5次公开赛获胜使他能与詹姆斯·布莱德、JH·泰勒、彼得·汤姆森相媲美。他也曾连续四年引领美国高尔夫奖金榜。

沃特森在堪萨斯城长大，从斯坦福大学毕业后也一直住在堪萨斯，那时他也不太知道自己会选择什么职业，是父亲将他引介到高尔夫运动中，沃特森在1971年转为职业球手时球技并不出色。最终，灵敏的技巧、轻快的打法以及勇猛的推球合起来成就了沃特森。刚开始时，他并未夺冠，也未引起人们的重视。在请了拜伦·纳尔逊担任他的教练后，他刻苦训练。一开始取胜便一发不可收。

1975年，在卡诺斯蒂球场，沃特森第一次参加公开赛便取得了冠军；两年后，在名人赛最后一轮比赛中击败了尼克劳斯；接着在坎伯利举行的公开赛上再次获胜。那次，他和尼克劳斯一起在周末参加比赛，第三轮两人都打出了65杆，最后一天沃特森仍打出了65杆，胜出尼克劳斯1杆。最后一轮比赛两人一直不相上下，极度紧张。沃特森将球打到距球洞两英尺的地方，而尼克劳斯虽在发球时有些麻烦，却从30英尺（9米）外的地方擒得小鸟球，给沃特森继续施压。最终两人手挽着手离开果岭，观众们几近疯狂。

1993年在贝尔弗利球场上夺冠时的莱德杯队长。美国队保住了1991年在基浯岛球场戏剧化情形下取得的冠军。

痛失挚友

2003年沃特森被评为年度球手，那一年也是他悲恸万分的一年。一直担任他球僮的布鲁斯·爱德华兹（Bruce Edwards）被诊断患有蔓延性神经衰退性症。沃特森捐款一百万美金资助建立"传递生命"（Driving 4 Lite）组织，帮助人们战胜此顽症。

30年来，爱德华兹一直担任沃特森的球僮。

击墙

1980年在缪菲尔德，1982年在特隆以及1983年在伯克戴尔，沃特森接连夺冠。1981年他再度参加了名人赛，1982年在圆石滩赢得了美国公开赛，他曾在这里作为学生辈参加比赛。1984年在圣安德鲁斯球场，沃特森再度参加公开赛，试图挑战哈瑞·沃顿6个公开赛冠军的纪录，却在最后一轮第十七号球洞处将球打过了，球打在石墙上，沃特森输给了塞弗·巴雷斯特罗斯，从此难再施展球技。沃特森的推球也开始走下坡路，发挥好了他就是昔日的汤姆·沃特森，发挥不好他就是老汤姆·沃特森了。不过，沃特森一直没有退出比赛，1996年他赢得了纪念高球赛。两年后，他以48岁的年龄成为殖民地赛年龄最长的冠军。1993年，在沃特森的率领下，美国队在贝尔弗利球场取得了莱德杯胜利。沃特森还曾获得参加冠军巡赛的机会，并且3次在英国老年公开赛上夺冠。

◁塞弗的全力击球是欧洲高尔夫赛场上最振奋人心的一幕。球迷们在30年中一直对此念念不忘。

▽1991年西班牙公开赛上，塞弗在给观众展示他出色的短杆打法。他获得此赛事1981、1985、1995年的冠军。

▽▽塞弗最著名的庆贺方式——1984年在圣安德鲁斯，塞弗获得了三次公开赛冠军中的第二次。

塞弗瑞安诺·巴雷斯特罗斯

塞弗知名之处并不是他做了什么，而是他做事的方式。他总是一呼百应，有着非凡的领导才能；他还爱逞强，从不言弃；他可能一会儿进行可怕的击球，接着马上进行巧妙的补救。塞弗堪称欧洲的阿诺德·帕默。他为西班牙高尔夫以乃至整个欧洲大陆的高尔夫立下了不朽的功劳。

他应该算是高尔夫选手中最有创造力的球手，是个天才。

——泰格·伍兹

巴雷斯特罗斯是位领军人物，他在高尔夫球坛"五大将"（其他四位为尼克·法尔多、伯纳德·兰格、桑迪·莱勒和伊恩·伍斯南）中排行老大，也是做什么都领先的一位。五人中，他第一个赢得大满贯，也是第一个在美国夺冠并赢得美国公开赛，当然也是第一位证实了在莱德杯上美国人并非不可战胜的人。

塞弗的叔叔雷蒙·桑塔是塞弗出名前西班牙最知名的高尔夫球手。塞弗的四个哥哥都在西班牙北部桑坦德（Santander）附近的佩德瑞纳（Pedrena）小渔村的高尔夫俱乐部打球或做球僮。塞弗也不例外，早期他着实在海滩上用生锈的三号铁杆打了一阵子球，这样，他不仅学会了球技，而且掌握了即兴发挥的技巧。

在17岁生日快到时，巴雷斯特罗斯转为职业球手。1976年在皇家伯克戴尔球场举行的公开赛锦标赛上，他开始展露英雄本色。前三天的比赛中，他一直领先，只在最后一天被约翰尼·米勒所超越。不过占据了比赛中心的还是年轻的塞弗。在第十七号球洞，他擒得老鹰，然后进行了大胆的铲起球，从一个沙坑跑向另一个沙坑，越过了高高低低的的起伏，最终和尼克劳斯并列第二。1976年至1995年间，他在全世界共赢得了87场比赛。他喜欢一对一的竞赛，曾5次获得全球配对赛冠军。在英伦，他人气很高，观众和媒体都很推崇他。

公开赛上的荣耀

1979年，巴雷斯特罗斯在皇家兰瑟姆赢得了公开赛。整个周末一直与黑尔·厄文较量（见226~227页）。厄文是两次美国公开赛冠军得主，对准确击中球道和果岭非常在行，球技稳健。巴雷斯特罗斯与他形成了很大的对比：他用尽全力将球从球座发出，下一次击球的精彩之处好似就在于上一次击球造成的多大麻烦。在最后一轮的第十六号球洞，他的一击竟把球打到了一

个临时停车场，不过他精彩地补救回这一击，小鸟球入洞。遂被美国人戏称为"停车场冠军"，不过这只能让他越战越勇。

1984年在圣安德鲁斯，巴雷斯特罗斯棋逢对手，和决意要拿下自己第六次公开赛冠军的汤姆·沃特森对打。在美国，球手总会遇到麻烦的"路洞"。巴雷斯特罗斯在第十八号果岭处推球成功，抓获小鸟球，胜利的喜悦令他跳了起来，这也是他这种祝贺方式的第一跳。四年后，塞弗再次回到皇家兰瑟姆球场，最后一轮打出了65杆的惊人成绩，击败了尼克·普莱斯和尼克·法尔多。

1976年伯克戴尔公开赛上，英国观众立即接受了年轻的巴雷斯特罗斯，可谓对他一见钟情。

法尔多后来回忆当时情景时说:"赛后我告诉他,那轮比赛是我见过的最出色的一轮比赛。"

塞弗除了获得过3次公开赛冠军外,还曾获得过2次名人赛绿夹克。1980年的比赛中,他在还有9洞未打时竟领先10杆,后来以领先4杆的成绩夺冠。三年后,他打出了最后一轮69杆的成绩,再次以4杆优势击败了本·克伦肖和汤姆·凯特。他的欧洲同行们目睹了他赢得了这最高奖项,也步之后尘。1980年至1999年间,在奥古斯塔球场,曾有六位欧洲球手共赢得过11次绿夹克。

塞弗还曾多次参加名人赛,但没有继续夺冠。1986年的名人赛中,最后一轮的第十五号球洞处,他用四号铁杆把球打入了池塘,败北于杰克·尼克劳斯。他的身体也因其长时期猛力击球而受到了惩罚,长期的背部不适已让他难以继续承受,导致其职业生涯难以长久。对一位天生就是球手的人来说,无法进一步让球技精益求精是很痛苦的事。38岁时,他在马德里西班牙公开赛上获胜,也是他的最后一次夺冠。接下来的几年中,他仍努力在打球。2007年卡诺斯蒂举办的公开赛前夕,他退出了高尔夫球坛。

莱德杯巨人

在塞弗后来几年的巡赛中,尽管球不能总是准确入位,但他的短杆还很出色。莱德杯让巴雷斯特罗斯发挥出了最佳的一面。1995年塞弗在自己最后一次莱德杯单打赛中对抗汤姆·雷曼,按照规则,他几乎未能将球击中球道或果岭,不过,几乎在魔力的作用下,他还是一直打到了第十五号球洞。

1983年西部棕榈滩球场举行的莱德杯上,托尼·杰克林任欧洲队队长,欧洲队以微小差距未能取胜。巴雷斯特罗斯打出了令人生畏的一击,他从距果岭200码外的沙坑进行击球,使用的是三号木杆,而其实使用六号铁杆都很难应付这样的球。这是塞弗的第三杆,不过却起到了事倍功半的效果,帮助他摆脱了福兹·佐勒尔。后来,他的欧洲队队友对比赛结果很是

闷闷不乐,塞弗却意识到双方其实不相上下,他鼓励队友振奋起来,要像取得胜利一样进行祝贺。第二年的莱德杯上欧洲队的确取得了胜利。1987年欧洲队首次在美国土地上取得胜利,也就此开始了塞弗和乔塞·玛利亚·奥拉沙宝的合作关系。他们共同赢得过11次比赛、2次平局,只输过2次。他们有个约定,那就是"不说抱歉",从不承认球场上有任何不可挽回的不可靠因素。奥拉沙宝曾说过:"一旦塞弗发动了他的保时捷,就连天庭里的大主教也拦不住他。"的确,他的驾车方式与众不同,1997年,作为欧洲莱德杯队长,他曾驾着马车绕着瓦德拉玛球场兜圈。莱德杯只在西班牙举行过一次比赛,而这次比赛他注定夺冠,正如他一生辉煌的职业生涯中每一次夺冠一样。

◁沉着脸陷入沉思状。有时,当世界——特别是美国人——对他嗤之以鼻时,巴雷斯特罗斯会发挥得最好。

▽1984年,塞弗在圣安德鲁斯庆祝夺冠。最后一轮他与汤姆·沃特森决一雌雄,比赛具有划时代意义,赛后理所当然要无拘无束地庆贺一下。

1976	**1979**	**1980**	**1983**	**1984**
1976年伯克戴尔公开赛上,塞弗居于约翰尼·米勒之后,成为亚军,但其打法已引起很大的关注。	1979年皇家兰瑟姆举行的公开赛上,塞弗第一次夺冠,成为20世纪最年轻的公开赛冠军。	名人赛夺冠之旅。23岁这年,塞弗成为了第二位非美国籍的名人赛冠军,也是第一位穿上绿夹克的欧洲人。	在西部棕榈滩球场举行的莱德杯上,塞弗打出了职业巅峰之球,不过欧洲队还是以微差败北。	在圣安德鲁斯举行的公开锦标赛是塞弗第二次参加此赛事,也是他所有大满贯中的第四次,与汤姆·沃特森激烈的角逐后,塞弗最终夺冠。

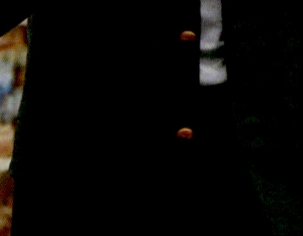

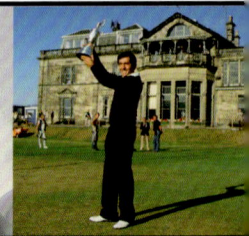

> 塞弗是高尔夫界的"太阳马戏团"。他激情洋溢、技巧高超、技术娴熟且充满戏剧性。
>
> ——尼克·法尔多

爱尔兰的塞弗杯

图为2007年在爱尔兰赫瑞特芠，大不列颠及爱尔兰队的队长尼克·法尔多从欧洲大陆队长塞弗·巴雷斯特罗斯手中接过塞弗杯的场景。此项赛事始于2000年，是为了纪念塞弗对高尔夫配对赛的热爱，第一年的赛事上举起奖杯的是塞弗自己。

■ 法尔多从巴雷斯特罗斯手中接过塞弗杯。

一切皆有可能

终其职业生涯，塞弗都是以打冒险球知名。1993年在瑞士举行的欧洲名人赛上，他在最后一轮表现不凡，可是一切都毁于他最终打出的一个切球。球被置于两棵树之间，前面是堵6英尺高的墙。打这一球意味着得让球越墙而过，穿过树丛、越过一个游泳池，一些帐篷，还有4棵树，一个沙坑才能到达果岭。球僮比利·福斯特告诉他这不太可能做到，但塞弗决意已定，他打出了这一球，球从这一串细小缝隙间穿越而过，正好在果岭前着陆，然后塞弗用铲起球打出了第三个小鸟球，但比赛最终结局塞弗还是差了1杆。后来他也承认："是有些难，但我想用三杆拿下，我想获胜。我总是向前看而不是向后看。"

1985	1988	1991	1997	2000
在贝尔弗利球场举行的欧洲莱德杯上，欧洲队第一次获胜，塞弗起到了不可或缺的作用，赢得了3.5分。	在皇家兰瑟姆举行的公开赛锦标赛上，塞弗第三次取得此项赛事的胜利。最后一轮打出了65杆的成绩，连尼克·法尔多和尼克·普莱斯都无法应对。	在温特沃斯（Wentworth）举行的世界配对赛上，塞弗第五次夺得此赛事冠军，平了盖瑞·普莱尔创下的纪录。	在故土瓦德拉玛（Valderrama）举行的莱德杯上，塞弗担任欧洲队队长，带领球队冲向胜利。	在塞弗杯成立仪式上，时任欧洲队队长并带领球队走向冠军的塞弗。

本·科伦肖

本·科伦肖是他那个时代最佳推球手之一，曾两次征服奥古斯塔国家球场的果岭而赢得名人赛。他的绰号为"本绅士"，不过，值得讽刺的是他是个性情中人，很容易发脾气。这种性格在他当了美国队队长后带领全队在激烈角逐莱德杯冠军时更是突显。

球星简介

生于: 1952年1月11日，美国德克萨斯州，奥斯汀
身高: 1.75米
转为职业球手: 1973年

夺冠处女赛: 1973年，圣安东尼奥德克萨斯公开赛
巡赛夺冠次数: 27次
PGA巡赛: 19次
其他: 8次

大满贯: 2次
名人赛: 1984、1995年夺冠
美国公开赛: 1975年并列第三名
英国公开赛: 1978、1979年并列第二名
美国PGA: 1979年第二名

荣誉
莱德杯团体赛: 1981、1983、1987、1995年
莱德杯队长: 1999年
鲍勃·琼斯奖: 1991年

1984年在奥古斯塔球场，塞弗·巴雷斯特罗斯帮助获胜后欣喜的科伦肖穿上他第一次名人赛冠军绿夹克。

1973年的德克萨斯公开赛上，科伦肖赢得了自己的第一次PGA巡赛冠军，这也让他成为了大学生高尔夫明星，给观众留下了印象。他来自德克萨斯的奥古斯丁，汤姆·凯特也出身于此，这对球手一直是友好的对手，是一种可以觉察到的竞争。两人性格迥异：凯特做事有条不紊、坚持不懈，挥杆更具训练有素；科伦肖却感情用事，更加随意，全凭感觉来挥杆。

1984年，科伦肖第一次赢得名人赛，比赛最后一天他本落后凯特两杆，却奋起直追，最终领先汤姆·沃特森两杆，以68杆取胜。终其职业生涯，除了个别不能带自己球袋的比赛外，科伦肖一直使用"小本"——他16岁时父亲给他买的一支推杆。科伦肖说："从这支推杆我开始刻苦练习，学会了怎样摆脱困境，它为我立下了汗马功劳。"

强大的对手

1995年在奥古斯塔，科伦肖迎来了自己的第二次名人赛胜利，而那时他感情上处于最不稳定时期。从奥斯丁乡村俱乐部以来一直担任他教练的哈维·派尼克在赛前的星期天去世了，科伦肖和汤姆·凯特都曾赶回去参加葬礼。就在接下来的周日，科伦肖在最后一轮打出了68杆，击败了戴维斯·拉弗三世，胜利夺冠。赛后心情起伏的科伦肖说道："我的球袋里有15只球杆，第15只就是哈维，这周的比赛中，就好像有人把手放在了我的肩上，指导着我打球一样。"

1999年，在布鲁克林举行的莱德杯上，科伦肖担任队长。两天的比赛后，美国队落后四点，但在周日晚上的记者招待会上，科伦肖只说了一句："我对命运深信不疑，感觉这次比赛结果会很好，我想说的就这些。"第二天，美国队的选手们

以8.5比3.5的成绩在个人赛中胜出，也是此赛事史上最为扭转乾坤的比赛。不过，接着，队员们激情难捺，在第十七号果岭处竟庆贺了起来，而这时玛利亚·奥拉沙宝还未进行最后的推球，这也使得最后的比赛结果备受争议（见236页）。

科伦肖是高尔夫界最佳推球手之一，他的打球哲学很简单："以合适速度到达球洞的球很有可能在任何入口处进入球洞。"

伯纳德·兰格

伯纳德·兰格是个极具耐心、坚韧不拔的人。他经历过很多次易普症的发作，但仍征服了奥古斯塔球场的果岭，获得过两次名人赛冠军，这位虔诚的基督教球手两次穿上绿夹克都是在复活节那天。他也曾作为莱德杯队长在美国夺得过冠军。

球星简介

生于：1957年8月27日，德国，安哈森
身高：1.75米
转为职业球手：1972年

夺冠处女赛：1974年，德国国家公开赛
巡赛夺冠次数：70次
欧洲巡赛：40次
PGA巡赛：3次
冠军巡赛：1次
其他：26次

大满贯：2次
名人赛：1985、1993年夺冠
美国公开赛：1987年并列第四名
英国公开赛：1981年第二名；1984年并列第二名
美国PGA：1987年并列第二十一名

荣誉
欧洲巡赛奖金榜主：1981、1984年
莱德杯团体赛：1981、1983、1985、1987、1989、1991、1993、1995、1997、2002年
莱德杯队长：2004年

兰格最知名的就是使用笤帚把式的推杆，他就是用这样一支老式的球杆征服了奥古斯塔场果岭。

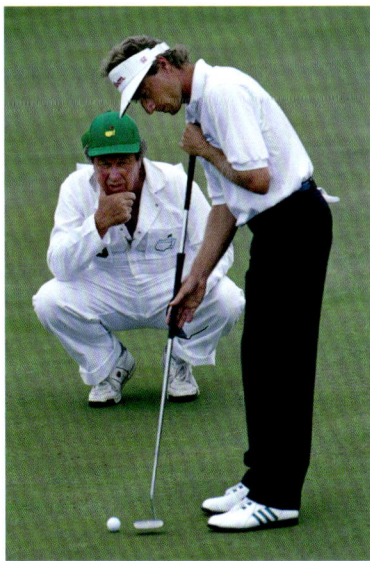

兰格的父亲生于捷克，后在德国安德森定居下来。伯纳德八岁时，就和哥哥厄文一起骑自行车跑到了5英里外的奥格斯堡（Augsburg）高尔夫俱乐部做了球僮，就此喜爱上了这项运动，最终成为了全国最好、最知名的球手，曾为德国赢得过1990年高尔夫世界杯。16年后也就是49岁时再度赢得了此赛事。

兰格初露锋芒是在1979年，他以17杆赢得了卡夏尔（Cacharel）25岁以下选手赛。在公开赛上他总是以毫厘之差与冠军失之交臂，不过名人赛上他曾两度夺冠。1985年，在进攻第十三号球洞前他落后6杆，在第十三号球洞擒得老鹰。第二天，在最后9洞的比赛中他6洞打出4个小鸟球，赢得冠军。1993年，他又在第十三号球洞擒得老鹰，再度夺冠。

不惜代价

虽然兰格打球时会使出浑身解数（见右图），其职业生涯值得一书的是注重细微之处以及对精确性的把握。在莱德杯上，他和科林·蒙哥马利合作，蒙哥马利后来透露，在给兰格码度后，他就会问："是从喷水器前面还是后面量的？"他备受易普（神经抽筋）发作之苦，但每次他都战胜了病症。他使用右-低-左的推球方法，然后把左手挪到球杆下面，进行长推球。他说："好看不好看我不在乎，好看也不会有人给钱。"1985年名人赛上，他就是这样表现的，他本来穿着红色的上衣，获胜后穿上绿夹克时，他觉得自己像是棵圣诞树。1993年，他再次赢得了名人赛，这次他原来穿的是黄色的衣服。兰格的莱德杯生涯苦乐参半。1991年是他最不得志的时候，在最后一个果岭处，他错失了6英尺（两米）的推球，输掉了

兰格不会放过任何击球的机会，1981年在英格兰福尔福德球场（Fulford），他觉得最好的选择是爬上树才能安全地铲球入位。

比赛，也失去了莱德杯冠军。这个打击不小，但一星期后他在延时赛后赢得了德国名人赛。2004年，在他的带领下，欧洲队在奥克兰丘莱德杯团体赛上胜出美国队九分，创下了新的冠军纪录。

> 什么样的经历都会让人受益，经历厄运后，好运自会如期而至，因为在逆境中我们学到的要比顺境中学到的多。

——伯纳德·兰格

桑迪·莱勒

桑迪·莱勒天赋极佳、平易近人，应该是现代英国高尔夫界最受喜爱的球手了。1985年，在皇家圣乔治球场，他成为自1969年托尼·杰克林以来第一位赢得公开赛的英国球手；1988年，他成为第一位赢得名人赛的不列颠人，还是锦标赛中最佳击球手之一。

球星简介

生于：1958年2月9日，英格兰，舒兹伯利
身高：1.83米
转为职业球手：1977年

夺冠处女赛：1978年，尼日利亚公开赛
巡赛夺冠次数：28次
欧洲巡赛：17次
PGA巡赛：6次
其他：5次

大满贯：2次
名人赛：1988年夺冠
美国公开赛：1991年并列第十六名
英国公开赛：1985年夺冠
美国PGA：1991年并列第十六名

荣誉
欧洲巡赛奖金得主：1979、1980、1985年
莱德杯团体赛：1979、1981、1983、1985、1987年

1988年在奥古斯塔，莱勒成为第一位赢得名人赛的不列颠人，后来有尼克·法尔多和伊恩·伍兹曼相继获胜。

1988年的名人赛在奥古斯塔球场举行，最后一轮是周日下午，英国电视直播是深夜，凡是看过比赛的人都不会忘记这轮比赛。在呈上坡的第十八号球洞，莱勒需要打出三杆才能赢得比赛，击球却遭遇沙坑，走下发球座时，他想自己这下死定了，但当他看到球正好处于沙坑正面的上坡处时精神大振。他用7号铁杆一击，轻松将球击中果岭，滚过了球洞旗杆，在高一些的地方几乎停了下来，然后又慢慢滚了回来，观众席上一阵狂呼，莱勒在15英尺（5米）外推球入洞，高兴地跳起了怪异的捷格舞庆贺。这次获胜后连续四次莱勒都成为了英国绿夹克得主。

说莱勒生来就是打高尔夫的毫不夸张。父亲埃里克是苏格兰人，桑迪出生时，父亲已经把家搬到了希罗普郡，成为了鹰石公园（Hawkstone Park）高尔夫俱乐部的一名职业球手。桑迪三岁时就开始打球，他身高发育总比年龄早，身体也很强壮，球打得好，有"神童"之称。不管是少年阶段还是青年阶段或者作为业余选手阶段他都很成功。作为业余选手时他为英格兰队打球，转为职业球手后他开始效忠于苏格兰队。伊恩·伍兹南曾是他的对手，不过后来巡赛上又出现了一位对手，那就是尼克·法尔多。其实两人并没什么不同：法尔多击球有力；莱勒天赋极强。

莱勒的天赋在其使用球袋中最硬的一号杆时最为突显。他用长铁杆进行的击球极为纯正，打一号杆时能如别的选手使用普通球杆一样运用自如，他的短杆打法更是技法高超。这些能力合在一起使得他能扭转一些非常糟糕的击球，也抵消了他无法改正的后仰式打法带来的弊端。

年度冠军球手

1985年，在皇家圣乔治球场，最后一天时莱勒才意识到自己也想竞争公开赛冠军。在第十八号果岭的"邓肯谷"（Duncan's Hollow）一洞，他的铲起球击空了，在场的观众为之扼腕叹息。他还吞了1个柏忌，只得等其他选手都一一打完这一轮，结果还是没人胜过他。第二天，他为朋友们开了个派对，巡赛上的许多球手也参加了，莱勒跑出去定了许多中式食物，洗碗碟也是他付的账。这就是莱勒，他好客的性格几乎人人皆知。长期做他球僮的戴弗·马斯格曾说过："我和你说说跟着桑德我的生活是怎样的吧，我的薪水是巡赛球僮中最高的……在他温特沃斯家里住时，早上他还给我端茶喝，真是不错，你说呢？"

在圣乔治球场夺冠三年后，莱勒又赢得了名人赛。美国巡赛上他拿到了不止一次冠军。名人赛的前一年，他就在锯齿草球场夺得过冠军球手的称号，也

> 作为高尔夫球手他的确卓越超群，不过让他与众不同的更是其自然外露的天性以及人性。

——塞弗·巴雷斯特罗斯

是唯一一位得到此殊荣的英国球手。当问及此项赛事与公开赛的不同之处时，这位苏格兰人回答："相差100年的历史吧。"1998年名人赛夺冠后，莱勒回到了英国，在温特沃斯夺得了世界配对赛冠军，在最后一轮中击败了对手法尔多，而几年前他曾在最后一个难关处输给对方。从1979年开始，他参加了连续五届莱德杯比赛，1985年到1987年间还在比赛中获胜过。不过，后来球技再不如以前，打球形式也有了变化，不能再在四轮比赛中发挥得始终如一，击球也不再精准，很少有人再强调其打球技巧。2006年，他作为副队长重返莱德杯，伊恩·伍兹南为队长，在K俱乐部球场上，两人再次尝到了莱德杯冠军的喜悦。不过，无论是处在巅峰状态，还是低谷时期，莱勒仍旧是昔日的桑迪·莱勒。

在条件最糟的情况下，莱勒总能发挥出自己最好的球技，他的长铁杆打法是他最有力的打法之一。

反差很大的球星

1980年的肯尼亚公开赛上，桑迪·莱勒在推球杆的头上贴了些防止太阳光反射的胶带，和他打对手的尼克·法尔多在打了几洞后注意到了这点，不过当时并没有说什么，后来见到了球场工作人员时他才说了这件事。莱勒的比赛资格被取消了，由此可见两人性格的明显对比：一个自然率真，一个做事精细、近乎无情。

■ 球场上的对手：法尔多和莱勒

1985年在皇家圣乔治球场举办的英国公开赛上夺冠后的莱勒，他由此成为了英国高尔夫界的英雄人物。

△ 诺曼的"大白鲨"称号源自奥古斯塔球场,也是此球场让这位澳大利亚球手饱尝了与冠军称号失之交臂的感觉。

△ 2006年在奥兰多,诺曼陪儿子格雷格里参加父子赛。现在诺曼很少再参加比赛,成了位商人,不再是名球手。

◁ 1984年在翼脚球场举行的美国公开赛上,诺曼的一个推球给自己带来了进入延时赛的机会,他情不自禁地跳了起来。不过,第二天还是输给了福兹·佐勒尔。

格雷格·诺曼

如果用最严格的标准来判断大满贯冠军球手的话，格雷格·诺曼不会位于头榜，不过，从个性上来讲，"大白鲨"可是统领了一个年代的高尔夫球坛——从1980年代中期一直到泰格·伍兹出现。诺曼曾两次公开赛夺冠，其实，他是有能力——当时运气更好的话——得到金满贯的。

球星简介

生于：1955年2月10日，澳大利亚，昆士兰
身高：1.83米
转为职业球手：1974年

夺冠处女赛：1976年，西部湖区精英赛
巡赛夺冠次数：90次
PGA巡赛：20次
欧洲巡赛：15次
澳大利亚巡赛：39次
其他：16次

大满贯：2次
名人赛：1986、1987年并列第二名，1996年第二名
美国公开赛：1984、1995年第二名
英国公开赛：1986、1993年夺冠
美国PGA：1986、1993年第二名

荣誉
澳大利亚巡赛奖金得主：1978、1980、1983、1984、1986、1988年
PGA巡赛奖金得主：1986、1990、1995年
PGA年度选手：1995年
沃顿奖得主：1989、1990、1994年
总统杯团休赛：1996、1998、2000年

飞鲨

1995年，诺曼实现了自己的一个梦想，那就是驾驶海军喷射机在航空母舰上着陆。他喜欢具有自己风格的旅行，对操作私人游艇、直升机或喷气飞机很在行，当然这也是为了在全球经营各种商业。

■ 诺曼终生喜爱飞行。

我憎恨失败，我觉得正是这种对失败的看法成为我前进的动力。

——格雷格·诺曼

诺曼是土生土长的澳大利亚昆西兰人，他在自然无人工修饰的沙滩上长大——会冲浪、捕鱼，还会打猎。母亲唐尼是个热忱的高尔夫球手，诺曼一开始就给母亲做球僮，从母亲那里学习打球。不过直到16岁他才开始真正打球，两年后就成了以一位零差点球员。1976年，即将转为职业球手时，他和俱乐部的队友保证自己在30岁时会成为百万富翁。当然，他轻而易举地做到了这一点。

这位长着金发、强壮又魅力四射的澳大利亚人那种打完了再找的击球方式迷住了观众，首先在澳大利亚，然后再欧洲，最后是在美国。在诺曼首次名人赛夺冠时，奥古斯塔的一份当地报纸冠之以现在的诨名"大白鲨"。在全球范围内，他共赢得了90场赛事，差一点就夺得了金满贯。他成为了继美国选手克雷德·伍德之后第二位在四次大满贯中都是在延时赛中被击败的球手。

星期六的大满贯

奥古斯塔球场很适合诺曼进攻式的打法，他本来应该在这里夺冠，却从未能实现。1986年，他在这里对抗杰克·尼克劳斯，将最后一杆打到了左边的观看人群中；1987年，延时赛上，拉瑞·麦兹在第十一号球洞从40码（33米）外进行铲球成功，毁掉了诺曼的冠军；1996年，他本来领先对手尼克·法尔多6杆，后来却溃不成军，最后竟以5杆落后。如果说和麦兹的比赛对他是个打击的话，1986年的美国PGA他就是在盛怒下败北，因为对手鲍勃·特维最后一洞沙坑球入洞获胜。那一年他总是得到"星期六大满贯"：每一次大满贯赛事在星期六举行的前54洞后他都领先，可最终（星期日的最后一轮）却不能夺冠，仅有一次，即坎伯利球场的公开赛上夺冠。后来，在布奇·哈蒙的指导下，他的挥杆得到了控制，成为高尔夫球场上挥杆距离最长、最直的球手，号称全球第一球手。在后来辉煌的职业生涯中，诺曼曾在1993年皇家圣乔治球场击败过尼克·法尔多和伯纳德·兰格，第二次赢得了公开赛。最后一轮诺曼打出了64杆，四轮总杆数为26/杆，成为公开赛上总杆数最低的球手。这次，命运也无法阻挡他发挥出高球技了。

诺曼本来对老年巡赛野心勃勃，可背部手术拖延了他参加比赛。诺曼转而对从商兴趣大增，开始经营球场设计、葡萄酒制造、服装以及餐饮业。

1986年在坎伯利球场，诺曼赢得了自己的第一个公开赛冠军。

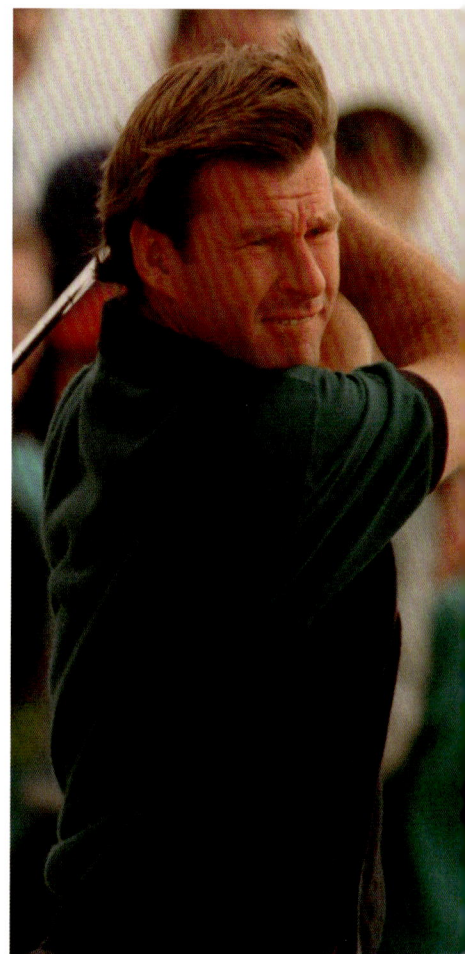

△法尔多赢得过6次大满贯冠军，成为他那个时代乃至所有时代最伟大的英国球手。

◁1996年的名人赛上，在开始领先6杆的情况下，诺曼被尼克·法尔多击败，赛后法尔多在安慰他。

尼克·法尔多打起高尔夫时近乎冷酷，却有着星火燎原的作用，其中有着静谧之美。在英国运动员中，他称得起"王中之王"。

——休·密克兰维尼，体育专栏作家

尼克·法尔多

尼克·法尔多不仅是最伟大的英国当代高尔夫球手，也是英国体育界最伟大运动员之一。他赢得过6次大满贯冠军，也赢得了人们的尊敬与敬仰。为了取得这样高水平的成功，尼克总是很好地掌控着自己的情绪，所以有时候显得他有些冷酷无情。不过，他对高尔夫始终充满着激情，特别是他转为解说员后更是如此。

球星简介

生于： 1957年7月18日，英格兰，卫尔温花园城
身高： 1.91米
转为职业球手： 1976年

夺冠处女赛： 1977年，世傲啤酒（Skol Lager）个人锦标赛
巡赛夺冠次数： 43次
欧洲巡赛：27次
PGA巡赛：9次
其他赛事：7次

大满贯： 6次
名人赛：1989、1990、1996年第二名
美国公开赛：1988年第二名
英国公开赛：1987、1990、1992年夺冠
美国PGA：1992年并列第二名

荣誉
PGA年度选手：1995年
欧洲巡赛年度选手：1989、1990、1992年
欧洲巡赛奖金得主：1983、1992年
连续参加十一届莱德杯团体赛：1977—1997年
莱德杯队长：2008年

最后一轮比赛18个球洞都打出了标准杆，即便如此，1987年缪菲尔德公开赛冠军对法尔多来说还是甜美无比。

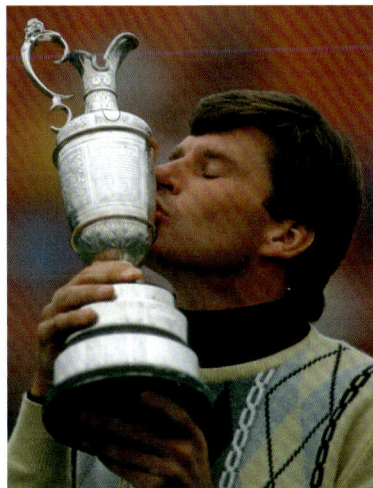

法尔多喜欢从事个人体育活动：跑步、骑自行车、游泳，他都很擅长。有一天晚上，看了名人赛上杰克·尼克劳斯打高尔夫后，他就把所有的注意力都转向了这项运动。那时他13岁，和3岁就开始打球的桑德·莱勒相比，法尔多起步较晚，不过他坚定的获胜决心足以弥补这一点。当时学校里的一位职业咨询人员曾建议人们安避免做专业运动员，因为一万个人里可能只有一个人能成功，法尔多是这样回答他的："那么我就做这唯一的一个人吧。"1975年，法尔多18岁就赢得了英国业余赛冠军。一年后即转为职业球手——几乎把卫尔温花园城的练习场（他最早开始在这里打球）打得不能再打球了。接着，1977年，他在莱德杯上亮相；1978年在皇家伯克戴尔球场他得到了自己的第一个冠军：PGA锦标赛冠军。胜利接踵而至，法尔多开始在大满贯中夺冠。虽然较高的身材让他的挥杆很优美，他还是觉得自己打法绵软、不够稳定，特别是在有压力时更是如此。

法尔多拜大卫·利百特为师后，挥杆变得更加紧凑、稳定了。两年多的如此训练后，收效很明显：压力很大的情况下，他也能打出自己想打的球。1987年，在缪菲尔德球场，法尔多最后一轮中18个球洞都是标准杆，夺得了公开赛冠军。18洞都是标准杆，听起来这有些平淡，但考虑到当时恶劣的天气情况，这一轮就显得非常出色了。这次夺冠后，他变得义无反顾。1989年，他和斯科特·霍克角逐名人赛，最终在延时赛后夺冠。第二年，再次封冠。在和雷·弗洛德的延时赛中，第十一号果岭处，法尔多在几乎黑暗的情况下成功入洞。

那年夏天，作为世界最佳球手的法尔多来到圣安德鲁斯球场，再次赢得了公开赛冠军，其球技证实了自己对这个称号名符其实。在第三轮时，法尔多击败

法尔多和大卫·利百特之间的师生关系最为人称道，法尔多正是在利百特的指导下重新调整了挥杆方式后才夺得了大满贯的成功。

了格雷·诺曼的挑战，最后一天以胜利者的姿态走下第十八号果岭。1992年，他再次在缪菲尔德夺冠，在比赛的大部分时间里他的杆数都是领先的，那天却在还有四洞时，突然落后约翰·库克两杆。他对自己说："这下我得打出一生中最出色的四个洞了"，他的确做到了。后来，在一次优雅的演讲中，他将其解释为"我的打法"并且向媒体"衷心地"致谢。其实，法尔多一直和媒体搞不好关系，媒体认为他是个乏味的球手，他也不信任媒体。

聚焦大满贯

法尔多性情较难捉摸，其打法也是只有一个目标：全神贯注于高尔夫，别的什么也不管。在莱德杯上，他不是一位平易近人的队友，不过除了几场比赛他打得不好外，其他时候他总是全力以赴。他和搭档伊恩·伍斯南配合得特别好，两人合作曾击败过巴雷斯特罗斯和奥拉沙宝组合。1997年，他第

另一项乐趣

法尔多对钓鱼的兴趣可以说要早于高尔夫。最初是父亲带着他去，后来钓鱼成了他的终生爱好，也是他高尔夫球场以外进行放松的最好方式。他去世界各地钓鱼，从瑞典到新西兰，还和音乐人休易·路易斯一起去过蒙大拿钓鱼。

■ 收获颇丰的一天

十一次参加莱德杯，得分比两队的任何一位球手的得分都高。

1995年在橡树山，法尔多横扫最后三洞，确保了重要的一分，击败了柯蒂斯·斯特兰奇。

如果说这一刻让人们从对法尔多的敬仰转成为热忱的欣赏，那么1996年的名人赛更是如此。最后一轮比赛开始时，法尔多落后于格雷·诺曼6杆，他深知要想穿上第三件绿夹克就不能再有任何失手，他的确没有失手。他冷酷卓越的打法最终宣告了胜利，对手澳大利亚的诺曼出现了挥杆不利，最终法尔多打出了67杆，从落后六杆追至了领先五杆。比赛结束后，在第十八号果岭处，法尔多用双臂搂住了诺曼，说道："我不知说什么好，只是想给你个拥抱。"

新的篇章

6次大满贯冠军的成绩让法尔多遥遥领先于同时代的球手们。从90年代晚期开始，泰格·伍兹成为球界新星，1997年，是法尔多第一次将绿夹克穿在了这位年轻冠军身上。法尔多对球场设计也较感兴趣，在肯特设计的海图山球场（Chart Hills）受到欢迎后，他开始在其他高尔夫流行地区开辟球场。一个特别成功的项目就是他创建的小法尔多系列球场，球场项目包括举行一些比赛以及法尔多亲自对球手进行指导。这个项目一直很成功，2005年，在此受过训练的尼克·道赫蒂首先成为欧洲巡赛冠军。接着，2007年公开赛上，18岁的洛里·迈克罗伊赢得了业余赛银奖，他也曾受教于此项目。后来，法尔多开始涉足电视领域，这使得他对高尔夫的热爱得以更好的发挥。

2007年卡蒂诺斯公开赛开赛前夜，正值法尔多50岁生日。他没有出现在这里，却在一周后出现在了缪菲尔德老年锦标赛上。第一天他打得很好，不过未再继续迎战。和电视节目解说工作相比，他说："谢天谢地我只打了一天。"几年后，他开始为ABC电视台做解说员，CBS和美国高尔夫频道都和他签了大合同，他几乎每一周都要工作。

1989年在温特沃斯举行的全球配对锦标赛上，法尔多推球入洞夺冠，兴奋地跳了起来。他也摘取了1992年此赛事的桂冠。

1977
21岁的法尔多成为参加莱德杯的最年轻球手。

1978
赢得其第一个大赛事：皇家伯克戴尔举行的PGA锦标赛。

1983
欧洲巡赛奖金得主，这一年的一个赛季中赢得了五次欧洲巡赛冠军。

1987
缪菲尔德举行的公开赛上，法尔多最终以一杆优势击败了美国选手保罗·阿辛格，最后一轮18洞标准杆的成绩极具历史意义。

1989
在奥古斯塔球场赢得其第三次绿夹克中的第一次，对抗的是美国选手斯科特·霍克。

1990
成为自尼克劳斯以来第一位成功卫冕名人赛冠军的球手。

随着对球场设计兴趣的增加，法尔多系列球场（已经从不列颠扩展到了亚洲）以及四个儿子都成为他生活中的重要部分，他认为打高尔夫对他来说已经是第五件最重要的事了。多年前，法尔多的母亲就希望儿子能成为一名演员。如今，他对这一目标的实现就是把手机铃声调成了钢琴曲"艺人"。

2008年，法尔多被选为莱德杯队长，这是他当之无愧的荣誉。没人能像他那样，在1977年的兰瑟姆球场以及1997年瓦德拉玛举行的跨大西洋赛事上表现如此卓越，也没人能在计分板上留下比他更高的分数。他的另一个挑战就是鼓励别的球手打好球，2007年不列颠-爱尔兰队赢得了塞弗杯就是他教练生涯的很好开端。

法尔多从来不是那种被训练出来的打球机器，他曾说过："我打球是因为喜欢这项运动，当然也为了奖杯。"如果他对球道果岭下些苦功夫，他应该能赢得美国公开赛和美国PGA，而不是在这些赛事中险些夺冠。能在奥古斯塔球场取胜以及能在公开赛的林克斯球场取胜是要有一定资质的，法尔多自己也希望人们提到他时能说："我看过法尔多打球，打得不错。"其实，他堪称英国最好的球手。

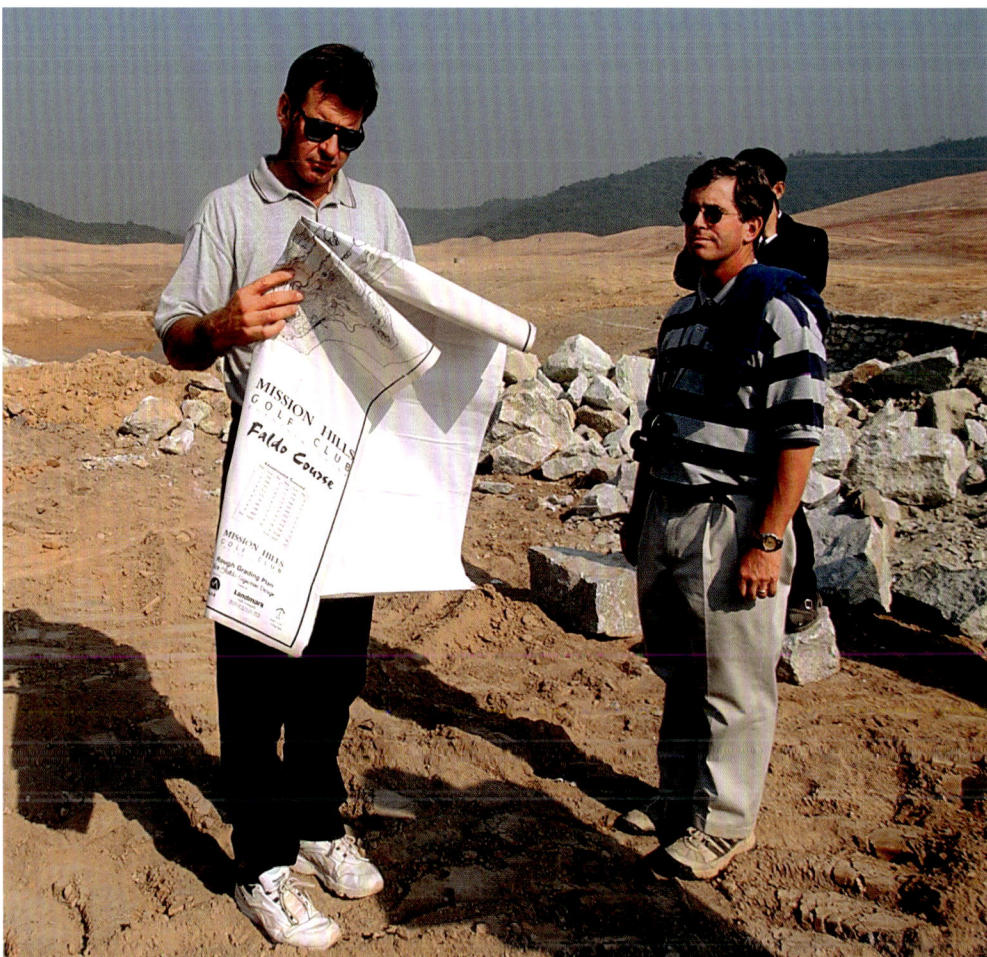

法尔多亲临中国观澜湖高尔夫球场指导球场设计，这是他的另一个设计方案。法尔多的设计公司已经在全球设计建造了很多球场，从塞浦路斯到土耳其，从埃及到迪拜、墨西哥以及爱尔兰。

> 我去参加这届大满贯时就是抱着必胜的决心去的，所以并不觉得突然，也不会说感觉不错这类的话，我只想着以后还会发生什么呢？
>
> ——尼克·法尔多

1990
在圣安德鲁斯球场，以极大的优势夺得冠军，赢得了第二个公开赛冠军。

1992
缪菲尔德球场的再次获胜为其赢得了第三个公开赛冠军，也是在这里，他打出了"平生最佳的四个洞"。

1996
在名人赛上击败了格雷·诺曼，顺利封冠，赢得了第六个大满贯冠军，这也是其最后一次夺得大满贯。

1997
在莱德杯上一展球技，他连续11次参加莱德杯，也是欧洲莱德杯最高得分者。

1998
在白金汉宫接受大英帝国勋章，此勋章表彰了他在高尔夫运动上取得的辉煌成就。

2004
退出巡赛比赛后，法尔多开始出现在美国电视上做球场解说。

2007
50岁时，法尔多具有了参加老年巡赛的资格，在第一轮比赛中打出了68杆。

柯蒂斯·斯特兰奇

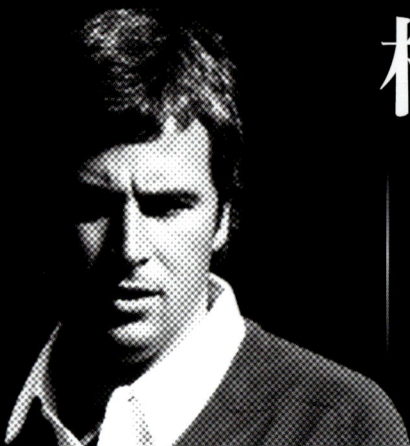

20世纪80年代后半期是欧洲高尔夫鼎盛时期。柯蒂斯·斯特兰奇却异军突起，成为当时出色的美国球手。他曾四年间三次荣登美国球手奖金榜，1988年到1989年间他成为继本·侯根以来第一位连续夺得美国公开赛的球手。但后来成功旋即弃他而去。

球星简介

生于：1955年1月30日，美国，弗吉尼亚州，诺福克
身高：1.80米
转为职业球手：1976年

夺冠处女赛：1979年，彭萨科拉公开赛
巡赛夺冠次数：25次
PGA巡赛：17次
其他：8次

大满贯：2次
名人赛：1985年并列第二名
美国公开赛：1988年，1989年夺冠
美国PGA：1989年并列第二名

荣誉
莱德杯团体赛：1983、1985、1987、1989、1995年
莱德杯队长：2002年
PGA年度选手：1988年
PGA巡赛奖金得主：1985、1987、1988年

斯特兰奇一直以打球讲求方法而知名，他认为公开赛取胜最重要的就是尽力不断地超出标准杆。

作为弗吉尼亚州俱乐部职业球手的儿子，斯特兰奇在1979年到1989年间曾在美国赢得过17场比赛。这段时期，他甚至被人们称作造钱机器，连续荣登1985年、1987年及1988年的奖金榜，也是单个赛季（1988年）中第一位赢得了百万美金的球手。

斯特兰奇也是位追求完美型球手。他曾说，如果观看一场连续35洞中只打出一个小鸟球的美国公开赛无异于"在看着油画怎样变干"。他也不喜欢自己被人们当作激烈的竞争对手，他那种日复一日的追求完美有时表现为某种失检行为（他曾因语言粗秽被罚过款）和固执（他曾拒绝过英国公开赛的邀请，部分原因就是别人告诉他，他应该这么做）。后来他承认，不去竞逐英国公开赛是他"职业生涯里最大的错误，当时对我来说没什么，可现在却很重要。我应该去的，那样坐在摇椅里安度晚年时就没什么遗憾了。不过，我就是这样。"

另外一个遗憾或许就是1985年名人赛上的开场了。开始两轮他打出了65杆和68杆的成绩，第三轮还有九洞时他领先4杆。不走运的是，在第十三号球洞处他遭遇了雷氏溪（Rae's Creek），到第十五号球洞时又把球打进了池塘，就此输给了伯翰德·兰格。不过，三年后，他却在布鲁克林举办的美国公开赛上由一个自上而下的沙坑球与尼克·法度打成平手，并在第二天的延时赛里一举夺冠。第二年在橡树山，他又以一杆之差击败了伊恩·伍斯南、齐普·贝克和马克·麦克卡鲍尔。1990年在梅地那球场（Medinah），参赛时他排名第三位，比赛结束时追回了6杆。这次比赛后他的健康出现了问题，深受头痛和嗜睡症之苦，球技大受影响。他越是感到发挥不好，挥杆也就越差劲。"也许我失去了热情，我的球技一落千丈，自己也控制不住。每天总想着打好球，成了压力，这

可能是部分原因。想成为最佳球手需要的就是精力，不仅是体力上的，还有精神上的，而精神上的更为重要。除了杰克·尼克劳斯，很多球手只能保持这样的精力七年到八年。"

斯特兰奇再未夺得过冠军，1995年在橡树山他参加了自己的第五次莱德杯，却在最后三个洞时打出了柏忌，把这个重要的个人赛冠军拱手让给了尼克·法尔多。

1988年在布鲁克林乡村高尔夫俱乐部，斯特兰奇在18洞延时赛中领先四杆，击败了尼克·法而多，赢得了第一次美国公开赛冠军，这是他两连冠中的第一次夺冠。

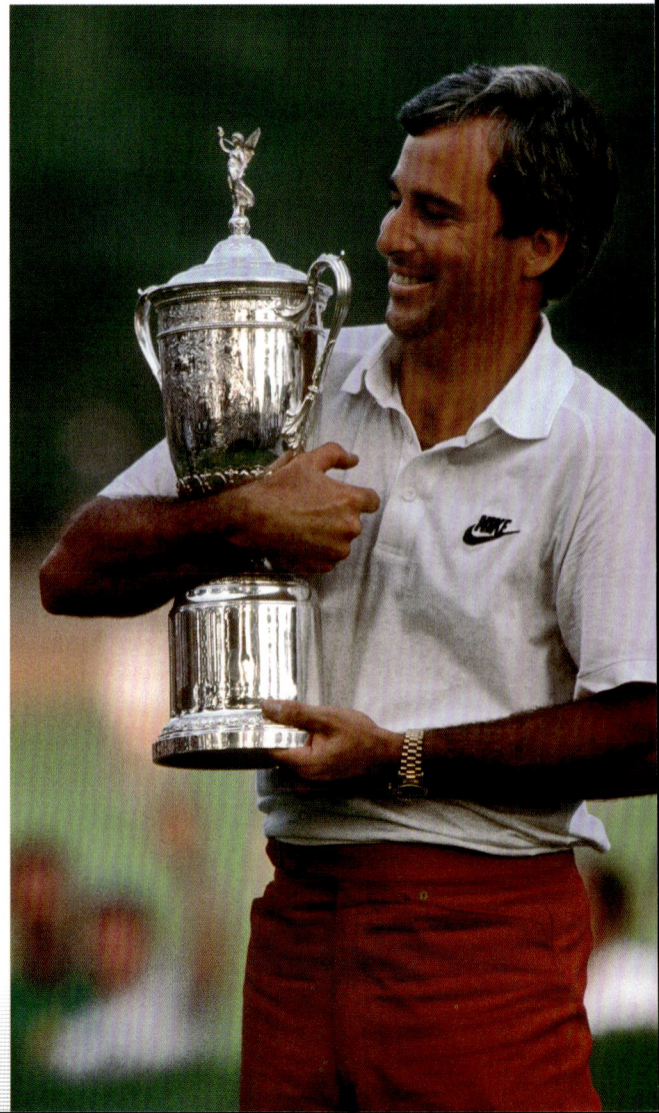

我打得不好……越来越差，只能说"见鬼！"。

——柯蒂斯·斯特兰奇，50岁开始老年巡赛时感言

伊恩·伍斯南

欧洲的高尔夫球手"五强"生于一年之内，伊恩·伍斯南是最年轻的一位。其他四位——尼克·法尔多、桑迪·莱勒、塞弗·巴雷斯特罗斯以及伯纳德·兰格都曾赢得过跨大西洋两岸的大满贯锦标赛。虽然小"伍斯"未能仿效他们拿下这样的壮举，但也是高尔夫界最得人心、挥杆最酷的球手。

球星简介

生于：1958年3月2日，威尔士，奥赛斯特
身高：1.65米
转为职业球手：1976年
夺冠处女赛：1982年，玉宝（Ebel）瑞士公开赛

巡赛夺冠次数：44次
欧洲巡赛：28次
PGA巡赛：2次
其他：14次

大满贯：1次
名人赛：1991年夺冠
美国公开赛：1989年并列第二名
英国公开赛：1986年第三名，2001年并列第三名
美国PGA：1989年第六名

荣誉
莱德杯团体赛：1983、1985、1987、1989、1991、1993、1995、1997年
莱德杯队长：2006年
PGA年度选手：1988年
欧洲巡赛奖金得主：1987、1990年

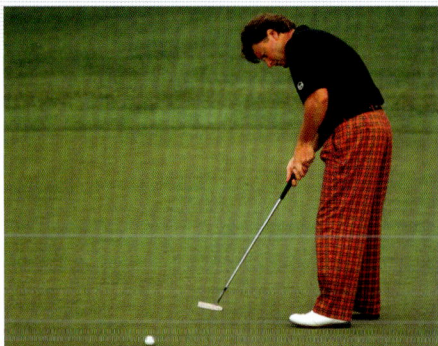

球僮惹得麻烦

2001年的公开赛上，伍斯南的第一位球僮迈尔斯·拜恩（Miles Byrne，头低垂者）竟未发现球筒里多出了一支球杆，这让伍斯南遭到了两杆的处罚。第二次麻烦是比赛开球时，拜恩未能及时到达，伍斯南不得不撬开了自己衣橱换衣服，当然，拜恩就此被解雇了。

■ 对球手和球僮来说都是糟糕的一天。

伍斯南的挥杆充满美感，甚至吸引了对手的球迷转而崇拜他，这些球迷会在他打球时在旁边驻足观看。这个矮个子的球手会一直挥杆到最后一刻，这也和他的性格相吻合，伍斯是个直性子，喜欢喝啤酒、抽烟。

伍斯南使不完的劲儿主要来自于农场劳动的经历。他开始打球是在蓝麦内诃（Llanmynech）球场，此球场有15个球洞在威尔士，剩下3个球洞在英格兰。伍斯南的成功得之不易：他曾三次进入资格赛准备学校学习，后来成为职业球手后，他曾坐着马戏团的敞篷车、吃着烤豆子四处参加比赛。和他同岁的桑迪·莱勒早期是他的对手。在1969年赫里福德（Hereford）男童锦标赛上，他输给了莱勒，当时他对莱勒说："总有一天我会击败你。"莱德回答他："那你得先长长个儿，伍斯。"1987年，这对球手在全球配对赛上最后一轮激战中狭路相逢，伍斯南终于得以复仇。赛后，人们提醒莱勒早年曾与伍斯南交过手，莱勒说："他要是再长高的话，

1991年，伊恩·伍斯南在名人赛上赢得其唯一一次的大满贯冠军。最后一个推球成功后，他激动万分，后来他的球僮跑上来把他举了起来。

能把球打出2000码远吧！"

1987年，伍斯南成为世界杯威尔士选拔赛奖金得主，这是他第一个赛季的桂冠。1990年他再次成为奖金得主，1991年在奥古斯塔球场取得了最辉煌的胜利——以一杆优势击败了奥拉沙宝。不过，推球是他的弱点，这让他在多次大满贯赛事上未能夺冠。2001年在皇家兰瑟姆公开赛上，最后一轮他在三杆洞第一号球洞便抓获小鸟球，遥遥领先。不料，打到第三号球洞时却发现球筒里多出根球杆，并因此被罚两杆，最终输给了大卫·杜瓦尔。不过，那年夏天，他仍成为第一位在3个十年里分别赢过全球配对赛的球手。他的勇气和决心使得他成为欧洲莱德杯上的一位重要球手，作为欧洲队队长，在他的激情引导下，2006年，欧洲队在爱尔兰K俱乐部取得了三连冠中的第三次胜利。

佩恩·斯图亚特

1999年，年仅42岁的佩恩·斯图亚特在一次飞机失事中丧生，就此结束了自己最有成果的一个赛季。那时，他刚刚夺得了第二个美国公开赛冠军，也是他的第三个大满贯。球场下，他是有名的急性子，其独特的穿着也最为人们瞩目。

球星简介

生于：1957年1月30日，美国，密苏里州，斯普林菲尔德
卒于：1999年12月25日
身高：1.85米
转为职业球手：1982年

夺冠处女赛：1981年，印度公开赛
巡赛夺冠次数：23次
PGA巡赛：11次
其他：12次

大满贯：3次
名人赛：1986年并列第八名
美国公开赛：1991、1999年夺冠
英国公开赛：1985年第二名，1990年并列第二名
美国PGA：1989年夺冠

荣誉
莱德杯团体赛：1987、1989年、1991、1993、1999年

斯图亚特是美国人心中非常受欢迎的球手，并且在美国巡赛上以其个性著称，他穿七分裤。多年来，他和美国国家橄榄球队签了合同，穿当地球队队服颜色的衣服。他大张旗鼓地表明自己是个爱国者，美国高尔夫界甚至用"骄傲自大"来形容他。在美国成名前，他曾在亚洲和澳大利亚夺得过冠军。1989年美国PGA上他夺得了自己的第一个大满贯，两年后，他在黑泽汀举行的美国公开赛上与斯科特·辛普森进行了18洞延时赛后夺冠。

但是，到1999年时，他已有四年未再夺冠，之前的两次美国公开赛上他都遭遇了李·间生，只能屈居亚军。1998年在旧金山的奥运林匹克俱乐部他再次战败。当间生被问到公开赛上和斯图亚特对阵时的感觉时，他说："巡赛上他比别的球手都要外向，不过他的打球风格却截然相反。没什么出奇之处，击中球道，击中果岭，然后做几次推球。"

斯特亚特说过，自己并不介意在公开赛上打出个柏忌来，他这么说可能是因为他的短击球很出色，常常有意想不到的打法。最终在1999年，他在松林球场击败了菲尔·米克尔森、泰格·伍兹、大卫·杜瓦尔和维杰·塞恩，最后一洞从15英尺（4.6米）外击球入洞，夺得冠军。这次的亚军是米克尔森，那时他的第一个孩子正要出生，斯图亚特对他说："你会赢得公开赛的，不过，现在你有更重要的事去做，你会是位出色的父亲。"岁月让斯图亚特变得柔和了许多，他慢慢由一个独断的人转变成了一个家庭型好男人，奥兰多浸礼会教堂里常常会看到他的身影。他说："是我的孩子带我来这里接受基督教的恩赐的。"

他第五次参加莱德杯时，有一位观众曾提出疑问，认为科林·蒙哥马利动了球的位置。那次比赛后不久，斯图亚特就去看自己设计的一个球场，他的私人飞机在起飞后压力不够，所有飞机上的人都窒息而死，最后无人驾驶的飞机耗尽了燃料在达科他州南部坠毁。

1999年在松林球场夺得了美国公开赛冠军后，斯图亚特紧紧抱着奖杯。不幸的是，这第三次的大满贯冠军也是他生前最后一次的冠军。

斯图亚特的穿着总是颜色醒目，1991年在黑泽汀举行的美国公开赛上，年轻的斯图亚特与斯科特·辛普森进行了18洞延时赛后夺冠。这种握拳庆贺势成了他巡赛上常见的姿势。

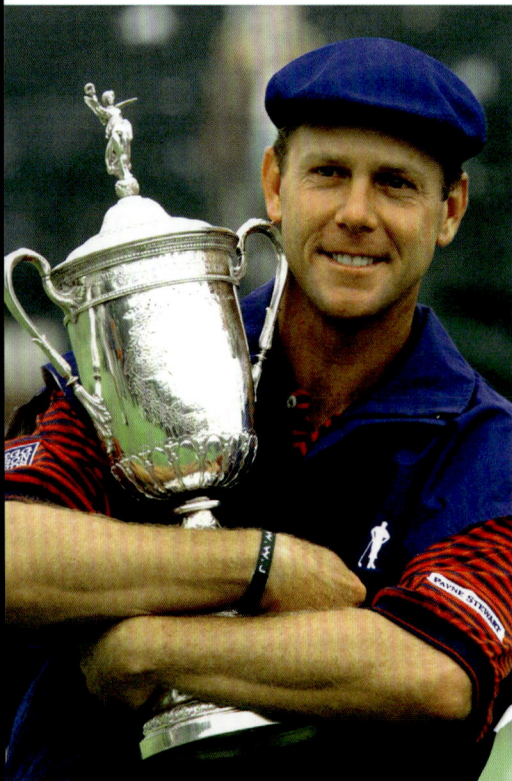

含笑的爱尔兰式眼神

佩恩·斯图亚特很喜欢爱尔兰的球场，特别是沃特维尔（Waterville）球场。他到爱尔兰时，爱尔兰的球迷也很喜欢他，他曾说："如果我在这里竞选市长，应该能有一席之地吧。"他离世后，沃特维尔居民给他立了一尊塑像来缅怀他曾获得的荣誉。

■ 沃特维尔的斯图亚特雕像

约翰·达利

高尔夫界的"野小子"约翰·达利一生跌宕起伏，不论是球场上还是球场下都是如此。大幅度的挥杆再加上对果岭的精巧把握，使他赢得了两届大满贯锦标赛。第一次是1991年在弯杆高尔夫俱乐部（Crooked Stick）举行的美国PGA上，达利作为美国巡赛上的新手第一次参赛，当时被排位第九名候补队员，那之前，他只在南非的一些小规模赛事上打过球。为了参加这次比赛，他开了七个小时的车，半夜才到达旅店，天亮后就开始了第一轮比赛，甚至未能练习一下。不过他打得很好，长距离击球都切中目标，推球也很出色，胜出对手三杆赢得了比赛。当然，也立刻名声大起。

球星简介

生于：1966年4月28日，美国加利福尼亚州，卡米尔
身高：1.80米
转为职业球手：1987年

夺冠处女赛：1990年，本·侯根犹他州精英赛
巡赛夺冠次数：16次
PGA巡回赛：5次
其他：11次

大满贯：2次
名人赛：1993年并列第二名
美国公开赛：1997年并列第二十七名
英国公开赛：1995年夺冠
美国PGA：1991年夺冠

荣誉
1991年年度球手

野性之歌

达利唱歌唱得很好，吉他也弹得很好，他曾出过一张专辑"我的生活"，其中有一首歌叫做"我的女友都戴劳力士"。达利说过："音乐是我最好的药方，什么音乐我都喜欢。我开车时，没有声音不行。世界没有音乐就不存在了。"

■ 弹吉他是达利放松心情的一刻

达利是在阿肯色州的达达尼尔（Dardanelle）长大的，他4岁就开始打球，8岁就开始喝酒。十几岁时，他就有了很大的酒量，能喝杰克丹尼斯威士忌了。在弯杆高尔夫俱乐部夺冠时，达利已经和未婚妻解除了婚约，她的年龄比她告诉达利的要多出10岁，还带着个13岁的孩子，甚至还未离婚。他们分手后，得知她已怀孕后，达利又和她结了婚。后来，达利在打名人赛时，接到了离婚诉讼。达利一共结过四次婚，期间，他一直和酗酒、赌博、嗜食巧克力以及健怡可乐做着斗争。有时，一轮比赛中他竟能喝18罐健怡可乐。他曾接受过此类治疗，也曾损坏过宾馆房间设施，不过他一直坚决否认别人提出的殴打妻子的指控。他说："我打球进攻性很强，我喜欢在球场上这样发挥，在球场下我可不会这么做。"

无论什么样的问题出现在他身上——不管是他刚走下球场还是被取消了比赛资格——他一直不会愧对自己的球迷。2004年，他赢得了自己美国巡赛的第五次冠军。1995年圣安德鲁斯球场的胜利应是其职业生涯的巅峰，在老球场他发出的球距离远，还能让球极巧妙地停在巨大的双果岭上。在球场有风的情况下，和意大利球手康斯坦丁诺·罗查打成了平手，然后在四洞延时赛中轻松取胜。达利虽然参加过多次大满贯，却从未参加过莱德杯。就因为他无所不为的野劲儿，他一直未能获得参加莱德杯的资格，也未能当过队长。

达利的打球哲学是：抡起杆猛击。他打球的确不同一般，两次大满贯赛事给他带来了"野小子"的称号，他的球迷阵容可以和任何一个球星的球迷阵容相匹敌。

弗雷德·卡博斯

弗雷德·卡博斯起步时并没有要成为世界最佳球手的野心，　在1992年短期赛季里他脱颖而出，赢得了名人赛冠军，并名列奖金榜榜首，其高尔夫生涯由此达到了巅峰，他的后仰式打法以及谦逊有礼使他很受欢迎，特别是在美国。

弗雷德·卡博斯是在西雅图市网球训练场学习的打球。他回忆说："和我一起打球的都是60到65岁的老人，我正是精力旺盛的时候。那里的气氛很好，我一不留心，这些老家伙们就会给我点厉害瞧瞧。"显然，弗雷德·卡博斯很有天赋，没过多久，他就在一些巡赛中以"蒸蒸日上"出了名，不过，虽然取得了一些胜利，还是有评论家怀疑他是否具有成为头号冠军应有的常胜能力。即便卡博斯表明他并不奢望什么，只想做个"沙发电视土豆"也未能平息人们的质疑。

卡博斯职业生涯的转折点是1991年在莱德杯赛事中与雷蒙德·弗洛德的合作。卡博斯抱怨对手的击球时，弗洛德告诉他："你在别的时候可以对对方友好，但这一周我们得尽力痛击他们！"卡博斯和弗洛德合作三场比赛中赢了两场，和卡博斯相比，弗洛德的竞争力也逊色了些。1992年初，卡博斯又两次获胜，在奥古斯塔球场受到了热烈欢迎，在那里，他的对手恰恰是弗洛德，卡博斯胜出他2杆。这不仅仅是成功，在短洞第十二号球洞他的运气极佳，球座发球本来向水边滚去了，最终却令人难以置信地停在了岸上。职业生涯巅峰期，卡博斯和戴维斯·拉夫三世一起，从1992年开始的一系列比赛中4次赢得世界杯。遗憾的是1994年卡博斯背部受伤后，一直没有痊愈。

赛场下，卡博斯经历了三年内父母相继去世的痛苦，离婚也闹得沸沸扬扬，前妻后来自杀。2003年在休士顿高尔夫公开赛上他再次夺冠，这距他曾经的辉煌已经五年了。卡博斯的回答很简单："得了多少次冠军真的很重要吗？我喜爱高尔夫，仅此而已，当然，我对生活还有别的要求。"

20世纪90年代弗雷德·卡博斯成为美国最受欢迎的高尔夫球星之一，其神奇的流体挥杆法及后仰式打法是一种比赛手法，也适用于其生活。

> 弗雷德·卡博斯谦逊有加，喜欢自行其是，并不热衷于跻身名流。
>
> ——戴维斯·拉夫三世

球星简介

生于：1959年10月3日，美国华盛顿州西雅图市
身高：1.80米
转为职业球手：1980年

夺冠处女赛：1983年坎贝尔公开赛
巡赛夺冠次数：46次
PGA锦标赛：15次
欧洲巡赛：2次
其他赛事：29次

大满贯：1次
名人赛：　1992年夺冠
欧洲公开赛：1991年，并列第三名
美国锦标赛：1991年第二名

荣誉
PGA巡赛年度球手：　1991、1992年
美国PGA奖金获得者：1992年
沃德奖：1991、1992年
莱德杯团体赛：1989、1991、1993、1995、1997年
总统杯团体赛：1994、1996、1998、2005年

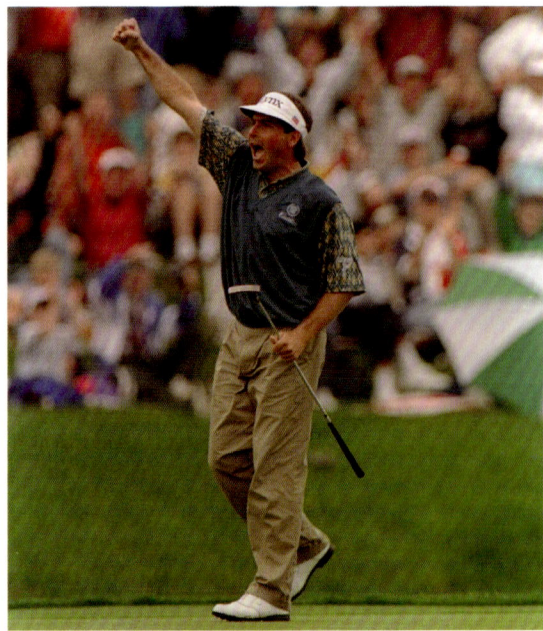

1992年获得大满贯之前，卡博斯已在美国巡演赛中频繁获胜，被称作逐洞赛之王，1995年至2004年间曾5次获胜。

劳拉·戴维斯

劳拉·戴维斯不仅是当代时期英国最佳女球手，1994年世界第一的排名也让她成为获此殊荣的第一位欧洲女子高尔夫球手，也使得女子高尔夫运动成为一项国际化运动。在击球距离上还没有其他女选手能与她相比，她多次取得全球桂冠，其中四次大满贯锦标赛冠军，她喜欢交友，可谓朋友遍天下。

球星简介

生于: 1963年10月5日，英格兰考文垂郡
身高: 1.78米（5英尺10英寸）
转为职业球手: 1985年

夺冠处女赛: 1985年比利时公开赛
巡赛夺冠次数: 67次
欧洲巡赛: 39次
女子职业高尔夫巡赛: 20次
其他赛事: 8次

大满贯: 4次
纳贝斯克锦标赛: 1994年第二名
女子PGA锦标赛: 1994、1996年夺冠
美国女子公开赛: 1987年夺冠
杜默里埃（DU Maurier）精英赛: 1996年
英国女子公开赛: 2004年并列第八名

荣誉
欧洲巡回赛嘉奖得主: 1985、1986、1992、1996、1999、2004、2006年
女子PGA巡回赛奖金得主: 1994年
女子PGA巡回赛年度球手: 1996年
柯蒂斯杯团体赛: 1994年
索尔海姆杯(Solheim)团体赛: 1990、1992、1994、1996、1998、2000、2002、2003、2005、2007年

2007年美国女子高尔夫公开赛上出现了更多的国际选手，而不再是美国选手一统天下，但在20年前这还是难以想象的事。当然，要不是劳拉·戴维斯作为非女子锦标赛成员赢得了1987年美国高尔夫公开赛的话，也不会有二十年后的这一幕。那时，戴维斯在6天中赢得了两项公开赛冠军，仅未能保持英国女子公开赛冠军。那时，她还未取得大满贯冠军，她是在接下来那个周末将之收入囊中的。

在1985年、1986年两个赛季中，羽翼未丰的戴维斯就已在欧洲赛场上崭露头角，名列奖金榜榜首。她的较壮身材是个敏感话题，戴维斯却很好地利用了自己的这个特点，打出的球很远，像个天生的赌徒一样驰骋于球场上。她会尝试以巴雷斯特罗斯或帕默的方式大胆挥杆，同时也能在需要时把球巧妙地打出深草

毫无疑问戴维斯堪称英国最成功的高尔夫球手。她获得了多项高尔夫领域的殊荣，并且保持着一个赛季中擒获老鹰球最多的纪录，即2004年拿下19个老鹰球。

区。她的推球并不是百战百胜，也有把球轻推进垃圾桶的时候，不过胜利还是接踵而至。1994—1996年间，戴维斯在世界各地的24场比赛上夺冠，1994年她成为第一位赢得了五种不同巡回赛的选手，这在男女选手中都是首次。除了美国公开赛取得了冠军外，她还曾三次获得大满贯冠军。

索尔海姆杯成为具有竞争力的比赛，为此戴维斯出力不少。莱德杯开始设女子赛时，美国统领了初期的比赛。然而，1992年在达勒玛豪伊球场（Dalmahoy），戴维斯鼓舞了年轻的欧洲队伍的士气，取得了胜利，从而使得大西洋两岸间选手的竞争愈演愈烈。

戴维斯是索尔海姆杯赛事中最鼓舞士气的选手之一，是此赛事得分居于第二位的欧洲选手。

乔塞·马里亚·奥拉沙宝

乔塞·马里亚·奥拉沙宝不仅是继西班牙同胞塞弗·巴雷斯特罗斯后的又一位大满贯得主，也和塞弗一起组成了莱德杯史上最优秀的组合。马里亚以信念坚定、铁杆打法以及出色的运球见长，其辉煌的职业生涯是在克服了重伤后才取得的。

奥拉沙宝是伴随着高尔夫长大的，他就是在圣塞巴斯蒂安高尔夫俱乐部成立后的第二天出生的，其成长的确离不开高尔夫。祖父及父亲都先后做过果岭防护员，小奥拉开始进入比赛是从一个名不见经传的俱乐部开始的。他喜欢当业余球手的那种成功感，赢得过"英国男孩"、"年轻人"以及"业余赛"三项桂冠。1985年赢得了学校巡回赛资格，第二年赢得了第一个冠军称号。1987年他第一次参加莱德杯，21岁时开始了与巴雷斯特罗斯的非凡合作。两人一起赢得了11场比赛，和对方两次打成平手，仅失利过两次。这对神奇组合一出现总是咄咄逼人，他们从未把球击出洞外，两人中总有一人会使得比赛绝处逢生。他们的口号是："不说报歉"，不论前一杆打得如何，他们会全力以赴去打下一杆。开始时巴雷斯特罗斯是主攻手，不久奥拉沙宝成为中坚。虽然他的远距离击球不太稳定，不过快速挥杆使得其长距离铁杆击球非常出色，并且他的推球也所向无敌，这些都使他在果岭上有了魔力般的表现。

他赢得了1994年及1999年的名人赛。就在这期间，他被诊断为患有多种风湿性炎症，甚至曾担心自己不能再比赛，终身以轮椅为生。从1995年末开始，有一年半的时间，他没有参加比赛；1996年中甚至有半年的时间他都无法行走，要从卧室爬到盥洗室；但在1997年，他重返莱德杯赛场；1999年名人赛后直至2006年，他都没有参加比赛。2006年在K俱乐部进行的莱德杯比赛上，他三场获胜。就在有望参加2008年比赛时，随着尼克·法尔多（尼克·法尔多被认为最有激情、意志力无与伦比的西班牙人）卸任，他被任命为欧洲队副队长。

球星简介

生于： 1966年2月5日，西班牙丰特拉维亚
身高： 1.78米
转为职业球手： 1985年

夺冠处女赛： 1986年　瑞士公开赛，埃贝尔欧洲名人赛
巡赛夺冠次数： 29次
PGA巡赛：6次
欧洲巡赛：22次
其他赛事：2次

大满贯： 2次
名人赛：1994、1999年
美国公开赛：1990、1991年并列第八名
英国公开赛：1992年第三名，2005年并列第三名
美国PGA锦标赛：2000年并列第四名

荣誉
业余冠军得主：1984年
莱德杯团体赛：1987、1989、1991、1993、1997、1999、2006年

奥拉沙宝被职业生涯所获得奖杯簇拥着，其中最夺目的是两次名人赛获得的绿夹克。

奥拉沙宝在莱德杯中总是发挥极佳，和塞弗·巴雷斯特罗斯的组合无人能敌。

> 我们两人间不说抱歉，即使一方球打得很糟糕，我们也要确保下一个球准确无误。
>
> —— 塞弗·巴雷斯特罗斯谈及与奥拉沙宝在莱德杯比赛中的合作

尼克·普莱斯

尼克·普莱斯为人和蔼，即使被人称作"老好人"也不会介意。他的确极具天赋，也是使用铁杆的球手。他曾长期拜大卫·利百特为师，干净利落的击球法使他早在20世纪90年代早期就荣获三次大满贯冠军。他也证实了"好心人得不了冠军"实属无稽之谈。

普莱斯的父亲是英格兰人，母亲是威尔士人，普莱斯出生在南部非洲，普莱斯长大的地方当时还称为罗德西亚。母亲曾告诉他："我不看中你有多么出人头地，你一生做了什么或者你多么富有，这都无关紧要。我只想每次看到你，你都是面带微笑的。"后来普莱斯进入空军服兵役，正逢70年代晚期的内战。这样的经历给他的高尔夫生涯带来了全新的视角。

在去美国打球之前，普莱斯在南非及欧洲打球，他的首次夺冠是在1983年世界高尔夫联赛上击败了杰克·尼克劳斯。1982年他开始了与大卫·利百特贯穿其职业生涯的交往。虽然打球节奏很快，普莱斯还是成为了出色的击球手，有一些缺憾的就是他的推球，这也是他为何直至90年代早期才开始赢得重大赛事的原因。1992年他赢得了美国PGA锦标赛，两年后美国公开赛及美国PGA锦标赛上双丰收，跻身为世界最佳球手。有两次他与公开赛冠军失之交臂，1982年，他在最后一轮中他打出73杆，仅以一杆之差败北于汤

姆·沃特森。1998年在莱塞姆，塞弗·巴雷斯特罗斯以65杆比69杆的奋力厮杀才战胜了普莱斯。不过普莱斯真正的时来运转是在1994年。杰斯佩·帕纳维克在第十八号洞球座开球时领先一球，但最终还是只达到了标准杆数；普莱斯在第十七号球洞利落入球，赢了比赛。在普莱斯赢得的三场大满贯比赛中，球僮都是尖嗓子杰夫·梅德伦，很不幸，这次比赛不久后杰夫患血癌去世了，年仅43岁。普莱斯纪念他时写道："杰夫工作认真，尽职尽责，谦逊纯朴又诚实可靠，集各种优品质于一身。"

2002年美国高尔夫作家协会为纪念已故《洛杉矶时报》专栏作家吉姆·默里给球手颁发了一份荣誉奖，按照要求，这位球手应该是和蔼可亲、能让人接近、"最能积极体现出运动员和记者之间和谐关系"的人，此奖项第一届就颁发给了尼克·普莱斯，第二届得主为阿诺德德·帕默。

球星简介

生于： 1957年1月28日，南部非洲德班
身高： 1.83米
转为职业球手： 1977年

夺冠处女赛： 1979年艾森（Asseng）电视挑战赛
巡赛夺冠次数： 44次
PGA巡赛：18次
欧洲巡赛：5次
其他赛事：21次

大满贯： 3次
名人赛：1986年，第五名
美国公开赛：1992年第四名，1998年并列第四名
英国公开赛：1994年
美国PGA锦标赛：1992、1994年

荣誉
PGA巡赛奖金得主：1993、1994年
沃顿奖：1993、1997年
吉姆·默里奖：2002年
鲍勃·琼斯奖：2005年
总统杯团体奖：1994、1996、1998、2000、2003年

1994年坦伯利锦标赛上尼克·普莱斯第十七号球洞推球入洞，胜利在望。

他的力量、挥球的轻松自如立刻给我留下了很深的印象。

——马克·瑞欧，欧巡赛球手

△2002年缪菲尔德公开赛上，埃尔斯最终在延时赛后夺冠，为比赛划上了戏剧性的句号。

◁埃尔斯在世界各地参加比赛，不过总是在温特沃斯球场频频告捷，也是在这座球场上，他获得了七次世界配对赛冠军的殊荣。

厄尼·埃尔斯

厄尼·埃尔斯身材魁梧却生性对节奏运用自如，这使他成为继盖瑞·普莱尔之后另一位来自南非的高尔夫巨星。诨名"大易哥"非他莫属。当然，这并不意味着成功轻而易举，同样，埃尔斯具有坚定的获胜决心、憎恨失败，他所有的成就都是付出了艰苦的努力后取得的。

球星简介

生于：1969年10月17日，南非约翰内斯堡
身高：1.90米
转为职业球手：1989年

夺冠处女赛：1991年，安马托拉太阳杯精英赛
巡赛夺冠次数：58次
冠军巡赛：15次
欧洲巡赛：21次
其他赛事：22次

大满贯：3次
名人赛：2000、2004年第二名
美国公开赛：1994、1997年夺冠
公开赛：2002年夺冠
美国PGA锦标赛：1995、2007年第三名

荣誉
PGA巡赛年度新手奖：1994年
欧洲巡赛嘉奖得主：2003、2004年
阳光巡回赛嘉奖得主：1992、1993、1994、1995年
总统杯团体奖：1996、1998、2000、2003、2007年

埃尔斯天生就是个运动员。学生时代，他就从事多项球类运动：橄榄球、板球、网球。13岁时曾获得东部特拉布斯沃尔（Trabsvaal）初级网球赛冠军。14岁时埃尔斯才开始学习打高尔夫，1984年在圣地亚哥举办的世界高尔夫初级锦标赛中，他击败了菲尔·米克尔森，赢得了13~14岁年龄组冠军（泰格·伍兹赢得了9~10岁年龄组冠军）。

1989年埃尔斯成为南非业余选手赛的冠军，之后去服兵役，这期间在一次交通事故中手部受伤并做了手术。服完兵役后的1992年，埃尔斯在高尔夫上有了很大的突破，仅在那一年他在南非就赢得了6次比赛，包括南非公开赛、PGA锦标赛、名人赛三连冠。也是在同一年，他定居欧洲，开始了全球范围的比赛。现在，他基本上在英格兰温特沃斯居住，不过每年他仍去美国、欧洲、亚洲及非洲进行比赛。转为职业球手5年后，他赢得了1994年奥克蒙特（Oakmont）欧洲公开赛，击败了劳瑞·罗伯特和科林·蒙哥马利。蒙哥马利总是和埃尔斯狭路相逢，1997年在美国公开赛上，他又败北于埃尔斯，埃尔斯在第十七号球洞的漂亮打法击败了强大的对手。

没有对手的配对赛选手

2002年缪菲尔德公开赛，埃尔斯第三次赢得大满贯。常言道："借风使舵"，这句话使他在第三轮中转危为安，在取得与托马斯·里维特、斯图亚特·艾波比和史蒂夫·埃尔金顿进行延时赛之前，他还须克服闭洞的问题。如果不是沙坑比赛大师的话，没人能在缪菲尔德获胜。在这点上埃尔斯和他的同胞格雷·普

1994年在奥克蒙特，延时赛中埃尔斯击败了劳伦·罗伯茨和科林·蒙哥马利，成为当之无愧的世界级球手。

运动多面手

"大易哥"对板球球棍和拿高尔夫球棍一样娴熟。年少时在很多体育项目上他都曾初露锋芒，但最后他不得不选择一项职业生涯时，对高尔夫的热爱胜过了其它体育项目，接下来的几年岁月证明了他的这个决定再正确不过。

厄尼·埃尔斯对很多运动项目都轻车熟路。

莱尔一样出色。

埃尔斯比普莱尔和赛文胜出一筹的是在温特沃斯世界配对锦标赛上七次获胜，36洞的比洞赛埃尔斯总是力压群雄，1997年败于维杰·塞恩之前，11场比赛他都得以获胜。到2007年得到第七个胜利前，他的31场比赛中26场都获胜了。

大满贯赛事中，埃尔斯一直未能打出自己的打球套路；2000年的英国公开赛以及美国公开赛上他远远落后于泰格·伍兹；2004年他本有机会赢得四大满贯却一无所获。膝部受伤对他挥杆一直有影响，但埃尔斯仍是高尔夫球坛上最受欢迎的球手之一。他还参与了厄尼·埃尔斯与凡考得基金会，此基金会的目的是为有前途的年轻高尔夫球手提供切实的帮助及教育资助。

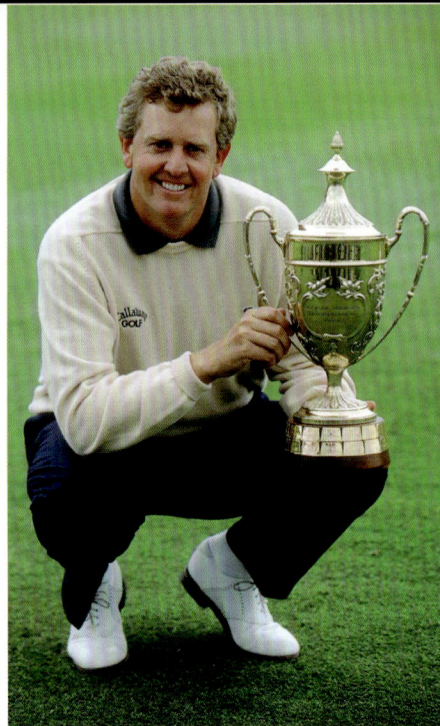

△1999年蒙哥马利在本森-赫奇斯（Benson-Hedges）国际高尔夫球赛上取得胜利，即将取得七联冠桂冠。

△忠实的球迷们总是蒙哥马利到哪他们就到哪，和他一起经历波谷浪尖，公开赛上他的球迷阵容无与伦比。

◁蒙哥马利很高兴能将尽显英雄本色的环节留给别人。他更喜欢专注于击中球道和果岭以及推球。

科林·蒙哥马利

如果用大满贯冠军作为衡量选手能力的标尺，科林·蒙哥马利并未跻身其中。不过这位苏格兰球手获得的殊荣否定了以此来评估选手的做法。莱德杯冠军及嘉奖得主使之成为欧洲最佳高尔夫球手之一，"蒙哥"总是那个引人注目，或许还有些出乎预料的人。

莱德杯让我如鱼得水，我非常感谢它带给我的一切。

——科林·蒙哥马利

欧洲不乏大腕儿球手，如尼克·法尔多、桑迪·莱勒及塞弗·巴雷斯特罗斯等，他们捧回了一个个人满贯冠军，接下来要由蒙哥米填补欧洲选手空白的一页了。1993年到1999年他七次成为欧洲嘉奖得主，这样的成绩无人能企及，但这并不代表他会紧紧攥住欧洲老大的头衔而停滞不前，后来他又荣获多项大奖。

最让人不可思议的是蒙哥马利很少练习，他只是现身赛场，每次都是精准又连贯地将球送入球道中央，然后打上果岭。其职业生涯的前半期堪称出色的推杆手，这意味着他精准的铁杆经常可以捕获小鸟球。

有竞争力的球手

蒙哥马利的父亲是位军人，退役后曾在英格兰北部的福克斯饼干公司工作，后来在皇家特隆高尔夫球场（Royal Troon）做秘书工作。蒙哥马利虽不是最棒的业余选手，但也很出色。1984年业余选手锦标赛上，奥拉沙宝曾击败蒙哥马利。尽管如此，他的进步还是比别的选手更具竞争力。他可能有些性情急躁，不合时宜出现的摄影师或观众席上的吵闹声很容易分散他的注意力。

蒙哥马利与大满贯赛事总是失之交臂：1994年美国公开赛和1995年美国PGA上他失去了进入延时赛的机会；1997年美国公开赛上第二位列居厄尼·埃尔斯之后；后来还有很多机会，虽然2005年的欧洲嘉奖还是蒙哥莫属，但这一年在公开赛上大获全胜的是泰格·伍兹；2006年美国公开赛上最后

一洞的双柏忌让蒙哥错失大满贯冠军。

不过，在莱德杯上蒙哥马利的职业生涯非常鼓舞人心，他首次参赛是在1991年。1997年在西班牙瓦德拉玛举行的莱德杯上，他是欧洲队的主力，也确保了欧洲队的夺冠。1999年在布鲁克林，蒙哥马利激愤情绪下的当众演说的确非常糟糕，但他最终摆脱了困境。在2002年和2006年他进行过单打比赛，不过，2004年在奥克兰丘（Oakland Hills）举行的莱德杯上他再次确保了欧洲队获得最后获胜的关键分。

球星简介

生于：1963年6月23日，苏格兰，格拉斯哥
身高：1.85米
转为职业球手：1987年

夺冠处女赛：1989年葡萄牙公开赛
巡赛夺冠次数：39次

欧洲巡赛：31次
其他赛事：8次

大满贯：0次
名人赛：1998年并列第八名
美国公开赛：1994、1997年第二名，2006年并列第二名
英国公开赛：2005年第二名
美国PGA：1995年第二名

荣誉
欧洲嘉奖得主：1993、1994、1995、1996、1997、1998、1999、2005年
总统林团体奖：1996、1998、2000、2003、2007年
年度新手赛：1998年
莱德杯团体赛：1991、1993、1995、1997、1999、2002、2004、2006年

1995年在橡树山，蒙哥在庆祝其第三次的莱德杯冠军。在个人赛中，他以3对2的优势击败了本·克伦肖，从而确保欧洲队高出一分而夺冠。

安妮卡·索伦斯坦

随着女子高尔夫运动在全球的普及，安妮卡·索伦斯坦证明了自己是全球最佳女选手，也堪称此项运动有史以来最伟大女选手。作为泰格·伍兹的朋友和"对手"，2001和2002赛季上，她甚至比泰格更有力，她统领了女子竞赛项目。在每一次大满贯赛获胜后，这两位旗鼓相当的选手都会互致短信，祝贺对方的胜利。

索伦斯坦是一名出色的运动员，技术高超，专心致志的特点最适合高尔夫运动。从师于匹亚·纳尔逊，这位老师鼓励球手不要局限于两次推球入洞，而是要想想怎样在每一洞都能抓获小鸟。索伦斯坦一开始的一连串成功就已经为出色的职业生涯铺下了路（见240页）。1993年她获得了欧洲年度新手奖，第二年获得了美国年度新手奖。1995年位居大西洋两岸奖金排行榜榜首并赢得了美国公开赛，第二年在松针俱乐部（Pine Needles）举行的同一赛事中她成功卫冕。

捷报连连

冠军接踵而至，1997年及1998年她引领了女子PGA奖金榜冠军，后来被凯利·韦伯及朴世莉等人所超越，但她一直下决心要重登榜首并取得大满贯冠军。2001年一切得以实现：她赢得了纳比斯科锦标赛，还有其他七项赛事，打破或持平了30项女子PGA纪录，其中包括一轮59杆的成绩。她不知疲倦地锻炼身体，成为女子高尔夫球坛最佳远距离击球者之一，并能保持击球的准确性。2002年她在全球取得了13次冠军，包括再一次取得纳比斯科锦标赛冠军。2003年她取得两次大满贯冠军，首开先例的是，她同时取得了女子PGA冠军和在英格兰皇家兰瑟姆举行的英国女子高尔夫公开赛冠军。第二年她10次取胜，2005年出师21次，获胜11次，其中包括女子PGA三连冠中的第三次（女子PGA史上取得此成绩的第一人）以及第八次获得女子PGA年度球手奖的称号。十年磨一剑，2006年她获得了美国公开赛第三名，也是她参加的第十次大满贯。她的其他成绩还包括成为女子PGA及PGA史上连续五次赢得美津浓（Mizuno）精英赛的第一人。

索伦斯坦获胜的基础就是能从发球区到果岭客观精确地掌握住球。她还时不时和泰格·伍兹练上几轮，为的是学习一下他打短距离球的诀窍。索伦斯坦曾在索尔海姆杯上所向无敌，这项女子高尔夫赛事相当于男子的莱德杯。她参加过八种杯赛比赛，开创了分点新纪录。虽然她只是众多参加顶级赛事的瑞士选手之一，但在她的影响下，索尔海姆杯两次在她的祖国举行。2003年在巴斯维克（Barseback）高尔夫乡村俱乐部，在索伦斯坦帮助下，欧洲队取得了惊人的胜利；2007年在哈尔姆斯塔德（Halmstad），欧洲队王者归来，重获胜利。

沉默的刺客

刚开始从事高尔夫职业时，作为业余选手，索伦斯坦为了避开冠军必做的经验之谈，甚至可以击球三次完成最后一洞。当教练要求无论是冠军还是落后的选手都得谈谈经验时，她开始当冠军了。就像一个正在转入职业化的沉默刺客一样，她渐渐有了令人印象深刻的个性，比如在麦克风前也能像在

球星简介

生于：1970年10月9日，瑞典布罗
身高：1.68米
转为职业球手：1992年

夺冠处女赛：1994年 霍顿澳大利亚公开赛
巡赛夺冠次数：86次
女子PGA巡赛：69次
其他赛事：17次

大满贯：10次
纳贝斯克锦标赛：2001、2002、2005年
女子PGA锦标赛：2003、2004、2005年
美国女子公开赛：1995、1996、2006年
杜默里埃精英赛：1998年第二名

荣誉
年度新手奖：1994年
女子PGA巡赛奖金得主：1995、1997、1998、2001、2002、2003、2004、2005年
索尔海姆杯团体赛：1994、1996、1998、2000、2002、2003、2005、2007年

2002年索伦斯坦在纳比斯科锦标赛中再次夺冠，根据传统，获胜者得先跃入第十八号球洞旁的湖中，然后才能捧起奖杯。

2003年索伦斯坦参加男子殖民地赛引起了轰动，这的确是仅有的机会，也是对自身的挑战。

球道前一样自如了。2002年萝梦湖（Loch Lomond）举办的索尔海姆杯赛事上她在更衣室的一番话表达了她的热忱和获胜的决心，正是这样的热忱和决心才让她为欧洲队的胜利助了一臂之力。

巾帼不让须眉

在2003年的PGA男子巡赛殖民地赛上，索伦斯坦成为58年以来第一位参加男子巡赛的女性。她参赛的消息引人关注，在准备比赛的过程中，她非常认真，如同准备大满贯赛事一样。此次比赛场地并不是男子巡赛中较长的一个，索伦斯坦的准确性发挥得很好，不过那一周并不是她的最佳推球周。有些评论家认为她在比赛中有个基本性的错误，不过，在她多次胜利中突出的击球入洞率说明以上评论是错误的。在殖民地赛上她的切击球险些失败，但她坚信一杆入洞的经历，并不像别人认为一杆入洞实属偶然，正是这样的坚信使她在赢得女子大满贯时稳操胜券。接下来的三次胜利中的两次都是大满贯冠军，一次是在英格兰皇家兰瑟姆球场举行的维他麦英国女子公开赛，那场赛事中的对决赛激动人心，她击败了朴世莉。当晚她曾说："我相信自殖民地赛事后，我已成为了更优秀的球手，今天比赛中我也感觉到了压力，然后我想通了，再差也不会比那次比赛更差了。"

头号球手，高级主厨

索伦斯坦最钟情的业余爱好就是烹饪。女子高尔夫赛季比男子巡赛有更多的冬季休闲时光，她会趁机一展厨艺。2003年赛季前她曾专门休假去佛罗里达诺娜湖（Lake Nona）乡村俱乐部的餐馆中做八小时倒班的工作，她还曾提到在厨艺学校学习的经历，也经常参加高尔夫赛场上举行的厨艺展示活动，和她一起参加此类活动的还有罗伯特·魏格曼（Robert Wegman），纽约罗切斯特女子PGA的赞助者。

■ 索伦斯坦来厨房里放松一下心情。

> 我喜欢打破纪录。我会注意我有多少个球打入了球道，多少个击中了果岭。我的生活围绕着高尔夫进行规划。
>
> —— 即将奔赴赛场的安妮卡·索伦斯坦

又一个让索伦斯坦捧到奖杯的击球。安妮卡最初并不是高尔夫球坛上最激动人心的球手，随着职业生涯的发展，她成为了一位更具特色的球手，胜利随之而来。

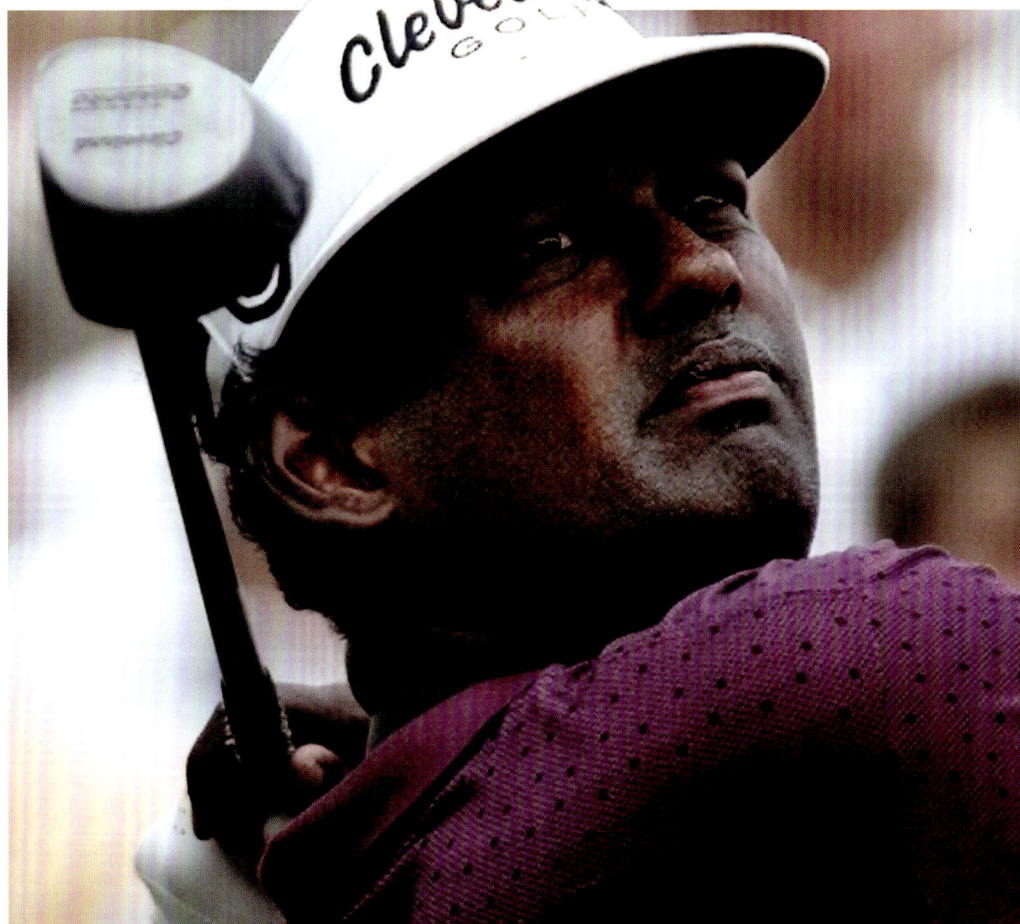

我是老派人物……我所理解的打球就是苦练。苦

维杰·塞恩

维杰·塞恩成为顶级球手的道路漫长，听起来像是天方夜谭。他在斐济长大，后流落到婆罗洲岛，曾有段时间在爱丁堡做俱乐部晚间保安。不过，这并不妨碍他在各大洲（南极洲除外）频频获胜，他赢得过3次大满贯锦标赛。其成功归功于比任何人都艰苦的训练。

球星简介

生于：1963年2月22日，斐济劳托卡
身高：1.88米
转为职业球手：1982年

夺冠处女赛：1984年 马来西亚PGA冠军
巡赛夺冠次数：58次
PGA巡赛：31次
欧洲巡赛：12次
其他赛事：15次

大满贯：3次
名人赛：2000年夺冠
美国公开赛：1999年并列第三名
英国公开赛：2003年并列第二名
美国PGA：1998年、2004年夺冠

荣誉
年度新手奖：1993年
PGA巡赛奖金得主：2003、2004年
沃顿奖：2004年
总统杯团体赛：1994、1996、1998、2000、2003、2005、2007年

△◁正如布莱恩·纳尔逊所说，维杰从未表现出急躁，他击球时动作敏捷，并有着自己的节奏。

◁功夫不负有心人，训练场和体育馆的苦练让维杰在2004年成为全球高尔夫球坛头号人物。

◁◁2000年，塞恩在奥古斯塔赢得了名人赛，身着绿夹克致谢。

维杰的父亲是一位机场技工，不得不穿梭于机场跑道间检查飞机情况，机场里的高尔夫杂志多得很，父亲经常翻阅这些杂志，他特别关注美国球手汤姆·韦斯科夫（Tom Weiskopf），汤姆也是位身材高大的球手。那时的斐济大概只有200位高尔夫球手，塞恩在15岁时已成为这200人中的佼佼者。虽然父亲教维杰怎样打高尔夫，但维杰却因为父亲总让他练高尔夫忽视了学校教育而心怀不满。

后来，他成为职业球手，义无反顾地去了澳大利亚。1994年，他赢得了马来西亚公开赛，可是一年后在印度尼西亚的公开赛上，他被指控计分板造假，他也承认分数是错了，他并没有注意到，但他还是被亚洲巡回赛拒之门外了。他觉得这样的处理太过苛刻，因为即使他真的捏造分数，结果也就是取消此次比赛资格，而不是禁止参加巡赛。

欧洲取得的胜利

迫于生计，塞恩在马来西亚婆罗洲岛的一个高尔夫球场做了专职教练，继续磨砺自己的球技。1988年，在尼日利亚公开赛及萨法里（Safari）巡赛嘉奖赛上，他取得了突破性胜利。1988年，他取得了欧洲巡赛的入场券，并迅速成为常胜将军，而一年前他还未取得参赛机会。1993年，他在湾丘俱乐部（Bay Hill）的美巡赛上取得了第二名，接着在别克精英赛上夺冠，稳固住了自己在美国的地位。2007年在湾丘他赢得了阿诺德·帕默邀请赛，取得其第三十一次PGA冠军。

在巡回赛中，塞恩以第一个到达训练场地，最后一个离开著称。虽然他也常说高尔夫球手比别人假期多，但他的工作原则与众不同，不打球时他就锻炼身体。"我有家庭，不过高尔夫总是占据着我的身心，睡觉时我想着它，醒来时还想着它，满脑子都是打球。"

他的推球方式各式各样，不过重大比赛中都是双手交叉握着球棍。1998年，35岁的维杰在撒哈利乡村俱乐部（Sahalee）夺得美国PGA锦标赛冠军；2000年在奥古斯塔球场夺得名人赛冠军，胜出厄尼·埃尔斯3杆。在维杰成为职业选手30年后，他仍在不断地夺

1998年在撒哈利乡村俱乐部，塞恩首次夺得美国PGA锦标赛冠军，获胜后他高举着硕大的瓦纳梅克杯。

冠，40多岁时维杰赢得了比别人在40多岁都多的奖牌，甚至打破了桑姆·史纳德早先创下的纪录。他在美国PGA的第二个胜利是2004年在呼啸峡球场（Whistling Straits）取得的，他在那里对阵贾斯丁·李奥纳多（Justin Leonard）和克赖斯·迪马洛（Chris DiMaro），延时赛里他战胜了对手，取得了那个赛季的第九场胜利，超过了泰格·伍兹成为世界第一，也赢得了骇人听闻的巨额奖金：1000万美金。维杰的拼写"Vijay"在印度语中的意思是"成功"，他当然无愧于这个名字：在高尔夫PGA上，他的夺冠次数多于任何一位非美国裔球手。

保罗·劳瑞

保罗·劳瑞的高尔夫起步不算快，不过1999年，他在卡诺斯蒂球场举行的公开赛上夺冠，让自己和整个高尔夫球坛大吃一惊。在让·凡·德韦德（Jean Van de Velde）蹒跚不前时，劳瑞抓住机会，最终把葡萄壶杯捧回了家。他是68年以来，在苏格兰赢得此项殊荣的第一位苏格兰人，也是2007年帕德莱格·海灵顿之前最后一位赢得大满贯的欧洲球手。

球星简介

生于：1969年1月1日，苏格兰阿伯丁
身高：1.80米
转为职业球手：1986年

夺冠处女赛：1996年，卡塔兰（Catalan）公开赛
巡赛夺冠次数：9次
　欧洲巡赛：5次
　其他赛事：4次

大满贯：1次
名人赛：2003年并列第十五名
美国公开赛：2002年并列第三十名
英国公开赛：1999年夺冠
美国PGA：1999年并列第三十四名

荣誉
莱德杯团体赛：1999年

他已不是那个名不见经传的劳瑞了，三年中欧洲巡赛两次获胜，又赢得了公开赛冠军，接下来的三年中又两次夺冠，但通往"年度冠军球手"的道路似乎还遥遥无期。17岁转入职业生涯时，他在苏格兰阿伯丁郡的班克里高尔夫俱乐部职业装备专卖店做店员，只能打到差标准杆5杆，接下来的六年他无缘欧巡赛。1996年，劳瑞取得第一次胜利——卡塔兰公开赛，接着他在卡塔兰获胜，几个月后取得了大满贯赛胜利。尽管如此，他还得为在卡诺斯蒂举行的公开赛争取资格。

他不属于世界前150强高尔夫球手，公开赛的最后一轮开始时，他差领先者10杆，不过最终他打出了67杆的好成绩。让·凡·德韦德最后一洞发球时领先3杆，却打出了3个柏忌，勉强进入了和劳瑞和贾斯丁·李奥纳多的延时赛。延时赛场上下着冷雨，劳瑞最后两洞都抓获小鸟，夺得冠军。

劳瑞紧紧抓住了机遇，后来他在当年的莱德杯中成为引领得分榜的欧洲球手，2001年在登喜路林克斯锦标赛中夺冠。不过，由于媒体一直津津乐道于凡·德韦德，劳瑞从未得到过应有的关注，他也并不想引起关注。他曾说过："我不想成为报纸上的名流，整天说着'瞧我'，我只是一个普通人，工作，下班后回家。"就是这样的他在30岁时异军突起，实现了一生的梦想。赢得了公开赛后，劳瑞在家乡成立了一个少年高尔夫课程班，已有成百上千的孩子由此进入高尔夫运动。

△卡诺斯蒂球场夺冠后开心的微笑，冠军得之不易，4洞延时赛中，劳瑞取得了辉煌又惊人的胜利。

▷劳瑞从班克里（Banchory）的一个高尔夫职业装备专卖店起步，几年的刻苦训练后，这位苏格兰人攀上了高尔夫的高峰。

贾斯伯·帕尼维克

五年中，贾斯伯曾3次与公开赛冠军失之交臂，不过他还是第一位取得大满贯冠军的瑞典球手。虽然顶级赛事不是次次由他做庄，但帕尼维克还是成了莱德杯选手中激动人心的一位，他的打球风格突破传统，成为最受同时代人喜爱的球手之一。

球星简介

生于：1965年3月7日，瑞典斯德哥尔摩
身高：1.83米
转为职业球手：1986年

夺冠处女赛：1993年，贝尔苏格兰公开赛
巡赛夺冠次数：9次

欧洲巡赛：4次
PGA巡赛：5次

大满贯：0次
名人赛：2001年并列第二十名
美国公开赛：1998年并列第十四名
英国公开赛：1994、1997年第二名
美国PGA：1996年并列第五名

荣誉
莱德杯团体赛：1997、1999、2002年

疯狂高尔夫

无论赛场上下，贾斯伯·帕尼维克都独树一帜，他对时尚极度敏感并因此出名，甚至在一轮比赛中都要换装备。莱德杯上，他一出现就习惯性地收到了一顶帽檐向上的队员帽。他的打球风格及个性使他受到了大众的喜爱。

■ 帕尼维克的支持者们。

帕尼维克这个名字在瑞典很有名气，因为贾斯伯·帕尼维克的父亲博·帕尼维克是瑞典最负盛名的喜剧演员。帕尼维克开始学打高尔夫时，总将飞旋的球打到他家房子后面的湖里，由此也成了很棒的击球手。

早期的帕尼维克为了躲避瑞典的冬天，而来到佛罗里达进行赛季训练，并开始崭露头角。为了让自己晒得黝黑些，他把帽子抬得很高。在这里，他的推球技术得到了提高，接下来他赢得了和塞弗·巴雷斯特罗斯进行延时赛的机会，众人很看好他，赞助者争相为这位帽檐立得最高的选手出资。

帕尼维克的绰号是"太空人"，他在场上场下都显得怪异有加：曾尝过由火山沙和水果做成的食物；使用频内观测眼镜；把金属补好的牙换成陶瓷的；把孩子命名为Peg（"木钉"之意，因为口袋里有个球座上的木钉）、Penny（"便士"，他最喜欢的标记是一便士）、Phillipa（因为小姑娘像圆桃子，即Pebble peach）和Phoenix（"凤凰城"之意，帕尼维克

帕尼维克的梦想是成为第一位取得大满贯殊荣的瑞典球手，他曾经三次几近在公开赛上夺冠，尽管如此，他的梦想还尚未实现。

是在美国凤凰城赢得的第一次冠军）。他还创立了一家维生素公司。由瑞典设计师J.林德伯格给他做设计，帕尼维克引领了高尔夫时尚。他曾在萝梦湖（Loch Lomond）比赛中以60厘米之差未能击中球，仅仅因为他在思考把地球绑在1米高的桩子上得需要多少绳子！他的思绪散漫，还会变魔术。

当然，帕尼维克打高尔夫很棒。1994年在坦伯利，公开赛他就几近夺冠，可是在第十八号球洞开球时，他没有看引领牌，人们以为他会以小鸟球结束比赛，相反他却吞下个负7，让尼克·普莱斯可在第17洞以老鹰球入洞而获胜。1997年在特隆球场，帕尼维克在比赛还有一轮结束时领先两球，但最终负于贾斯丁·李奥纳多。后来在伯克戴尔球场他终于时来运转，与马克·欧米拉的延时赛中两次入洞赢得了比赛。

雷帝夫·古森

南非这片孕育高尔夫球手的土地，近年来冉冉升起的一位最佳球手，就是雷帝夫·古森。2001年和2004年他克服了极端的条件，赢得了美国公开赛。他喜欢艰苦的环境，并能在这样的环境中保持心平气和，这使得他非常适合最具挑战精神的大满贯锦标赛赛场。当然，古森是在一场雷电中幸存下来后才有了今天的一切。

古森不记得他被雷击的事了，那时他站在彼特斯堡高尔夫俱乐部（Pietersburg Golf Club）的第十二号果岭上，一道闪电击中了附近的一棵树，然后传到古森身上，那时他还有几天就要过16岁的生日。玩伴也被撞倒了，他发现古森已失去知觉，衣服烧没了，胶底鞋化了。古森只记得醒来时是在医院，"浑身酸疼，身上有皮肤烧伤，现在已经没什么了，可当时的确有些摸不着头脑。"有段时间，他的确出现了健康问题，母亲安妮认为这件事让古森变得更内向了。

那时，古森还是南非最佳业余选手之一，在取得国内赛事的胜利后，1992年，他取得了欧洲巡赛学校资格赛的胜利。从1996年开始，在欧洲及美国的比赛中，他开始频频获胜。古森本是个沉默寡言的人，他承认自从娶了英国娇妻崔西成为有家人士后，他已经不那么寡言了。赛场上，他最初有些不苟言笑，脾气也不小。不过，在两方面他都能把握好自己，学会了怎样在最艰难的赛场上保持平静，均衡利弊，自成一路。

2001年，在南山（Southern Hills）举行的美国公开赛上，他有两次12英尺推球机会以决胜负，却以18英寸之差错失冠军，被评论员约翰·米勒认为属于"高尔夫史上最差的三个推球之一"。出乎大家预料的是，在运动心理学家琼斯·凡蒂斯弗特的帮助下，古森没有被这个阴影笼罩而停滞不前，第二天他就在18洞延时赛中战胜了马克·布鲁克斯（Mark Brookes）。三年后，在辛尼克山被太阳炙烤得如明镜般的果岭地带，古森漂亮的推球征服了纽约那些为菲尔·麦克森孤注一掷的观众，又一次赢得了比赛。他也荣获了2001年度、2002年度欧洲巡赛嘉奖。

天知道如果我没有赢得美国公开赛一切会怎样，不过我的生活就此顺着这条路走下来了，走得还好。

球星简介

生于：1969年2月3日，南部非洲彼特斯堡
身高：1.80米
转为职业球手：1990年

夺冠处女赛：1991年，伊斯克纽卡斯尔（Iscore Newcastle）精英赛
巡赛夺冠次数：33次
欧洲巡赛：14次
PGA巡赛：6次
其他：13次

大满贯：2次
名人赛：2002年第二名，2007年并列第二名
美国公开赛：2001、2004年夺冠
英国公开赛：2005年并列第五名
美国PGA：2005年并列第六名

荣誉
欧洲巡赛嘉奖：2001、2002年
总统杯团体赛：2000、2003、2005年

古森在美国公开赛上两次夺冠，第二次夺冠是在2004年辛尼克山。

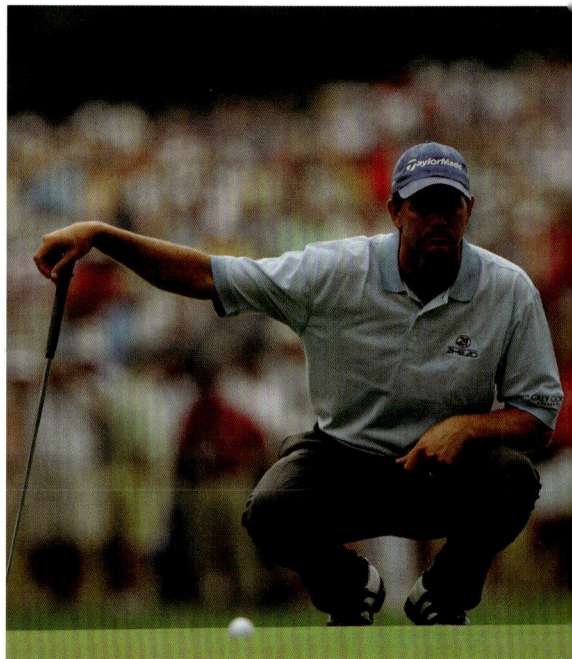

雷帝夫是位做大事却不多言的人，低调的个性并未妨碍他夺取高尔夫赛事的多项大奖，在欧洲赛事及 PGA 巡赛上他都成绩斐然。

retief goosen

大卫·杜瓦尔

曾有段时间，大卫·杜瓦尔频频夺冠，成了全球最佳球手，59杆即能赢得一轮赛事，居于全球排行榜榜首。他曾在英格兰皇家兰瑟姆及圣安妮球场（Royal Lytham & St Annes）举行的第130届英国公开赛上夺冠（胜出对手3杆）。但后来的体伤让他挥杆屡败，对高尔夫的热情也消减了，自此，生活成了杜瓦尔的中心，而不再是高尔夫了。

球星简介

生于: 1971年11月9日，美国佛罗里达州，杰克逊维尔
身高: 1.83米
转为职业球手: 1993年

夺冠处女赛: 1997年，米奇洛浦锦标赛
巡赛夺冠次数: 19次
PGA巡赛: 13次
其他: 6次

大满贯: 1次
名人赛: 1998第二名，2001年并列第二名
美国公开赛: 1998、1999年并列第七名
公开赛: 2001年
美国PGA: 1999、2001年并列第十名

荣誉
PGA巡赛奖金得主: 1998年
沃顿奖金得主: 1998年
莱德杯团体赛: 1999、2002年
总统杯团体赛: 1996、1998、2000年

遮脸的风度镜很适合球场上不露声色的大卫·杜瓦尔

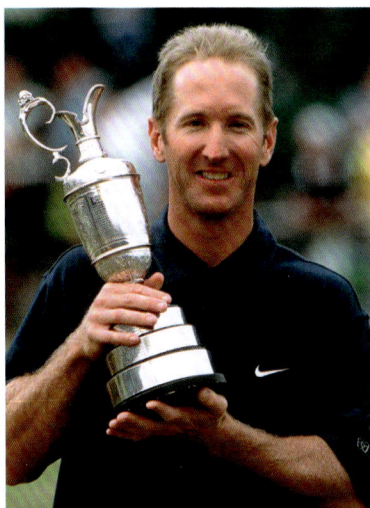

1999年，大卫·杜瓦尔取代泰格·伍兹成为全球最佳球手，2001年英国公开赛上再次夺冠。

高尔夫运动就像是大卫·杜瓦尔的救星一样，他曾是大学生高尔夫明星，在美国的头7个赛季里一直位居排行榜前11名。不过胜利并非一蹴而就，杜瓦尔夺得首冠前曾获得过7次亚军、4次季军。凭借着坚强的意志和刚毅的决心，他终于找到了成功之道，1997—1999年间，他11次夺冠，1999年初就有4次夺冠，包括鲍勃-希望杯克莱斯勒精英赛，他在最后一轮中以59杆获胜。领先7杆后，他打出11个小鸟球（最后一洞是老鹰球）。入洞的推球没有一次远离洞区10英尺，只在差12英尺和15英尺处错失小鸟球。

他是第三个全美官方排名第59名的球手，却是以如此低的排名在最后一天夺冠的第一人。两个月后，在父亲赢得老年巡赛的同一天，他在家乡杰克逊维尔（Jacksonville）赢得了球手锦标赛。

早在2000年，背部韧带拉伤就给杜瓦尔带来了很大的痛苦，接下来的几年里，体伤给他的比赛造成了很多问题，后来他返回巡赛时体重超重，经过不懈的锻炼，杜瓦尔身材又瘦了下来，但几次参加大满贯都与冠军失之交臂。第二局打出65杆的成绩让他有幸参加2001年皇家兰瑟姆举行的公开赛，他以低于标准杆10杆的显赫成绩赢得了比赛。人们眼中的杜瓦尔敏感、易怒，少言寡语，只有领奖时才会摘掉帽子和风度镜笑一笑，让自己的个性显露一下，他会说："我只为这一刻。"

不过，他后来只赢过一次——那年年末在日本夺冠。赢得了大满贯并未像他想象的那样命运就此改变，体伤让他失去了信心，球技大跌。不过和未婚妻分手后，他和新的红颜知己重获幸福，过起了家庭生活。

达伦·克拉克

克拉克的职业生涯中，有15次在欧洲杯巡赛上夺冠，但这与他在2006年所经历的事情相比显得很苍白。那年克拉克的故事不仅仅感动了高尔夫界：8月，他的妻子海瑟在与乳腺癌抗争了四年半后离世而去，6个星期后克拉克参加莱德杯比赛，表现得坚强刚毅，让人难以忘怀。

球星简介

生于：1968年8月14日，北爱尔兰邓甘嫩
身高：1.88米
转为职业球手：1990年

夺冠处女赛：1993年，阿尔佛莱德-顿亨山公开赛
巡赛夺冠次数：17次
欧洲巡赛：10次
其他：7次

大满贯：0次
名人赛：1998年并列第八名
美国公开赛：1999年并列第十名
公开赛：1997年并列第二名
美国PGA：2000年并列第九名

荣誉
莱德杯团体赛：1997、1999、2002、2004、2006年

克拉克在北爱尔兰长大，在极富盛名的皇家波特拉什高尔夫球场（Royal Portrush）的阿尔斯特（Ulster）学习打高尔夫，才华横溢：他参加欧巡赛的第二年，在蒙特卡罗的比赛中，就打出过一轮60杆的成绩。1999年在难度更大的K俱乐部赛事上，他又打出了同样卓越的成绩，两次取得每轮60杆的成绩在欧洲还无人能及。他的首场夺冠是在1993年，从1996年一直到2003年几乎每年他都有夺冠纪录，2001年他成为19年来第一位在祖国国土上夺冠的爱尔兰人（也是在K俱乐部）。另一个里程碑式的年份是2003年，他再次赢得了世界高尔夫锦标赛，成为继泰格·伍兹后第二位能两次获此殊荣的球手。第一次是2001年在拉科斯塔（La Costa）举行的配对赛上，他在最后36杆的比赛中击败了好友伍兹。不过，大满贯冠军总是与他无缘，公开赛上他取得过第二名、第三名的成绩，仅此而已。克拉克喜欢价钱不菲的东西：跑车、雪茄、做工精良的服装。

享受成功

克拉克对生活中的好东西总是爱不释手：开跑车，喝名贵的红酒，他的裤装都是伦敦萨维尔街（Saville Row）手工裁剪的。估计每年他花费在古巴上等雪茄上的钱就有25 000法郎。

达伦·克拉克——快车道上的生活

爱尔兰英雄

2003年，克拉克的妻子海瑟乳腺癌恶化，克拉克奔波于球场、医院和家之间，照料妻子和两个孩子，还要进行训练。即便这样，打起球来他仍一丝不苟，妻子海瑟也希望他能参加2006年的莱德杯，于是他接受了队长伊恩·伍斯曼的点将牌。

比赛的头一个上午，开球球座击球时，爱尔兰球迷就对他致以热烈的欢迎，足以让人神经兴奋，但克拉克超凡地冷静，发挥出精湛的球技，开球非常顺利，要知道就连泰格·伍兹都将一个内弯球击进了湖里。开洞球他又打出了一个小鸟球，和队友李·韦斯特伍德一起的两场循环配对赛中以及对抗扎克·约翰逊（Zach Johnson）的单人赛中，克拉克都得以夺冠。其实他不是推杆即赢的人，而是站在第十六果岭上泪洒庆祝场的人，从那以后，欧洲队开始对夺冠情有独钟。

2007年K俱乐部，克拉克（右）和韦斯特伍德（左）在分享夺得莱德杯冠军后的胜利喜悦。

李·韦斯特伍德

虽然李·韦斯特伍德的高尔夫生涯起起伏伏，但毫无疑问的是，如果他决定赢得比赛，他就能夺冠。美国人都知道，他训练有素的杀手才有的直觉感使他成为莱德杯上非常危险的一个竞争者。

球星简介

生于：1973年4月24日，英格兰沃克索普
身高：1.83米
转为职业球手：1993年

夺冠处女赛：1996年，沃尔沃斯堪的纳维亚名人赛
巡赛夺冠次数：29次
欧洲巡赛：18次
PGA巡赛：1次
其他：10次

大满贯：0次
名人赛：1999年并列第六名
美国公开赛：2000年并列第五名
公开赛：2004年并列第四名
美国PGA：2000年并列第五名

荣誉
欧洲巡赛奖金得主：2000年
莱德杯团体赛：1997、1999、2002、2004、2006年

在大卫·利百特（David Leadbetter）的指导下，韦斯特伍德调整了挥杆技巧，动作更加协调。

韦斯特伍德在学校时是个运动多面手，也是格雷格·诺曼的球迷，他以高出标准杆4杆的水平成为了职业球手，旋即在欧洲巡赛学校资格赛上赢得了一席之地。开始的赛季对他来说是一种学习经历，1996年在瑞典，他夺冠处女赛冠军，接下来的4个赛季中，他在欧洲14次夺冠，在全球其他地方还有8次夺冠，其中包括1998年新奥尔良PGA巡赛。2000年，他在欧洲就赢得了6场比赛，成为欧洲的头号球手，结束了科林·蒙司马利7年奖金榜榜首的统治地位。韦斯特伍德是那时世界球手前100名中唯一的一位英格兰球手，不过为时不长，他的排名就急剧下滑。

如鱼得水

2000年冬季，韦斯特伍德开始了漫长的休假，因为儿子塞缪尔的出生而错过了名人赛。他一直很在意打球技巧，即使赢得了比赛也不罢休。一旦不能继续取胜，他就会对自己失去信心，打球也会失利。2003年和大卫·利百特合作后，他接连赢得了两场比赛，包括登喜路林克斯锦标赛。直到2007年5月，他才在西班牙再度告捷，半年后，他在英国名人赛上取得了胜利。无论巡赛成绩如何，他在莱德杯比赛上总是稳操胜券。2004年及2006年，他继续战无不胜，10分点他赢得了8.5分。

> 我总是能保持冷静，如果我胜意已定就会赢得比赛。
>
> ——李·韦斯特伍德

凯利·韦伯

澳大利亚的艾尔（Ayr）可谓是世界上最偏僻的地方之一，凯利·韦伯就来自于这里，她成为了全球最佳女子高尔夫球手之一，彼得·汤姆森甚至认为她是最好的高尔夫选手，她的挥球比泰格·伍兹还出色。30岁时，韦伯成为继汤姆森和格雷格·诺曼后跻身高尔夫名人堂的另一位澳大利亚选手。

球星简介

生于：1974年12月21日，澳大利亚昆西兰艾尔

身高：1.68米

转为职业球手：1994年

夺冠处女赛：1995年，维他麦英国女子公开赛

巡赛夺冠次数：44次
女子PGA巡赛：35次
其他：9次

大满贯：7次
纳贝斯克锦标赛：2000、2006年夺冠
女子PGA锦标赛：2001年夺冠
美国女子公开赛：2000、2001年夺冠
女子英国公开赛：2002年夺冠

荣誉
欧洲巡赛年度新手：1995年
女子PGA年度新手：1996年
女子PGA巡赛奖金得主：1996、1999、2000年

> 有时回顾自己的职业生涯，我都不敢相信一切进行得如此迅速，转眼间就取得了这么大的收获。
>
> —— 凯利·韦伯在入选世界名人堂时的感言

韦伯在艾尔长大，距布里斯班约1600千米，这里可谈不上是高尔夫球星的摇篮。小镇上有8600以上的人口，大部分从事蔗糖或与之相关的服务行业。韦伯的父母经营着一家玩具礼品店，紧挨着那里的新闻局。

管理这家新闻局的是凯文·豪勒的父母，凯文喜欢钻研高尔夫杂志，而当地的高尔夫俱乐部没有专业人士，自然凯文·豪勒成韦伯的教练。1994年，韦伯转为职业球手，并成为第二年的欧洲年度新手。她3次取得了英国公开赛第一名的成绩（前两次被计入女子PGA大满贯赛）。一年后，她成为美国PGA年度新手，并成为第一位在一个赛季中赢得了百万美金的女性选手。韦伯不知道自己的力量源于何处，"我想我有打高尔夫的天赋，还有坚强的意志，"她说，"我从来不去看运动心理医生，我知道自己要做什么。"球场下，韦伯还是不习惯聚光灯，喜欢让别人发言。她的最佳状态是1999—2002年，期间赢得了6次大满贯赛事，2000年及2001年赢得了美国公开赛。球友麦琪·曼伦对她的评价是："当球手球打得得心应手、轻而易举时，就很难评判她有多出色了。"2002年，韦伯在坦伯利赢得了英国公开赛，成为第一位5次赢得女子PGA的球手，人们称之为"超级大满贯"。到2000年，她已经赢得了足够的分数，能够加入世界名人堂了，不过她真正被选入世界名人堂是在2005年，那时她已经结束了巡赛的第十个赛季。

稍事平静了一段时间后，韦伯在2006纳贝斯克锦标赛上获得了第七次大满贯冠军：第十八号球洞，她在116码的距离外擒获老鹰球，并且在延时赛的同一球洞快速抓获小鸟球而结束了比赛，击败了对手劳瑞娜·奥查娅，这的确令人叹为观止。

2000年，韦伯在皇家伯克戴尔球场（Royal Birkdake）举行的英国女子公开赛上摆脱了一个沙坑球的困扰。她3次获得此项比赛的冠军。

朴世莉

1998年，朴世莉取得了自南希·罗培兹以来近20年女子高尔夫赛事上的一大突破：在女子PGA巡回赛的第一个赛季中她就赢得了两次冠军，其中有美国女子公开赛。她的挥杆标志着高尔夫史上女子顶级赛事中韩国时代及其他不甚知名的国家时代的来临。

球星简介

生于：1977年9月28日，韩国大田
身高：1.68米
转为职业球手：1996年

夺冠处女赛：1998年 女子PGA
巡赛夺冠次数：30次
女子PGA巡赛：24次
其他：6次

大满贯：5次
纳贝斯克锦标赛：2002年并列第九名
女子PGA锦标赛：1998、2002、2006年夺冠
美国女子公开赛：1998年夺冠
杜默里埃精英赛：2000年并列第七名
英国女子公开赛：2001年夺冠

荣誉
女子PGA巡赛年度新手：1998年

朴世莉并不是第一位在美国进入女子PGA圈子的韩国球手，不过，她作为新手在赛季中取得的卓越成绩令人刮目相看。她的成功扭转了女子高尔夫局面，使得更多来自不具有高尔夫传统的国家（如墨西哥、巴拉圭等国）的选手也开始取得胜利。

从开始打高尔夫，朴世莉就有着超乎常人想象的职业信条。在学校时，她曾是个短跑运动员，14岁时，她毅然转向了高尔夫运动。她的父亲是一位出色的高尔夫业余球手，他对朴世莉的训练方法可能在其他文化环境里得不到认同。他让世莉每天早晨5点半在他们居住的15层楼里上上下下跑楼梯，有时还在半夜带她到墓地里，为的是"锻炼她的勇气和意志"。父亲回忆到，他非常"想让她明白：打高尔夫要想获胜，首先要战胜自己"。

多训练，早成功

朴世莉在韩国作为业余选手时，曾夺冠30次之多，转入职业选手后，曾在韩国女子职业高尔夫协会打球，在开始的14次赛事中6次夺冠，7次获得了亚军。1998年，她来到美国，年仅20岁就赢得了4项奖项。头两次是大满贯锦标赛：女子PGA和美国公开赛。公开赛中，她在20洞的延时赛中击败了业余选手珍妮·楚爱斯瑞泊（Jenny Chuasiriporn）。

在长长的赛季结束后，她回到了韩国，获得了国家嘉奖，这是韩国给运动员颁发的最高奖项。由于受到太多关注又名声大噪，朴世莉心理上无法承受，近乎崩溃，在医院里住了4天。球场上她冷静自若，早期因不太懂英语而不爱说话，这都掩盖了球场下她情感丰富的一面。

第一次在恶劣天气中应对林克斯球场的经历，对朴世莉来说可谈不上享受。不过2001

朴世莉引领了一批韩国的出色球手进军世界女子高尔夫球坛。

赢得女子PGA冠军及美国女子公开赛冠军是朴世莉进入美国高尔夫界的叩门砖，值得纪念。

年，英国公开赛在英格兰桑丁戴尔球场举行时，朴世莉还是拿下了第三个大满贯冠军。2005年她的颈部、背部及手指都受了伤，不得不暂时退出比赛。2006年她又取得了2002年那样的辉煌战绩，在同凯利·韦伯的延时赛中击败对手，赢得了第三次女子PGA桂冠。2007年她成为进入世界名人堂的最年轻球手，这一点又超越了韦伯。

派洛·哈灵顿

2007年在卡诺斯蒂特球场，派洛·哈灵顿成为继保尔·劳列（Paul Lawrie）后第一位赢得大满贯的欧洲球手。8年前，保尔正是在这里夺冠的。经过与塞尔吉奥·加西亚非常戏剧化的延时赛后，哈灵顿捧回了葡萄壶奖杯，爱尔兰取得了自弗雷德·达利以来60年中的首次锦标赛冠军。对哈灵顿来说，几年的艰苦训练终于有了回报。

▷哈灵顿打球发挥稳定，他曾7次位居欧洲巡赛嘉奖奖金榜前十名。

△2007年卡诺斯蒂特夺冠后，哈灵顿成为第二位获此殊荣的爱尔兰球手。

哈灵顿的业余选手生涯辉煌灿烂，在成为职业球手后的第一个赛季中，他就赢得了西班牙公开赛。虽然直到2000年他才迎来了下一次胜利，这期间哈灵顿从未停下不断前进的脚步，但在传奇教练鲍勃·托兰斯的执教下，他自己的球技不断提高，还吸收了维杰·塞恩的工作理念，严于律己，同时又掌握了伯翰德·兰格的操控技巧。

因此，哈灵顿的取胜属后来者居上，偶尔他也会在本有机会获胜的情况下输掉比赛，不过，大多数情况下，他都是威风凛凛地将对手击败。从2000年起，他开始频繁夺冠：2005年他在美国两次获胜；2006年他第二次赢得了登喜路林克斯锦标赛，这次胜利也确保他成为欧洲巡赛嘉奖奖金得主。值得庆幸的是，在这场瓦德拉玛球场的比赛中，阿西亚最后一洞吞下了个柏忌球，哈灵顿的收场依旧咄咄逼人；2007年他赢得了自称为"第五个大满贯"——爱尔兰公开赛。这些成绩足以傲人，不过与接下来那年的7月公开赛上哈灵顿的表现相比就不足为奇了，这次公开赛上，哈灵顿在4洞延时赛中以1杆之差击败了塞尔吉奥·加西亚。

> 我转为职业球手时本可能只成为一个无名小卒，没想到开端不错，我就一直想提高自己，看看自己到底能打到什么程度。

——派洛·哈灵顿

塞尔吉奥·加西亚

塞尔吉奥·加西亚以迅雷不及掩耳之势登上高尔夫球坛，是另一位出色的西班牙选手。他在几次大满贯赛事中都几近夺冠，并且还在期待大满贯冠军，他在莱德杯上卓越的表现继承了欧洲队塞弗·巴雷斯特罗斯和乔塞·马里亚·奥拉沙宝的传统。

球星简介

生于：1980年1月9日，西班牙卡斯特利翁
身高：1.78米
转为职业球手：1999年

夺冠处女赛：1999年，墨菲爱尔兰公开赛
巡赛夺冠次数：16次
欧洲巡赛：6次
职业高尔夫协会巡赛：6次
其他赛事：4次

大满贯：0次
名人赛：2004年并列第四名
美国公开赛：2005年并列第三名
公开赛：2007年第二名
美国PGA锦标赛：1999年第二名

荣誉
莱德杯团体赛：1999、2002、2004、2006年
业余选手赛：1998年

在2007年卡诺斯蒂公开赛上，球场令人望而生畏，但加西亚的击球表现非常出色，接连三天无人能超越。然而，到最后一天他的推球表现不够自信（这也是他近几年常出现的情况）。比赛中，他与派洛·哈灵顿进行的4洞延时赛振奋人心，可最终加西亚功亏一篑，错失了赢得第一个大满贯的机会，可想而知他有多么失望，但他需要从对手——这位爱尔兰人楷模——身上学到失败乃成功之母的道理。

加西亚3岁时开始在父亲维克多的指导下学习打高尔夫，父亲原来是位职业球手。加西亚的绰号是"厄尔尼诺"，开始，他经常在一些业余比赛上获胜，需赢得过1998年缪菲尔德球场举行的英国业余赛，是1996年公开赛以及1999年名人赛上第一位业余选手。从那以后他转为了职业选手，第三次欧巡赛上他赢得了爱尔兰公开赛的冠军。同年，在梅地那举办的美国PGA锦标赛上，他以微差输给了泰格·伍兹。在第十六号球洞他打出了漂亮的"塞弗式"，从树后击球，然后跳出来跟着球跑过球道，看着球在果岭着陆。

配对名人赛

19岁时，加西亚在布鲁克林举办的莱德杯上首次亮相，就显示出其极具特色的比赛激情，他和瑞典的贾斯伯·帕尼维克组成了绝佳组合。比赛结束时，他的眼泪包裹着的是欧洲队战败的痛苦。在他的莱德杯生涯中，20场比赛中他14次夺冠，4次战败。其推球一直非常出色，比赛热情更是难以被压抑。他也是20世纪90年代末杰出的亮点人物。

尽管加西亚在美国和欧洲都能赢得比赛，但他也有技巧上的问题。开始时，他要克服挥球时飞球弧线偏左的问题（他改进得非常好，成为了比赛中击球最直的选手之一），其次的问题是他在收回球杆前总会紧张地重新握一下杆。虽然他的推球还有不协调的地方，但在高尔夫的大赛事上，他还是极具挑战性的一位选手。

与同胞巴雷斯特罗斯和奥拉沙宝一样，加西亚在果岭旁的表现卓越有加。

在2007年卡诺斯蒂公开赛上，加西亚几近赢得大满贯头衔，却在延时赛中败北于派洛·哈灵顿，这是最令加西亚失望的一次错失良机了。

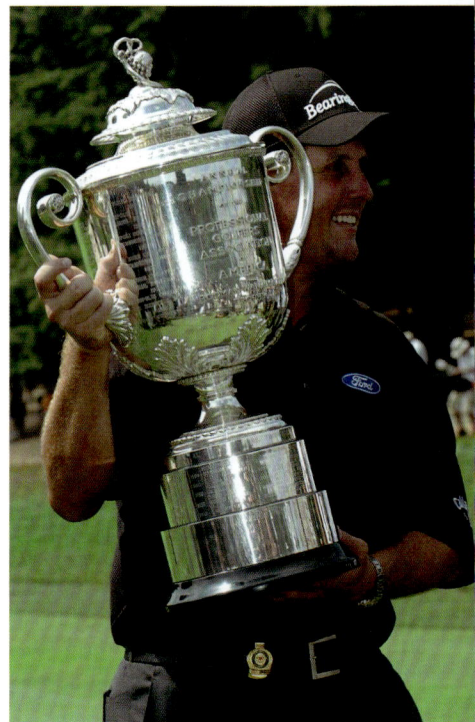

△△在2003年橡树山举行的美国PGA锦标赛上，米克尔森正想方设法挽救即将失之交臂的大满贯冠军，后来在奥古斯塔他终于夺冠。

△2005年在巴特斯罗（Baltusrol）举办的美国PGA锦标赛上，米克尔森夺得了两年中的第二个大满贯冠军。

◁2004年名人赛中，米克尔森战胜了极具威胁力的对手厄尼·埃尔斯，夺得了他的第一个名人赛冠军，欣喜万分。

菲尔·米克尔森

曾有好多年，米克尔森职业生涯的缺憾就是未能取得大满贯冠军。在2004年名人赛上，这位左手打球的球手最终穿上了绿夹克。2005年，他赢得了美国职业高尔夫球赛冠军，接着2006年又一次获得名人赛冠军。他极具打球天赋，备受美国球迷的欢迎，不过他需要掌控好自己勇往直前的打球方式，才能以高水平夺冠。

球星简介

生于：1970年6月16日，美国加州圣迭戈
身高：1.91米
转为职业球手：1992年

夺冠处女赛：1991年，北方电信公开赛
巡赛夺冠次数：38次
职业高尔夫协会巡赛：32次
其他赛事：6次

大满贯：3次
名人赛：2004、2006年夺冠
美国公开赛：1999、2002、2004年第二名，2006年并列第二名
公开赛：2004年第三名
美国职业高尔夫协会锦标赛：2005年夺冠

荣誉
总统杯团体赛：1994、1996、1998、2000、2003、2005、2007年
莱德杯团体赛：1995、1997、1999、2002、2004、2006年
美国业余选手锦标赛：1990年

米克尔森打球天赋过人。他在圣迭戈长大，父亲是飞行员，他是在看着父亲表演——站在父亲身边从镜子里看父亲打球——才开始学习左手打高尔夫的。他天生是个左撇子，父亲试图给他纠正过来，可小米克尔森就是不改。6岁时，他整天都在标准杆3杆的场地打球玩，正是那里以及在他家后院的花园里，米克尔森练成了其出色的短球技巧。

20岁时，米克尔森成为美国业余赛冠军，连续4年中有3年他都是全国大学生高尔大冠军。在转入职业选手前，他还赢得了1991年在图桑（Tucson）举办的北方电信公开赛，是继斯科特·沃尔普兰克后第一个在美国巡赛上获胜的业余选手，而沃尔普兰克的夺冠还在6年前。

胜利随之接踵而至，但大满贯冠军总是和米克尔森擦肩而过：在前46次大满贯赛事中，他曾两次在美国公开赛、一次在美国PGA以及3次在名人赛上获得亚军。米克尔森说过："让人沮丧的并不是我

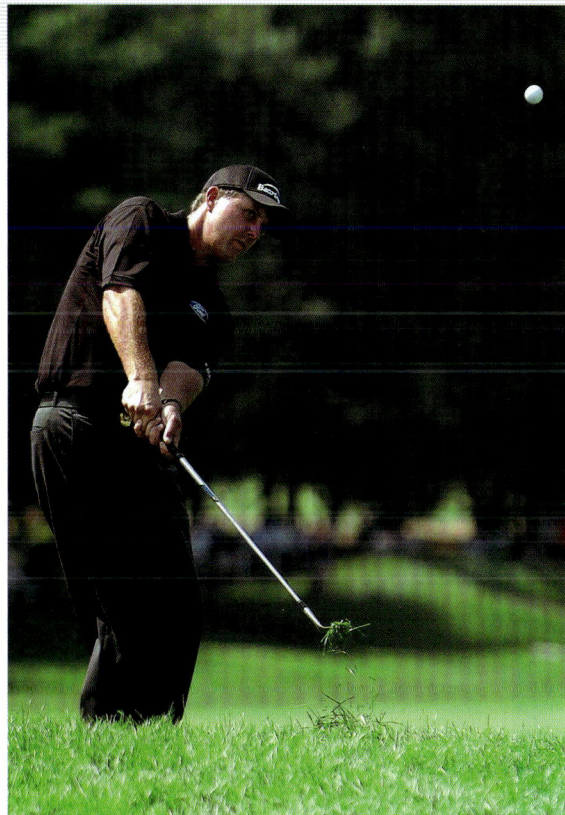

米克尔森是继鲍比·查尔斯和迈克·威尔后第三位左手打球并赢得大满贯的球手。

> 他比我想象的还要出色，我早就知道他非同一般。
>
> ——布奇·哈蒙（Butch Harmon）

要赢得一次大满贯，而是要赢得很多次！"2004年，在奥古斯塔球场，他将战术略作调整：缩短了挥杆，控制住了爆发式进攻，这样的调整也让他打出了小鸟球，在最后7洞中他打出了5个小鸟球，战胜厄尼·埃尔斯而夺冠。

两个月以后，他在美国公开赛中败北于雷帝夫·古森，不过他很快重整旗鼓，调整了战术，安排了新的赛程。

在奥古斯塔，米克尔森赢得了3年中的第二次名人赛冠军，泰格·伍兹帮他穿上了绿夹克。

他会去训练场上一连几个小时去研究场地，和曾为美国宇航局科学家的戴维·佩尔兹切磋短球打法。2005年他夺得了美国PGA冠军，2006年又赢得了名人赛冠军，夺得了第二个大满贯。但在2006年翼脚球场举行的美国公开赛上，他的击球让自己整整一个星期都失望不已，更糟的是在第七十二杆吞下一个双柏忌，痛失第三次大满贯。

为了击球更完美，米克尔森离开了他的长期教练瑞克·史密斯，拜泰格·伍兹的前任教练布奇·哈蒙为师，他们的合作非常成功。2007年，米克尔森在锯齿草球场赢得了冠军球手比赛。

泰格·伍兹

自1997年奥古斯塔的名人赛上夺冠后，泰格·伍兹便成为了文化界及体育界的一道风景，这并不是因为他怎样以高出标准杆12次杆的成绩夺冠，而是因为他是第一位引起人们道德伦理思考的高尔夫巨星。

球星简介

生于: 1975年12月30日，美国加利福尼亚州塞普雷斯
身高: 1.85米
转为职业球手: 1996年

夺冠处女赛: 1996年，拉斯维加斯邀请赛
巡赛夺冠次数: 83次
PGA巡赛: 61次夺冠
其他赛事: 22次

大满贯: 13次
名人赛: 1997、2001、2002、2005年
美国公川赛: 2000、2002年夺冠
公开赛: 2000、2005、2006年夺冠
美国职业高尔夫协会赛: 1999、2000、2006、2007年

荣誉
美国业余选手锦标赛: 1994、1995、1996年
年度新手: 1996年
PGA巡赛奖金得主: 1997、1999、2000、2001、2002、2005、2006、2007年
PGA巡赛年度球手: 1997、1999、2000、2001、2002、2003、2005、2006、2007年
沃顿奖: 1999、2000、2001、2002、2003、2005年
莱德杯团体赛: 1997、1999、2002、2004、2006年
总统杯团体赛: 1998、2000、2003、2005、2007年

▷2006年公开赛上，泰格亲吻奖杯，品味胜利的感觉，那时泰格还无法从父亲去世的悲伤情绪中摆脱出来。

◁1998年在泰国举行的乔尼·沃克精英赛上，泰格和尼尼·埃尔斯进行了扣人心弦的对决，夺冠后，泰格以其独有的方式庆祝胜利。

他有着不可思议的能力，有人将要超越他时，他便更上一层楼。

—— 克赖斯·迪马克，两次大满贯赛事中未战胜伍兹只好屈居亚军的球手

泰格·伍兹是一位独一无二的高尔夫球手。球场上，状态好时，他会把对手远远丢在后面，根本追不上他；他要是落后的话，原因很简单，就是他不在最佳状态。2007年，在美国PGA上，伍兹的夺冠又提醒大家要注意他的霸主地位。其实，这次胜利仅是他在美国PGA上第四次夺冠的前奏，这也是他第十三次赢得大满贯锦标赛。他13次参加此赛事，每次都能进入最后一轮角逐冠军。这次比赛的第二轮中，他错失第十八号果岭处的小鸟球，这意味着只保住了大满贯赛中一轮63杆的纪录，未能刷新纪录，不过对泰格来说总有下一次。

在泰格还是婴儿时就看父亲挥杆打球，那时他就要自己打打看。两岁时，他和鲍勃·霍普一起上了"麦克·道格拉斯秀"。3岁时，他赢得了10~11岁年龄组近距离球座击球比赛的冠军。13岁时，他就能平标准杆了。其实在更早，5岁的泰格就在"匪夷所思"电视节目表演秀上语出惊人："我想赢得所有的比赛……击败所有选手。"

直逼胜利

开始时，伍兹也只能打业余赛，他是唯一一位美国青少年业余选手赛三连冠得主，之后又赢得了美国业余选手赛三连冠。波比·琼斯在6年中赢得了5次，不过泰格获得业余选手三连冠时年仅18岁，是获得此成绩的最年轻的选手。这之后，伍兹在1996年转为职业选手。成为职业选手的第五场比赛是拉斯维加斯邀请赛，在延时赛中，他战胜了戴维斯·拉弗三世（Davis Love III）夺冠。那年，他参加了8场比赛，成为年度新手。

神童经历

从很小开始，获奖对泰格·伍兹来说就是家常便饭。天资聪颖再加上父亲的鼓励，3岁时，他就在塞普雷斯举办的海军高尔夫俱乐部赛上取得了9洞48分的成绩。不久就开始和比他年龄大的孩子一起比赛了，当然没过多久电视台就开始对他的非凡表现倍感兴趣。

■ 1989年小泰格和他的父亲

引以为荣的父母亲

泰格曾把自己描述为"白黑印亚太"，即白人、黑人、印度人和亚洲人的混种。他的母亲考蒂莲来自泰国，对泰格一生的影响并不亚于父亲对他的影响。父亲厄奥·伍兹也是高尔夫球手。考蒂莲给儿子起名为艾德瑞克（Eldrick），这名字是她自己编的。不过父亲经常叫儿子"老虎"（英文发音为"泰格"），后来就干脆把名换成了"泰格"。

厄奥·伍兹见证了儿子高尔夫教育中的每一步，这使泰格成为一代人中最精力充沛的高尔夫球手。泰格打球游刃有余，即使老虎也难是他的对手。1997年，他参加名人赛，这是他成为职业球手以来的第一个大满贯赛，第一天早上的比赛他打出了40杆，到赛事结束时他已经打到30杆了，擒获了一个老鹰球，4个小鸟球，力压群场，也征服了奥古斯塔球场。第二年，泰格在教练布奇·哈蒙的指导下更好地完善了挥杆动作，击球精准且有力度，可以说打出了高尔夫有史以来的最佳水平。

更上一层楼

在2000年圆石滩举行的美国公开赛上，伍兹以胜出对手15杆的优势获胜，创下了低于标准杆12杆的纪录。在圆石滩球场快速光滑的果岭上，他没用过一个三推击。一个月后，在圣安德鲁斯球场，伍兹避开了所有危险的沙坑，以8杆优势夺冠圣安德鲁公开赛。在美国PGA公开赛上，他在延时赛中击败了那时相对不太出名的美国选手鲍勃·梅（Bob May），进军2001年名人赛，赢得了"老虎满贯"，即4连冠中的第四次。他此胜了大卫·杜瓦尔和菲尔·米克尔森，书写了新的高尔夫历史。

▷凭借惊人的天赋，泰格打出了许多令人叹为观止的球，1999年在瓦德拉玛球场打出的低飞老鹰球就是一例。

1992
年仅16岁，泰格就参加了他的第一次职业性赛事——洛杉矶尼桑公开赛，那年他还参加了3场职业高尔夫协会巡赛。

1994
泰格进入了加利福尼亚斯坦福大学，2年中，他10次大学联赛夺冠，也赢得了美国业余选手赛。

1995
第一次参加大满贯，他在名人赛及公开锦标赛上打出了36洞的成绩，不过因为腕部受伤未能参加美国公开赛。

1996
8月27日转为职业球手，在业余球手生涯中，他6次在美国PGA业余选手全国锦标赛夺冠，还获得了NCAA(美国大学体育会)资格证。

1997
泰格赢得了第一次大满贯名人赛，不仅创下了4轮比赛最低杆纪录，还打破了此赛事的一系列纪录。

泰格和他的球僮史蒂夫·威廉姆斯长期保持着很好的合作关系，史蒂夫是新西兰人，喜欢在业余时间开改装赛车。

转变时期

2003至2004年，泰格没有赢得大满贯。换了新教练汉克·哈尼后，2005年奥古斯塔赛场上，伍兹赢得了他的第四次名人赛。2006年，在英格兰霍尔湖，令人生畏的铁杆打法让他赢得了第三次公开赛冠军。这是自他父亲那年年初去世后，泰格的第一次胜利，也是他在球场上表现得最情绪化的一次。他说道："我非常想念父亲，这次胜利太不一般了。"第二年，泰格的情绪就大不一样了，他的妻子艾琳给他生了第一个孩子，女儿莎姆·艾利克斯。但想要让公众认为伍兹已经是成熟的男人并不容易，只能说他成了球场上更具挑战性的一位球手。

1999
泰格在布鲁克林乡村俱乐部第二次莱德杯上出镜，那次比赛美国队的获胜颇具争议，泰格为美国队增加了两分。

2000
赢得公开赛冠军后，伍兹成为能在职业大满贯上取得金满贯的最年轻球手。

2001
随着第二次名人赛的夺冠，泰格成为同时持有4项大满贯锦标赛冠军的选手。

2005
2005年公开赛上，伍兹夺冠，成为继杰克·尼克劳斯后第二位不止一次赢得4项大满贯赛的球手。

2007
南山举行的美国PGA锦标赛上，泰格创造了63杆的成绩，和大满贯最低杆持平，夺冠非他莫属。

男子巡赛上的球星们

近年来，在美国公开赛上不断出现的海外冠军球手很好地说明了高尔夫界的变化。2004年至2007年间，海外选手占据着曾一度为美国人拥有的冠军称号，他们分别来自南部非洲、新西兰、澳大利亚和阿根廷等国家，这些选手都来自于南半球这可能是个巧合，但毫无疑问的是：这真实地反映出这项高水平的现代运动的国际化特质。

洛克·唐纳在欧洲及美国的巡赛中都曾夺冠，2004年和2006年欧洲队莱德杯夺冠时他曾为队员。

对罗斯来说没有放弃，没有什么他做不到的。

——尼克·法尔多对贾斯汀·罗斯的评价

对英国和欧洲来讲，未来好似一片光明。2007年，派洛·哈灵顿成为自1999年保罗·劳列夺冠后第一位赢得大满贯赛事的欧洲选手。在哈灵顿的身后，还有一大群高尔夫选手跃跃欲试。欧洲这些极具潜力的大满贯选手可不只有巴雷斯特罗斯、法尔多、兰格尔、莱勒及伍斯南。特别是在英格兰，已经有一大批极具才能的选手开始进军欧洲及美国的各项巡赛。

洛克·唐纳和保罗·凯西都是美国大学生球坛的明星：唐纳就学于芝加哥西北大学，凯西就学于亚利桑那州立大学。凯西还曾打破了菲尔·米克尔森等人创下的纪录。他们两人都是沃克杯团体赛的参赛者，并都曾在2004年的莱德杯上崭露头角，为2006年欧洲队莱德杯夺冠起到了重要作用。巡赛上，唐纳在美国取胜，凯西在欧洲和亚洲取得了更多的成绩。

玫瑰初绽

贾斯汀·罗斯（英文为"Rose"，"玫瑰"的意思）的职业生涯也着实不凡。17岁时他打进作为业余球手的最后一洞，以第四名的成绩进入了1998年在皇家伯克戴尔球场举行的业余选手公开赛。转为职业球员后，他的前21个切球都不能如愿以偿。2002年他4次参赛，包括1次英国名人赛，也都未能获胜。这对于一个球手来说也许是永久性的挫败，但罗斯挺过来了，同年，父亲的去世对他又是一个打击。他决定去美国发展，也是在这里他慢慢起步，直到后来取得成功，赢得了大满贯赛事。2007年的比赛中他共打出4个切击球，能做到这一点的球手并不多，接着2008年他赢得了西班牙瓦德拉玛-沃尔沃名人赛，成为欧洲巡赛冠军，也获得最高额的奖金。

欧洲的挑战

高个子瑞典人亨瑞克·斯坦森在新手赛季里就在英国赢得了本森-赫奇国际公开赛，但接着他的球技就出了问题，三年后他才得以重整旗鼓。2007年2月，他击败了泰格·伍兹和厄尼·埃尔斯，赢得了迪拜沙漠精英赛，接着取得了埃森哲世界配对赛冠军。瑞典人也在对大满贯冠军翘首以待，斯坦森或者尼克拉斯·法斯登上此类赛事领奖台的日子指日可待。

虽然塞尔吉奥·加西亚仍是进军大满贯的全球最佳球手之一，但西班牙还拥有另一位很具天赋的选手——帕罗·马丁（Pablo Martin）。2007年马丁还

▷职业选手起家的贾斯汀·罗斯在欧美比赛中都站稳了脚跟，是2007年度欧洲嘉奖奖金得主。

年轻的血液

罗里·麦克罗伊（Rory McIlroy）来自北爱尔兰，明星地位指日可待。17岁时他就出现在2007年的公开赛上，在头一天的比赛中就引起了人们的注意，最终获得了第三名。四个月后，刚过完18岁生日后他转为职业球手，接着在阿尔佛莱德登喜路林克斯锦标赛上获得了第三名，马德里公开赛上获得了第四名，领到了其进入第一次巡赛的入场券。

■ 在2007公开赛上，麦克罗伊在向观众致意。

海外巡赛中正涌现出更多的人才，他们表现出更高的球技。

——厄尼·埃尔斯

在美国读大学时就赢得了葡萄牙公开赛，成为欧洲巡赛上第一位赢得此赛事的业余选手。这位20岁的选手发挥得很成熟，前途无量。

南部球星

　　杰夫·奥格维也许从未想到自己会成为澳大利亚新一代球手中第一位赢得大满贯的人：2006年在翼脚举行的美国公开赛上夺冠。和他一样具有才能的同龄人中还有罗伯特·艾伦比、斯图亚特·艾波比、艾伦·巴德利和亚当·斯科特。巴德利引人注目的是，他曾作为业余选手赢得过澳大利亚公开赛，后来又以职业选手的身份夺得此赛事冠军。不过他真正的突破是2006年在美国巡赛上夺冠，并且第二年再次夺冠。亚当·斯科特来美国参赛之前就在欧洲多次夺冠。2004年的球手锦标赛（仅次于大满贯的赛事）由亚当夺冠，并夺得接下来两届美国巡赛冠军，他的教练是泰格·伍兹的前任教练布奇·哈蒙，所以其挥杆极像2001年的泰格。

　　特沃·伊梅尔曼被认为具有和波比·洛克，盖瑞·普莱尔，厄尼·埃尔斯、雷帝夫·古森等人一样的才能。他在南非公开赛上两次获胜，2004年欧洲杯选手锦标赛上取得了胜利，2006年美国的西部公开赛上夺冠，曾让泰格·伍兹举步维艰。查尔·施瓦兹尔是另一位指日可待的南非球手，他曾连续为南非杯奖金得主，两届欧洲巡赛冠军。

年轻的美国球手

　　2007年在奥克蒙特举行的美国公开赛上，安吉·卡布雷拉的获胜鼓舞了安德鲁斯·罗梅罗，罗梅罗成为2007年7月球坛上的新起之秀。卡诺斯蒂锦标赛上，这位26岁的阿根廷选手在最后一轮中打出了10个小鸟球，离冠军仅一步之遥。在第十七号球洞时领先两杆，第二次击球击中了小溪内岸打出了界域，使得他以一杆之差败北于延时赛。不过，第二周他赢得了德国银行锦标赛，胜出三杆，这也是他在欧洲巡赛上取得的第一场胜利，那时才正值他的第二个赛季。

　　在美国，球手好像只有在摆脱了伍兹的阴影后才能显露真面目。查尔斯·霍维尔三世有几年一直是高尔夫球坛的一匹黑马，2007年，他开始重新走上夺冠之路。卢卡斯·格罗乌尔是另一位很有天赋的球手，发挥稳定。2007年总统杯上他崭露头角，和另一位也是在2007年夏季突然走红的选手——25岁的亨特·马汉一起在汇丰银行举办的温特沃斯世界配对赛中进入了半决赛并赢得了他的第一个冠军。

　　高尔夫运动在亚洲正以惊人的速度发展，这里也可能是另一个新手崛起之地，维杰·塞恩和韩国选手崔京周（KJ Choi）的地位都在受到挑战。不过，现在对所有的球手来说，无论年龄大小、来自于哪里，面对的首要任务都是击败泰格·伍兹。

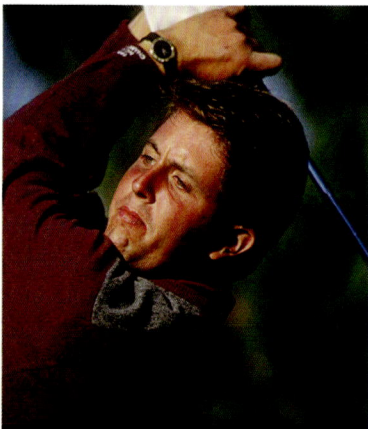

阿根廷选手安德鲁斯·罗梅罗在2007年的公开赛上初露锋芒，接下来的那一周他赢得了自己的第一个欧洲巡赛冠军。

学院明星

　　美国大学生高尔夫运动孕育了很多职业球星，其中有菲尔·米克尔森和泰格·伍兹。正在兴起的趋势是欧洲选手通过获得体育奖学金来到美国，实现他们的高尔夫梦想。

■ 亚利桑那州的菲尔·米克尔森

△2006年澳大利亚选手杰夫·奥格维赢得了两个PGA冠军，此图为他在翼脚球场美国公开赛上击败菲尔·米克尔森后夺冠捧杯情景。

◁保罗·凯西获得体育奖学金进入了亚利桑那州立大学，赢得了2004年及2006年的欧洲莱德杯。

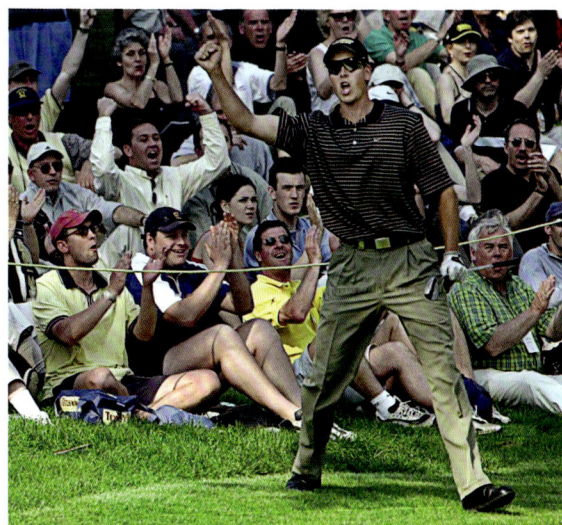

△亨利克·斯滕森成为全球顶级的欧洲球手，赢得了2007迪拜沙漠精英赛，位居全球第八位。

◁常青树吉姆·弗里克是高尔夫界最稳定的球手之一，他赢得了2003年美国公开赛，2006年在美职业巡赛奖金榜上位居第二。

△哥伦比亚健身迷卡米罗·维勒加斯也是最佳球手之一，2004年转为职业球手以来已经赢得过美国巡赛。

◁英国球手伊恩·保尔特(Ian Poulter) 在欧洲巡赛上散发出耀眼的个性。现在他主要往来于欧洲和美国的各大巡赛。

◁2001年，艾伦·巴德利在澳大利亚嘉奖赛上夺冠，他的第一个职业巡赛夺冠是在2006年传承杯（Verizon）上取得的。

△澳大利亚球手亚当·斯科特转入职业球手后赢得了5次职业高尔夫赛，12次锦标赛。他最突出的成绩就是2004年球手锦标赛夺冠。

▽南非的特沃·伊梅尔曼赢得了在家乡举行的阳光巡回赛，2006年被美国PGA评为年度新手。

▽2003年，迈克·威尔名人赛夺冠，成为第一位大满贯夺冠的加拿大球手。2007年总统杯上他在最后一天的个人赛中击败了泰格·伍兹。

女子巡赛中涌现的球星

2007年英国女子公开赛上，劳瑞娜·奥查娅成为第一位赢得大满贯锦标赛的墨西哥球手。这次比赛巩固了她在女子赛事上第一名的地位。25岁的奥查娅引领了全球一批具有天赋的年轻球手，其中就有魏圣美（Michelle Wie）——最出色、最富有但还不能称为最成功的女子高尔夫球手。

劳瑞娜·奥查娅参加了美国大学生高尔夫球赛后还是业余选手，但她很快成为墨西哥非常受欢迎的球手，虽然在墨西哥高尔夫运动还不是很流行。她迷人的个性给她的巡赛旅程带来了很多朋友，她也很愿意和球迷合影。2003年她成为年度新手，2004—2005年3次夺冠。不过真正的突破是在2006年，她6次巡赛夺冠，被评选为2006年年度球手，超越了索伦斯坦，成为那一年的头号选手。2007年在英国圣安德鲁斯老球场举行的第一届女子高尔夫职业赛上她又赢得了第一个大满贯冠军。

友好的竞争

如果要对女子高尔夫赛事上的竞争道出一二的话，那就得提及2007年首次参加大满贯就夺冠的四位球手：女子职业高尔夫锦标赛夺冠的挪威球手苏珊·佩特森（Suzann Pettersen）、美国女子公开赛夺冠的克里斯汀·柯尔（Cristie Kerr）、纳贝斯克锦标赛夺冠的19岁选手摩根·普雷塞尔（Morgan Pressel，她的继父为其教练，12岁就得到了参加美国公开赛的资格，17岁时以业余选手的身份赢得公开赛冠军）、2005年新手赛季里两次夺冠并于19岁在索尔海姆杯上击败了劳拉·戴维斯的宝拉·克里默（Paula Creamer）。还有一位是自成一派的纳塔利·古尔比斯（Natalie Gulbis），她在2007年依云（Evian）名人赛上夺冠，成为赛场上下的明星。

虎视眈眈的年轻选手

13岁时，魏圣美赢得了美国女子林克斯公开赛冠军，14岁参加了在家乡夏威夷举办的男子索尼公开赛，仅以一杆之差被淘汰。2005年伴着掌声鲜花和银行里的百万巨资，她转入职业球手，年仅16岁。第二年她在女子大满贯赛事中又进入了前五名。不过魏圣美参加男子职业高尔夫赛事都是赞助商出资，引起了非议，就像人们总是对她的时尚感评头论足一样。

其他年轻有为的女球手也在世界各地涌现出来。2005年世界杯上，19岁的宫里蓝（Ai Miyazato）为日本夺冠；2006年，来自巴拉圭的朱莉塔·格兰娜达（Julieta Granada）赢得了ADT锦标赛冠军，巨额奖金高达100万美元，成为巴拉圭第一位赢得此项比赛的女选手；阿什莉·西蒙（Ashleigh Simon）还是业余选手时就赢得了4次南非巡赛，2007年卡塔兰公开赛成为其职业生涯的开端；在英国，2007年英国女子公开赛上，名不见经传的业余选手梅丽莎·里德（Melissa Ried）夺得了银牌。卡莉·布斯（Carly Booth）年仅12岁时就赢得了俱乐部锦标赛冠军，震惊了苏格兰。当然，现在女子竞赛的前景不会总如以前那样缤纷灿烂。

2007年圣安德鲁举行的英国女子公开赛上，劳瑞娜·奥查娅夺冠，低于标准杆287杆4杆。

赚大钱的交易

耐克、索尼这样的大赞助商等不及魏圣美成为职业球手就和她签了约，这两个大公司都争着要给她几百万元的赞助费让她开始职业生涯。只有时间能够告诉我们她是否会成为载入现代高尔夫史册的新面孔。

■ 魏圣美的目标就是获奖

2007年在美国马里兰布里罗克球场（Bulletin Rock）举办的麦当劳女子职业高尔夫锦标赛上，挪威的苏珊·佩特森（Suzann Petersen）赢得了她的第一个大满贯。

她的沉着冷静让人难以置信，不管你能不能做到，这个女孩可是做到了。

——汤姆·雷曼对魏圣美的评价

▷▷摩根·普雷塞尔（Morgan Pressel）2006年转入职业球手，年仅17岁，第二年她成为了最年轻的大满贯得主。

▷2004年南非公开赛阿什莉·西蒙(Ashleigh Simon)获胜，那时她年仅14岁。接着两届此赛事上她仍以业余选手获胜

▷▷19次业余赛中夺冠后，宝拉·克里默在第一年的巡赛中就有2次在职业巡赛上夺冠，被评选为2005年度新手

△△纳塔利•古尔比斯是很受欢迎的封面女孩，在2007年依云名人赛上夺冠，这是她的第一次职业生涯夺冠。

△克里斯汀•柯尔身高仅有5英尺3英寸，但她击球有10年职业生涯后，她终于赢得了第一次大满贯。

▷巴拉圭的百万美元奖金得主高尔夫球手格兰娜达2006年ADT锦标赛上胜利在望。

4

高尔夫史上的里程碑

19世纪60年代威利·帕克（后方左侧）和他的职业组合。

尽管好几代的历史学家和学者尽了最大的努力，对高尔夫运动的最早起源也只能做到大概的追溯。不过，可以断言的是，至15世纪中叶，苏格兰的高尔夫运动已经流行起来，并且到了这样的程度：有权势的人已经能够感受到高尔夫运动成为了一种难以抵抗的诱惑。至18世纪中叶，此项运动才有了第一套成文的规则。一个世纪后，1860年举行了第一次锦标赛，也就是我们现在所说的高尔夫运动的第一个大满贯。

举行此赛事的主要原因是要为"新"的最佳高尔夫球手正身，特别是在艾伦·罗伯森去世后。罗伯森生前是毋庸置疑的头号球手，是第一位在圣安德鲁老球场一轮创下80杆纪录的球手。此项赛事是为杰出的职业球手设置的，不过，不知为何第一次比赛只有8个选手参赛，不过有些球即使用当时古怪的规则来衡量，也打得很惊人——一位选手为打入一洞进行了21次击球。

1860年10月17日，星期三，在苏格兰西岸的普勒斯特维克劲风呼啸的球道上诞生了高尔夫首个大满贯冠军。后来曾在普勒斯特维克成为我们现在所说的绿夹克得主的老汤姆·莫里斯是当地人最喜欢、期望值最高的选手，但最后获胜的是威利·帕克，三轮总计174杆。

莫里斯未能赢得第一个公开赛，不过接下来的7次公开赛中他4次获胜，就此奠定了他在高尔夫史上牢固的地位。他的儿子小汤姆·莫里斯也不甘逊色，同样在1868年至1872年间赢得了4次公开赛。

如今，还有其他三项大满贯赛事：名人赛、美国公开赛和美国PGA比赛。一般认为，这些比赛真正始于19世纪60年代。公开赛开始得最早，也是最盛大的赛事，同样也是此项运动中奖金最高的比赛。

诞生在普勒斯特维克的大满贯

老汤姆·莫里斯（左侧）、艾伦·罗伯森（左侧第四位）及圣安德鲁斯的海·威姆斯队长（右侧）

1930年7月，波比·琼斯夺得美国公开赛冠军的奖杯。

波比·琼斯虽然一生都未转为职业球手，但他统领了1923—1930年间的高尔夫球坛。这期间他参加了21次大满贯比赛，13次夺冠。很多人认为他是有史以来最伟大的高尔夫球手。琼斯短暂而又辉煌的运动生涯硕果累累，在1930年赛季的表现最为突出，那个赛季他赢得了高尔夫锦标赛的金满贯冠军。

那个赛季，在圣安德鲁球场业余选手锦标赛的第一轮比赛中就可以体现琼斯的获胜潜力，这第一轮比赛是大满贯锦标赛的第一个回合。那时希尼·罗珀（Sidny Roper）正值当年，是琼斯的对手。但琼斯在难以对付的老球场第一轮开球就捕获小鸟球，然后是一个标准杆，接着又是一个小鸟球，一个老鹰球，又一个小鸟球。前5洞过后琼斯低于标准杆5杆，可怜的罗珀应该知道那天可不是他大显身手的日子！

这次胜利后，琼斯又在皇家利物浦球场公开赛上夺冠。那年夏天又在佛罗里达因特拉肯举行的美国公开赛上夺冠，这场比赛第三轮68杆的成绩使他在最后一天比赛中以5杆领先，无人能及。最终，九月份在宾夕法尼亚州的梅里恩球场（Merion）举行的美国业余选手赛上他完成了金满贯，成为举国称道的英雄。

现代金满贯赛事中无人曾赢得这样的胜利——同一赛季四大赛事都能取胜。但琼斯做到了，达到了纽约一位记者所说的"坚不可摧的四边形"。

琼斯的"波比打法"

波比·琼斯在业余选手赛及公开赛上夺冠后从英国胜利归来，在纽约受到了英雄般的礼遇

■ 四月是又一年名人赛的开始，奥古斯塔球场一片焕然一新的景象。

高尔夫运动没有了奥古斯塔国家球场和名人赛就像网球运动没有了温布尔登一样，而奥古斯塔球场的由来要归功于波比·琼斯。

琼斯28岁退役时，整个高尔夫运动都在他的运筹帷幄之中，他的退役虽然对竞争激烈的高尔夫球场是个损失，但对他个人来讲却是一个明智的举措。退役后不久他就发现了滚滚而来的商机。

不过琼斯有着自己的打算。退役后，他发现无论从事什么样的投资，总有很多人想要参与进来，他对这样的支持当然很感激。不过，他更想只和一些朋友以一种私人的方式打打高尔夫。这些朋友中就有一位商人克里夫特·罗伯特（Clifford Roberts），两人一起生成了一种组建私人会员制高尔夫球场的念头。佐治亚州奥古斯塔成为理想的首选之地。

波比·琼斯后来回忆起自己第一眼看到这片场地时的情景："我走在房子后面大树下的草坪上时，俯瞰着这片土地，那种感觉真是终生难忘。就好像这片土地在那里静候多年，就等着我把它开辟成高尔夫球场一样"。

这里的确是世界上最美丽、修剪得最棒的球场，也是名人赛的故乡，这正是琼斯想成就的。无论球场上下，琼斯都极具天赋。

大师级球场设计

奥古斯塔国家球场，此图片拍摄于1933年1月，那时这里还未开始进行官方比赛

■ 1945年拜伦·纳尔逊取得的成就一直无人能企及

拜伦·纳尔逊挥杆优雅有加，这使他成为了出色的球手和伟大的冠军。

曾做过莱德杯球手兼队长的顶级教练约翰·雅各布（John Jacobson）非常了解纳尔逊。他记得曾和纳尔逊谈及1944年冬季挥杆手法的变化。纳尔逊说："我用老的打法也能赢，不过也可能切击失利。改变打法后，我就知道自己不会再打不好了。"这非凡的话语也是一个预言。

第二年的美国巡赛上，纳尔逊接连赢得了18场胜利，5个月中他没中断过比赛。

比赛是从一月的凤凰城公开赛开始的，前两轮纳尔逊分别打出68杆、65杆，最后一轮胜出两杆取胜。接下来是科珀斯-克里斯蒂（Corpus Christie）公开赛，他分别以66杆、63杆、65杆的成绩将其余选手甩在身后。新奥尔良公开赛上他取得了同样的成绩。在接下来的PGA及夏洛特（Charlotte）公开赛上，纳尔逊胜出4杆；格林斯博罗（Greensboro）公开赛上胜出8杆；亚特兰大公开赛上胜出9杆；蒙特利尔公开赛上胜出10杆；芝加哥胜利公开赛上胜出7杆；泰姆奥山特公开赛上胜出11杆；诺克斯维尔邀请赛上胜出10杆；埃斯梅拉达公开赛上胜出7杆；最后在西雅图公开赛上胜出13杆！

在高尔夫界，无论在那时还是现在，这都是不可撼动的成就，那个赛季他的平均杆数为68.33，比泰格·伍兹巡赛上打出的还要低。

如他之前的波比·琼斯一样，纳尔逊在34岁正值事业巅峰期时退役。几年后，他在1955年法国公开赛上重出江湖，并一举夺冠。这就是拜伦·纳尔逊，对他来讲，胜利欲罢不能。

"拜伦阁下"的标准

1945年7月在俄亥俄州的戴顿莫林（Morraine）乡村俱乐部，美国职业高尔夫协会的总裁艾德·达德利（中）和桑姆·伯德（左）给拜伦·纳尔逊颁发美国职业巡赛冠军奖杯。

1925年九月，沃特·哈根赢得了他的第三个美国PGA锦标赛冠军。

沃特·哈根有着不同寻常的性格，可称为男人中的男人，女人中的男人，小镇的男人，还是个表演家。他曾宣称自己不想当百万富翁，只是想过得像个富翁，其实两者他都做到了。

不过，对哈根来说，这可不是一种华而不实的张扬或冠军式生活姿态。他是高尔夫冠军，有着一套独特又细腻的打球技巧，人人皆知的一件趣事是，他站在第一球座发球台上发问："谁会得第二？"

有段时间，哈根大胆的宣言像是个预言。20世纪20年代美国PGA锦标赛还属竞技类赛事，7年的赛事哈根参加了6次，5次夺冠，4次是1924年至1927年连续取得的。那时，哈根几乎战无不胜，曾有4位优秀选手向他发起挑战。1924年在法兰区里克举行的比赛中，吉姆·巴尼斯（Jim Barnes）把哈根逼到了极限，但最终以2杆之差败北；威尔·迈尔豪恩（Will Mehlhorn）在第二年的奥林匹亚赛上最后一轮曾打出6剩4的成绩；1926年在索尔兹伯，雷欧·迪亚哥打出4剩3的成绩；1927年在达拉斯，J. 特尼萨（J. Turnesa）挡在了哈根四连冠的路上，尽管打得凶猛，特尼萨还是在最后一洞败下阵来。

那段时期，哈根4次公开赛夺冠。奇怪的是，现在人们记得更多的不是哈根的球技，而是他明智的转型决定、张扬的生活方式以及他做每一件事时肆无忌惮的快乐。这样，我们有可能忽视了他是一位多么让人难以置信的高尔夫球手。他赢得了11次大满贯锦标赛，那时只有三项大满贯赛事。哈根无疑成为高尔夫界的一个传说。

沃特青云直上

1922年6月莱德杯比赛即将举行，沃特·哈根在伦敦沙威酒店的楼顶上练习挥杆

220

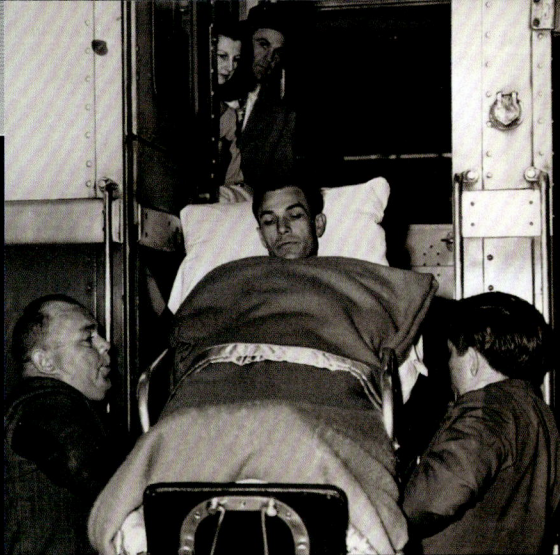

1949年4月7日，本·侯根在车祸后从医院被转送回家中。

1949年2月，本·侯根遭遇了车祸，听起来像是神话，侯根的头撞到了一辆正在超车的灰狗车上，伤势严重。

几乎没人敢想象他会重归赛场，当地一家报纸甚至给他发了讣告。他们没有料到侯根有如此坚强的意志，只要手会动他就不会放弃打球。车祸刚过了18个月，他就赢得了自己的第二次公开赛冠军。

1953年，他的高尔夫球技达到了无人能企及的高度，那一年他参加了6次比赛，5次夺冠，3次属大满贯赛事。

在名人赛上，他打破了比赛纪录，低于纪录5杆，每轮成绩分别为69、66、69杆。

在宾夕法尼亚的奥克蒙特举行的美国公开赛上，赛场难度人人皆知，不过侯根却表现得游刃有余。第一轮后，球手斯基普·亚历山大（Skip Alexander）在侯根后面的那一组参赛，他说自己知道怎么在这个赛场上打出67杆："你从距球洞十英尺的地方击球进入球道或果岭就行，侯根就是这么做的"。侯根在比赛中打出了13个标准杆、5个小鸟球、没有柏忌，水平无人堪比，他继续领先6杆。

接下来是英国卡诺斯蒂公开赛，这之前因为不喜欢旅行，侯根没有参加过英国公开赛。为了这次比赛，他提前两星期就到了卡诺斯蒂，让自己习惯更小的英式高尔夫，他研究场地，制定对策。没人再有机会取胜了，侯根在最后1天打破了此赛场纪录，超出了纪录4杆。

此后，侯根也未再参加英国公开赛。

侯根战胜厄运

又一次直接顺果岭中部而下的有力击球后，侯根在"秀"有他签名的球杆。

■ 2000年圣安德鲁斯球场，泰格·伍兹晋升为金满贯得主。

金满贯冠军俱乐部（The Grand Slam Winner's Club）是高尔夫界最独特的一个组织，荣登此组织会员身份需要赢得过4次公开赛大满贯冠军，目前只有5位球手达到了这个标准：金·沙拉森（Gene Sarazen）、本·侯根、盖瑞·普莱尔、杰克·尼克劳斯和泰格·伍兹。

很多其他选手也即将踏入此组织的门槛。桑姆·史纳德是高尔夫史上PGA赛事获胜最多的球手，但未被入选参加美国公开赛。阿诺德·帕默和汤姆·沃特森缺的是美国PGA赛事。

沙拉森是金满贯冠军俱乐部的发起成员，1935年他在奥古斯塔国家球场第一次参加美国名人赛，一举成名，不仅赢得了比赛，还打出了高尔夫史上最著名的一球——用5号木杆打出了双鹰球。

本·侯根是下一位赢得了金满贯的球手，他唯一一次到国外参加的英国卡诺斯蒂公开赛让他晋升为金满贯得主。

盖瑞·普莱尔用整整1年才击败了最有力的对手杰克·尼克劳斯，进军大满贯。1959年曼菲尔德公开赛上，普莱尔赢得了他的第一个大满贯锦标赛。1966年，杰克·尼克劳斯赢得了公开赛锦标赛，步普莱尔后尘，入选金满贯冠军俱乐部。尼克劳斯比别人赢得了更多的大满贯锦标赛——共18个。对大多数人来说，那是无法超越的纪录，不料泰格·伍兹却后来者居上。

伍兹在转入职业球手后仅9个月就在1997年的名人赛上以高出标准杆12杆的成绩赢得了第一个大满贯冠军。三年后，所有的大满贯赛事他都榜上有名，理所当然地入选了金满贯冠军俱乐部，现在正在向着杰克的18个大满贯冠军进发。

独一无二的高尔夫俱乐部

1970年7月，高尔夫界最知名的5位成员中的4位合影：左起：沙拉森、侯根、普莱尔和尼克劳斯。

迈克考马克和IMG国际管理集团改变了高尔夫运动的市场运营模式。

马克·迈克考马克是个有远见卓识的人。他给一般运动员打开了他们梦想不到的通向财富的大门，从而成为高尔夫运动市场开发之王。今天那些巨富的高尔夫球星接受采访时都应该提及这位伟人。

迈克考马克的第一个明智之举就是在20世纪60年代和阿诺德·帕默签约之事。阿诺德·帕默是他的第一个客户，这位独一无二的高尔夫球手有着独特的魅力和很强的感染力，具有席卷一切的冲击力，这些改变了职业高尔夫运动。

迈克考马克在帕默这样的球员身上看到了商机，帕默的旺盛精力及企业家素质使他成为高尔夫新兴产业——球场设计建造先行者。不久以后，迈克考马克还签约了一位有才华的南非球手——盖瑞·普莱尔，还有一位留着平头、圆脸的年轻美国球手——杰克·尼克劳斯。

迈克考马克拥有着高尔夫界的"三巨头"。在1958至1975年间72场大满贯锦标赛中，三巨头参加了29场，比当时其他顶尖球手的进球率高40%。

迈克考马克和"三巨头"的关系也是他的国际管理集团（IMG）的基础。他自己也跻身巨富，当然，他的客户也都成了富翁。仅仅几年中，IMG网络了全球运动界的顶尖人物，包括罗德·拉弗尔（Rod Laver）、比约·博格（Bjorn Borg）、玛蒂纳·纳芙拉蒂诺娃（Martina Navratilova）、尼克·法尔多、格雷格·诺曼、科林·蒙哥马利以及现在的泰格·伍兹。

迈克考马克建立了非凡的高尔夫帝国。2003年他73岁时辞世，生前得到了该拥有的掌声和赞誉。

迈克考马克的"三巨头"

■ 1979年手捧"葡萄壶杯"的塞弗，这是他5次大满贯中的第1次

20世纪70年代早期到中期，欧洲高尔夫发展低迷，这时出现了劲头十足、帅气有加的西班牙年轻球手：塞弗·巴雷斯特罗斯。

1976年，年仅19岁的塞弗就几乎在皇家伯克戴公开赛上夺冠，只是在最后一天输给了约翰·米勒，不过和杰克·尼克劳斯并列第二的成绩足以引起人们对他的关注，等着他的就是大满贯冠军了。

三年中塞弗成为了欧洲头号奖金得主。伯克戴尔赛事后，他在皇家兰瑟姆及圣安妮球场参加1979年公开赛。赛前塞弗就受到了欢迎，在前两场比赛中他获胜一场，另一场取得第二名。那时他才22岁。

第二轮65杆的成绩计他成了球场上打头阵的球手。最后一轮如过山车一样，塞弗9次挥杆，只有1次击中球道。有些评论家戏称这次比赛为"停车场冠军"，因为在第十六号洞时，球被打到了一个临时停车场里。

不过那天他的打球策略未引起人们的重视，赛场上有风，球道都被晒硬了。塞弗猜测掉击球杆可能至少会避开一些球道沙坑，这样他就能离开球座发挥自己的长处了，这种深思熟虑的策略可以使球直接进入果岭，这次胜利可绝非运气。

第二年塞弗赢得了他的第一个名人赛，接下来就是他在全世界各种各样的球场上参加并取胜的70场赛事。一切开始于1979年7月的兰瑟姆球场。

塞弗势如破竹

兰瑟姆球场第十八号球道上巴雷斯特罗斯向最宰的观众们挥手致意，整个职业生涯他和英国球迷们的关系都很亲密

1977年在坦伯利球场，尼克劳斯和沃特森互致敬意。

　　杰克·尼克劳斯和汤姆·沃特森之间的激烈竞争始于1977年坦伯利球场举行的公开赛。两人在头三轮比赛中就打出了同样的杆数：68，70，65。最后一轮时，阳光炙热，这对选手发挥出了非凡的球技。在向第十八号球座发起进攻时，尼克劳斯差沃特森一杆，一个低于标准杆10杆，一个低于标准杆11杆。

　　沃特森铁杆一挥，将7号铁杆挥到了75厘米高。尼克劳斯想要进攻果岭却把球打入了金雀花花丛里，他从这里把球打到离球洞9米远的果岭边缘，球入洞了，而沃特森还未推球入洞。观众欢呼起来，沃特森不动声色，他平静地把球放回原处，果断有力地将球推入球洞，同样赢得了一球。两位选手离开果岭时，尼克劳斯对沃特森说："我已经发挥了最好水平，可还是不够好，你打得更好。"这位昔日最大的赢家也是最了不起的输家。

　　无独有偶，1982年在圆石滩举行的美国公开赛上，尼克劳斯重蹈覆辙，最后一轮开场时他落后三杆，不过五个小鸟球帮他摆脱了困境。当沃特森来对很难的第十七号球洞三杆洞时，尼克劳斯坐在球场休息室休息，两人都累了，不想争谁先低于标准杆四杆了。

　　沃特森进攻果岭打偏了，球被埋在了到脚踝深的粗沙里，看似已无力回天，但他的天才打法竟使之绝处逢生，一个滚洞球打出了小鸟球，领先一球。冠军非他莫属。

　　尼克劳斯总是极有绅士风度，他站在第十八号果岭向获胜的沃特森表示庆祝。

高尔夫球场上的角斗士

圆石滩最后一天比赛中，汤姆·沃特森第十五号洞的小鸟球形成了和尼克劳斯不相上下的戏剧局面。

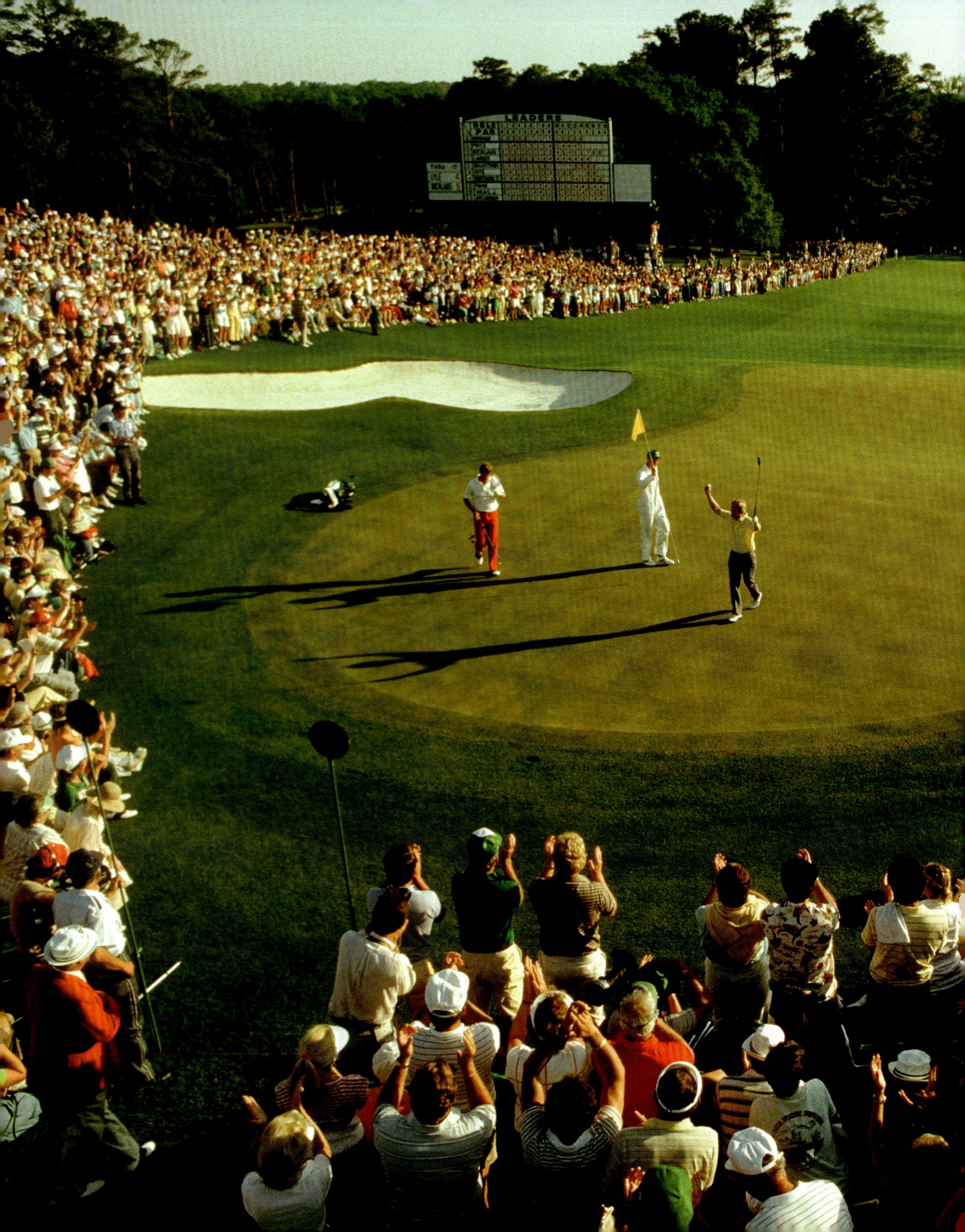

贝尔哈德·兰格尔正帮尼克劳斯穿上他的第六件绿夹克。

杰克·尼克劳斯赢得了他的第6件绿夹克，这也是他的第18次大满贯冠军。这一天成为了高尔夫史上最伟大的日子之一。

1986年，人们都认为杰克已经廉颇老矣，那年他46岁，已经2年没赢得过冠军，最后一次大满贯也是6年前的公开赛了。当地一家报纸在报道那一周的名人赛时甚至用"彻底完了，已被淘汰和江郎才尽"来形容杰克。

其实他需要的是动力。

在三轮分别以74、71、69杆结束后，杰克甚至都没有引起评论员的注意。大家都在期望格里格·诺曼的获胜，他领先4杆。即使他发挥失误，还有塞弗·巴雷斯特罗斯、汤姆·沃特森、尼克·普莱斯和汤姆·凯特。这些年轻的雄狮们都对冠军宝座虎视眈眈，但杰克这只金熊也雄踞一方，正要发起高尔夫史上最伟大的一次出击。

前8洞后，第九号洞到第十一号洞杰克打出了小鸟球，第十二号洞吞下拍忌，但第十三号洞又捕获小鸟，4号铁杆打出3米后，第十五号洞打出了老鹰球。第十六号洞使用的是6号铁杆，球飞了起来，转向了在做球僮的儿子小杰克。球从距洞1米的地方落下，入洞了。第十七号洞时又打出一个小鸟球，就像杰克在全盛时期经常表现的一样，第十八号洞球安全入洞，这正是杰克最需要的。

在奥古斯塔球场，杰克最后10洞用了33杆，以65杆结束比赛。他一如既往，一直打到最后，对手被一个个击败。"这是我打球生涯中最值得高兴的一次胜利了"杰克说。

他也成为高尔夫球场上年龄最大的冠军。

杰克的最后一搏

尼克劳斯在第十八号果岭击球入洞，掌声雷动，取得了四轮比赛共279杆的好成绩，胜利非他莫属。

■ 1996年，泰格和引之为豪的父母

1996年8月末，泰格·伍兹转为职业球手，不过他早就名声鹊起了。他赢得过青少年业余高尔夫球赛的三连冠，而这之前没人能在此赛事连赢2次。从1994年起他又赢得了美国业余选手高尔夫球赛的三连冠，连最伟大的业余球手鲍比·琼斯也未能取得如此成绩。

转为职业球手后泰格的第一场比赛是密尔沃基（Milwaukee）公开赛。在接下去的三场比赛中，泰格分别打出了第11名，并列第5名，并列第3名的成绩。紧接着拉斯维加斯邀请赛上他夺冠，比赛后一星期他再次获胜。职业赛季开始8个月后，他已经赢得了35万英镑（70万美金）的奖金，在那年奖金榜上排名第24名。

接下来的1997年赛季他向着名人赛发起了进攻，这是他转入职业选手以来的第一个大满贯赛事。刚开始不太顺利，和以前的冠军尼克·法尔多搭档，泰格在前9洞高于标准杆4杆。

后来情况开始好转，他保持着一轮63杆的好成绩，三轮竟然低于标准杆22杆，以12杆夺冠胜差赢得了比赛，打破了九项纪录：最年轻的冠军；最低的比分；最大的夺冠胜差；打出了奥古斯塔球场后9洞低于标准杆最多的杆数纪录（低于标准杆16杆）；中间36洞最低杆纪录（131杆）；前54洞最低杆纪录；创下了史无前例的奥古斯塔球场三项"之最"。

从此泰格一发不可收，不断打破纪录。他是在过去30年里唯一一位看起来有可能超越杰克·尼克劳斯18次大满贯冠军的选手，的确，泰格很有可能超越这个数字。

老虎咆哮夺冠大满贯

泰格在奥古斯塔球场第十八号果岭上最后一推后名人赛夺冠，创下了低于标准杆18杆的纪录，标志着他成为大满贯锦标赛的新生力量。

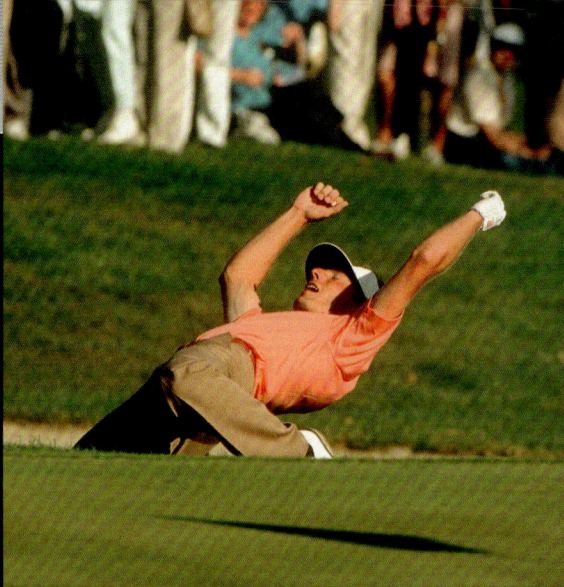

■ 布林·兰格在第一天的比赛中滚地球入洞，欣喜万分。

　　直至20世纪80年代，在美国本土上举行的莱德杯配对赛都是美国队一枝独秀，英国队和爱尔兰队总是惨败。1983年的莱德杯上，美国队第一次险些在本土比赛中失利。1984年在英格兰贝尔弗利举行的比赛由欧洲队取得了胜利。1985年他们来到俄亥俄缪菲尔德高尔夫俱乐部打莱德杯，比两年前更有在海外获胜的希望。

　　这可谓是欧洲梦之队，由托尼·杰克林领队，不过在很多方面还是由塞弗·巴雷斯特罗斯领头，那时他已经是4次大满贯冠军得主、一次莱德杯的巨头。尼克·法尔多刚刚取得了第一个公开赛冠军，桑迪·莱勒两年前也赢得了公开赛冠军，正在进军名人赛。这样的欧洲队人才辈出，获胜心切。

　　第一天上午的四人对抗赛后就几乎知晓花落谁家了，不过在下午的四人对抗赛中欧洲队更是大获全胜。第二天比赛结束后欧洲队领先5分。

　　最后一天的单人赛中美国队使出了浑身解数，头7场比赛中取得了5场胜利，一次平局，不过欧洲队顽强对抗。伊蒙·达西（EamonnDarcy）决不让步，在第十八号果岭将一个棘手的两米球推入球洞，击败了本·克伦肖。

　　最后压轴的是塞弗，他是欧洲队的动力和法宝，在很多方面他复兴了欧洲高尔夫。达西结束比赛几分钟后，他在第十七号果岭对抗柯蒂斯·斯特兰奇（Curtis Strange），打出了绝佳的一球。美国队第1次在本土失去了冠军王位，这的确是个开始，接下来的8次莱德杯赛事中，两队一直不相上下。

欧洲队袭击莱德杯

第一次在美国土地上赢得了莱德杯的欧洲
英雄们在托尼·杰克林（中）的带领下欢
快起舞

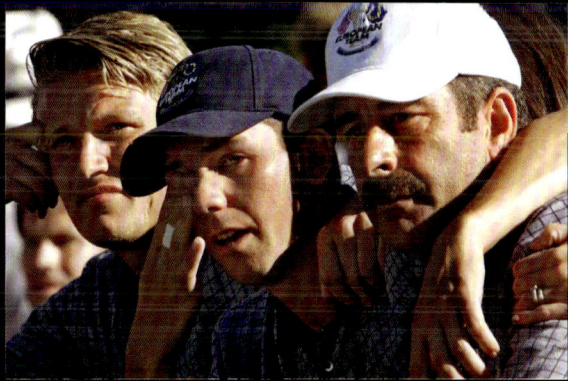

■ 满含泪水的塞尔吉奥·加西亚（中）还是难以接受失败。

可以说这是高尔夫球队史上最激烈的比赛了。1999年在波士顿布鲁克林乡村俱乐部举行的莱德杯上，本·克伦肖率领的美国队在头两天里遭逢重击，以六比十的差距被欧洲队远远甩在后面，就这样进入了最后一天的个人赛。

比赛的前半部分美国队遥遥领先，成绩斐然。很快就有6项领先，势不可挡。最后一天的比赛充满了戏剧性，使得观众哗然一片，这次莱德杯的胜负最后要由美国队的贾斯丁·李奥纳多与欧洲队的奥拉沙宝之间的对抗来决定。

还剩7洞时，李奥纳多落后4杆，但接下来的4洞他快速赶上，到第17洞时已势均力敌了，他的努力不仅是为了自己的比赛，更是为了夺得莱德杯团体冠军。两位选手都对果岭掌控得很好，都要推出小鸟球。李奥纳多站在15米远的地方，奥拉沙宝正好是一半的距离。

李奥纳多先发球，他打得很好，可能只稍微劲大了些，球的路线看上去很完美，然后只听"砰"的一声，球打到了球洞后壁上然后进洞了！李奥纳多喜形于色，美国队队员竟跑上果岭来向他祝贺，踩踏了奥拉沙宝的推球路线。这样的激动情绪虽然可以理解，却使得奥拉沙宝难以聚精会神来应对自己重要的一推，球未能进洞，美国队确保了他们需要的那半分。

尘埃落定后，不可否定，美国人卓越的反击值得一书，成功得之不易，伟大的莱德杯又回到了美国人手里；同时，莱德杯也让两队和观众懂得：应该一直高举高尔夫运动的精神，对庆贺和场上行为来说，应有个不该逾越的限度。

布鲁克林之战

贾斯汀·雷奥纳德在第17果岭上的小鸟球激起美国队队员们难以自控的庆祝行为。

■ 伍兹列居排行榜榜首

在其他任何一项顶级体育赛事中，都再难找出像泰格·伍兹2000年圆石滩美国公开赛上夺冠时的辉煌了。同样，很难想象高尔夫大满贯赛上他竟能以15杆之差夺冠。

这一周的比赛可以体现泰格那一年的高超球技。《世界高尔夫》杂志的封面就有泰格·伍兹向观众致敬的照片，他的右手高举着，照片的大标题是"地球人，你们好！"，这是很简要的概括。那年，对所有人来说，泰格像是星外来客。

美国公开赛一直被认为是最折磨人、要求最高、所有大满贯赛事中难度最大的比赛。果岭坚硬陡峭，球很容易被卡在过不去的地方，球道比任何其他球场的都狭窄，长草区又厚又乱。美国PGA组织，给所有美国公开赛参赛者制定了规则：如果打丢了球，即使看着很好，也会受到严厉的惩罚。

泰格·伍兹让一切显得很简单。他的第一轮打出了65杆，领先1杆。两轮后，领先6杆，三轮后已达到领先10杆，最后悬殊达到了15杆。确切地说，他是唯一低于标准杆12杆的球手。并列第二的是米格尔·安赫尔·希门尼斯和两届美国公开赛冠军厄尼·埃尔斯。

"如果想要看选手在美国公开赛上表现非凡，那就是这场比赛了。"埃尔斯由衷地说。的确如此，那一周每一位参赛者平均都在一轮中打出过5个柏忌，泰格总共才打出了6个柏忌，并且没有一次三连推。这在任何一场大满贯赛事中都足以惊人，更不要说在美国公开赛上了。

伍兹自成一派

圆石滩最后一轮中，伍兹在第十四号洞球座发球。这是第100届美国公开赛，伍兹为美国高尔夫协会100周年盛事创下了新的辉煌

■ 2002年索伦斯坦在ANZ女子名人赛上夺冠，那年她共13次夺冠。

21世纪初，人们对谁是巡赛上最具优势的选手争论不休，是泰格·伍兹还是安妮卡·索伦斯坦呢？如果拿那段时期泰格取得的成就来作标准，再说到索伦斯坦的才华，问题就很难回答了。

安妮卡的球打得又远又直，她有着对击球距离超群的把握，推球时就像有天使相助，她还有着冷静的气质和必胜的决心。她的2001年赛季是很特殊的一个赛季，8场夺冠，成为高尔夫史上唯一一位打出单轮59杆的女选手，也是第一位获得高达两百万奖金的职业高尔夫协会女选手。她强有力的对手凯利·韦伯在那年年底的　次访问中说道，如果安妮卡2002年冉赢8次的话，她会"把帽了夺掉"。

但安妮卡可不仅赢了8次。2002年，她整个赛季遇到的对手可以说像1945年拜伦·纳尔逊遇到的一样不相上下。一个赛季内，她赢得了11场职业高尔夫协会的比赛，打破了所有纪录。纳贝斯克赛事上她赢得了自己的第四次大满贯；在家乐乐（Kellogg-Keebler）精英赛上胜出11杆，创下了新的纪录。那个赛季她成为PGA职业选手中第一位收入从900万直升至1000万再到1100万的女球手。

安妮卡不能满足于在美国取胜，她开始出国征战。接下来的一年，相继在澳大利亚ANZ女子名人赛及瑞典康柏公开赛上夺冠。那一年，她一共参加了26场赛事，赢得了13场。赛季结束时，她完成了20个前十佳终场球，每轮平均杆为68.70杆，令人难以置信，也创下了新的纪录，就此确立了她女子PGA名人堂的资历，也将280万奖金收入囊中，刷新了自己在前一年创下的纪录。

索伦斯坦所向无敌

2005年的索姆杯上，安妮卡·索伦斯坦（左）的反应就像是球已入洞，旁边观看的是苏珊·佩特森（中）和欧洲队队长卡特林·尼尔斯马克（Catrin Nilsmark）。

■ 2001年1月艾利·卡拉威手执以他名字为牌子的球杆。

1982年，当大富翁艾利·卡拉威(Ely Callaway)走进棕榈溪一家专业高尔夫商店时，高尔夫就注定要发生变革了。艾利对货架上一个很特别的劈起杆很有感觉，他不仅买下了这个球杆，而且还买下了生产这个球杆的公司一半的资产。

不久，卡拉威球杆就成为人们挑选的球杆了。当然，成就卡拉威公司的不是这劈起杆，而是金属球杆。到20世纪末，艾利的公司已经成为全球生产高尔夫球杆的一个巨头，几乎统治了高尔夫球杆市场。

艾利·卡拉威是少见的典型的超级企业家，做事眼光独到。如所有成功人士一样，他对自己信心百倍。当他推行公司的"巨炮"（Big Bertha）产品时，他对产品的成功非常有信心，这是全球第一杆超尺寸的钢头球杆，他预定了30万个钢头，卖出了天价。

这可是大举措，对许多高尔夫球手来说，从使用柿树木做头的球杆转为使用金属头的球杆困难不小——金属头的球杆无论看上去还是感觉起来，甚至声音听起来都与众不同。但不可否认的是这项新技术给高尔夫运动带来的创新。

卡拉威的公司继续制造那些开创高尔夫运动历史的新球杆，并且也的确使得这项运动对普通的高尔夫球手来说更富有打球的乐趣。"一号球杆一直是高尔夫球筒里最让人害怕的球杆，从我们开始，它才不再那样令人生畏，而变得最受欢迎。"2001年艾利在《世界高尔夫》杂志的一次采访中说道。

"巨炮" 问世

卡拉威大号钢头球杆让不同水平的球手都能击球更直、更远。

■ 尼克·法尔多（左）在研究高尔夫球场规划。

曾有一度，高尔夫界分工明确：球手在球场打球，设计者设计球场。而如今，有创意的高尔夫球场设计师艾利斯特·麦肯兹（Alister Mackenzie）博士、唐纳·罗斯(Donald Rose)和哈瑞·考特(Harry Colt)的时代已经过去了。

现在，开发商都知道想要让新的高尔夫球场马上得到人们的认可和信任，最好的办法就是让全球最好的球星参与进来。很多顶级球员都加入了这一行列：杰克·尼克劳斯、盖瑞·普莱尔、格里格·诺曼、菲尔·米克尔森、厄尼·埃尔斯、本·克伦肖、安妮卡·索伦斯坦、塞尔吉奥·加西亚、维杰·辛格、乔瑟·玛利亚·奥拉查宝、拉夫三世、科林·蒙哥马利，还有泰格·伍兹，他们都参与了全球高尔夫球场的设计。

阿诺德·帕默在很多方面可以称得上是这次行动的带头人，他回忆道："我开始修建高尔夫球场时，只有少数的球员参与球场建造，今天几乎所有打球的人或者打球打得好的人都成了球场建筑师。"

其中的诱惑有目共睹，虽然高尔夫球员比其他体育项目的运动员更能维持较长的职业生涯，但鼎盛期毕竟不能长久。自然的，他们可以通过建设球场来转入一个新的职业，对他们来说，这样的投入至少还能与曾经的辉煌有一定关系。

厄尼·埃尔斯说："退出比赛后，还是想趁年轻能参与到球场设计中来，我可不想等到50岁再这么做。"埃尔斯的设计公司正在远东、中东及印度修建高尔夫球场。

当然，这是挣大钱的行业，高尔夫球手通过设计一座高尔夫球场就能有7位数的进项。这也引起了很多其他变化，其中有一点就是高尔夫球场设计已被推广到前沿位置，这当然是好事，75年前，球场设计还是很神秘的事。

高尔夫球星的卓越设计

2003年3月，在中国的观澜湖球场，乔瑟·玛利亚·奥拉查宝在以他名字命名的球场第十五号洞打出了低于标准杆5杆的好成绩。

5 世界著名高尔夫球场集锦

林克斯球场

虽然高尔夫球起源的确切时间难以确定，但毋庸置疑的是：这项运动可以在苏格兰和英格兰的沿海荒地上举行。有几个世纪，林克斯高尔夫统治了高尔夫运动。起伏不平的地势和多变的天气成就了最早、最基本的高尔夫比赛。

△皇家乡村高尔夫俱乐部的林克斯球场位于北爱尔兰，傍依邓德拉姆海湾。

◁◁爱尔兰的沃特维尔高尔夫俱乐部面临大西洋，是欧洲林克斯球场中最西端的一座。

◁苏格兰坦伯利的爱利萨林克斯球场是全球环境最优美的高尔夫球场。

天气状况还是球的去向都不可预知，球的命运
也要由球在坚硬的小草坡上弹到哪里来决定，
不过真正来打球的人对此不会有任何怨言。

早期，那些英勇无畏的高尔夫球手利用业余时间在大海与内陆交界处练球是很自然的事，这些场地凹凸不平、杂草丛生，比较适合放风筝和散步。这也是"林克斯"名称的由来——连接大海与草原的地方。林克斯场地的挑战独具一格，受过纯学院式训练的高尔夫球手刚开始在这样的场地打球时总得和地表特征斗上一斗，征服这样的球场得掌握一些技巧。大风穿过林克斯，不仅造成了沙丘，也在考验着发球技巧。林克斯球场要求打出特殊的球——应利用地表的自然轮廓，把球低低地打过微风带。

天然的场地

这里的球道穿过山谷中波峰波谷和一个个由来已久的沙坑，形成了自己天然的线路。传统上讲，林克斯对自然条件有着自我保护，所以球道、球座和果岭总是很坚固。在漫长炎热的夏季，干了的草皮会变成褐色，这一点也不足为怪。海边的草地只有在自然海边环境——潮湿、凉凉的海风——和果岭维护者悉心照料下才能保持生机。而且不能多浇水，为的是避免其他杂草的生长，以保持林克斯独有的特征。

许多古老的林克斯也有着相似的地表特征，因为林克斯地带较狭窄，球洞会离俱乐部会所很远，到了尽头的某一点后才会折回来。

你会经常发现自己在和野外的风对抗，往回打时才能顺风而行。

爱尔兰西海岸的诺曼球场（Doonbeg）是近来修建的为数不多的林克斯球场之一，由格里格·诺曼设计，球洞穿过大片的沙丘，和西海岸的林克斯地带几乎齐名，但却和英伦诸岛东部的林克斯风格全然不同。

林克斯球场的内陆姊妹篇模拟了纯正林克斯特色，就是少了海！两座欧洲最好的内陆林克斯球场：都柏林附近卡顿府的蒙哥马利球场和柏林的法尔多球场，顾名思义，它们是由高尔夫名将设计，由斯坦·艾比（Stan Eby）建筑完工。

不过，也曾有过一些球手运气欠佳，往外打时与风刚对抗过，返回时发现风向转了，还得一路应付其他问题。这就是林克斯球场的绝妙之处：一切不可预知。不管是天气还是比赛环境，就连球的命运也要由球在坚硬的小草破上弹到哪里来决定，不过真正来打球的人对此不会有任何怨言。

内陆林克斯

虽然林克斯球场一直富有声名且有着独特的历史意义，但直至今天还为数不多，全球只有不到250座真正的林克斯球场，其中一大部分都是英伦诸岛的沿海球场。这样的林克斯会一直保持原

位于南非的凡考特高尔夫球场由盖瑞·普莱尔设计，是众多新式内陆林克斯中的一种。

色。如今，全球沿海地带都被保护起来，用于修建更有难度的林克斯球场。

对热衷于林克斯球场的人来说，修建"内陆林克斯"时会继续延续这种特殊狭长场地的特征。虽然没有变化无常的海风来考验球手的球技，但对聪明的建筑师却是种考验，没有海洋吹来的风，这样的场地总不像真的林克斯场地。不过现在能称得上纯种的传统林克斯场地的并不多，这种新生的"林克斯"成为受欢迎的替代物。

地狱沙坑

林克斯的沙坑都很深，呈贝壳状，所以沙坑里的沙子不容易被风吹出来。不过风蚀也是这些陷阱地带面临的一个难题。多年来，人们一直在采取措施保护这些地带。覆护是加固的一种手段。即在每一个陡坡上加1层保护草皮，由此形成一堵草墙，这不仅保持了沙坑的形状，同时也给遭遇到沙坑的球手造成了很大的难题。草皮修护苗圃为圣安德鲁球场的沙坑提供需要覆护的草皮，恶名远扬的有"路洞"沙坑和"地狱"沙坑，"地狱"沙坑是一个深达3米的深坑。

■ 圣安德鲁球场第十四号球洞球道上巨大的"地狱"沙坑。

爱尔兰沃特维尔高尔夫俱乐部

沃特维尔高尔夫俱乐部位于偏远却能促发人灵感的爱尔兰凯里环（The Ring of Kerry），是一座广阔却不张扬、绝妙却极具挑战的球场。沃特维尔地区是欧洲最西侧的跨大西洋海陆连接地带。亨利·科顿认为："它是全球修建得最出色的球场之一，如果是在不列颠，无疑会成为公开赛赛场。"

斯图亚特精神

三次大满贯冠军佩恩·斯图亚特性格外向、深得人心，他深爱着林克斯、沃特维尔村及这里的人们，也深受人们的爱戴。不幸的是，他刚同意担任2000年沃特维尔高尔夫俱乐部的荣誉队长后不久，就在一次飞机失事中丧生，距他美国公开赛第二次夺冠只有几个月的时间。人们在沃特维尔高尔夫俱乐部第九号球洞的果岭处给他立了一尊铜像来缅怀他，从俱乐部窗户能看到这尊铜像，穿着他自己品牌的服装倚在球杆上。

斯图亚特的雕像和他的妻子崔西

沃特维尔高尔夫球场以其让人难忘的林克斯闻名，第一号球洞号称"顶级难"，其盛名可不是虚张声势，场地可是名副其实地难。沃特维尔球场分布在沙地极具特色的一角。一侧是大西洋水域巴林斯凯利格斯湾（Ballinskelling Bay），另一侧是英尼河（River Inny）河口，从水域方向可以看到玛格里卡迪山脉（Magillicuddy Reeks）。这片天然未经雕琢却迷人、浪漫的林克斯场地也以其充满创造力的绝妙设计让人称道。

洞洞皆精彩

沃特维尔球场的起源可追溯到19世纪晚期，那时这片神奇的乡村由一家电缆公司进行改造，海底通信电缆一直通到美国，应运而生的高尔夫球场是为了给工人们提供娱乐而修建。

这座球场后来年久失修，一位美国籍爱尔兰人约翰·A·马尔卡西（John A. Mulcahy）难忘故里，20世纪70年代开始着手在这里创建一座标准化的现代林克斯球场。这的确极具挑战，不过最终球场修建的非常成功，吸引了来自世界各地的参观者，令人叫绝。从2003年开始，球场一直在不断完善，力求尽善尽美。

汤姆·法齐奥设计了很多顶级的新球场，也改造了一些全球最好的球场。在设计沃特维尔的时候，要求每个洞都要别出心裁。沃特维尔一直以其绝佳的后9洞及前面的几个沙坑闻名，不过法齐奥的确让每个洞都各有精彩之处，他还设计了两个新洞，最著名的几个洞也进行了改造。所有的洞都和难缠的贝壳状的沙坑相邻，并且还点缀着长草。每次球座击球球手都要小心翼翼、全力以赴，刚愎自负的球手在这里肯定丢分惨重。有几洞令人望而生

畏；有几洞令人兴奋、跃跃欲试。站在这里任何一个三杆球球洞旁，球手都会震惊于它们非同一般的外观而不得不面对现实。第四号球洞开球区在有风的较高处，长长的果岭在河口处，由河岸围绕而成。在第六号球洞，山坡上的球座击球一定要进入果岭，靠左或打远了球就会顺着颠簸的山坡滚下去，靠右的话会陷入可怕的陷阱里。

在第十二号球洞，必须得让球穿越长着树林的小谷地。最后，第十七号球洞令人无比兴奋，这里有知名的"马尔卡西高峰"，是整个球场上最大的沙丘，这个原始的沙丘上面是一个孤立的球座，在这里你可以观察整个球道。右侧是海洋，183米远处是险境环绕的果岭，一个孤立隔绝的沙坑和长满草的沼泽地成为左前侧的护堤，环绕在后侧的暗礁静候着你把球打偏，右侧紧挨着的是急剧滑向海滩的陡坡。

富有刺激性的发球不只限于短洞。四杆洞的第二号球洞和第三号球洞的果岭离河很近，蜿蜒向下的右侧第七号球洞挫败了很多发球手。沿着五杆洞第十一号球洞处蔓延的是大片的沙丘，曾有人把它描述为"像穿行在曼哈顿"，沙岗很近，在风中的第十五号球洞和第十六号球洞击球都令人望而生畏。

此场地可以和英国其他有名的林克斯相媲美，不过因其偏远，没有被作为顶级精英赛的比赛场地。即使如此，全球最棒的球手也会来这里小试锋芒，特别是在公开赛之前。如泰格·伍兹、马克·欧米拉、吉姆·弗里克以及佩恩·斯图亚特都是这里的常客，他们喜欢这里与世隔绝的感觉，也喜欢这里毫无道理、要求极高却让人无比激动的场地。

第十六号球洞一直被称为连姆的王牌，它与海风吹出的沙丘顺势起伏分布，英尼河在这里注入大海。

> 这里的确很棘手，也让人激动，我喜欢回到这里体会她迷人的魅力。她的确极具挑战，不过无疑是位淑女。

——曾任皇家古老高尔夫俱乐部队长的乔·卡尔（Joe Carr）评论道

球场

在强劲的大西洋海风吹拂下，这片令人望而生畏的林克斯分布于田园风光中，发球区对球手的要求很高，处处分布的沙丘也毫不示弱，一道道凹凸不平的沙坑让每一次发球都极具挑战。想要成功就得镇静自若、意志坚强。

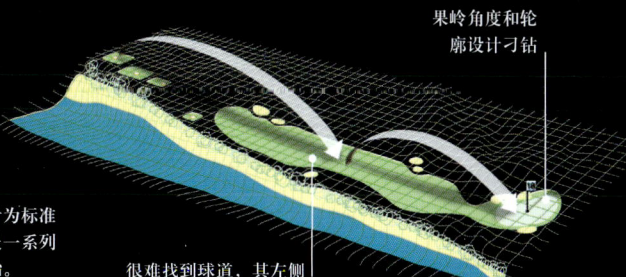

果岭角度和轮廓设计刁钻

很难找到球道，其左侧是沙丘，右侧是沙地。

第四号球洞设计为标准杆三杆洞，也是一系列沙丘球洞的开始。

第二号球洞果岭离河很近，风景这边独好。

第16号球洞

"欧格拉蒂的海滩"

第十八号洞是标准杆五杆洞，令人望而却步，非同一般，顺着山坡直达海滩，站在发球区几乎难以找到球道。球洞左侧全部是沙地，左侧是大沙坑。球道蜿蜒至球洞，穿越了近550米的沙堆，最终到达刁钻的果岭，这是球手最难处理的高尔夫球洞之一。

第十七号球洞在巨大的沙丘后，被称作"马尔卡西高峰"。

第十八号球洞球道和附近的沙地并行而设。

第一号球洞延续到海边，被冠以"顶级难"。

■ 巨大的第十八号球洞

沃特维尔高尔夫俱乐部

爱尔兰凯里，沃特维尔公司，沃特维尔高尔夫林克斯
www.watervillegolflinks.ie

球场

建于：1889年　　法齐奥
设计者：约翰·A·马尔卡西（John A Mulcahy），艾迪·哈克特（Eddie Hackett），克劳德·哈蒙（Claude Harmon），汤姆·
长度：7325码（6698米）
标准杆：72杆
球场纪录：67杆，廉姆·辛吉斯（Liam Higgins，1977年创造）

杰出的锦标赛冠军

金凯里国际精英赛：乔治·彭斯（1975），托尼·杰克林（1976），廉姆·辛吉斯（1977）

球场计分卡

前9洞			后9洞		
洞序号	码距	标准杆	洞序号	码距	标准杆
1	430	4	10	470	4
2	464	4	11	506	5
3	425	4	12	200	3
4	185	3	13	488	5
5	595	5	14	456	4
6	194	3	15	428	4
7	424	4	16	386	4
8	436	4	17	194	3
9	445	4	18	594	5
前9洞	3598	35	后9洞	3727	37

爱尔兰巴里布尼恩球场

谈到令人叹为观止的林克斯，首当其冲的是巴里布尼恩的老球场。这里广阔的长草沙丘毗邻大西洋沿岸那些大片水域，球场顺势而建，引以为荣的是最著名的林克斯标准四杆洞——第十一号球洞。犹如圣安德鲁球场，这里也是想要寻求最地道林克斯体验的高尔夫球手的圣地。

巴里布尼恩老球场中隐伏在延绵沙丘中的三杆洞第十五号球洞的果岭。

巴里布尼恩每一个球洞都特色鲜明。球场设在爱尔兰西海岸的沙浓河河口处，大部分曾踏上这里球道的球手都会爱上它离奇又苛刻的特性。也有个别侥幸的球手相信"幸运女神"，而高高的果岭和凹凸不平的球场会让他们恼火不已，在这里他们无疑会经历糟糕的一天。

追溯早期建立球场时的19世纪末，巴里布尼恩引起了人们的非议，球手也分成了两派。1897年的《爱尔兰时报》上有一篇报道，对球场的独特处大加指责，描述道："这里是村庄脚下的一个兔子窝，球手来这里打球得有无限的耐心，还得带着用不完的高尔夫球"，这样对球场的评价的确很过激，不过至今球场还需要球手具有冷静的头脑，不要被沙坑弄昏了头脑，更不要把一袋的球都打丢了。

第一次来这里走向第一号球洞的球座时你一定激动不已，不过当你顺着球道往下望去，看到紧邻右侧石墙另一侧的墓地时，你的期待会转为好奇。

> 巴里布尼恩的老球场是全世界林克斯高尔夫的最佳考验地之一。
>
> ——五次公开赛冠军汤姆·沃特森

巴里布尼恩

爱尔兰凯里县巴里布尼恩沙山路
www.Ballybuniongolfclub.ie

老球场

建于：1893年	Simpson)，汤姆·沃特森
设计者：詹姆斯·麦肯纳	(Tom Watson)
(James Mckenna)，汤	长度：6684码(6112米)
姆·辛普森(Tom	标准杆：71杆

杰出的锦标赛冠军

爱尔兰PGA冠军：哈里·布莱德肖(1957年)

墨菲斯爱尔兰公开赛：帕特里克·索兰德
(2000年)

帕尔玛杯(高校杯)：欧洲队 (2004年)

球场计分卡

前9洞			后9洞		
洞序号	码距	标准杆	洞序号	码距	标准杆
1	403	4	10	361	4
2	439	4	11	451	4
3	220	3	12	200	3
4	529	5	13	486	5
5	552	5	14	135	3
6	302	4	15	212	3
7	420	4	16	499	5
8	154	3	17	376	4
9	456	4	18	379	4
前9洞	3555	36	后9洞	3129	35

球场

　　球道两侧和果岭轮廓清晰，这是老球场独具一格之处，这里不用躲避树木，不过球得听由近海岸的风来摆布。这里也有盲打区，需要球手把球准确打上果岭。

第十一号球洞因其雄伟的海洋风光和具有挑战性的发球闻名遐迩。

中央沙坑需要近乎完美的发球。

第十六号球洞果岭特别受自然环境因素的影响。

果岭左右都有沙丘围绕。

球道狭窄，令人生畏，深草区从各面侵入球道。

一连串的阶梯状地势通向果岭，果岭依偎在沙丘中，顺着通向大西洋的山势而下。

■ 第十一号中洞

第16号球洞　巨兽

　　和任何一个高尔夫四杆洞一样，第十一号球洞作为最知名的林克斯球洞之一闻名全球，其背景宏伟：这个412米长的巨兽上没有沙坑，右侧30至40英尺深处是紧临海洋的海滩。每位高尔夫球手都应来这个海陆交融的边缘地带一试身手。

　　虽然开始给人的感觉不太好，这样的开场导入比起越来越刁钻的球场还算更温柔。过山车似的球道会让球也在这里上演生死游戏，因为在这里很少能打出真正的平球位球，近距离发球都是由这些高处的球位发出进入果岭的，而这些果岭都居于一片高地，球会落入长草的洼地里。在巴里布尼恩需要的是精准的击球。

真正带给人享受的经历

　　老球场因其第十一号球洞、5个三杆球洞和最后方的3个球洞而闻名遐迩，这些球洞从右到左环绕着巨大的沙丘，和大海息息相连，都是极具特色的短距离球洞，但奇怪的是，其中后9洞中有3洞占据的是4洞的区间。三杆球洞中最精典的当数第十五号球洞，顺山势而下直通海洋，其果岭很长，分为两层，位于沙丘中，镶嵌着4个沙坑，迎着吹向海洋的海风，这可是个地狱般的球洞。

　　在这里，如果前面得分较高，最后3洞可能让球手拿下全局。第十六号球洞当然需要个小鸟球，不过在海滩附近的球座击球会惹来麻烦，使得这小鸟球适得其反。这里几乎是半盲区，球手先得决定：在这样的条件下把球打上布满沙丘的山谷，进入果岭前这个狗腿洞会怎样咬上你一口。

　　第十七号球洞是另外一个狗腿洞，这里需要先朝向海滩，然后绕过海岸左侧往回打。最后一洞更是严酷的考验：是一个顺山势往上打的4杆洞，其球道被半圆形沙坑一分两半，果岭四周环绕着三个陡峭的壶状沙坑。

　　巴里布尼恩老球场地势独特，来这里打球的确能带给人享受。当然，凛冽的风中在此打球的确极具挑战。尽管绝非易事，这里的球洞还是其乐无穷，让人难以忘怀。

克林顿也来打一场

　　1998年，美国总统比尔·克林顿国事访问爱尔兰，行程即将结束时来到老球场打球。为了纪念这次来访，小镇中央竖起了一尊仿真的总统铜像。

■ 贵人来访

北爱尔兰皇家乡村俱乐部

穿过荒蛮的乡间就到了皇家乡村俱乐部，它是高尔夫人理想的打球天堂，同时也是地狱之地，是典型的野蛮美女。这里的许多球道由高高的金雀花花丛围绕而成，有着130座形状各异的沙坑，其离奇和特殊之处令人激奋也极具惩罚性。尽管有这些微妙之处，这片独特的林克斯还是成为全球备受欢迎的一处高尔夫胜地。

球场

皇家乡村俱乐部背后是绵延起伏的莫恩山脉，外延紧邻爱尔兰海，这片崎岖不平的林克斯以其传统的姿态呈现出既令人兴致勃勃又让人气急败坏的一面。盲打偶尔还有反弹球考验着球手的头脑和球技。

第十五号球洞球道宽阔，果岭形似倒置的调料瓶。

第十六号球洞果岭被沙坑守护着。

第十三号球洞的边缘地带是长满了金雀花和石楠的一座座沙丘。

狭长的第八号球洞果岭从前至后呈坡状。

第一号球洞球道轮廓清晰，沙坑分布恰到好处。

果岭狭长，两侧和后侧都是陡坡。

球洞处于金雀花花海之上，果岭旁有几处深深的沙坑。

第4号 球洞 吃分的一洞

这个三杆洞有着此球场最迷人的景色，也屡屡进入镜头。后面的球座位于高高的沙丘之间，在球手和果岭之间是一片金雀花花海。球手要应付10个沙坑（其中7个都临近果岭）。想要把球打上推球面，就必须打出成功的直线击球。

■ 迷人的第四号球洞

皇家乡村俱乐部

BT33OAN，北爱尔兰，纽卡斯尔高尔夫林克斯路，36号
www.royalcountydown.org

球场

建于：1900年	标准杆：71杆
长度：7,181公尺	设计者：乔治·康布
（6566米）	（George Combe）

杰出的锦标赛冠军

业余选手锦标赛：迈克尔·巴拉克（Michael Bonallack, 1970年），格雷姆·斯多姆（Graeme Storm, 1999年）
老年公开赛：小克里斯蒂·欧克奈尔（Christy O' Connor Jnr, 2000年）；伊恩·斯坦利（2001年），须贝升（Noburo Sugai, 2002年）
沃克杯：美国队（2007年）

球场计分卡

前9洞			后9洞		
洞序号	码距	标准杆	洞序号	码距	标准杆
1	539	5	10	197	3
2	444	4	11	440	4
3	477	4	12	527	5
4	213	3	13	444	4
5	440	4	14	212	3
6	398	4	15	467	4
7	145	3	16	337	4
8	430	4	17	435	4
9	486	4	18	550	5
前9洞	3572	35	后9洞	3609	36

打高尔夫从来就绝非易事。从很早以前，球界的先锋们就开辟出了林克斯。多年过去了，我们试图抹去球场上那些让现代球员觉得气愤不已的传统特质，不过皇家乡村俱乐部最真实地说明了打高尔夫是需要运气的。作为最佳林克斯球场之一，这里最需要的是出色技巧和好运的最佳组合。

未知的感觉

老汤姆·莫里森是球场的最初设计者，不过现在已经看不出太多他的设计理念了。乔治·康布把球洞从沿海地带较平缓的地带移到了更宽阔、更多沙丘的地带。1900年还没有推土机，全凭人力和马匹，球洞都在沙丘上，康布的球场标志就是很多的盲打球洞。

当球手站在发球球座上时，往往会看到远处的标志杆或地平线处的白色石头，这些都会提醒你要打好每一杆。不知道打出去后远处的情况，这会让胆小的球手手心出汗，这种一切未知的感觉也可能是一种乐趣。有时，用远处的标志杆固定位置再好不过，然后爬上坡顶，才可以看到球会重重地撞在球道的中部。在这里最重要的就是打出这样的球，否则你可就真的陷入麻烦中了。

整个林克斯上威严耸立着很多杂乱分布的沙丘，上面覆盖着枯草、大片的金雀花和石楠。

这里的沙坑很深，设置巧妙，但看上去乱糟糟的，原来整齐的表面被牢牢生长的草叶和片片的石楠丛占据。这种自然的状态给球场增添了神秘感，与保养得很美观的球道和碧绿的果岭比起来更是如此。

第一号球洞的确是开场球洞，几乎无所不包。这是个需要发挥潜力的双连击五杆洞，你可能以为能捕获小鸟，其实这里危机四伏。邓德拉姆海湾的海水簇拥在顶端沙丘的右侧，左侧的护堤形成了屏障。任何临近低陷的果岭做出的切击球都有可能被弹出去。不过，至少在这一洞你能知道该往哪里打。

接下来的几洞很难说是连贯的几洞。比如，第五号球洞由左至右呈弯曲状，高处一块白色的大石头明晃晃地照着你，给你指出击打的路线。擅于远距离击球的球手可能想让球越过这块石头，然后正好朝向其右侧，也是球洞延伸的方向，不过，要是打过了头的话，球就会被金雀花花丛吞掉；如果选择更危险的路线，就可以对果岭进行较短的击球，但是更好的办法

是轻挥杆朝向左后方打出。果岭附近当然很危险：外面一圈是沙坑、小的径流，后方的堤岸上长满石楠和荒草。由于四周都是果岭，短直的打法就是失误也较安全，但打过了头的话只能带来麻烦。

第八号果岭有较大的坡度起伏，四周危机四伏，但在球道上是看不见的。四杆洞第九号球洞只能进行盲打了，如果打不出像20世纪20年代哈里·考特那样的球，第二杆还得盲打。这是乡村俱乐部最著名的一洞，当然还有以考验灵感出名的第四号球洞。

踏上归途

虽然前9洞已经给人来了个下马威，汤姆·沃特森也叫它"我打过的最佳九洞"，往回打的后9洞同样让人心生敬畏。其中包含两个三杆洞，还有几个魔鬼般的两连推球洞。特别是第十三号球洞，是个成则为王败则为寇的五杆洞，竟有24座魔鬼沙坑。在绝妙的环境中，这一洞真是一个鲜见、令人生畏且极具挑战性的一洞。

第十号球洞特征鲜明，球座位于俱乐部，球座位于俱乐部会所的窗边，果岭巨大，周围环绕着沙坑。

商业开放

从技术层面来讲，皇家乡村俱乐部足以举办公开赛，它属于英国球场，又系出名门。公开赛之所以未能获准在这里举办主要是政治原因，因为这片地域上举办公开赛的确存在很大的安全隐患。其实公开赛仅在爱尔兰举办过一次，即1951年的皇家波特拉什公开赛。近年来，英国高尔夫锦标赛组织及筹划方即圣安德鲁斯皇家古老高尔夫俱乐部曾在皇家乡村俱乐部举办过老年公开赛，此赛事在称呼上与公开赛相似，这才使得杰克·尼克劳斯和汤姆·沃特森这样的球手能有幸体会到这片球场的魅力。

苏格兰坦伯利球场

经典、优雅且带给人享受，埃尔郡坦伯利的爱利萨球场（Ailsa）称得上是风景最美的高尔夫球场之一。这里俯瞰着爱尔兰海，爱伦岛（Isle of Arran）和爱利萨-克雷格岛（Ailsa Craig）遮住了望向海滩方向地平线的视线，古老的灯塔矗立在海角之上，其让人难以忘怀的球洞无疑是对伟大的锦标赛冠军充满戏剧性的挑战。

绝佳的风景使得坦伯利称得上是一流球场，这里地势起落较缓，球洞设在陡峭的岩石中，更加增添了这片迷人林克斯的魅力。

从20世纪开始，人们就在这片沿海地带进行高尔夫运动。世界大战期间，高尔夫运动未能发展，球道被压平，建成了机场跑道，高尔夫运动几乎被废弃。后来，附近一家豪华饭店的老板弗兰克·霍尔（Frank Hole）力主将这里恢复成高尔夫球场。直到1951年，麦肯兹·罗斯（Mackenzie Ross）才将这里恢复原貌，经过周密的工作后，球场得以重新开放，效果非凡。

热度不断上升

第一号球洞是短距离四杆球洞，还能轻松对应，不过接下来难度马上增加。两个难打的发球后，场地向北延伸。接下来离海岸线很近的5个洞特别考验发球水平，打球时会有逆风或侧风向，这一连串的球洞不仅令人发怒，更是对忍耐力的最大考验。

第八号球洞果岭左侧离崎岖的岩石只有几米远。不过第九号球洞最让人费尽心思，也被称作布鲁斯堡和坦伯利最著名的一洞。第十号球洞紧拥着海岸，高质量的发球必不可少。灯塔前面的新球座要求球要打出220码（200米）远，越过水和岩石到达果岭，只有使用有力的长铁杆才能让球找到果岭。

第十一号球洞球座离大海很近，球场从这里开始转向内陆，回转穿过散布着长满金雀花密草的沙丘。往回打的每一个球洞至少都有一处让人心跳停止的地方：有最典型的第十三号洞；让人打完就对结果急不可待的三杆洞第十五号球洞；得越过小河上方球才能着陆的第十六号球洞以及处在沙丘间的第十七号球洞。

第九号球洞发球区的冠军球座在布满岩石的海岬上，左侧是灯塔，前面是崎岖不平的海湾，通过远处的石界标才能找到球道。

2009年，公开赛四度光临坦伯利，为此特意增加了球场难度。爱利萨场地挑战的是风中作战，风平浪静的日子里球场没什么骇人之处，很容易避过球道上的沙丘，其他处也不是很难应付。不过如今由于和皇家古老球场的结合，球场的场地被加长了，也更紧凑了；又加入了17个球道沙丘，4个在近距离击球区，这加大了发球压力。

在以前的三次公开赛赛事中有三位锦标赛冠军：1977年汤姆·沃特森表现极佳，最终击败了杰克·尼克劳斯；1986年，在其他球手还在场地里奋战时，格里格·诺曼打出了63杆的好成绩；1994年，尼克·普莱斯仅用了31杆就开始往回打，其中有一杆是第十七号球洞的老鹰球。

奇特的挑战

坦伯利球场的公平性及多样性意味着球手要有多种打法以及一颗征服者的心。球手要做出各种击球姿势、会撞上突起物、奔跑，总之果岭周围什么想象到的情况都可能发生。果岭本身都很巨大，形态也各式各样，所以三届公开赛的冠军都是极其出色的击球手也就不足为怪。

其实还很难发现有哪位球手在坦伯利打过球后不想故地重游的，爱利萨场地无所不包，风景绝佳，挑战也不小。

阳光下的激战

1977年汤姆·沃特森和杰克·尼克劳斯在坦伯利正面交手，成为盛事（见228~229页）。最后一洞时汤姆领先一球，他朝向旗杆挥出了7号铁杆，将球打出草丛，上了果岭，抓到了"小鸟"。但汤姆不动声色，平静地赢了最后一洞，被称为"阳光下的激战"。

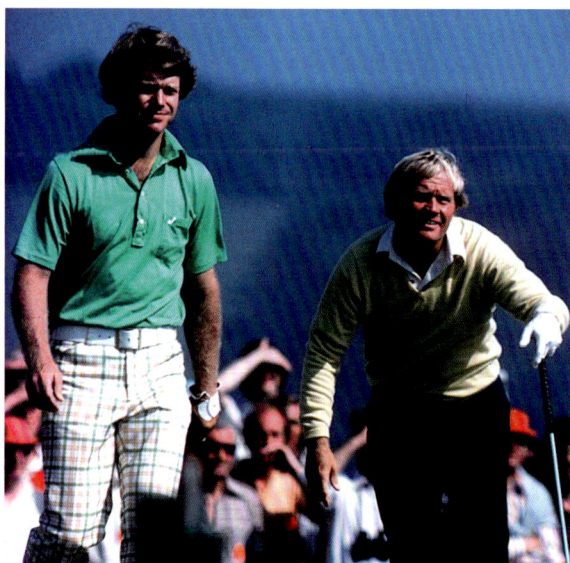
■ 汤姆·沃特森和杰克·尼克劳斯并驾齐驱。

球场

令人窒息的美景和爱尔兰海席卷而来的海浪形成了对照。这片恬静、安详的林克斯上沙丘并不多，但设置都很巧妙，形状各异，变化多端，是技巧和力量的完美组合。

第九号球洞果岭虽没有沙坑，但长草的丘冈会让球手痛苦不堪。

第十一号球洞果岭过后，场地开始转向内陆。

第十三号球洞果岭的前部由河岸保护着，难度很大。

第十六号球洞果岭由小河守护，河岸很陡。

第六号球洞果岭稍有闪失，球就会陷入沙地中或者滚下山去。

第四号球洞果岭如果把球打得偏左可是灾难性的错误。

第16号球洞 "涓涓细流"

用"涓涓细流"来作第十六号球洞的名字非常恰当，蜿蜒流过球洞前方及右侧果岭的水流的确涓涓细舒缓，不过陡然向下的两岸可截然不同。基本上，劈起球打得距离太短或离推果面偏右边就难保球不落入水中，因为这里圆形的巨大河岸陡峭向下，通向威尔逊小河，让打低了的球陷入困境。如果发球用力，虽躲过了小溪，却很难准确找到果岭，特别是在顺风的时候，还得在后方进行微妙的切球或灵巧的推球。现在球洞已经比1994年长了50英尺（46米），左右弯曲的球道使得此球洞难上加难。

坦伯利

威斯汀坦伯利度假村
苏格兰埃尔郡坦伯利，KA26 9LT
www.turnberry.co.uk

爱利萨球场

建于：1946年	球场纪录：63杆，格里格·诺曼（1986年）
长度：7224码（6605米）	设计者：麦肯兹·罗斯
标准杆：70	

杰出的锦标赛冠军

英国公开赛： 汤姆·沃特森（1977年），格里格·诺曼（1986年），尼克·普莱斯（1994年）
女子英国公开赛： 凯利·韦伯（2002年）
高级英国公开赛： 汤姆·沃特森（2003年），劳伦·罗伯兹（2006年）

球场计分卡

前9洞			后9洞		
洞序号	码距	标准杆	洞序号	码距	标准杆
1	358	4	10	458	4
2	430	4	11	174	3
3	489	4	12	446	4
4	165	3	13	412	4
5	476	4	14	449	4
6	231	3	15	209	3
7	538	5	16	458	4
8	454	4	17	558	5
9	454	4	18	465	4
前9洞	3595	35	后9洞	3629	35

■ 第十六号球洞果岭处的桥。

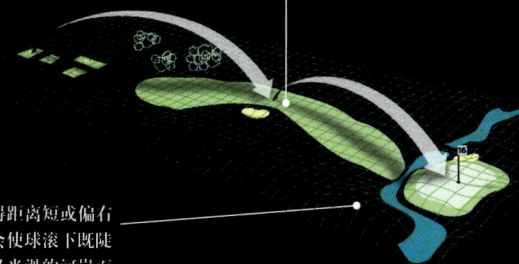
左右弯曲的球道使得此球洞难上加难。

打得距离短或偏右都会使球滚下既陡峭又光滑的河岸面落入溪水中。

苏格兰国王谷仓球场

国王谷仓球场是现代修建的林克斯球场之一，它既是英国土木工程之壮举，又是球场设计之典范。虽然很多球洞是其他林克斯球场如圣安德鲁球场、坦伯利球场以及卡诺斯蒂球场的翻版，但国王谷仓球场仍独具异彩，为林克斯球场文化增添了魅力，甚至堪与几英里外知名的"高尔夫故乡"相抗衡。

国王谷仓球场的故事得娓娓道来，从18世纪末开始，这片距圣安德鲁斯仅几英里路程的小村庄和高尔夫运动结下了不解之缘。1850年，最原始的林克斯地带被佃农开辟成了农田，1922年，高尔夫运动才重新回到了国王谷仓湾的林克斯地带，著名的圣安德鲁球场职业选手维利·奥奇特洛尼（Willie Auchterlonie）设计了9个新洞。1939年战争爆发后球场遭到了袭击，被开辟成海岸防御线。

又过了50年，这片平坦的草地才又见高尔夫。改造的确很可观：改造之前，这片地缓慢延伸到大海，只有一些自然的阶状地之分，没有沙丘，还是一片农业机械可以直接开进来的草滩。

后来，美国人马克·帕西内恩（Mark Parsinen）和凯勒·菲利普斯（Kyle Phillips）拥有了这片北海陡峭岩石旁的海边之地，萌发了将之改造成林克斯的想法。他们用了很长时间才在这片平坦的土地上造了一些显得很自然的沙丘，效果如同天然一样，人们都以为这片显得杂乱无章的土地几个世纪以来一直就是这样的。

用尽心机

帕西内恩和菲利普斯的工程队赋予了这片土地新的特征：球洞网状分布。他们的灵感来自于所有知名的林克斯场地，考虑到了每一个细节。球场的某处可能是圣安德鲁球场的翻版、某一处设计又来源于卡诺斯蒂球场或其他球场、最后一洞甚至直接照搬了坦伯利球场第十六号球洞那条总是吞掉球的小河。这些不算抄袭，可以说是对林克斯的献礼，因为国王谷仓球场仍独具特色。

这里每一洞都显得独特且趣味横生，没有任何两个洞相似，不过球场仍具有整体特色。几个三杆洞各不相同：第十五号洞很突出，其果岭居于岩石峭立的河口之上。许多球场都在四杆洞上费尽心思，可国王谷仓球场却独出心裁，没有设计极端的长距离球洞，所有的五杆洞都是机不可失失不再来的球洞，许多人都能打到这些球洞，不过想成为球场上的英雄可没那么简单。

每一洞都有机会：无论是感觉很安全的开始，还是需要英勇表现的地方。球打得越英勇好似越容易取胜，每一个旗杆处都标出了一条较理想的球座发球位置线。

铤而走险

当然，在果岭上不得有半点松懈，因为大多数果岭轮廓陡峭且厚重。本来可以设计一些较容易的推球台，不过设计者们都不屑于这么做，他们的灵感来自于象普勒斯特维克球场这样更古老的林克斯。有些果岭界限设计不太得当，不过这正是国王谷仓球场与众不同之处，毫无疑问，这会让球手终生难忘。国王谷仓球场需要球手铤而走险，这些难度很高的特色之处也表明球场的确技高一筹，能经得起时间的考验。

恶名远扬的果岭

国王谷仓球场的果岭设计之刁钻一直名声在外，不过最难摆脱罪名的当属第九号球洞的果岭。修建好后只用了一年，这个果岭就被重新定型，中部被削掉1英尺（30厘米）的高度，旗杆标志处设计刁钻，果岭高低不平，球手很难命中。

修葺一新的第九号球洞果岭

国王谷仓球场都是快速果岭，极具挑战性。夕阳下，第五号球洞果岭隐现在国王谷仓湾后低伏着的人工沙丘中。

球场

这座现代球场因其多样性而著称，尽管有些起伏巨大的果岭，它还是很好的比赛场地。球场设计显得非常自然，沙丘多样、设计巧妙，沙坑的设置也独具心裁。

■ 呈坡状的第十二号球洞果岭。

此球洞主要仿照圆石滩球场的第十八号球洞设计，环绕着岩石左右蜿蜒而设。

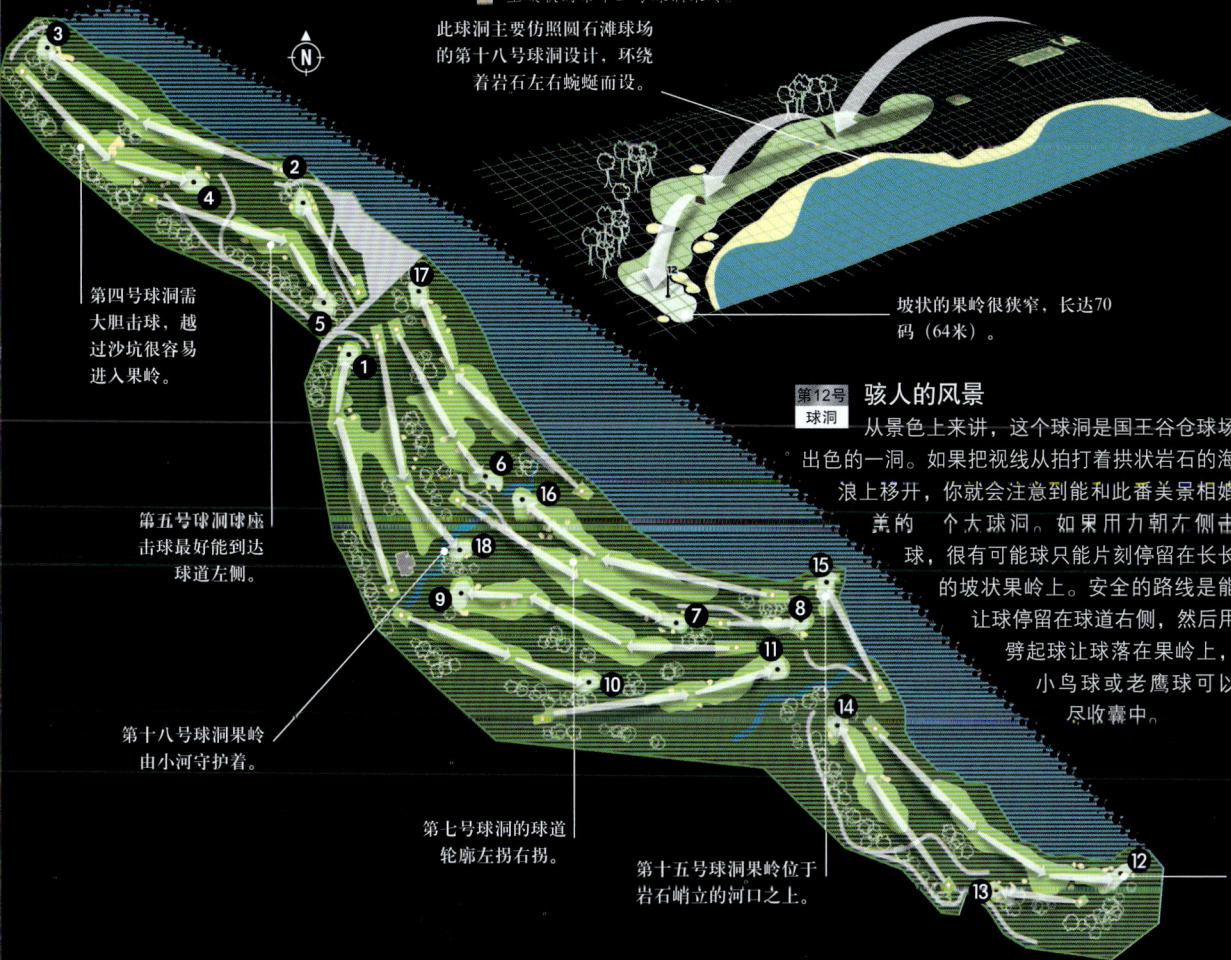

坡状的果岭很狭窄，长达70码（64米）。

第四号球洞需大胆击球，越过沙坑很容易进入果岭。

第五号球洞球座击球最好能到达球道左侧。

第十八号球洞果岭由小河守护着。

第七号球洞的球道轮廓左拐右拐。

第十五号球洞果岭位于岩石峭立的河口之上。

第十二号球洞果岭由一个大沙坑守着。

第12号球洞　骇人的风景

从景色上来讲，这个球洞是国王谷仓球场出色的一洞。如果把视线从拍打着拱状岩石的海浪上移开，你就会注意到能和此番美景相媲美的一个大球洞。如果用力朝左侧击球，很有可能球只能片刻停留在长长的坡状果岭上。安全的路线是能让球停留在球道右侧，然后用劈起球让球落在果岭上，小鸟球或老鹰球可以尽收囊中。

国王谷仓

苏格兰FIFE圣安德鲁，金斯邦斯
KY16 800
www.kingsbarns.com

球场

建于：2000年	球场纪录：62杆，李·韦斯特伍德（2003年）
长度：7126公尺（6516米）	设计者：马克·帕西内恩，凯勒·菲利普斯
标准杆：70	

杰出的锦标赛冠军

丘山林克斯锦标赛：（与圣安德鲁球场和卡诺斯蒂球场合办）保罗·劳瑞（2001年），派洛·哈灵顿（2002年，2006年）李·韦斯特伍德（2003年），斯特芬·加拉彻尔（STEPHEN GALLACHER，2004年），科林·蒙哥马利（2005年），尼克·道赫蒂（NICK DOUGHERTY 2007年）

球场计分卡

前9洞			后9洞		
洞序号	码距	标准杆	洞序号	码距	标准杆
1	414	4	10	387	4
2	200	3	11	455	4
3	516	5	12	606	5
4	408	4	13	148	3
5	398	4	14	366	4
6	337	4	15	212	3
7	470	4	16	565	5
8	168	3	17	474	4
9	558	5	18	444	4
前9洞	**3469**	**36**	后9洞	**3657**	**36**

英格兰南港皇家伯克戴尔球场

皇家伯克戴尔球场镶嵌在俯瞰着北海的巨大沙丘中，因其球洞多样性给球手造成了难以攻克的挑战。虽为知名的高难度球场，其公平性也同样知名，常被认为是英格兰最好的林克斯球场。球场位于兰开夏郡西海岸，也坐落在最好的林克斯地带，这足以让高尔夫爱好者赞叹不已。

第四次好运

1954年在皇家伯克戴尔举行的公开赛上，年仅24岁的澳大利亚球手彼得·汤姆森以最后一轮71杆的成绩夺冠，在这之前他有三次想要夺冠都未果。接着他又有四次取胜：1955年、1956年、1958年及1965年。最后一次夺冠是在皇家伯克戴尔取得。

汤姆森手捧奖杯

西海岸的大沙丘角是由几千年的西风锤炼出来的，也是创建"体育馆式"林克斯的最佳地带，大堆的沙子俯瞰着球道和果岭，野草随风摆动。南边的防御地带外有另外两座高尔夫俱乐部——山腰高尔夫俱乐部（Hillside）和南港及艾恩斯代尔（Southport &Ainsdale），它们也是这片地域中能和皇家伯克戴尔平分秋色的球场，不过皇家伯克戴尔以勇猛和超脱世外胜出一筹。

创新球场

现代球场的建造者都梦想着有这样一片理想的土地，不过要想把它开发得尽其用，不仅要独具特色还需要慧眼识珠。皇家伯克戴尔高尔夫俱乐部早在1889年就成立了，可直到20世纪30年代两位出色的设计师被委任来改造球场，才做到了地尽其用。

五次公开赛冠军J.H.泰勒和他的设计师伙伴弗雷

英国西海岸起伏错落的沙丘孕育了伯克戴尔球场卓越的球洞，虽然看上去粗糙不平，却堪称一绝。

德·霍垂（Fredrick Hawtree）在沙丘间的天然谷道中确定了球道走向、选取了最佳的果岭位置，许多果岭都坐落在沙丘间，形成了一个小型的圆形竞技场。因为利用了谷道底部，而不是推土成丘，球道轮廓并不过度，这也是伯克戴尔公平性名誉之所在。

1961年的公开赛上阿诺德·帕默在这里所向披靡，人们这才想到，当务之急应对这片林克斯进行改造，在难度和景色设置上都应得以提升。霍垂的儿子弗莱德增加球场吞球陷阱，他的新举措还包括在球场最远处增加了一个新的球洞：三杆洞第十二号球洞，也是高尔夫界最知名的短距离球洞之一。它已经完善到无法再完善，美丽绝伦。其果岭位于护岸之上，穿过了一片长满灌木丛的荒地，三面都是又高又令人生畏的沙丘，前面遍布着壶状沙坑，

得用长铁杆进行成功的一击才能命中。

为了准备2008年的公开赛，马丁·霍垂（Martin Hawtree，霍垂二世之子）将球场进行了改造，减去了12个沙坑，增加了16个新沙坑，6个锦标赛开球台不仅增加了长度，而且在很多球洞处都改变了路线，这使得球场更是难上加难，不过还是非常地开诚布公。

勇士之战

全球最好的高尔夫球手都很愿意在较小、较僻静的球座开球，让球从球道上长长地飞过。不过现在这样的球道都很难找，而是需要球手打出长距离且路线设计巧妙的球，不再是那种又有力又直的猛击了。球手到了这里的果岭后，面对的是起伏不平的地表，而不是夸张的陡坡。

在皇家伯克戴尔球场，钻研果岭并不是取胜的关键。发生在现代天才球手身上的事例很好地说明这一点：1976年的公开赛上，天气干燥，尘土飞扬，塞弗·巴雷斯特罗斯正在打最后一洞，这一洞的成功将很好地证明他的确是人们相传的后起之秀。球错过了第十八号果岭，滚入沙坑，不过他用一个轻击短切，神奇地将球铲出了沙坑，球直奔球洞，挽回了标准杆。

如果你能在这样的勇士之战中幸存下来，特别是能在第十五号球洞顺利过关，等着你的地标就是白色俱乐部会所艺术之家（Art Deco）了，它会让你想到茫茫大海上的航轮。对于一个高尔夫球手来说，不管在这里取得了怎样的分数，他们都会记着曾在美丽的海边徜徉过。

很少有高尔夫球手的名字因其可以载入史册的球技而被做成标志置于球场上，而阿诺德·帕默却在皇家伯克戴尔球场第十六号球洞处留下了自己的名字。此标志被置于球道右侧边缘地带的草丛中。1961年的公开赛上，帕默在第二轮中使用6号铁杆击中果岭，让观众大吃一惊，这一惊人的击球值得人们纪念。

球场

在大沙角地带，球洞顺谷道网状分布于沙丘间。击球要使球飞跃凹凸不平的地面，和球道形成一定角度。迂回的沙坑和刁钻的果岭使这里不失公平性，但有风的时候的确令人叫苦不迭。

第十一号球洞果岭左前方是棘手的沙坑。

蜗牛状的河道顺着第六号球道左侧蜿蜒而行。

第十七号球洞球道右侧有两座沙丘伺机面候。

第一号球洞的球道最为狭长，左侧是草丘。

皇家伯克戴尔

英格兰南港，滑铁卢路 PR8 2LX
皇家伯克戴尔高尔夫俱乐部
www.royalbirkdale.com

球场

建于：1889年	垂父子，马丁·霍垂
长度：7180公尺（6565米）	球场纪录：65杆，泰格·伍兹（1998年），约翰·休斯顿（1998年）
标准杆：70	
设计者：弗雷德·霍	

杰出的锦标赛冠军

公开赛冠军：彼得·汤姆森（1954、1965年），阿诺德·帕默（1961年），李·特维诺（1971年），约翰尼·米勒（1976），汤姆·沃特森（1983年），伊恩·贝克·芬奇（IANBAKER-FINCH，1991年），马克·欧梅拉（MARK O' MEARA，1998年）

美国莱德杯（1965年）：不列颠爱尔兰和美国队打成平局

球场计分卡

前9洞			后9洞		
洞序号	码距	标准杆	洞序号	码距	标准杆
1	450	4	10	412	4
2	421	4	11	434	4
3	450	4	12	183	3
4	203	3	13	498	4
5	346	4	14	201	3
6	509	5	15	544	5
7	177	3	16	439	4
8	458	4	17	572	5
9	411	4	18	472	4
前9洞	**3425**	**34**	**后9洞**	**3755**	**36**

球洞略呈狗腿状，从球座后侧看更显眼。

梨状果岭前面有两个大沙坑守着。

第18号球洞　重要的一洞

经过了前面那些卓越球洞的考验后，最后一洞非常之难。球道被一个大沙坑分割开，沙坑距发球台230码（210米），这给逆风打球造成了难度。右侧的草丛和金雀花丛也是不小的威胁，这样的球道还是需要用长铁杆让球在前面的两个沙坑间穿越而过找到梨状果岭。1965年的莱德杯上，阿诺德·帕默带给了不列颠及爱尔兰队致命的一击，把3号木杆打裂了4英寸。1983年的公开赛上，汤姆·沃特森挥杆命中，用2号铁杆打出了213码（195米），穿过了狭窄的15码（14米）的入口，到了18英尺外（5.5米），接着，他平静地进行了两次推球，以一杆胜出，击败了黑尔·厄文和安迪·宾（Andy Bean）。

■ 梨状的第十八号果岭。

苏格兰缪菲尔德球场

缪菲尔德球场是世界上最古老的高尔夫俱乐部——爱丁堡高尔夫人荣誉社团(Honourable Company of Edinburgh Golfers)所在地。这片林克斯俯瞰着爱丁堡附近的第四大河的入海口，被认为是不列颠群岛中最好的林克斯，位居世界球场前十名。1744年，高尔夫俱乐部的成员制定了高尔夫运动的第一套官方规则"高尔夫打法十三条规则"，接着那年举行了首届高尔夫竞赛，夺冠者为戈登·莱泰(Gordon Rattray)。

专家把这片林克斯列为高难度场地的确不为过。缪菲尔德的设计绝妙，并不是因为它是最具戏剧性或是最难的球场，而是因为其巧用心机，是所有林克斯中当之无愧的最佳场地。在林克斯场地历史上，这片场地绝不是最古老的，它形成于1891年，而高尔夫俱乐部组建于1744年，之间相隔了150年。不过自从建好的那一天，它就一直给高尔夫运动打头阵，吸引着那些有幸能踏上其球道的人。

1836年，爱丁堡高尔夫人荣誉社团因原来所在的利斯（Leith）林克斯球场太过拥挤，搬到了马瑟尔堡，接着他们又搬到了爱丁堡东部现在的地址，在距海几百码的开阔荒野地带开辟了新球场。

因为这里没有很多的大沙丘，所以由老汤姆·莫里斯率领的球场设计小组更倾向于特别设置一些深沙坑来考验球手的球场策略和球技。除此之外，他们还突发奇想，使球洞走向也不断变化。外部的九洞以顺时针方向设计，环绕在场地四周。后面的九洞又巧妙地在外面九洞的内部以逆时针方向排列开。

对智慧的考验

对于一名高尔夫球手来说，13次的方向变化一定会让他们束手无策，只有第三号、第四号和第五号洞可以说在一个方向上。在每一个发球台都得考虑风向，风向的细微变化再加上非同一般的沙坑，使得缪菲尔德球场成为考验球手智慧的地方。球场最初的设计很出色，1922年哈瑞·考特（Harry Colt）对球场改进时保留了总体的风貌，只是增加了一些吞球处。浏览一下公开赛冠军名单，你会发现缪菲尔德球场的确让他们真金不怕火炼。

三杆洞第十三号球洞的果岭很狭窄，从后向前倾斜，左侧环绕着两个沙坑，右侧有三个沙坑。

尼克·法尔多最终实现了自己的诺言,1987年在缪菲尔德赢得了第一个大满贯冠军,打出了完美的18杆。不过,冠军得之不易。最后一轮中他遭逢大卫·弗雷斯特(David Frost),落后于保罗·阿辛格一杆,法尔多连续打出了18个标准杆。他的击球、深思熟虑以及果断使他最终四英尺外推球成功。

厄尼·埃尔斯的年度最佳击球是在三杆洞第十三号洞取得的,这里深深的沙坑像沟渠一样侵入到球台上。2002年公开赛上的最后一轮中,他对果岭左侧的一个沙坑记忆犹新:"球重重地击到了沙坑表面上,我想只要能把它打出来,不管多远,就是最好的结果。我抽出了59度沙地挖起杆,对球僮说:'我要使出最大劲来打这个球。'结果让我很吃惊,我把它打出了沙坑,几乎入洞了!这真是挽救性的一杆,也让我赢得了公开赛。"这一杆也被选为欧洲巡赛年度最佳击球。

缪菲尔德

苏格兰 东洛锡安,吉伦,EH312EG
缪菲尔德,邓肯路
www.muirfield.org.uk

球场

建于:1891年
长度:7,034公尺
(6432米)
标准杆:71
设计者:老汤姆·

莫里斯,哈瑞·考特
球场纪录:64杆,
科林·蒙哥马利
(2002年)

杰出的锦标赛冠军

公开赛冠军:杰克·尼克劳斯(1966年),格雷·普莱尔(1959年),李·特维诺(1972年),汤姆·沃特森(1980年),尼克·法尔多(1987年),厄尼·埃尔斯(2002年)
美国莱德杯(1973年),美国沃克杯(1979年),美国柯蒂斯杯(1984年)

球场计分卡

前9洞			后9洞		
洞序号	码距	标准杆	洞序号	码距	标准杆
1	448	4	10	475	4
2	351	4	11	389	4
3	378	4	12	381	4
4	213	3	13	191	3
5	560	5	14	448	4
6	468	4	15	415	4
7	185	3	16	186	3
8	443	4	17	546	5
9	508	5	18	449	4
前9洞	3554	36	后9洞	3480	35

■ 第三号球洞处抬升了的果岭。

■ 舒适的更衣室。

■ 宽阔的第十号球洞处。

球场

作为最为公正的林克斯，缪菲尔德的确名副其实，不过坡度缓慢的"草地"也的确是严峻的考验，深深的沙坑、方向的巧妙变换以及弧形的果岭让缪菲尔德独具智慧之美。

前9洞

① 是个有难度的起始洞，呈C型拐向右侧，两侧都是厚草覆盖的野地。② 直来直去的四杆洞，但果岭刁钻，右前方处步步都是陷阱。③ 两座大沙斤左右林立在球道旁，甚至挡住了通向远处果岭的视线。④ 虽然有沙坑逡巡在前方，在果岭四周处理球还是有计可施。⑤ 计算躲过左侧球道上的陷阱才能取得最佳路线。⑥ 必须躲过狗腿形球道上的四个陷阱才可能打出标准杆。⑦ 果岭和你的视线在一个水平面上，看不到远处，所以很难决定用几号球杆。⑧ 右拐的狗腿形球道拐弯处有多处令人烦恼的沙坑。⑨ 这个五杆洞非同寻常，需要深思熟虑再处理。

后9洞

⑩ 由于两处交错的大沙坑，这里只能半盲打。⑪ 唯一的一个全盲打球洞要计球越过山脊。⑫ 进攻果岭的最佳路线是由左侧打向沙坑的。⑬ 此处的果岭被抬高，角度也刁钻，两侧都有迂回的沙坑。⑭ 左侧的三个陷阱以及右侧的一个沙坑计发球难得轻松。⑮ 难以摆脱球道上的13个沙坑，这里精准才是关键。⑯ 此处有三个别致的沙坑、一些深的陷阱还有滑向左侧的陡坡。⑰ 果岭形似圆形竞技场。⑱ 想要准确入洞需要用力击球，打上果岭，还要避开右侧的连环沙坑。

果岭平坦，距球场边缘只有几码远。

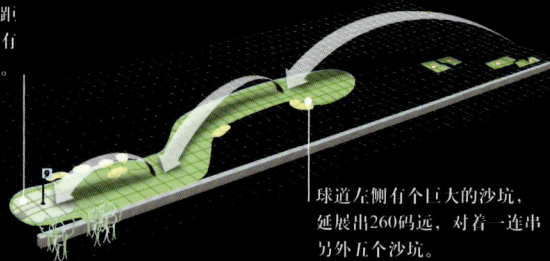

球道左侧有个巨大的沙坑，延展出260码远，对着一连串另外五个沙坑。

第9号 球洞 恐怖又危险

虽然作为五杆洞这个球道并不长，却非常危险。球座击球让人心怀畏惧，特别是有风的时候，球洞左侧是球场边缘的石墙，右侧是深草。如果能避开这些危险以及球道上的大沙坑，就到了抉择时刻：瞄准果岭击球还应采取保守打法！长距离击球要角度精妙，越想避开墙往右打，越容易陷到一连串的沙坑里。很多人认为这是个抓获小鸟球的球洞，不过这里也曾吞掉过最好的击球。

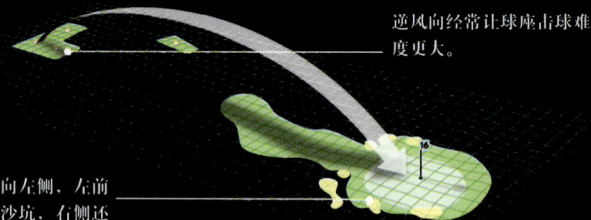

逆风向经常让球座击球难度更大。

果岭急剧地滑向左侧，左前角处还有五个沙坑，右侧还有两个。

第16号 球洞 准确无误

成功的一次轻击球需要准确无误，要根据风的情况使用中长号铁杆。看似长距离球更有利，不过果岭从前往后略有倾斜，使得推球很难把握，往往会超过了球洞。

第十六号球洞的球座击球一定要避开果岭周围的沙坑。

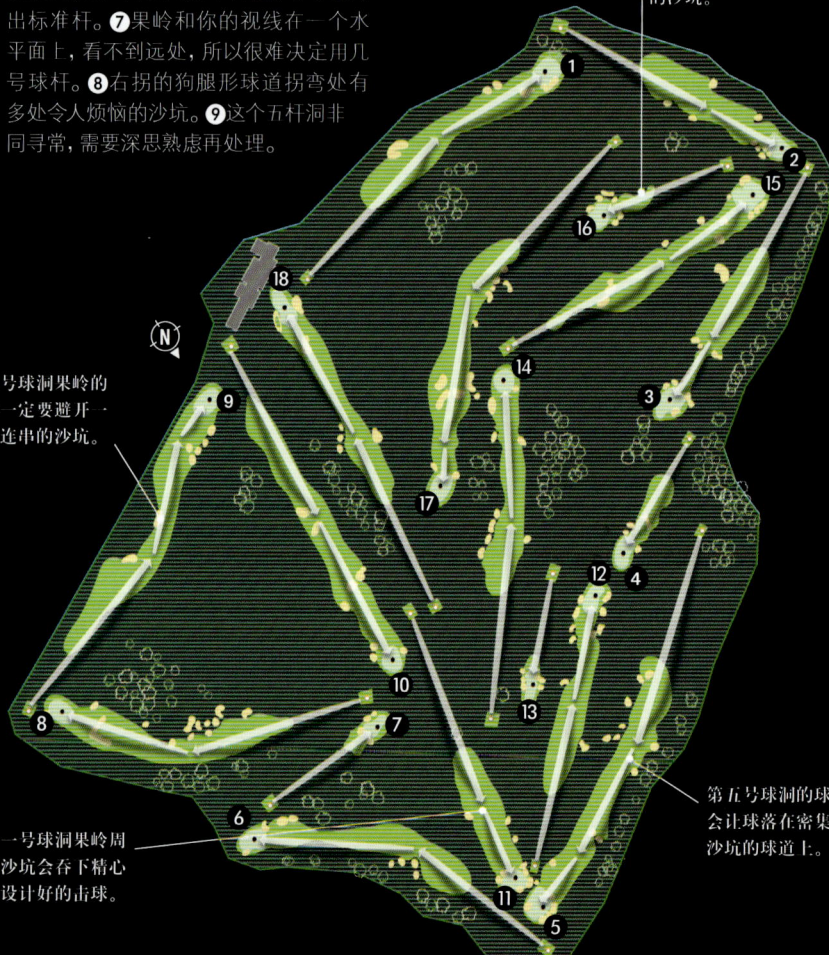

果岭周围的护堤可以用来收集球。

第11号球洞
第十一号球洞果岭周围的沙坑会吞下精心设计好的击球。

第九号球洞果岭的长球一定要避开一连串的沙坑。

第五号球洞的球座击球会让球落在密集了很多沙坑的球道上。

贯穿了球洞的一连串沙坑环绕着离果岭周围110码的地域。

第17号 球洞 精心设计

这是个改变命运的五杆洞，风向好的情况下还是打出标准杆的。然而，左前方沙坑离果岭很近，是非常严峻的考验，在这里想打到标准杆必须精心设计，准确无误。如果球打到草丛里，环绕着果岭的护堤会让这个球进退两难。

■ 2007年在第十六号果岭上进行电视节目拍摄的拍摄组。

1892年，哈罗德·希尔顿赢得了首届缪菲尔德公开赛，从那以后冠军名单中不乏球坛鼎鼎大名的球手：哈里·沃顿、詹姆斯·布莱德、沃特·哈根、亨利·考顿、盖瑞·普莱尔、李·特维诺、汤姆·沃森、杰克·尼克劳斯、尼克·法尔多，以及厄尼·埃尔斯。缪菲尔德球场还是唯一既可以举办公开赛又可以举办业余赛的球场，还能举办二种跨大西洋赛事：莱德杯、沃克杯以及柯蒂斯杯。

公正之名远扬

缪菲尔德球场的公正给有幸参加过上述赛事的选手留下了很深的印象。球洞穿梭在及膝深的野地里，没有太大的起伏。只有一个洞即第十一号球洞是全盲洞，不过通常看到的球洞都能命中。

球道都很直，有几条是不易察觉的狗腿形球道，几处陷阱分布在拐弯处。因为球场位于平坦地带，球道就像皇家伯克戴尔的球道一样，是公开赛赛场名单上球道最平直的球场。这意味着最出色的球手也不是凭借运气获胜，要打出最好的球才行。球手在这里要做的是避开可怕的沙坑，这可是说来容易，做起来难，因为整个球场大概有150多个沙坑，会吞掉任何一个稍微偏离球道的球。

短距离球洞更是特别危险，错失了果岭可不是件乐事。第十六号果岭周围被七个深深的陷阱环绕着，这个球洞朝着回俱乐部的方向延伸，上坡的186码是容易丢分的地方。不过，即使避开了球场上的各处陷阱，球找到了果岭，也不能算成功，定局尚

早。就算球打得不快，这里的果岭总是很结实，也有坡度，可能会让球滚向靠近球场边缘的地方。在这里，推球也得讲求艺术。

缪菲尔德很少挑剔高尔夫天才，它和其他几个少有的球场一样，考验的是对高尔夫运动的全面能力的掌握。想要赢得热烈喝彩的人可能唯一能指摘的就是这里场地缺乏戏剧性效果。这里不会让人瞠目结舌或一鸣惊人，而是感觉到谦逊有加，静默稳重，能在缪菲尔德球场上一试身手可以说比在其他杂乱无章的林克斯球场更让人感觉到高尔夫的宁静。这里也因此不失特色，此处的纯净和简朴需要的是智者，而不是勇者，当然极具挑战。

第十八号果岭右侧别具一格的环状沙坑就位于俱乐部前方，给球手在比赛快结束时来了个下马威。

苏格兰圣安德鲁斯球场

圣安德鲁斯的老球场是知名的"高尔夫之家"。几个世纪以来，每一位冠军都在这里留下了夺冠的身影。高尔夫运动也是在这片林克斯上孕育出来的，这里多沙坑，双果岭的特征没有其他球场能与之相比。杰克·尼克劳斯曾说过："我第一天来这里打球就爱上了它，没有其他的高尔夫球场能与之媲美。"

圣安德鲁斯的故事非同寻常。其实没人能确定它是否是世界上最古老的球场，但据说早在1400年左右就有人在这里打高尔夫了。最早的文字记载是詹姆士四世在1502年买下了设在镇里的俱乐部。不管是否算是最早的高尔夫球场，圣安德鲁斯无疑是世界上最知名的球场，是每一个高尔夫球手向往的地方。

老球场（现在这里有五个，不久还会有第六个其他球场）开始设置了22个球洞，11个向外，11个向内。1764年，因有些球洞显得距离太短，遂将球洞合并为18个，这也是为何今天的高尔夫球场标准球洞为18个洞的起源。

圣安德鲁斯的皇家古老高尔夫俱乐部是全球（美国除外）高尔夫运动的管理机构，主办全英锦标赛，并负责制定高尔夫运动规则。尽管俱乐部处于这样重要的地位，却不拥有这片林克斯球场，它也只是众多能在镇上球场打球的高尔夫俱乐部中的一家。这片林克斯是公有的，由一个保管委员会来管理。周日这里不能举行比赛，除非是大满贯赛事。

一个名字的双果岭

在19世纪90年代，老汤姆·莫里斯修整了这片球场，那时球手往外打和往回打都用同样的洞。老汤姆加宽了外部的果岭，把果岭整得更加宽阔，这样可以放置两面标志球洞的旗，这是圣安德鲁斯球场双果岭的起源，也是为何只有第一号球洞、第九号球洞、第十七号球洞及第十八号球洞能有自己单果岭的原因。这样的整形也给为增加比赛难度而设置的沙坑让出了位子，这些沙坑不管在往外打还是往回打时都是一种威胁。许多沙坑的设置都运用了障眼法，让球手发现自己打得看似完美的球被沙坑吞掉时大吃一惊。即使是有经验的参赛者也得尽量去避开球道上的沙坑，它们都设在很刁钻的地方。

夕照下的第十八号球洞，这是最有名的钓鱼球洞，是老汤姆·莫里斯的得意之举。

精彩瞬间

1970年圣安德鲁斯公开赛是杰克·尼克劳斯两次公开赛中的首次，虽然季节有些不合时宜，却给人们留下了很深的印象。美国选手道格·桑德斯（Doug Sanders）只需要两次推球就能拿下第72杆取胜了。第一推后球停在了距洞口3英尺的地方，情急之下他的第一推推过了头，进入了和尼克劳斯的18洞加时赛，最后一洞时，尼克劳斯领先一杆，这头金熊把球打到了果岭后端，一个轻击短切又将球铲出草地，抓获小鸟而夺冠。

泰格·伍兹在老球场进行的两次职业比赛都夺得了冠军。第一次是在2000年的锦标赛上，领先8杆，创下了269分的纪录（低于标准杆19杆）。这次比赛也意味着24岁的泰格·伍兹成为金满贯得主中最年轻的球员（已赢得四大满贯比赛），到他为止，全世界只有五位球员做到了这一点。2005年（左图），他在和科林·蒙哥马特的比赛中以5杆领先，拿下了他的第十个大满贯赛冠军。

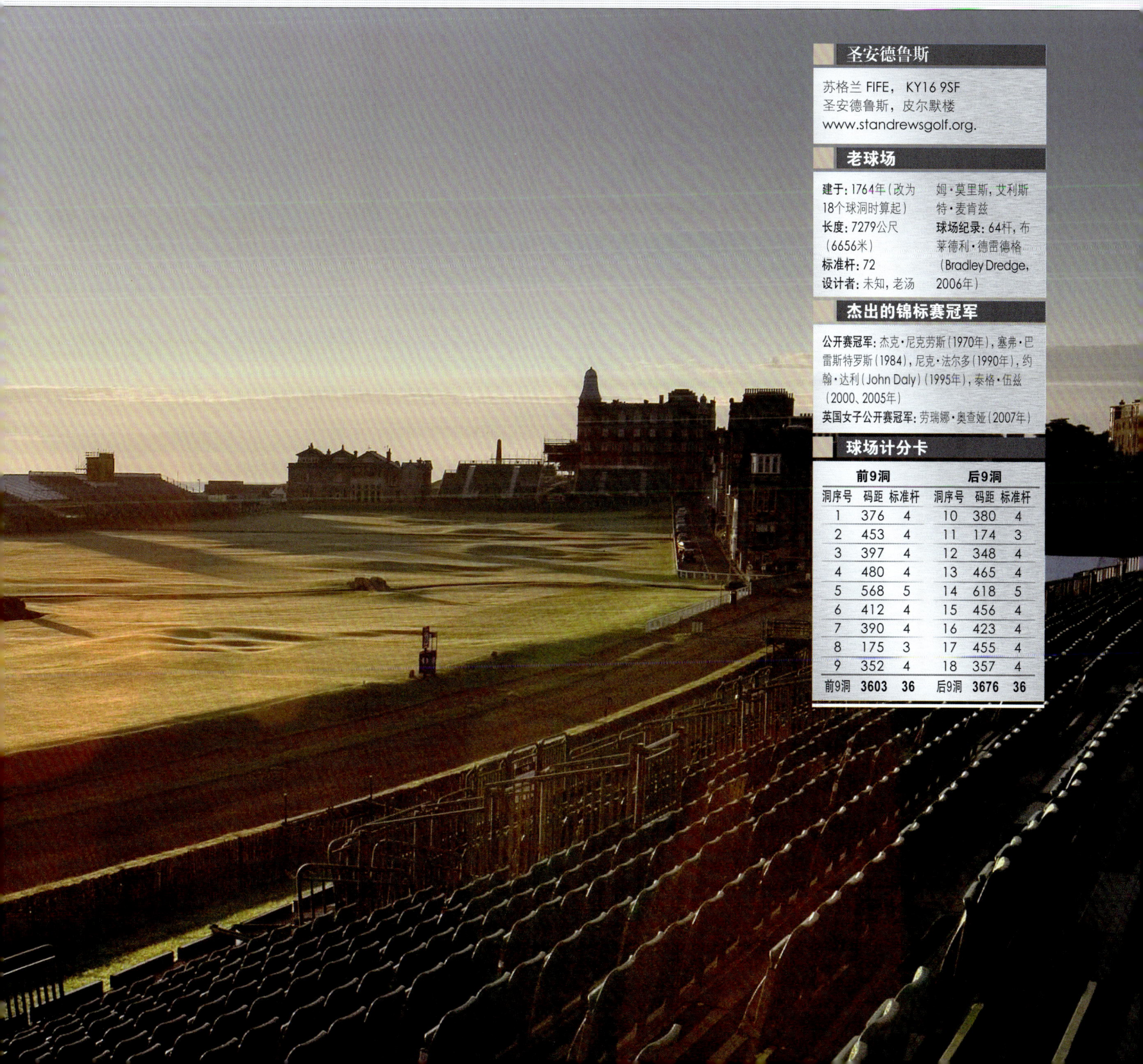

圣安德鲁斯

苏格兰 FIFE，KY16 9SF
圣安德鲁斯，皮尔默楼
www.standrewsgolf.org.

老球场

建于: 1764年（改为18个球洞时算起）	姆·莫里斯，艾利斯特·麦肯兹
长度: 7279公尺（6656米）	**球场纪录:** 64杆，布莱德利·德雷德格
标准杆: 72	（Bradley Dredge,
设计者: 未知，老汤	2006年）

杰出的锦标赛冠军

公开赛冠军: 杰克·尼克劳斯（1970年），塞弗·巴雷斯特罗斯（1984），尼克·法尔多（1990年），约翰·达利（John Daly）（1995年），泰格·伍兹（2000、2005年）

英国女子公开赛冠军: 劳瑞娜·奥查娅（2007年）

球场计分卡

前9洞			后9洞		
洞序号	码距	标准杆	洞序号	码距	标准杆
1	376	4	10	380	4
2	453	4	11	174	3
3	397	4	12	348	4
4	480	4	13	465	4
5	568	5	14	618	5
6	412	4	15	456	4
7	390	4	16	423	4
8	175	3	17	455	4
9	352	4	18	357	4
前9洞	3603	36	后9洞	3676	36

"地狱"沙坑是老球场上最大的沙坑。这个魔鬼陷阱位于五杆洞第十四号球洞果岭旁边100码（91米）远的地方，是无论如何都得避开的一个沙坑。

一号果岭的前方，这是高尔夫界最入镜头的画面了。任何曾踏上这座桥的人都会以此为荣，同样，每位来这里的新球手也会在第一号发球台上感到既紧张又兴奋。

这座奇异的球场除了历史悠久外，也是展现高尔夫运动蓬勃发展之地。球道多隐于谷道与灌木林之间，起伏不平，天衣无缝地与果岭连成一片，果岭的弧度之刁钻也超乎想象，很难从发球台上看到全部球道。在这里打球，首先得把握好风向及风力，其次得掌握好球座发球的路线，这样才能有最好的机会将球打入球洞。

在这里打了很多轮后才能了解球会怎样跳跃，怎样受坡度的影响，如果继续打应该避过哪里。一旦将球打上了果岭，球手就面临着长距离推球。大部分球道推球区较宽阔，第五号球洞和第十三号球洞合用一个果岭，有100码（91米）长，1.5英亩（0.6公顷）。1873年以来，这里已经举行过27次公开赛，公开赛冠军中最出色的往往都能避开最多的沙坑、至少进行过三次推球。

这片沙地上的许多沙坑甚至能深度超头顶，都被冠以各具特色的名字："地狱""校长的鼻子""布道坛""胡须客""棺材""狮子张口"以及"猫的圈套"等。

其他特征也是全球尽知：第十五号球道两侧的小丘被称作"格小姐的乳房"；第十四号果岭上的平坦地段被称为"田野"；第十八号果岭下面深深陷进去的低湿地被称作"罪恶之谷"。不过在高尔夫界最知名的当属史威肯桥（Swilcan Bridge）和"路洞"沙坑了。古老的石桥横越于溪水之上，溪水流淌过第

老球场因其难以让人一目了然，所以并不是人见人爱。即使在家里下了很多工夫，可能到了这里也得不到命运女神的青睐。不过可以肯定的是：自然造就了这座无与伦比的球场，圣安德鲁斯将永远得到人们的珍爱。

为何圣安德鲁斯的路洞是如此棒的四杆洞？那是因为：它是标准的五杆洞啊！

——本·克伦肖（Ben Crenshaw）在总结此洞为何如此难打时感言

■ 圣安德鲁斯与艾登河口

■ 举世闻名的史威肯桥

■ 恶名远扬的第十七号球洞的"路洞"沙坑

球场

这是片奇异的林克斯：地势自然起伏，两个球洞共享了球道、奇特分布的果岭和险恶的沙坑，短时间内很难了解它，但在高尔夫界，来这里打球是"必经"的经历。它是地球上最独一无二的球场。

前9洞

❶历史悠久，堪称高尔夫界最宽阔的球道，但仍令人紧张。❷越过河谷的半盲式击球很可能让球糟糕地弹开。❸顺着左侧安全路线打出的球很可能会和大沙坑不期而遇。❹左侧有很多的空间，不过一个大沙丘横亘在果岭前面。❺在顺风的时候此洞还是能攻下的，但果岭在100码外，需要的是大力的推球。❻在果岭前面理清头绪可以帮你做好决策：是飞越而过还是穿越而过。❼果岭上布满了波状的突起，让推球充满挑战。❽此球场唯一两个短距离球洞中的一个，需要避开前面的两个壶状沙坑。❾可以使用最长的球杆，不过等着你的可是左侧的河谷和两个小陷阱。

后9洞

❿切击会让球打到三个沙坑中的一个，不过这样很难再打出标准杆。⓫让人望而生畏的"宽谷"沙坑的确是伤心之地，又把守着坡度险峻的果岭。⓬在发球时很难了解沙坑的分布，想要打上果岭需要滚地切球的打法。⓭如果打到了左侧的"棺材"沙坑，那可是死定了。⓮如果能避开右侧的"禁止区域"以及随之而来的"地狱"沙坑，那就真有了小鸟球机会。⓯想要打出最好线路就要瞄准远处的塔尖。⓰安全路线是沿着左侧打，但要有很好的战略，前面横着的是陡坡。⓱安全打法是瞄准果岭右前方，避开"路洞"沙坑。⓲最好对准左侧俱乐部的大钟，然后用劈起球越过"罪恶之谷"即可。

第七号球洞果岭上可以饱览艾登河口。

"地狱"沙坑的血盆大口正等着球掉进去。

右侧竖着一道"禁止区域"的围墙。

第十一号球洞有着让人触霉头的"宽谷"沙坑。

第五号果岭有一对被称作"眼镜"的沙坑。

第十四号果岭上潜伏着"地狱"沙坑。

N

发球要瞄准果岭，避开石墙。

"车门"沙坑守在第三号洞和第十五号洞共用的果岭上。

宽阔的果岭从后至前呈巨大的坡状起伏。

左侧等着你的是高尔夫界最著名也是最可怕的沙坑。

有一条路穿过史威坎桥与果岭之间的球道。

一条小溪蜿蜒流过第一号果岭的前方。

第14号球洞 "长廊"

此球场两个五杆洞中的一个，这里可以说是真正开始充满精力地往回打之前的一次短暂休息。着陆区很宽阔。如果是逆风，球手得决定怎样应付"地狱"沙坑；如果顺风，大多数球手都能让球打上果岭，不过前方陡峭的堤岸可能会把原本完美的发球破坏掉。

第17号球洞 "路洞"

这是锦标赛上最令人感到奇怪的一洞了，每一轮都能见到其独特之处。如果已经找到了果岭就必须采取长距离击球的方法把球打上果岭，同时避开左侧的沙坑，但还不能过度使用技巧性打法，因为这样可能会令球超过底线，导致球落在行走的道路上或撞到远处的石墙。

第18号球洞 "汤姆·莫里斯"

皇家古老高尔夫俱乐部上的大钟是发球时的瞄准物，出球要迅猛，这样路上就不会有什么问题了。果岭左前方有一道较深的裂缝。你可以用慢速滚地球让球穿过缝隙到达果岭，也可以让球从上面旋转着越过去。许多球手都把球打过球洞（这样能避开"罪恶之谷"），然后再推球入洞。

英格兰皇家圣乔治球场

皇家圣乔治球场通常被人们称作桑德维奇（Sandwich），得名于附近一座古镇的名字，球场涵盖了英格兰东南部肯特海岸400英亩（160公顷）林克斯地带。早在1894年这里就举行过公开赛，成为第一家举办公开赛的俱乐部。大片的沙丘地带不仅展示了许多稀有植物，也彰显出这一片令人振奋的林克斯，是对高尔夫运动的整体考验。

球场

　　一片宽阔的野地形成了变化多端的球场。球场一头的大沙丘平缓延伸至另一头，呈波状起伏。许多球道呈驼峰状起伏，而果岭上有许多难以应付的径流，还点缀着沙坑。在圣乔治可不能低估命运女神的青睐。

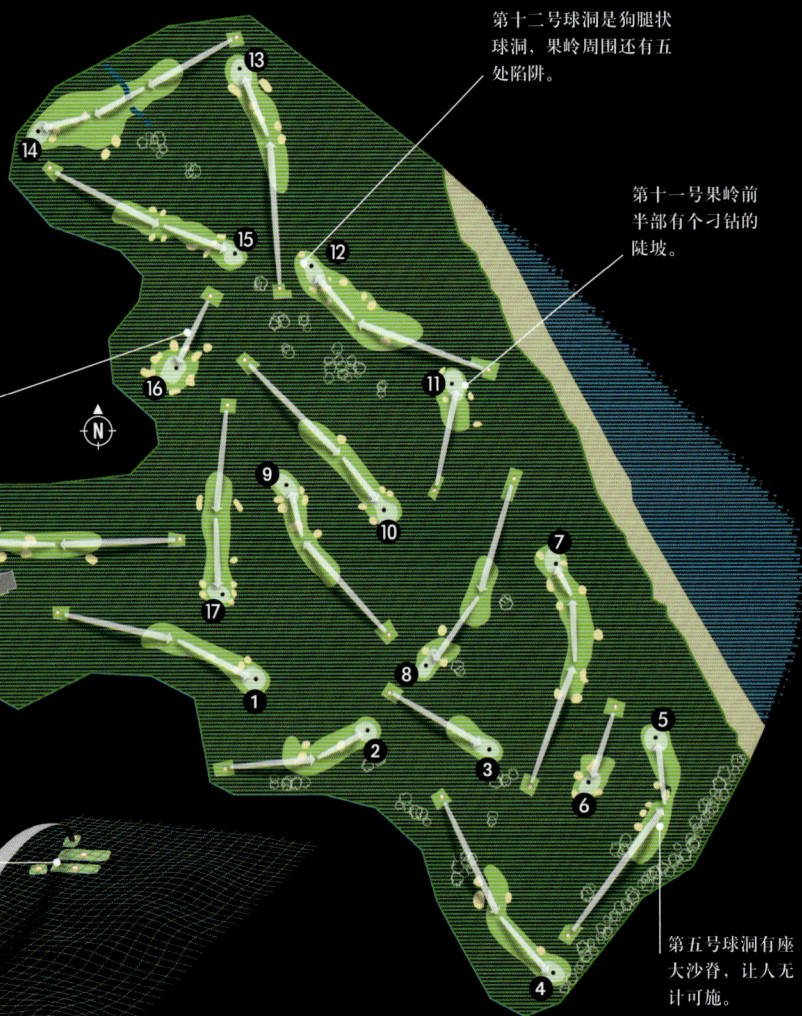

第十二号球洞是狗腿状球洞，果岭周围还有五处陷阱。

第十一号果岭前半部有个刁钻的陡坡。

第十六号球洞被八个沙坑环绕着。

第十八号果岭旁棘手的大坑被称作"邓肯的洞"。

球座发球时球手选择什么样的球杆主要取决于当时的风况。

第五号球洞有座大沙脊，让人无计可施。

果岭分为两层，周围环绕着四个沙坑。

第6号球洞　"处女"

　　这是高尔夫界最知名的短球洞，号称"处女"。此命名源于左侧果岭上方的那些让人心跳不止的大沙丘。在此球洞发球属半盲（如果旗子放在半前方），还被四个大沙坑环绕。两个横在右前方拐角处，这意味着你得选择足够有力的球杆来避开它们，同时又得控制好力度，防止球掉到沙坑里或更糟地向左转落入另一个陷阱。角度刁钻的果岭上横着的沙脊增加了进攻果岭的难度。错失果岭可能会导致柏忌或更糟的情况。

皇家圣乔治

英格兰 肯特桑德维奇，CT139PB
www.royalstgeorge.com

球场

建于：1887年	士（Laidlaw Purves）
长度：7070公尺	球场纪录：63杆，佩
（6465米）	恩·斯图亚特及尼克·
标准杆：70	法尔多（1993年）
设计者：雷德罗·佩伍	

杰出的锦标赛冠军

公开赛冠军：比尔·罗格斯（Bill Rogers，1981），桑迪·莱勒（1985），格雷格·诺曼（1993），本·科蒂斯（2003年）

柯蒂斯杯：不列颠及爱尔兰队（1988年）

业余选手锦标赛：克雷格·沃特森（Craig Watson，1997），朱利·古尔日耳（Julien Guerrier，2006）

球场计分卡

前9洞			后9洞		
洞序号	码距	标准杆	洞序号	码距	标准杆
1	440	4	10	412	4
2	416	4	11	240	3
3	208	3	12	379	4
4	495	4	13	457	4
5	418	4	14	548	5
6	170	3	15	473	4
7	530	5	16	161	3
8	453	4	17	426	4
9	386	4	18	458	4
前9洞	3516	35	后9洞	3554	35

■ 第六号球洞果岭处的井状沙坑

回溯到1887年，负责这片球场的是天才人物雷德罗·佩伍士。这里有很多肘形转弯，给球手一种与外界隔绝的感觉，还能俯瞰到普莱格湾，饱览最佳景色。毫无疑问，佩伍士的设计非常成功。

每一个发球座上打出的球方向都不同，所有的球洞加起来就要求球手得是个高尔夫全面手了。四个短距离球洞每两个之间相距80码（73米）；有风的时候，有几个四杆洞两杆无法拿下，不过也有几个四杆洞两杆能拿下。只有两个五杆洞相互呈相反方向，这就意味着其中一个比另一个要难打得多。很多人在把球最后推进困难重重的第十八号球洞之前用遍了所有的球杆，这里真是名不虚传啊！

盼望好运

果岭的难度和球洞难度不相上下。第四号球座果岭坐落于此四杆洞的末端，很有特色。从左侧前方延伸的是巨大的陡坡，右侧又急剧下落。第十号球洞果岭亦如此，迎着风的话，即便手里握着挖起杆，进攻果岭也难度很大，是最难打的果岭之一。推球平台比击球处要高出1.5英尺（4.5米），还有下坡，有的伸入陷阱，有的延伸至崎岖不平的野地。

在这里，球手遇到的阻碍不仅有不受欢迎的反弹球、让人气馁的沙坑以及令人深恶痛绝的野地，还有10个虽然不是全然无计可施但处于全盲或半盲的发球区。通常，球手判断为正确的发球路线还是正确的，第四号球洞果岭上的击球要考虑巨大的沙坑，而不应向左去找果岭的中心。还有第二号果岭上有着全球高尔夫球场上最深的沙坑（除了圣艾诺多克球场的喜马拉雅沙坑），正对你的击球虎视眈眈。

著名的五洞

如果说皇家圣乔治以球洞而著名，那说的是后五洞，所有的三杆洞和其他球场的三杆洞一样合乎标准。从第十四号球洞开始，球手就得面临着胆战心惊的发球：一道标注着"出界"的篱笆就在距你几码远的地方，一直延伸到右侧的球洞旁。这一球洞被命名为"苏伊士"的宽阔沟道分开。在微风的作用下，会给发球或第二杆带来麻烦。第十五号洞也让人举步维艰，果岭前侧守着一些沙坑，球一定不能打得偏左。第十六号球洞是个离奇的短距离球洞，也是第一个上了电视的"单杆洞"。2003年托马斯·比约恩就是在此失手的，他用了三杆才摆脱了右侧果岭上的沙坑，以一杆之差败北。第十七号球洞只能打完后在胸前划十字祈祷球反弹到有利的地方，而在第十八号球洞，球打得最好的情况下也

第十七号球道上波浪起伏的草面让每一位球手都祈祷球会有个有利的反弹，特别是在球打得较远时更是如此。此果岭两侧都由沙坑严密守护。

得两杆入洞。如果风向不佳，此球场可就难上加难了。如果风神发威，在一场较量后，你就可以在全英国最欢快的俱乐部之一——圣乔治高尔夫俱乐部尽情放松了。

膝盖发抖的球手

1985年公开赛上，莱勒最后一洞轻击短切，球滚到了脚边，他双膝跪地，把球杆戳在了地上。好在他控制住了情绪，继续比赛，以一杆的优势战胜了佩恩·斯特亚特。

赢得了公开赛的莱勒。

南非凡考特球场

此球场由高尔夫巨星盖瑞·普莱尔设计，南非是他热爱的故乡。凡考特是一种内陆修建的新式林克斯，是效仿于海边林克斯的杰作。此球场坐落于南非风景独特的"花园路线"上的乔治镇附近。虽然也有设计巧妙的人工沙丘和水域，但具有真正林克斯特色的是这里对比赛的高要求和超乎现实的一面。

第十二号果岭设在大沙脊中的沙丘上，左侧是让人难以处理的危险水域，这一球洞成为球场上最难的一洞。

大自然母亲为我们所拥有的超凡的林克斯倾尽了所有，原始的地势只需设计师略加修饰即可。不过，在南非的这片内陆，形成这片球场的可不是风和海浪，而是推土机。凡考特已是知名的高尔夫球场，它由两个出色又美丽苍翠的球场组成，2000年这里又开设了一个18洞的林克斯球场，使得凡考特成为南非之星，也堪称"林克斯"。

原来一片平坦的机场用地和毗邻的一块农田被改造成一片起伏的沙丘地带，起伏缓慢的地表上分布着球洞，两侧是形状各异的沙丘。这里有很多林克斯球场的特点：孤立的球座，弯曲的球道，又深又刁钻的沙坑，又硬又结实的果岭上有湿地和下坡，还有纷乱分布的草丘。这里比大多数知名的林克斯场地都要葱郁，不过还是很有林克斯的感觉。只有几处能看出是冒牌林克斯的地方：打球时有几个球洞会遇到一些湖泊；第十五号球洞的果岭呈半岛形；还有球场后面高耸的奥特尼夸山脉。如果没有这些，你会觉得自己就是在海边。

盖瑞·普莱尔是诠释林克斯场地的专家，他赢得过三次公开赛，凭着对全球极佳场地的经验，他建造了这片貌似风力作用下自然形成的沙丘地带。难以想象的是，要将500000立方码的沙土挖起来并挪动到需

林克斯高尔夫才是高尔夫运动的起源，球员在林克斯球场上打球是对此运动的寻根——在这里他们自然就能打出"英国公开赛"。

——盖瑞·普莱尔，球场设计者

球场

虽然全是人工之作，却是自然起伏的林克斯场地，宽阔、稳固，由真正的林克斯专家精心修建。正因为其出色的设计，打球时需要球手很强的想象力和发球技巧。沙坑可能诡恶多端（很深并且设计巧妙），不过球道侧面的草丛同样险恶无比。

凡考特粗犷的地势对球会毫不留情，任性的发球会受到严酷的惩罚。

第十六号球道接近果岭处越来越细，前方还有沙坑。

四杆洞第三号球洞的四个球道沙坑让发球准确性在此更为重要。

第十三号球道左侧的大沙坑总是惹是生非。

球座发球是盲打状态，落地区域也很紧凑。要想打出好球还应选择中长铁杆。

这里球道呈拱形，果岭却很低矮，且护卫森严，很难把握好击球方法。

第3号球洞 "灾难"

这一洞被称作"灾难"，也是整个球场上第二难的球洞，这不无道理：起伏不平的球道上有个小标牌提示球道略呈左狗腿形状，但还要留意左侧的沙坑以及右侧壶状小沙坑，另外，还得避开果岭右前侧的石墙护堤，然后将球救起，以防落入宽阔的草丛里或左侧的两个壶状沙坑里。

■ 起伏不平的第三号球洞

凡考特

南非 乔治镇 6530 布兰科 蒙塔古街
p.o.Box 2266
www.fancourt.co.za

球场

建于：1991年　　设计者：盖瑞·普莱尔
长度：7579公尺
（6930米）　　球场纪录：68杆，六
标准杆：73　　位球手达到了此纪录

杰出的锦标赛冠军

总统杯：美国及世界联合队（2003年）
女子高尔夫世界杯：日本队（2005年）
南非公开赛：雷帝夫·古森（2005）。

球场计分卡

前9洞			后9洞		
洞序号	米距	标准杆	洞序号	米距	标准杆
1	362	4	10	373	4
2	216	3	11	147	3
3	129	1	12	440	4
4	452	4	13	487	5
5	502	5	14	330	4
6	312	4	15	436	4
7	435	4	16	534	5
8	185	3	17	170	3
9	557	5	18	563	5
前9洞	3450	36	后9洞	3480	37

要的地方，再分而处之，形成各种不同的外形，同时建造出25英亩（10公顷）看似非常天然的湿地，是一项浩大的工程。

然后费尽功夫地用手工在土堆上植入林克斯地带才有的长草。这里种植的不是欧洲细牛毛草，而是生命力更强的热带草原地带的草，这样的草才能抵御南非严酷的气候，由此形成了未经修饰的景象。这种泛着微褐色的野草很容易让人想到真正的林克斯场地，修建得毫无瑕疵的球道就由这样的野草形成，当然也是具有惩罚性的危险之地。

望而生畏的挑战

依照真正的林克斯传统，球道不应是平坦的，所以普莱尔营造了一种波状起伏的效果，即使发球完美无瑕，但想让球落在短草上还得靠些许运气。虽然球也有可能由于坡度的原因顺着球道刁钻的路线前行，不过通常情况下会顺着坡滚入洼地，这样下一杆会稍微容易些。

沙坑混在其中（许多沙坑都是在人造小丘上挖掘而成），这片现代林克斯从球座向外延伸了7655码（7000米），球手面临着所能承受的最大挑战。计分牌上球洞的名称有"灾难"、"冷杀手"、"小盗贼"、"祈祷"，只要看一眼这些名字，就能体会到这里十足的野性。

在这里打球可是长时间的极度考验，却很公平，这片球场也是可以被驯服的。最好的发球者很有可能夺冠。雷帝夫·古森曾在2005年南非公开赛上最后两洞尽获小鸟，击败了自己的南非同胞以及凡考特球场的主人厄尼·埃尔森，取得了全场282杆、低于标准杆10杆的好成绩。毫无疑问，这是顶级球手在顶级球场获胜的最好例子。

总统杯的豪杰们

2003年的总统杯是两年一遇的美国球员和美国以外全世界球员之间的比赛，两队在第十七号球洞时已是平手，于是队长杰克·尼克劳斯和盖瑞·普莱尔分别选出了泰格·伍兹和厄尼·埃尔斯出师延时赛。两人又分别在三洞内平标准杆，这时天色已晚，两队队长只好协议分享总统杯。

■ 塔博·姆贝基(Thabo Mbeki)向两队颁发总统杯。

美国基洼岛球场

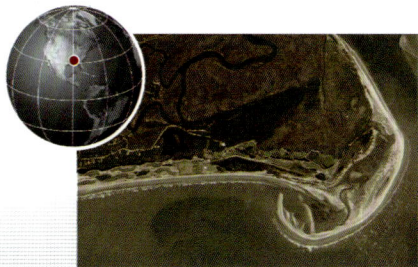

这里曾举行过一次莱德杯史上最令人心潮澎湃的赛事，也因此让人们记住了基洼岛球场。岛上这片海滨球场野性难驯，但仍不失为打高尔夫的宝地。在每一个球洞都能看到大西洋上的海浪。"标准高尔夫"的元素再加上"注意：鳄鱼危险"的提示牌表明这里并不是典型的林克斯场地，不过近海的特征以及沙地荒野给这里带来了一种独特的林克斯感觉。

危险的水域

蜿蜒穿过这片海滨球场球洞的水域也是鳄鱼的自然栖息之地。鳄鱼很少袭击人类，不过惹怒了它们的话还是很危险的，最好敬而远之。

一只鳄鱼盘踞于水中。

> 在这里你不可能制定全局方案，因为你永远不知道风会怎样吹。
> ——三次美国公开赛冠军黑尔·厄文

这座球场坐落在南卡罗莱那州的乡村腹地，这里并没有耸立的沙丘，球洞没有依傍自然的山谷走势，在水域外延的灌木丛之间跳跃而设。以大刀阔斧的设计而知名的设计师皮特·戴（Pete Dye）没有把大沙丘搬到这里，而是将发球台、球道、果岭都略作提高，比灌木丛地带高出一些，然后再和海洋相接。

被抬高的球道缓缓向下融入沙地荒野，这样，未加修饰的沙坑和加以塑型的沙坑间的界限就很模糊了，球手一点也不清楚真正的危险从哪里开始。在这里，球手可以把球杆插到沙地中。许多球洞打球时必须考虑到水域，也许是一片湿地，也许是引进内陆的一条海水沟渠。

危险和困难

皮特·戴和妻子爱丽斯来到这里进行球场规划时，顶着不小的压力，因为这片场地已被选为举办1991年的莱德杯。这里难以预料的风会从东西两个方向吹来，戴的解决方法很巧妙：修建两个各自有9洞的环状地带，一个向东打，一个向西打，向西的应该更好打一些。但终归是理论，有时风很大，哪个环上的9个球洞都怠慢不得。

基洼岛球场的如此特色给球手带来了不少的难题：发球台和球道就像被湿地和沙地包围的小岛；草丛可能及胸高，边上还有低矮的树丛紧紧围绕；果岭经常是想象不到的难以打中；球会顺着陡峭的斜坡滚下去，让切球更为不易。高尔夫球手理想的林克斯比赛是像短距离发球那样，让球在低处和风对阵，然后把球打上果岭，但在此他们却不能这样打。百慕大草（真正林克斯场地生长的草）是唯一

1991年在基洼岛举行的莱德杯上球手和观众庆祝美国队的胜利。在这高难度的球场上进行的比赛扣人心弦，也是著名的"海滨之战"。

可以在这里生长的草种，粗糙的叶面会像维可劳胶带一样把球抓住，想把球打上果岭草地并滚到近洞处是不太可能的。

在这片海滨球场上，每个球座都令人心跳，即使是三杆洞也足以令人胆寒。第十四号球洞耸起的果岭比周围的荒地高出一头，如果错失果岭，唯一安全的地方就是右侧溪流附近修葺过的地方，但这里想打出标准杆也并不容易。

第十七号球洞面临着湖水，果岭角度刁钻，看起来想命中并不容易。球打得距离短了或靠右都会落入水中，偏左又会落入沙地，甚至更糟。在这座球场，打得最好的球手都有可能受挫。其美丽的景色和巧妙的设计，使其作为世界难度最大的球场之一也是当之无愧的。

在基洼岛的海滨球场上，球洞都比周围的湿地和矮树丛略高，南卡罗莱那州属湿热型气候。

球场

令人瞠目结舌但野性十足，球洞散落分布在长着矮树丛的沙地上，任由大西洋的风吹拂着，有时风从海上呼啸而来。在这里打球难以应付的是随处设置的自然沙坑和通向水域或湿地的沟渠。要想迎战基洼岛球场令人畏惧的挑战，就得拿出勇气和力量。

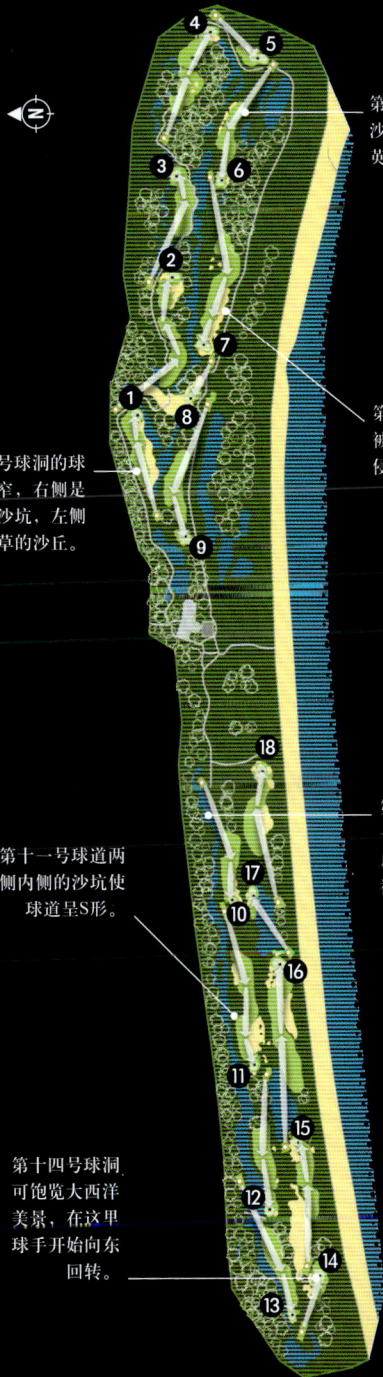

第六号球道两侧都是沙地，球道只有120英尺（36.5米）宽。

第七号球道左侧被自然的沙丘所侵占。

第一号球洞的球道最窄，右侧是一个沙坑，左侧是长草的沙丘。

第十号球座位于一座沙丘之上，从这里可以先窥视一下后9洞。

第十一号球道两侧内侧的沙坑使球道呈S形。

第十四号球洞可饱览大西洋美景，在这里球手开始向东回转。

角度刁钻的第十八号球洞

第18号球洞 强劲的四杆洞

球座横穿过一片荒地，通向拖鞋状的球道，球道会让球向右侧滚。站在顶端，果岭会在你的下方。如果想打出进入刁钻果岭的最佳路线，就得大胆将球对准球道右侧。一串复杂的沙坑侵入了球道左前方，而右侧是长草的矮树丛。

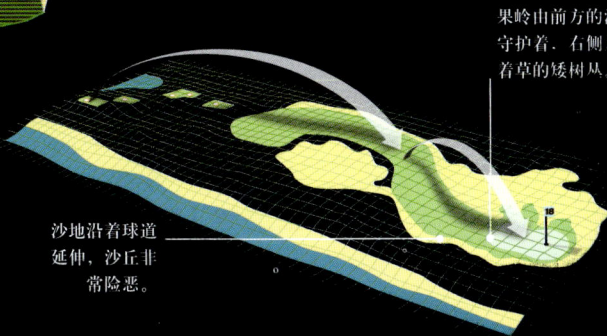

果岭由前方的沙坑守护着，右侧是长着草的矮树丛。

沙地沿着球道延伸，沙丘非常险恶。

美国辛尼克山球场

如果能把辛尼克山球场归为林克斯，那么在大不列颠及爱尔兰以外就没有比它更好的林克斯场地了。球场占据了长岛匹克尼科湾附近土著人保护区260英亩（105公顷）的土地，风景宁静优美。它被作为美国高尔夫运动创始地之一。早在1894年，美国高尔夫协会组建了五大俱乐部，辛尼克山俱乐部属于其一。

在辛尼克山打球才能体会到真正的自由。站在开阔处，可以对迂回曲折的球场进行360°的全景观察，这里有缓慢延伸的沙地草原和出其不意的树木。当站在全美最古老的高尔夫俱乐部上俯瞰时，你会觉得自己能站在这里非常荣幸。

原来的林克斯已随时光消逝了，现在的场地于1931年启用，是麦瑟斯·图米（Messrs Toomey）和弗林（Flynn）的杰作。现在的球场只保留了原来球场的几个球洞，其中包括三杆洞第七号球洞，被称为"凸角堡"，是模仿苏格兰北柏威克球场（Berwick）抬高果岭的风格而建的。

其他所有球洞都围绕着这一球洞而设。有9个四杆狗腿洞，让球手在每个洞上都得两次考虑到风向。球洞是由当地一个150个土著人组成的施工队手工挖掘的，辛尼克的印第安人是阿尔冈昆人部落的一支，他们今天仍定居在附近。

虽然球场离大西洋并不远，但却不像许多海滨球场那样有成群的沙丘和坡起坡降，特别是后9洞更是如此，使得它和普通的林克斯略有不同。这里更像缪菲尔德而不像皇家伯克戴尔，显得更庄重、难度更大，而不仅仅只是宽阔、威严。与荒地沙丘相媲美的沙坑很多都集中在一起，分布在狗腿洞的拐角处，比英国的林克斯球洞要浅，几乎没有什么真

> 这里非常独特，堪称世界上最好的球场，自然而然的不断变化需要机敏的反应——这才可见设计的天才之处。
>
> ——瑞·弗洛德，1986年辛尼克美国公开赛获胜者

年度最佳击球

1995年美国公开赛的最后一天，小个子美国球手科里·帕维（Corey Pavin）打到了难关重重的第十八号球洞，他想着打出标准杆应该就能甩掉对手，所以使出大力向左狗腿形球洞的右边缘地带发球，想要把球打上山上。他认为如果下一杆能打上果岭，再有两个推球打到标准杆就能稳操胜券了。因为是朝山上打，风由右往左刮，他选取了四号木杆，知道自己第二杆应该会打得不错。球在离旗杆4英尺的地方停了下来，他未能收获"小鸟"，不过最终他还是稳拿标准杆，获得了冠军。

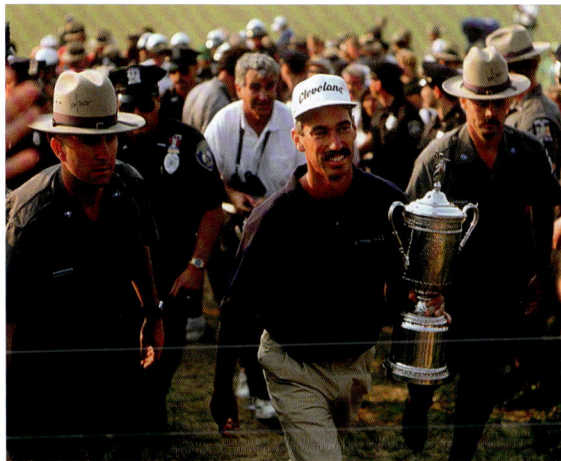

■ 科里·帕维手捧奖杯

正的陡坡。这就给球手提供了机会，因为这里没有及膝深且随风摆动的金色草浪。

快速果岭

现代球场的果岭往往设计得较小，当今的球手必须学会在锦标赛也要应付这样的果岭尺寸，而在辛尼克有6个四杆洞果岭都超过了440码（400米）。许多果岭的表面都很快，且轮廓清晰，还有平缓的小溪流。如果你不能击中果岭的中心，球就会滚落到让人难以应付的护堤上。此球场成为快速球场后，加大了难度。在2004年美国公开赛上，球场备受争议，因为风势较大，允许球打到边界线上。66位选手中有28位在最后一轮中都未能打到80杆的球场纪录，雷帝夫·古森却令人惊异的以71杆赢得了比赛。不过他这71杆可是用了12次单推球（一共有24次推球），因为他只击中了规则中的6个果岭，可谓是辛尼克保卫战。

辛尼克山以其不断变化的小路、坚硬且角度大的球道和令人揪心的果岭而堪称世界之最。它的确是个球场黑客，与另外两片出色的林克斯球场——美国国家林克斯球场和南安普顿球场——毗邻，使得长岛成为高尔夫的天堂。

四杆洞第十八号球洞是辛尼克山球场广袤空间的很好说明，图中是第104届美国公开赛上的第三轮场景。

第七号球洞的果岭抬升坡度很陡，球很难命中。

在俱乐部可以俯瞰到第九号球洞果岭，在这里可以设计需施展怎样的球技。

波状起伏的第十号球洞的球道让球座发球左右为难。

果岭的推球平面很滑，后面是个陡坡。

慢慢上行的球道蜿蜒绕过20个沙坑。

第16号球洞　沙坑当道

在这里向山坡靠后些的地方、直接朝向俱乐部会所的击球应是绝佳击球，山坡上可是沙坑当道。在这个球洞，每一次球座发球都面临两个选择：要么让球飞跃过沙坑去找下一段球道，要么让球左拐右绕地躲过这些沙坑。发球都得打上果岭，因为前方横着10个沙坑，左侧又很短，根本没有别的路线能让球打上果岭。

■ 与众不同的第十六号球洞

球场

这片林克斯盘踞在长岛缓慢抬升的地势之上，距海2英里（4千米），设计精细，用的都是稻草色的糙草。

辛尼克山球场别具一格的是许多碗状沙坑和小果岭，这些果岭把径流引入了草丛。当条件不好或速度过快时，这个球场可是很难征服的。

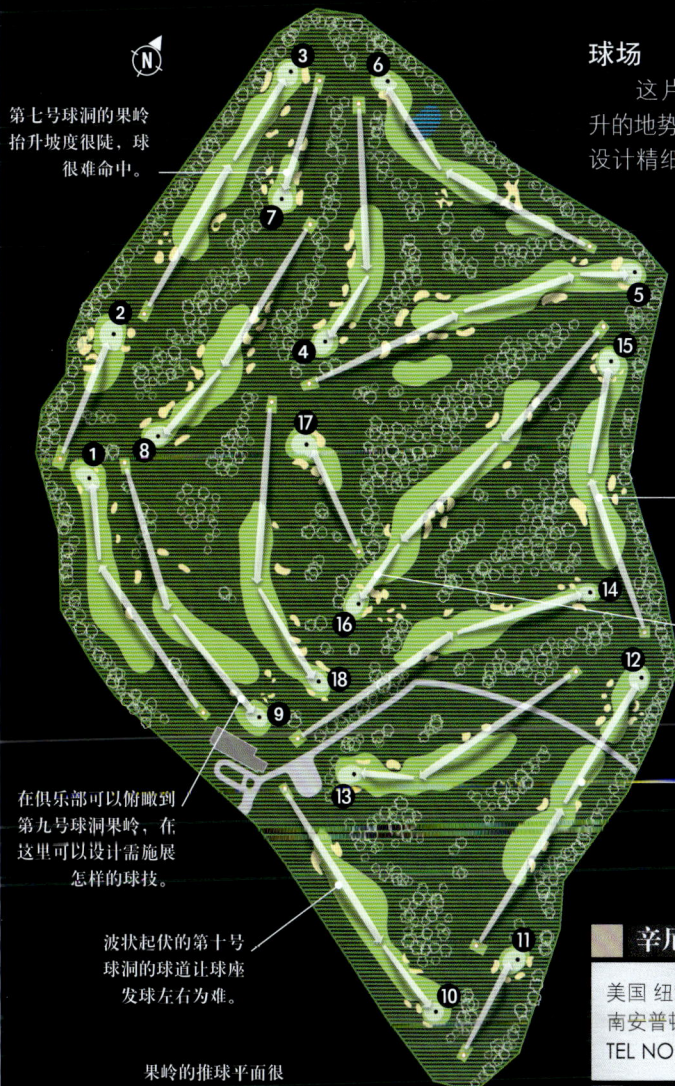

在第十五号球洞球道发球要瞄准果坦平坦的部分。

一定要考虑到第十六号球洞球道末端的一堆沙坑。

起伏的第十二号球洞的球道伸向了没有沙坑的果岭。

辛尼克山球场

美国 纽约州 11968
南安普顿塔卡霍路第200号
TEL NO: +1-631-283-3525

球场

建于：1891年	& Seth Raynor），霍华
长度：6996码（6397米）	德·图米和威廉·福林
标准杆：70	（Howard Toomey &
设计者：威利·邓恩	William Flynn）
（Willie Dunn），查尔斯·	球场纪录：65杆，尼尔·兰
麦克唐纳德和塞瑟·雷诺	卡斯特（Neal Lancaster，
（Chales Macdonald）	1995年）

杰出的锦标赛冠军

沃克杯：美国队（1977年）
美国公开赛：瑞·弗洛德（1986），科里·帕维（Corey Paving，1995），雷帝夫·古森（2004年）
老年PGA：丹尼斯·沃森（2007）

球场计分卡

前9洞			后9洞		
洞序号	码距	标准杆	洞序号	码距	标准杆
1	393	4	10	412	4
2	226	3	11	158	3
3	478	4	12	468	4
4	435	4	13	370	4
5	537	5	14	443	4
6	474	4	15	403	4
7	189	3	16	540	5
8	398	4	17	179	3
9	443	4	18	450	4
前9洞	3573	35	后9洞	3423	35

平原疏林地球场

高尔夫运动不断风靡全球，越来越流行，现在全球已有35 000多座高尔夫球场，其中大部分都是平原疏林地球场。平原疏林地球场是个模糊的概念，涵盖了多种风格大致相同的球场（包括森林球场），但其地势、树的品种、沙坑、水以及风向可能都不相同。

尔夫大球场，1991年开放，位于巴黎北部，由杰克·尼克劳斯设计。

◁◁位于英格兰钟楼的布拉巴森球场(The Brabazon Course)已举办过四次莱德杯。

◁位于美国宾夕法尼亚州阿德莫尔的梅里恩高尔夫俱乐部(Merion Golf Club)。

▽位于法国卢瓦尔谷博尔德国际高尔夫球场（Les Bordes），为古老森林所环绕，被称为"漂浮的高尔夫球场"。

平原疏林地球场为何风靡世界？回答这个问题前，请你先考虑一下地球的地理概况。人们尽可能会避开荒凉地带居住，人口通常会在淡水区域（不管是湖水还是河水）集中并壮大起来。除了那些坐落在海边沙地地带罕有的林克斯球场、少数的沙漠球场和不折不扣的山地球场外，大多数的球场都建在草地、原野、森林和林地，这些地方更容易让高尔夫球手接近。平原疏林地球场一般不会像林克斯球场那样暴露在海风中，也不必像沙漠球场那样承受高温，所以往往比其他球场更葱郁。树木的作用非常重要，可以庇荫并保护人们。土壤也比荒原沙地球场或林克斯球场更肥沃，更易于植被生长。

地势和树木

平原疏林地球场也有着各种各样的障碍：球道两边树木成行，所以很多球洞都设成了狗腿洞；沙坑并不深也没有很强的威胁性，但设置巧妙，为的是保护球着陆地区及果岭侧面；球道旁边的长草区茂密葱郁而且深及脚踝。平原疏林地球场地势大相径庭，如奥古斯塔国家球场高低起伏不平，其他很多球场绕过大树后就是平坦的草原。平原疏林地球场的树木品种也数不胜数：欧洲中部一些国家和美洲东北部是茂密的阔叶落叶乔木；加拿大则是森林特征；斯堪的纳维亚半岛是成排的松树、柏树等针叶松柏科树木；气候较为温暖的欧洲南部地区，比如有着地中海气候的西班牙，有金松、桉树、橡木树等组成的森林。

不同的类型构成了不一样的挑战，蜿蜒穿过松树林的球场经常会让球手选取低位打法，这样才能避开高高的树冠，如果遇到比松树树干粗很多的橡树和山毛榉等树组成的障碍，球手就必须让球绕过障碍，而不是穿过障碍了。

与风共舞

风在平原疏林地球场起着重要的作用。不可否认，在林克斯球场有时风很大，但总是从一个

翼角高尔夫俱乐部的两个球场建在纽约北部马罗内克（Mamaroneck）的草地和林地中。

方向吹过来，而在平原疏林地球场的风却是漩涡状的，从高高的树冠一直旋进球洞里。有时候可以看见云朵静静地向左飘移，可果岭上的小旗却在向右招展，这样选择球杆就很难了。一般来说，应该看云朵移动的方向，或是树冠的动向，而不要看球洞小旗的飘向。

飞球

平原疏林地球场的球道较慢，沙坑就盘踞在果岭前面，如果想让球反弹得较短而攻上果岭的话，就需要打出比在山地球场或林克斯球场还要高的球了。在平原疏林地球场的发球台，不要期望打出很远的距离，所以球员都喜欢长的突发进位，尤其是美式风格的平原疏林地球场，球场工作人员更有可能随意地浇灌球场。

朝着果岭发球也可以从空中飞过障碍，不用采取从地面跳过的打法。然而，明智之举还是考虑好风向，如果是在大风天，可以选择低位击球，以避免飞过树冠，这样就不会受到风的影响了。

在多数的平原疏林地球场，因为不用考虑风蚀，沙坑都相对较浅，所以球手要有打长沙坑球的精湛技艺，尤其是遇到球道障碍时更应如此处理。在大多数的平原疏林地球场，球很少从侧面飞出。

树木繁茂的球场是绝妙的高尔夫场地，也会是奇妙之旅，尤其在夏秋季节交替时，在果岭上打球，看到树叶变成秋天的棕色、黄色、橙色，简直妙不可言。

林娜（Linna）高尔夫球场位于芬兰赫尔辛基北部高耸的常绿松树和落叶桦树林中，2005年开放，球场地势起伏不平，岩石突兀，夏季午夜的自然光中都能打球，非常有特色。

美国纽约罗彻斯特的橡树山高尔夫俱乐部由唐纳德·罗斯设计，球场由附近的农场改造而成。

美国梅里恩球场

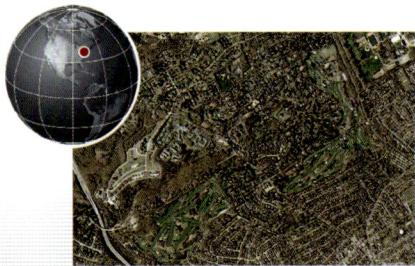

用俗语"小而精"来形容梅里恩球场再贴切不过，它巧妙地拼凑在仅仅126英亩（50公顷）的林地上，宾夕法尼亚州青翠的郊外在这里被展现得淋漓尽致。球场堪称经典，梅里恩的历史为之添色不少。杰出球员都曾踏上这里神圣的草坪，高尔夫史上那些国家级冠军的故事也曾发生在这里。

19世纪初，板球和网球在费城一些时髦社区非常流行，1865年成立的梅里恩板球俱乐部是当时体育活动的中心。梅里恩从1896年起就只有一个短距离球场（西球场）。随着高尔夫球运动逐渐成为主流，建造一个装配更优良、更受欢迎的高尔夫球场迫在眉睫，只有建起更大的场地才能举办更出色的锦标赛。于是，费城板球俱乐部成为领头羊，并在1907年和1910年举办了美国公开赛。

俱乐部成员聚集一起，选出了一位32岁的苏格兰裔高尔夫球手——休·威尔逊（Hugh Wilson）来设计球场。1910年，他在故乡苏格兰考察了7个月，从那里著名的林克斯球场和山地球场汲取了灵感，回到美国之后他就积极投入到梅里恩板球俱乐部东球场的设计。

威尔逊面对的是城市郊外主路的一块虽小却极佳的林地，他把它改造为一个L形的小球场，就像一块巧而炫目的宝石。11个球洞（从第二洞到十二洞）都穿过阿德莫尔大道，构成L形的一半，第一号球洞和第十三号到第十八号球洞都在俱乐部的一侧。因为球场较短，就要求它的防护很强，即使最近几年加了400码（366米），到今天情况仍旧如此。

沙障

威尔逊或许是个业余的建筑师，但他设计的路径和沙坑却无可挑剔。他所设计的球场将大自然的赐予发挥得淋漓尽致：参天大树点缀着整个场地；遍布鹅卵石的小溪蜿蜒穿过；多石、崎岖的地带和缓坡交相辉映，趣味横生；沙坑绝妙而宽阔，120个沙坑中许多都是四周凹凸不平，陡峭且长满了草——有些人形容它们长了眉毛。1916年，美国业余选手锦标赛中奇克·埃文斯（Chick Evans）在此夺冠，他把这里的沙坑称为"梅里恩的沙障"。

梅里恩球场需要的是精准而不是力量，因为果岭都很小，且呈巧妙的弧形，其防护作用不可低

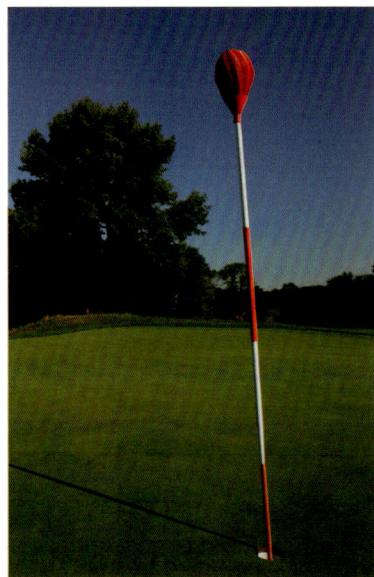

红色的柳条筐挂在梅里恩旗杆的顶部，而非旗子。这样就绝不会被旗子给出的风向误导了。

侯根的绝妙一击

1949年，本·侯根遭遇了一次惨重的车祸，这位优秀的高尔夫运动员战胜了半身不遂的危险，一年后出现在梅里恩球场，并又一次摘得美国公开赛的桂冠。比赛最后一天的36个洞，他已疲惫不堪，领先的可能渺茫。他站在第十八号球道上，手拿一号铁杆，当时他要拿下标准杆才能进入延时赛。他挥舞长杆，直入果岭，确保了延时赛的机会，进而在第二天的比赛中一举夺冠。

■ 1950年梅里恩球场，本·侯根在第十八号球道。

估，有些有着突出的特点，想要得高分，策略和距离的把握都至关重要。

球场的短距离球洞往往是其品质的衡量标准，梅里恩球场的4个短洞富有特色。第三号球洞是上坡洞，有6个陷阱。第九号球洞是下坡洞，果岭呈肾脏形状，前面有溪流和池塘。路那边是第十三号球洞，果岭很小且被沙地包围。第十七号球洞建在一个旧的采石场上，距离球场底边246码（225米），击球距离也只有这么长。李·特维诺曾称之为"公开赛上最短的四杆洞"。

杰出球手

传奇人物波比·琼斯（Bobby Jones）与梅里恩球场有着千丝万缕的联系。1916年，时年14岁的他在这里第一次参加美国业余公开赛，并打入1/4决赛。1924年他在此夺冠，1930年再次在此夺冠，并在同年包揽了美国公开赛、英国业余公开赛和英国公开赛冠军，成绩斐然。他的四次夺冠就是有名的"金满贯"（参见212~213页）。他当时在第十一号果岭的36洞决赛中获胜，直至今日那里还挂着徽章以纪念他的成就。几个月后，他退役了。

第四号球洞果岭处，落日照耀下，推球区域从后向前倾的坡度更是一览无余，五座周边长草的沙坑静候着那些不听管教的球。

球场

这片具有历史意义的平原疏林地球场紧凑却错综复杂，小巧的坡状果岭和深深的沙坑引人注目，也会无情地吞掉球。想要征服这里异彩纷呈的球洞，需要的是策略、想象与掌控，而不是勇猛和蛮力。

第七号球洞的果岭狭长深陷。

第十六号球洞后"矿洞"被列为全球前18洞之一。

狗腿形第十四号球洞呈上坡至长果岭。

第一号球洞的果岭由右至左、由前至后部呈坡状。

第十号球洞果岭又窄又小，中部突起。

第十一号果岭由科比溪和左侧深深的沙坑守护着。

第十二号球洞的果岭前方有座大沙坑。

第十八号的球座发球是全盲的，球道也起伏不平。

■ 第十六号球洞处的矿洞

第16号球洞 后"矿洞"

此洞被称为矿洞大有原因。勇猛的球手先得找到球道，然后决定是否要迎击果岭前方的荒地和四周下陷的石头。球道尽头距果岭前部仅有100码（91米），许多球手都从更靠后的地方进攻果岭。

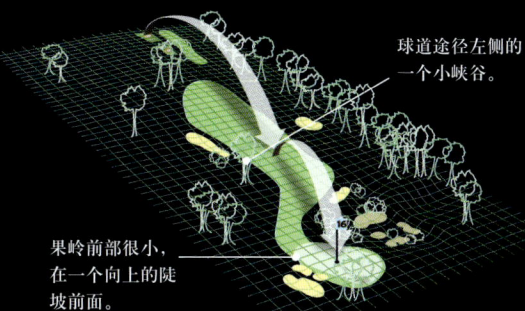

球道途径左侧的一个小峡谷。

果岭前部很小，在一个向上的陡坡前面。

梅里恩球场

美宾夕法尼亚州19003
阿德摩尔大道450号
www.meriongolfclub.com

东球场

建于：1912	标准杆：70
长度：6846码	设计者：
（6260米）	休·威尔逊

杰出的锦标赛冠军

美国业余赛：鲍比·琼斯（1924年，1930年），爱德华多·莫林纳里（Eduardo Molinari, 2005年）
美国公开赛：本·侯根（1950年），李·特维诺（1971年），大卫·格拉汉姆（David Graham, 1981年）

球场计分卡

前9洞			后9洞		
洞序号	码距	标准杆	洞序号	码距	标准杆
1	350	4	10	303	4
2	556	5	11	367	4
3	219	3	12	403	4
4	597	5	13	120	3
5	504	4	14	438	4
6	487	4	15	411	4
7	345	4	16	430	4
8	359	4	17	246	3
9	206	3	18	505	5
前9洞	3623	36	后9洞	3223	34

法国博尔德球场

博尔德球场地处索洛涅森林腹地，是卢尔瓦河谷中一块遍布河流的森林地区。这里僻静、精致又出奇的险峻，恰似天然林地里宁静的港口。景色优美但具有挑战性，在这里曾经上演过许多精妙绝伦的击球。尽管这里没有举办过锦标赛，但很多出色球手都曾体验过它的魅力，却从未有人能征服它。

错失推球的懊恼

巨大的推球果岭也可以被看作是带雕像的花园，在一片草坪之上立着一尊罗丹的雕塑作品——一个赤裸的男子手抚额头。比克爵士觉得这尊雕像很适合这个地点，这里的三英尺推球不太容易成功，常令人懊恼不已。

罗丹的赤裸人体雕像。

很难用兼收并蓄来形容一个球场，但可以这样形容博尔德。球场主要由森林组成，还有可以称为山地的地域河和美国式的河道。球场建于1986年，最初是两个富有家族的私人球场。知名的比克圆珠笔及剃须刀制造商马萨尔·比克爵士（Baron Marcel Bich）和他的日本贸易伙伴村上樱井（Yoshiaki Sakurai）先生听取了专家罗伯特·冯·哈格（Robert Von Hagge）的意见，将比克爵士的狩猎场改建成了世界级的高尔夫球场。

球场设计精巧，设施齐全。不但击球距离和狗腿洞令人望而生畏，还有很多需要深思熟虑才能打出的高风险也是高回报的击球。在这里，土丘取代了沙坑，枕木支撑的果岭紧邻水域，白色的球道沙坑蜿蜒而设，果岭恶劣，甚至还有一个岛屿果岭。虽然有些混杂，却也井然有序，发球需要全力以赴。

整个球场有44个沙坑，有一些较深，不过不能以一概全。第一号球洞是个笔直的四杆洞，只有1个沙坑，却几乎环绕了整个果岭。第六号、第十二号以及第十五号球道的侧面还有更多的沙坑。球道穿梭于茂密的森林中，这已经足以让球手觉得幽闭恐惧，发球战战兢兢，无论如何也不再需要沙坑了。

最后的4个球洞只有5个沙坑，却无疑是最难的一段距离。

冯·哈格似乎并不喜欢简单、和缓的狗腿洞。几乎6个旋转的洞都非常地曲折通幽，令人咂舌的第七号球洞更是形成了90°直角，第二杆必须越过水塘才能到达果岭。哈特设计的3个三杆洞都要打过水域，其中还有一个是很难的上坡洞。池塘上方的3个球洞中，第四号球洞的果岭用枕木支撑；第十三号球洞更是难上加难，从发球区到果岭前有158米（174码）的击球距离。有风的情况下，最好全力击球。

而后，当你认为已渡过难关的时候，第十四号球洞已伺机而候。球洞四周都是水域，发球台击球要到位，然后第二杆得躲闪左右的水域才能打上果岭，果岭酷似锯齿草球场的第十七号球洞（见364~367页），是座岛屿果岭。五杆能拿下此洞已属不易。

不过，好在博尔德球场的巨大挑战可以被乡村美景所抵消。如果球手谦和一些，根据自己的能力选择好发球点，这个美丽又极具挑战的球场会令他流连忘返。

第十四号球洞的果岭岛水雾缭绕，精妙绝伦，可以从人行桥上去，锦鲤在水中畅游。

球场

球场蜿蜒穿梭于森林之间，球洞都在球场外沿位置，果岭和球道都离不开湖水。沙地不多，不过作用不小，难度很大，也需要球手有足够的勇气来面对。因其力量和危险性，博尔德球场即使对最好的高尔夫球手来说也是艰巨的挑战。

需要巧妙设计才能让击球越过第十三号球洞果岭处的水域。

第十八号球洞的最后击球方法要应对起伏不平的果岭。

第十四号球洞处的内陆果岭令球手紧张不已，即使是挖起杆也是如此。

第6号球洞 自然精巧

第六号球洞显得浑然天成，有两座巨大的沙坑，一座紧拥着右侧的击球区域，一座离果岭前侧和右侧仅几码远。巧妙地抬高了球道，这样陷阱就不易被察觉，滚出球道的球就很容易落网。野生的草坡围绕在球洞四周，大片的湿地意味着击球必须精准，推球亦需如此。

第七号球洞直接拐了90°的角。

左侧有巍然耸立在果岭旁的大橡树。

一座大沙坑环绕着第一号球洞的果岭。

大片的沙地保护着果岭右侧。

一座几乎120码（110米）长的沙坑坐落在球道一旁。

博尔德球场

法国 圣洛朗镇
www.lesbordes.com

球场

建于：1986年 | 设计者：罗伯特·冯·哈格
长度：6409米（7009码）
标准杆：72 | 球场纪录：71杆，Jean Van de Velde

球场计分卡

前9洞			后9洞		
洞序号	米距	标准杆	洞序号	米距	标准杆
1	401	4	10	468	5
2	477	5	11	365	4
3	355	4	12	378	4
4	151	3	13	169	3
5	398	4	14	510	5
6	352	4	15	400	4
7	464	5	16	197	3
8	143	3	17	415	4
9	357	4	18	409	4
前9洞	3098	36	后9洞	3311	36

■ 优雅有加的第六号球洞。

西班牙瓦德拉玛球场

瓦德拉玛球场位于西班牙南部，在欧洲大陆总是排名第一。这里绝非为懦夫而设。多年来，作为欧洲职业高尔夫巡赛主要赛事沃尔沃大师赛的场地，这里可让人轻视不得，甚至有几次连一些顶级球手都在此蒙羞。球场很出色，击球也令人生畏，不但是对高尔夫球技的考验，也是对人精神的考验。在瓦德拉玛发生的戏剧性事件数不胜数。

追求完美的人对瓦德拉玛拥有无限的热爱。自1984年瓦德拉玛的主人买下它的前身拉斯阿维球场（Las Aves）后，就一直热衷于在栎树和橄榄树林中建起险峻却雅致的球洞。贾米·奥提兹·帕汀诺（JaimeOrtiz-Patino）和建筑师罗伯特·特隆特·琼斯将聪明才智用在了这块普通的球场上，使之成为具有划时代意义的球场。球场进行了大规模修建——移动了土壤，大量进行植被，移动甚至砍伐了很多树木。短短几年间，默默无闻的球场一鸣惊人。直至今日，球场也没能达到帕汀诺心中理想的标准，他还在进行着不断的改进。

球场边缘地带可以进行发球、近距离切球、低飞球和推击球。每一轮比赛，球手都要平心静气并且要信心百倍。地貌和设计造成了球场的难度，球道边都是树，白色的沙坑令人眼晕，细长的河岸高低不平，果岭四周都由树木防护。第四号球洞果岭和第十七号球洞果岭都因四周环水而闻名，推球平面都极为光滑，到处都是陡峭的斜坡。

精准和控球

这里首当其冲的应属发球要准确，因为落地区域到处都是树，稍有失误就会把球打到树冠上。让球穿过低矮扭曲的树不是不可能，但需要技巧——必须要打出很低的球，通常需要弯腰发球。如果遇到果岭前面有沙坑，并且是在下坡球道，想要将球直接打到果岭上就更不容易了。

即使打入球道，控制球也十分关键。因为要是攻不上果岭问题就多了。比方说，任何一个球员用力挥杆后，在三杆洞第十二号球洞打得距离远了些，球就会在果岭上顺着斜坡滚入可恶的沙坑。所以，问题的关键是不管你是否攻上果岭，都要确保自己站对了位置。

本质上瓦德拉玛最不像平原疏林地球场，第十七号球洞是最恶名远扬的一洞，果岭前不但有湖，后面还有三个连续的沙坑。

精彩瞬间

没有哪个球洞像第十七号球洞那样创造出无数激动人心的瞬间。1999年美国运通卡锦标赛上，泰格·伍兹在最后一轮打出一记漂亮的切击球，虽遭遇了三个柏忌，但最终在延时赛中获胜。在瓦德拉玛球场低于标准杆获胜的球手仅有3位，伍兹为其中之一。

1997年，第一次在欧洲大陆举办的莱德杯就在瓦德拉玛举行。塞弗·巴雷斯特罗斯任队长，但不参加比赛。决赛下午，进入个人赛时欧洲队领先5分。最终3位欧洲人夺冠，其中就有科林·蒙哥马利，他在险恶的第十八号球洞打出了标准杆四杆，锁定胜局。

瓦德拉玛球场

西班牙，加得斯省，索托格兰德，11310
www.valderrama.com

球场

建于：1974年	特·特隆特·琼斯
长度：6356米	球场纪录：62杆，
（6959码）	伯纳德·蓝格
标准杆：71	（Bernhard
设计者：老罗伯	Langer，1994年）

杰出的锦标赛冠军

莱德杯：欧洲队（1997年）
美国运通卡世界杯锦标赛：泰格·伍兹（1999年），迈克·威尔（2000年）
沃尔沃名人赛：科林·蒙哥马利/伯纳德·蓝格（2002年），福雷德里克·雅格布森（Fredrik Jacobson，2003年），伊恩·保尔特（Ian Poulter，2004年），保罗·麦克金尼（Paul McGinley，2005年），基维·米尔卡·塞恩（Jeeve Milka Singh，2006年），贾斯汀·罗斯（2007年）

球场计分卡

前9洞			后9洞		
洞序号	米距	标准杆	洞序号	米距	标准杆
1	356	4	10	356	4
2	385	4	11	500	5
3	179	3	12	194	3
4	515	5	13	368	4
5	348	4	14	338	4
6	149	3	15	206	3
7	448	4	16	386	4
8	320	4	17	190	5
9	403	4	18	415	4
前9洞	3103	35	后9洞	3253	36

球场

栓皮栎和橄榄树形成了葱郁的球道，树荫笼罩着桌面一样的果岭，炫目的白色沙坑是由当地所产的白色大理石粉碎了填充而成，这些沙坑簇拥着果岭的外延，再加上突兀的水域，使得精准成为这里的首要要求。

前9洞

①进攻树木掩映的果岭，球道左侧是最佳路线。②一棵巨大的橡树矗立在球道中央，如果打出长距离球有可能避开它。③打短距离球会比长距离球更有效，或者向右些，因为陡峭的下坡会让球陷入更多的麻烦中。④在这里，球手最好是三种打法的天才，果岭旁的湖水可毫不留情面。⑤没必要开球时就击中果岭，在这个狗腿洞找到好的位置很重要。⑥较陡的下坡短球洞，尽量接近旗子右侧，给上坡推球留出好机会。⑦精准地两次击球可以入洞，不过球洞却被巨大的沙坑很严密地防护着。⑧从树丛里是没有可能把球打上果岭的，必须找到球道。⑨特点是又直又平，很难判断使用何种打法为佳。

后9洞

⑩形状由左向右，环绕着一方池塘，果岭坡度很大。⑪虽然是上坡半盲洞，还是有抓狄小鸟的机会。⑫奇异的三杆洞，要越过一个小山谷才能攻上由后向前呈陡坡的果岭。⑬没有沙坑，但非常狭窄，两侧都有树木。⑭果岭比球道高出很多，很难判断打法。⑮骇人的三杆洞，击球要对准果岭左侧，才能使球越过灌木丛生的山谷。⑯倾斜的球道会让球向左滚动，这是最佳发球路线。⑰两杆抵达果岭需要足够的勇气，略不到位置就会被湖水吞掉。⑱曲折的球道意味着得有足够的创新才能摆脱麻烦。

第8号球洞　"艾尔沙坑"

此球洞虽为短距离球洞，但仍旧危机四伏。树木占据了略呈左狗腿形的球道两侧，还有个呈弧形的沙坑横卧在果岭前面。如果错过了球道，就难以摆脱低处树枝的缠绕，只能寄希望于穿越沙地抵达果岭。

一座半圆形的大沙坑守护着果岭。

弯度很大的球道两侧被独特的栓皮栎包围着。

第16号球洞　"非常之难"

最佳路线应靠近右侧树木的边缘，而球应该朝向左侧，这样就能清楚地看到果岭，它正处于球落地的下坡位置。左侧上果岭最佳。刁钻的路线加上入洞之难，无怪乎此洞被称为"非常之难"。

守卫森严的果岭位于山的一侧，坡度极陡。

球道自右向左倾斜，但狗腿洞向右弯曲。

第18号球洞　"卡萨俱乐部"

最后一洞仍是一切皆有可能，这一洞有两条路线。安全的办法就是直击果岭一角，这样下一击可能需要弯曲地绕过树木。大胆的击球可以采取盲打，越过左侧的树丛，从而有望于到达左狗腿形的狭窄球道。

大胆地越过树丛击球后，进攻果岭的距离就不长了。

果岭略高，几个沙坑森严地守卫在旁。

■ 第四号球洞处的湖泊。　　　　■ 第十八号球洞处的巨大沙坑。　　　　■ 第七号球洞处的沙坑。

这里多样的地表特征、丰富的野生物种……意味着每一位来此的球员既受到了球场难度之挑战，也饱缮了自然之美。

贾米·奥提兹·帕汀诺——球场主人兼总裁

在瓦德拉玛球场，如果球打过了旗杆标志处，推球就会更难。正如小克里斯蒂·奥科诺所说："如果在这里错失果岭，哭都来不及了。"

风在这里没有起到积极作用。球场临近大海，又依山而建，风让人难以捉摸。波尼恩特风（直布罗陀海峡的西风）是从岛的北面吹来的热风，黎凡特风是从海上一直吹到岛南面的一股凉风。不同的风导致风力也不同，球场每天的情况都不一样。

没有垂手而得的球洞

瓦德拉玛球场从一开始就在考验球手的技巧和耐心。你可以看到第一号球洞的球道，却看不清果岭。如果从右侧发球，就要有技巧地绕过那些高树或直接从树上方打过去。第二号球洞的球道中央有一棵巨大的栓皮栎，距离发球区有284码（260米）。这里没有唾手而得的球洞，从发球到技巧都要深思熟虑。被抬高的五杆洞第十一号球洞可能是为数不多能打出漂亮小鸟球的一个机会。另一个五杆洞是第四号球洞，其最大的特点是令人咂舌的复杂果岭。橡树树影中藏着一条小溪和一个瀑布，格外赏心悦目却又险恶异常。小果岭就在长球洞的后面，分为明显的两层，上层虽然平坦却极难打上去。

很多球手都会看到这里的水域，可更多的人还是在那个恶名远扬的第十七号球洞失利。要是有机会能攻上果岭，就要防备左边的球道沙坑。如果球在射程之内，就得决策是要越过水域打上坡状果岭还是采取短杆策略击近障碍。果岭的坡度很大，只有非常准确的发球才能攻上去。

世界巡赛上的球手们对瓦德拉玛既爱又恨。有时，他们会觉得这里就是个碰运气的地方，但他们也深知只有高超的球技才能赢得比赛。他们最喜欢的是这片球场非同一般的环境：球道感觉如地毯；粉碎的白色大理石填充的沙坑牢固稳定，便于掌控；果岭之整齐、标准令人难以置信。瓦德拉玛或许是欧洲最让人大伤脑筋的球场，却也是汇聚精英球手和经典赛事的最佳地点。

沙坑是瓦德拉玛球场的标志性特征，沙坑里不是沙子而是被粉碎了的大理石。这样不但粗糙的表面看上去闪闪发光，还使击球的表面有着不一样的感受。它坚实紧凑，球落地很稳定，这也说明技术娴熟的球手可以更好地控球。

第十五号球洞和远处的萨洛尼亚德-隆达山。

第十六号果岭处风景美不胜收。

日本荒田町球场

自1932年荒田町高尔夫球场对外开放后，就一直被奉为日本最佳球场，排名位居全球前50。荒田町的确是个壮举：这片岛屿上遍布着2500座球场，部分球场是私人会员制俱乐部。荒田町位于松树林地地带，却有着英格兰萨里沙地林克斯球场的特征。

球场

这座列居日本最佳的球场给人一种欧石楠球场的感觉，球洞处松枝掩映，岩石纵横的峡谷、蜿蜒的湖水和小溪增加了其复杂性和难度。荒田町也是一座传统的球场，历经数载，其早期的风貌没有丝毫的改变。

想要进入第十四号球道，球座发球须越过水域和灌木丛。

第十五号球洞长长的狗腿形球道自右向左弯曲。

在第六号球洞，球座发球要穿过林地才能找到球道。

在三杆洞第十七号球洞，球座发球要越过所有的灌木丛、水域和沙地。

第5号球洞

孤注一掷

如荒田町所有的三杆洞一样，第五号球洞要越过一片几乎无法越过的地带，这里拐角处向下25英尺的地方有一片广阔的湖水。果岭位于一座宽大又若隐若现的沙坑后面，右侧和后方还有三个沙坑，果岭后方还有树木，所以这个球洞只能孤注一掷。幸运的是，其长度只有150码（137米）左右，不过必得击中果岭才行。

树木环绕的发球台。

果岭高出四周粗糙的护堤。

荒田町球场

日本本州近畿，兵库县志染町
TEL NO:+1-794-85-0123

球场

建于：1932年	标准杆：72
长度：7169码（6555米）	设计者：查尔斯·艾利逊

杰出的锦标赛冠军

日本公开赛：片山晋吴（SHINGO KATAYAMA，2005年）

球场计分卡

前9洞			后9洞		
洞序号	码距	标准杆	洞序号	码距	标准杆
1	502	5	10	351	4
2	453	4	11	458	4
3	461	4	12	596	5
4	451	4	13	167	3
5	152	3	14	388	4
6	425	4	15	568	5
7	211	3	16	401	4
8	353	4	17	231	3
9	542	5	18	459	4
前9洞	3550	36	后9洞	3619	36

久木子爵（Viscount Kuki）是位庄园主，热衷于高尔夫，他想在自己的田产上建一座高尔夫球场，故邀请了正在日本旅游的查尔斯·艾利逊（Charles Alison，即著名的科特-艾利逊组合之一）担任设计。

艾利逊到达了神户西北部12英里（19公里）的这片土地时，被这里浑然天成的美所打动。这里地势起伏舒缓，山谷沟壑错落有致，松树成荫，其间还点缀着浓密的矮树丛、几处湖泊和小溪。接连几天，艾利逊一直在这里测量土地及草拟球洞位置，然后才回到神户，在东方酒店的套房里住了下来。一星期后他再出现时已经有了出色的设计规划，很多球洞设计独具一格，他也得到了高达1500法郎的设计费。

效果非凡

艾利逊在英伦设计建造了多座出色的欧石楠球场。在设计荒田町高尔夫球场时，他采用了很多以前的经验，在视觉效果上起到了迷惑的作用。用堆土法把球道沙坑设计得很宽大，偏离球道的击球无疑会遇到这些沙坑；果岭旁的沙坑嵌入高丘中，很深也很有威胁性。果岭向下的坡度很大，下面是沟壑和沙坑，推球台也是倾斜的，很不好把握。还有一小部分果岭几乎全被沙坑陷阱环绕，不过每处果岭都有狭窄的入口。

1932年球场开放时，艾利逊说过："美国松树谷的沙坑更多，难度也更大，不过荒田町足能达到美国顶级球场的标准，即使美国来的球手也可以在这里畅快地打球，当然荒田町肯定会让他们感觉到一些痛苦。"

艾利逊的设计很好地利用了自然地势，在几座发球台上发球时必须向上打，才能越过荒地和水域。4个三杆洞中有3个要越过湖水才能打上沙坑环绕的果岭，其中就有第十七号球洞，长231码（211米），如果失误眨眼间就能毁掉计分板上的好成绩。

有些四杆洞的击球距离也很长。在第十四号球洞的发球台上，发球必须越过一片水域，然后再越

第九号球洞壮丽的球道以及葱郁的灌木丛是对荒田町大手笔的平原疏林地球场设计以及其私人性特征的很好概括。

过草丛才能到达200码（183米）外的球道。然后就是球场最知名的一洞——五杆洞第十五号球洞，此洞也被列入世界高尔夫前500球洞，因其狗腿形球道旁的一棵巨大的黑松而知名。如果没有这棵树，球洞会短一些，难度也就小一些，但其实这棵树对球洞来说至关重要，俱乐部甚至为其投了500万日元的保险。现在黑松被防护网保护起来，为的是避免有些抄近路的击球或未能绕过它的击球猛击到树身。

这一球洞也因杰克·尼克劳斯在1963年表演赛中的出色表现而闻名（见右图）。

荒田町属于旧式球场，就连俱乐部会所都是由木板搭建的，点缀着烫着金字的荣誉牌，这是全球传统球场的特色。俱乐部非常私人化，这种排他性增加了球场的神秘感。不过，艾利逊在日本这片曾经隔绝人世的地方注入了一些高尔夫球场的经典设计，为能够享受此球场的少数人创造出了一座迷人的球场，功不可没。

杰克全力以赴

1963年的高尔夫表演赛上，杰克·尼克劳斯在第十五号球道上击出了大幅度球后还有250码才能攻上果岭，俱乐部会长告诉他没人曾能两杆打上果岭。尼克劳斯笑着说："我来试试"。他选用了第三号柿木杆，尽全力打出了一球，球高高地越过了松树林，又飞过了果岭前的沙坑，滚向了右后方的球洞标示旗。

> 无论从后发球台上开始血战还是在大树间以求一搏，我在英国也找不到比它更好的内陆球场。
>
> —— 建筑师查尔斯·艾利逊

■ 杰克·尼克劳斯的大力击球

美国缪菲尔德村球场

此球场以"杰克建的球场"而闻名，杰克指尼克劳斯。缪菲尔德村是俄亥俄州一片纯净的平原疏林地，离"金熊"尼克长大的地方很近。这里地势宽阔起伏，溪流交织，如其创立者一样，透露着典雅的气质。每年，在名人赛和美国公开赛之间，缪菲尔德村球场都会举行纪念性比赛，也是邀请赛，此赛事只是为高尔夫精英来这里畅享顶级球场的乐趣而举办的。

泰格·伍兹在高尔夫球坛崭露头角并开始轻松赢得大满贯赛事之前，尼克劳斯一直是世界瞩目的最佳球手。其实许多人至今仍推崇杰克，认为只有当泰格能赢得杰克曾赢得过的18个大满贯时，一切才可另当别论。不过无论怎么争论，当杰克·尼克劳斯开始修建自己的高尔夫球场时，人们都相信球场会建得独具特色且辉煌卓越，正如杰克本人一样。

缪菲尔德村球场沿袭了奥古斯塔球场（见第296~299页）的样式。正是1966年尼克劳斯坐在奥古斯塔球场俱乐部会所里时才萌发了在家乡附近修建一座适合举办PGA赛事球场的想法。同他一起坐在那里畅想的还有艾弗·杨（Ivor Young），杰克的一位经营地产的朋友。杨回到俄亥俄的哥伦布市后就定位了10处适合修建球场的地方，这里是尼克看到的第一处，当时他十分满意，160英亩（65公顷）的林地起伏不平，树木掩映，溪流蜿蜒。

激动人心的考验

尼克劳斯的设计理念是让这里具有独特的神韵，在完美无缺的基础上更上一层楼。他和德斯蒙德·穆海德（Desmond Muirhead）设计的球场通过考验的确是激动人心，最佳的击球会得到很好的回报，而差劲的击球也会受到严厉的惩罚，并且外观也卓然超群。

尼克劳斯后来这样评价自己的杰作："我着手修建的不仅是适合各种水平选手的出色球场，也是观看比赛的绝佳地方……名人赛是高尔夫界的盛事，我想让哥伦布也能举办同等盛事。"

1974年球场开放时，这里以尼克劳斯1966年公开赛夺冠之地——苏格兰缪菲尔德球场命名，因为也是在那一年尼克萌生出了修建缪菲尔德村球场的念头。除了名字外，不管是有心还是无意，两个球

蜿蜒的小溪和小河簇拥在球道一侧，属缪菲尔德村球场的危险之处。

缪菲尔德村球场

美国俄亥俄州 43017
都柏林，纪念大道5750
TEL NO:+1-614-889-6740

球场

建于：1974年	标准杆：72
长度：7366码（6735米）	设计者：杰克·尼克劳斯，斯蒙德·穆海德

杰出的锦标赛冠军

莱德杯：欧洲队（1987年），贾斯汀·李奥纳多（1992年）
索伦海姆杯：美国队（1998年）
纪念赛：泰格·伍兹（1999、2000、2001年），吉姆·弗瑞克（2002年），肯尼·派瑞（Kenny Perry，2003年），厄尼·埃尔斯（2004年），巴特·布莱恩（Bart Bryant，2005年），卡尔·佩特森（Carl Pettersson，2006年），崔京周（KJ Choi，2007年）

球场计分卡

前9洞			后9洞		
洞序号	码距	标准杆	洞序号	码距	标准杆
1	470	4	10	471	4
2	455	4	11	567	5
3	401	4	12	184	3
4	200	3	13	455	4
5	527	5	14	363	4
6	447	4	15	529	5
7	563	5	16	215	3
8	185	3	17	478	4
9	412	4	18	444	4
前9洞	3660	36	后9洞	3706	36

球场

球洞顺着长满树木的山坡分布，许多球道都和蜿蜒的溪水巧妙地交织在一起，溪水当然会吞掉偏出球道的击球。此球场的风格和环境都仿照了奥古斯塔国家高尔夫球场。

从第三号球道发出的球必须越过水域才安全。

第八号球洞果岭几英尺之外就是一大片沙地。

第十一号球洞的球道被一分为二。

第十八号狗腿洞的球道左侧是一条制造麻烦的溪水。

酷似奥古斯塔

第12号球洞

杰克·尼克劳斯经常表示：在他看来，奥古斯塔球场的第十二号球洞是最棒的短洞。由此，他在缪菲尔德村球场也修建了这样一洞，以示其对奥古斯塔球场的敬意。这个仅有184码（168米）长的球洞连击球的角度都和奥古斯塔的同号球洞相似，果岭低浅，位于水域后方，这里的水域不是溪水，而是湖水。果岭前方的沙坑比奥古斯塔的那一座大一些，不过长度近似。误入了果岭后方的沙坑，想要挽救可不容易，朝向水的一击让人紧张不已，恰如在奥古斯塔球场击球一样。

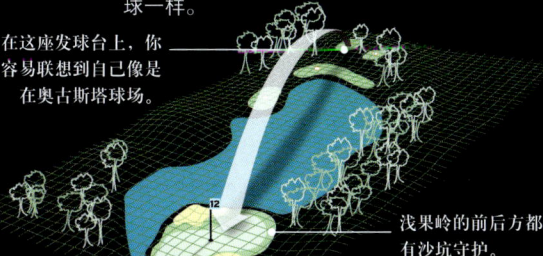

站在这座发球台上，你很容易联想到自己像是在奥古斯塔球场。

浅果岭的前后方都有沙坑守护。

■ 第十二号球洞处的湖水。

场还有一点相似处：缪菲尔德林克斯球场的球洞呈两个环状分布，前9洞呈顺时针，后9洞呈逆时针；缪菲尔德村也略呈两个环形，不过球洞分布都是逆时针的。

尼克劳斯一点也不担心球场在某些方面具有野性，他还设计了许多边缘洞，稍微的失误都会受到严厉的惩罚。球洞中有11个洞要和水域打交道，有的是湖水，有的是较宽的小溪，在第三号、第六号、第九号以及第十一号球洞果岭前就有这样的水域，不过别的球洞外水域也造成了不少的麻烦。

独特的小溪

这里的小溪都簇拥在球道一侧，这种设计在全球高尔夫球场中很少见。有些小溪甚至切断了球道，将落球区域一分两半，非常危险，给接近果岭处的击球造成了很多麻烦。第五号、第十一号以及第十四号球洞处球道都被如此分割了，球手击球技巧和出球策略都受到了考验。

这些球洞中最非凡的当数五杆洞第五号球洞，其长达527码（482米）。向下击球可以进入较隔绝的林地山谷，在300码（274米）的地方就是溪水

了，从左侧边缘切入球道，然后迂回绕到中部一直流到果岭处才向左拐，环绕着果岭边缘。因为两侧都是水域，想要打入球道的高球也很难处理。这里可谓美丽与狡黠兼而有之。

决一死战

球场巧妙地利用了高度的变化，球道俯冲着冲下山坡，顺着谷峰与谷底缓慢起伏。有一洞很好地概括了整座球场的特点和精神，那就是必须决一死战的五杆洞第十五号球洞。此球洞非常笔直，两侧都是高大的橡树、松树和山毛榉。布满岩石的溪流顺着左侧奔流而下，然后改变方向，顺着一条深深的沟壑绕到了果岭附近，离果岭仅40码远。球道在半途中被一条草沟切开，是绝佳的冒险球洞，杰出球手可能两杆打上果岭，但危险不小。

此球洞概括了缪菲尔德村球场的特点，世界上最出色的高尔夫球手每年都会聚于此球场参加尼克劳斯为他们举办的纪念赛。球场诱人、高尔夫纯正，会回报勇敢的球手，但也会惩罚他们的错误。

属于欧洲队的日子

1987年，欧洲莱德杯队作为上届获胜队来到了缪菲尔德村球场，在这之前欧洲队从未在美国本土获胜过。尼克劳斯在自己的球场上任美国队队长，看来胜局已定。但令人料想不到的事情发生了（见第234~235页），前两天欧洲队士气大振，在周日的个人赛上经受住了美国的反击。塞弗·巴雷斯特罗斯，莱德杯的得主，进行了获胜的一推，毁了杰克的好日子。结果是欧洲队15分，美国队13分。

■ 埃蒙·达西为欧洲队赢了一场比赛。

美国奥古斯塔国家高尔夫球场

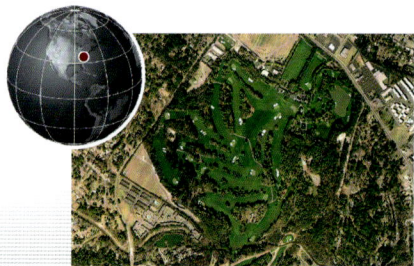

如果世界上有一座球场是所有高尔夫球员梦寐以求想要去打球的地方，那就是奥古斯塔国家高尔球场。每年的四月，名人赛赛事上都可以全程观看到世界高尔夫界精英们在这里一试高低。这座球场无与伦比的优美及富有戏剧性的比赛，是高尔夫球场地图上的一块圣地。一家会员独享甚至说有些神秘的高尔夫俱乐部拥有这座经过精心筹划、非同凡响并令人为之倾倒的球场。

虽然现在奥古斯塔球场已被载入史册，但在高尔夫的大事年表上，它姗姗来迟。1930年，伟大的业余高尔夫选手——已故的鲍勃·琼斯有了修建球场的想法，他希望球场能为当时杰出的高尔夫球手们举办每年一度的赛事。那时，奥古斯塔还是一座苗圃，琼斯和设计者艾里斯特·麦肯兹决意要把这片呈下坡的土地——那时是著名的果园——改造成一座全球最被认可的高尔夫球场。

高度变化

这里本来就树木掩映，现在又栽种了30多种的杜鹃花和山茱萸。最知名的当数盘旋在第十号球洞之上的有着80年树龄的老松树，此球洞除了自然风景引人入胜外，难度也较大，主要是因为高度变化而导致的。古旧的俱乐部会所是19世纪50年代修建的，最早是种植园主的住所，居高临下地俯瞰着球场。球场前侧向下倾斜200英尺（61米），延伸到球场最尽头的雷氏溪。

第十号球洞和第十八号球洞的坡度最突出，两个球洞并排形成拱形。从第十号发球台上看，球道是全盲的，球道向前延伸开并转过了拐弯处，之后才到了120英尺（37米）外的果岭。第十八号球洞虽然在上坡处就开始了，但发球台的高度也不容忽视。一天的疲惫赛事后，上坡洞形成了对体力和技巧的考验。

注重细节

今天，这座球场还是无与伦比。在绿化工作人员的精心呵护下，没有其他球场能与之媲美。球道上几乎一片多余的草叶都没有，在举办名人赛期间，沙坑边缘都会用剪刀整饬一新。不过球场始建时可不是这样的，那时为了能经受住南方腹地的炎热，在球道上种植了百慕大草。

第十二号球洞的果岭号称"金钟花"，掩映在奥古斯塔标志性的平原疏林地花丛和树丛中。

精彩瞬间

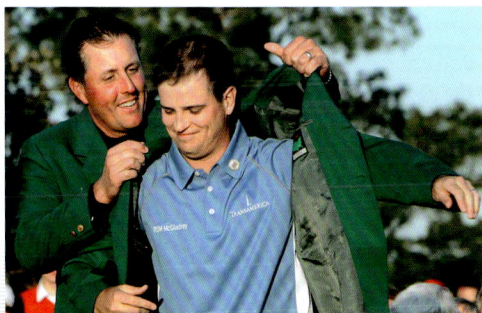

名人赛的传统是上一届冠军得主会为本届冠军穿上闪亮的绿夹克。图中2007年名人赛，菲尔·米克尔森正将绿夹克穿到雅克·约翰逊的身上。第一件绿夹克是1949年由桑姆·史纳德获得的。以前，所有的冠军都只能把夹克保存在俱乐部会所，只到了近来才可以把夹克带出会所，不过不能在公开场合展示。

1988年的名人赛上，最后一洞时，桑迪·莱勒把球击进了左侧一个球道沙坑中，离果岭还有160码（146米）的上坡击球距离。他用7号铁杆将球铲出，切击到了球洞旗帆后方20英尺（6米）的地方。球摇晃了片刻，然后慢慢顺着下坡滚到了距洞口仅10英尺（3米）的地方，这样，莱勒将球轻松推入洞，抓获小鸟并夺得了冠军。

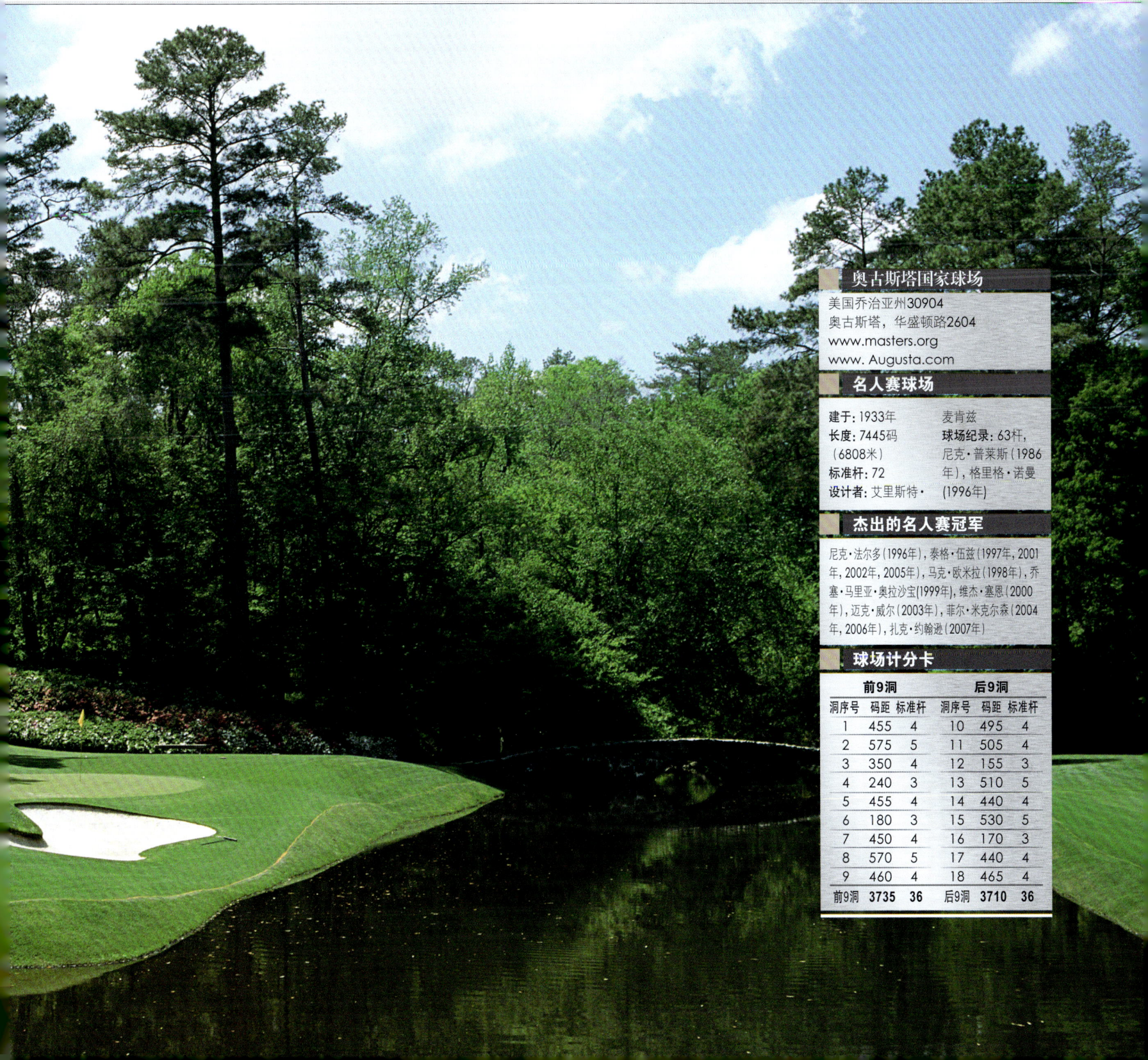

奥古斯塔国家球场

美国乔治亚州30904
奥古斯塔，华盛顿路2604
www.masters.org
www.Augusta.com

名人赛球场

建于：1933年　　麦肯兹
长度：7445码　　球场纪录：63杆，
　（6808米）　　尼克·普莱斯（1986
　　　　　　　　年），格里格·诺曼
标准杆：72　　　（1996年）
设计者：艾里斯特·

杰出的名人赛冠军

尼克·法尔多（1996年），泰格·伍兹（1997年，2001年，2002年，2005年），马克·欧米拉（1998年），乔塞·马里亚·奥拉沙宝（1999年），维杰·塞恩（2000年），迈克·威尔（2003年），菲尔·米克尔森（2004年，2006年），扎克·约翰逊（2007年）

球场计分卡

前9洞			后9洞		
洞序号	码距	标准杆	洞序号	码距	标准杆
1	455	4	10	495	4
2	575	5	11	505	4
3	350	4	12	155	3
4	240	3	13	510	5
5	455	4	14	440	4
6	180	3	15	530	5
7	450	4	16	170	3
8	570	5	17	440	4
9	460	4	18	465	4
前9洞	3735	36	后9洞	3710	36

第六号球洞处花径通幽，摄于1980年。

守卫森严的第十二号果岭。

球僮们在"球僮小屋"里等待工作开始，摄于1989年。

锦标赛晚餐

在名人赛的头天晚上，往届冠军都会聚在俱乐部的餐桌上，由最新的冠军得主来点餐。以前的特色菜肴有：苏格兰料理，苏格兰萝卜土豆（桑迪·莱勒所点）；德克萨斯烧烤（本·肖恩所点）；炸鱼和薯条（尼克·法尔多所点）；奶酪汉堡和炸薯条（泰格·伍兹所点）；鸡肉咖喱炒酱（维杰·塞恩所点）。

尼克·法尔多在吃薯条。

不过，现在球场在夏季关闭，也重新种上了适合冬季生长的草类。

在历史上，这里没有糙草丛，只有与球道浑然一体的广阔的纯净草坪。如果把球击得太远，唯一的麻烦就是树木和灌木丛（下面有修饬出的树皮），第十一号球洞到第十六号球洞（第十四号球洞除外）都有水域。1997年，泰格·伍兹创下了12杆夺冠胜差纪录，从那以后球场才设置了糙草。有些人把这次难度加大称作"老虎的考验"，为的是束缚那些顶级职业球手的凶猛击球，也是从那以后，发球台都被推后了一些，长出的半粗草影响了控球。

溜滑的果岭

在奥古斯塔球场的击球要想控制得很好，难度很大，击中果岭以及随后要应对的更为重要。

奥古斯塔球场的推球面轮廓起伏并不大，不过速度极快。小小的失误就会使球滚到果岭的另一侧，更糟的是，如果球落入沙地或水中，又或者落在角度非常刁钻的一个地点，铲起球都很难处理。很少有球场用这么微妙的路线来决定成败。

即使球打上了果岭，并且离洞口很近，还有几处上下起伏意味着推球也充满着危机，特别是球落在洞口以上的位置，需要进行下坡推球时更是如此。举行名人赛的那一周里，果岭测速仪测出果岭是13

加，这样的光滑度着实骇人听闻。

精彩不容错过

这种"险象环生"的设置意味着球场经常会出现奇迹般的精彩时刻。由于这里常举行名人赛，观众对这里已了如指掌。从1934年的第一届名人赛以来，高尔夫精英们就希冀自己能荣列荣誉榜之上。本·侯根、萨姆·史纳德、阿诺德·帕默、盖瑞·普莱尔、杰克·尼克劳斯、塞弗·巴雷斯特罗斯、尼克·法尔多以及泰格·伍兹都曾多次在此夺冠。他们都曾应对球场带来的压力，而未能顶住压力的球手也就未能如他们一样成功。

后9洞都是背水一战的球洞，在这些球洞一切皆有可能：可能捕获老鹰、抓住小鸟也可能吞下双柏忌。两个五杆洞：第十三号及第十五号球洞极有欺骗性，是勇敢者施展才华的机会，同时也潜伏着危险。不相上下的是第十二号球洞和第十六号球洞，两个球洞都是短球洞。第十二号球洞堪称是最知名的三杆洞，角度刁钻、果岭狭长，位于雷氏溪旁边，后面是沙地和颜色鲜艳的灌木丛，球打到那里的话，在旋转的风中决定用什么球杆会难住最佳球手。不过在每个转弯处都得击球准确，这样才能确保拿到标准杆。奥古斯塔国家球场不用担心为了迎合今天的名人赛而改变自己，它会一直是片令人怀念、光彩炫目的地方，也是全球所有高尔夫球手都喜欢的球场。

此纪念门票为1937年奥古斯塔全国邀请赛的入场券，此赛事也是名人赛的前身。

我喜欢去那座球场，在电视上看到它时我就爱上了它。它是我所去过的最好的球场之一。

——泰格·伍兹

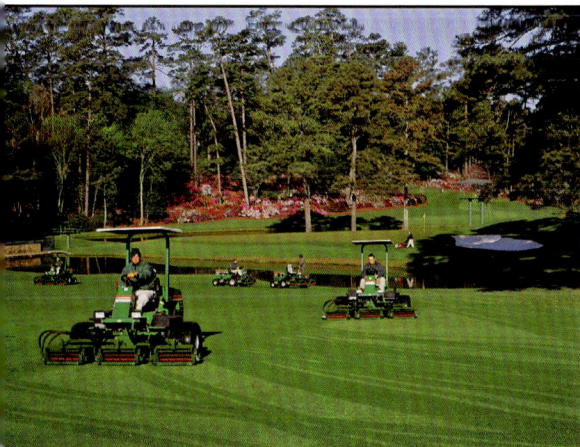

成群结队的割草机修剪着第十五号果岭。

名人赛球迷收集的球场门票。

奥古斯塔著名的俱乐部会所。

球场

奥古斯塔球场从浓荫掩映的松树间穿过，环绕着灌木丛，临近水域，修建得近乎完美。这里美丽与危险并存，让人跃跃欲试。它淋漓尽致地展现了高尔夫运动的方方面面，每一个角落都是对球手的挑战，果岭的速度及坡度非常有名。

阿门角

第十一号、第十二号以及第十三号球洞已经成为知名的"阿门角"，专栏作家赫勃·沃伦·温德在1958年的名人赛后冠之以此名称。他认为这个词最好地描绘了球场对比赛成败有决定意义的这一部分，这一描述也的确贴切，这三洞难度很大，绝妙又隐藏着危机。

宽阔的第四号果岭提供了很多长推球的机会。

第八号果岭四周环绕着草丘。

第五号果岭的陡坡使得从前至后的推球难度很大。

在第十八号球洞的球道抬升的坡度较大，左侧静候着沙坑。

能很好地处理狗腿形地段的拐角处才是成功拿下这一洞的关键。

在第十一号球洞，球座击球要穿过长长的廊状地势才能打上果岭。

雷氏溪守卫着果岭，前面有一个沙坑，后面还有两个。

前9洞

❶狗腿洞上沟壑般的沙坑会与球手不期而遇，虽然可以越过沙坑，却需要有力的击球。❷击球距离最远的球手可以两杆打上果岭，沙坑环绕着果岭。❸高地果岭四边呈陡峭的下坡，最好的球手也会对之烦恼不已。❹魔鬼般的三杆洞，果岭是严峻的考验，三连推球常见。❺另一个球难以接近果岭的球洞，果岭又大又陡。❻球洞越过一片灌木丛向下延伸，直坐由前向后抬升的果岭。❼球道四周环绕着松树，想要找到浅果岭需要精准地把握击球距离。❽下坡洞，转向右侧，如果避过了球道陷阱，抓获小鸟还是能稳操胜券的。❾击球距离内危机四伏。太短球就会顺着山势滚下去，太长的话，推球就成了噩梦。

后9洞

❿球洞从右向左呈下坡，松枝掩映。⓫在此第二杆会和左侧的水域相遇，球落在右侧就有危险了。⓬果岭前面是水域，后面是陷阱，准确的击球至关重要。⓭弧形的狗腿状球道通向小溪环绕的果岭，溪水中岩石遍布，不过这里一切皆有可能——可以擒得老鹰，甚至是双鹰。⓮没有沙坑，但果岭却呈驼背状，如果错失果岭，想要铲球挽回几乎不太可能。⓯打到球道右侧就可以两杆击上果岭了，不过距离短了的话可就落入水中了。⓰果岭上的宽脊可以助你一臂之力，引导球入洞，不过它也可能给推球造成很大的麻烦。⓱"艾森豪威尔的树"为击球造成了一定困难，躲开它可以获得标准杆的机会。⓲此洞上坡的陡峭度令人难以置信，很难判断离球洞旗帜有多远。

果岭右侧是陡坡和一座沙坑。

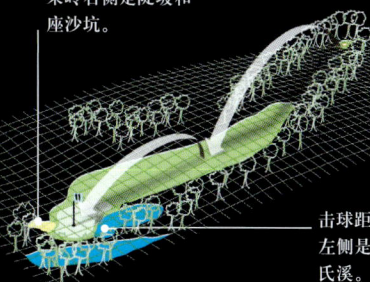

击球距离内潜在着危险：左侧是湖水，后面是雷氏溪。

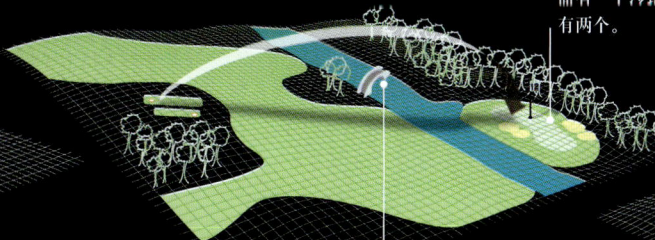

雷氏溪上的小桥以本·侯根的名字命名，他是1951年和1953年名人赛冠军。

岩石遍布的小溪守护着果岭的前侧和右侧。

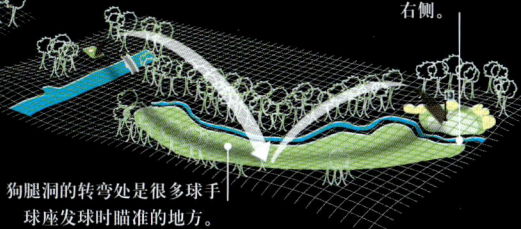

狗腿洞的转弯处是很多球手球座发球时瞄准的地方。

第11号球洞 "白茱萸"

这是奥古斯塔球场上的第一个长于500英尺（457米）的四杆洞，也是第一个与水接触的球洞。

第12号球洞 "金钟花"

第十二号球洞需要用中号铁杆将球打过水域，传奇人物杰克·尼克劳斯很好地认识到了此洞的危险性，他打

第13号球洞 "杜鹃花"

想要绕过狗腿洞的拐弯处需要大幅度的击球。然后，如果需要两杆入洞的话，要

美国奥克蒙特乡村俱乐部

作为美国最有历史意义的球场，奥克蒙特乡村俱乐部设计难度之大、环境之纯粹可以力压全球。美国公开赛在这里举办的次数最多，至今已有8次，最近的一次是在2007年。球场距阿利根尼河（Allegheny River）仅有几百码远，河水流经匹兹堡市。奥克蒙特球场美丽葱郁，起伏有致，独具魅力。

奥克蒙特球场的难度之高可圈可点，是称之为平原疏林地球场还是林克斯球场呢？在1903年始建时，这片平原地带还没有多少树木，据说在俱乐部会所的阳台上都能看到第十七号球洞和第十八号球洞的球洞旗子。20世纪50年代的大规模植树计划改变了球场的外貌及人们对球场的感觉，球道两侧树木成行，使之成为了经典的林克斯球场。

过去的几年中，移除了5000多棵树木，这里又有了起初的那种空旷感。不过，不变的是其独特的高难度本性。球场占地170英亩（69公顷），宾夕法尼亚高速公路将其一分为二。奥克蒙特号称全美难度最大的经典球场，每一位驶入球场大门的球手都会紧张不安。的确，它也是对球手最经典的考验场所。

惩罚人的沙坑，独特的果岭

球场的创始人及设计师是亨利·弗恩斯（Henry Fownes），他深谙此球场之道，他的话常被引用："球打不好就无法挽救"。此理念也贯穿了整个球场，从发球台到果岭无不如此。球道起伏不平，四周镶嵌着一串串的沙坑，总共有180座。沙坑形状各异：有五六个呈弓形，其他的簇拥在一起；有一两个呈长长的条形，如第八号球洞处被贴切地称为"撒哈拉"的沙坑，长达100码（91米）。

"教堂座椅"沙坑是第三号球洞和第四号球洞之间的一个巨大的沙坑。被三英尺（一米）的带状草坡分为条状，草长得很高。此沙坑最早有七把"座椅"，2007年公开赛之前又新增至了12个，长达130码（119米），它们可不是摆样子的，曾多次吞下进攻旁边两个球洞的球，球手们发现想远远地躲开它都很不易。

霁气缭绕中的奥克蒙特球场，这里的果岭又快又具有挑战性，几乎所有的沙坑都紧紧贴着球道和果岭的边缘。

精彩瞬间

1973年美国公开赛上，美国选手约翰尼·米勒最后一轮以63杆的成绩收场。许多专家认为这是高尔夫历史上最佳的一轮球赛，打破了大满贯赛事的纪录，也让他赢得了第一个大满贯赛事。他本位居帕默和尼克劳斯之后，却通过精湛的球技后来者居上。

2007年度赛事最佳一轮是保罗·凯斯在美国公开赛的第二天所创下的。那天在156位选手中只有三位打出了标准杆或低于标准杆的成绩，平均分数为76.9。保罗·卡西打出了一轮66杆的成绩，的确非同一般，只有一个柏忌球，尽管风势不稳，卡西却一路过兵斩将，从第104名直升至前15名。

可以用果岭测速仪（斯蒂普仪）来测量果岭速度，此仪器由爱德华·斯蒂普森(Edward Stimpson)发明。1935年，他在奥克蒙特球场观看了公开赛后发明了此仪器，是一个似尺子的一段棍子，将之放置成一定角度后，让球从仪器凹口滚出来，球滚动的距离就是果岭的速度。例如，如果球滚了10英尺，果岭的速度即为10。

奥克蒙特球场

美国宾夕法尼亚州15139-1199
奥克蒙特，哈顿路1233
www.oakmont-countyclub.org

球场

建于：1903年		设计者：亨利·弗恩斯	
长度：7230码（6611米）			
标准杆：70		球场纪录：66杆，保罗·凯斯（2007年）	

杰出的锦标赛冠军

美国PGA锦标赛： 萨姆·施尼德(1951年)，约翰·马哈菲(1978年)
美国公开赛： 本·侯根(1953年)，杰克·尼克劳斯(1962年)，约翰尼·米勒(1973年)，拉瑞·纳尔逊(1983年)，厄尼·埃尔斯(1994年)，安吉尔·卡布雷拉(Angel Cabrera，2007年)
美国女子公开赛： 帕蒂·希汉(Patty Sheehan，1992年)

球场计分卡

前9洞			后9洞		
洞序号	码距	标准杆	洞序号	码距	标准杆
1	482	4	10	435	4
2	341	4	11	379	4
3	428	4	12	667	5
4	609	5	13	183	3
5	382	4	14	358	4
6	194	3	15	500	4
7	479	4	16	231	3
8	288	3	17	313	4
9	477	4	18	484	4
前9洞	3680	35	后9洞	3550	35

球场

令人心旷神怡的球场，难度也超乎想象。奥克蒙特以其俯冲的球道、恶魔般的沙坑以及折磨人的波浪形果岭而知名。即使是最佳球手也对之敬畏三分。

前9洞

❶ 是个野兽般的起始球洞，属于半盲洞，果岭倾斜地卧在远处。❷ 落球区域很窄小，左侧有个壕沟，右侧有六座沙坑。❸ 在这里会第一次遭遇左侧的"教堂座椅"沙坑。❹ 是个加大的长长的五杆洞，一定要避开"教堂座椅"和五个陷阱。❺ 要求精准的一洞，果岭起伏不平，最重要的是把握好进攻果岭的距离。❻ 守护森严的三杆洞，果岭由右向左呈坡状，错失左侧将会麻烦重重。❼ 难度很大的四杆洞，入口狭长，果岭倾斜，球很难接近果岭。❽ 理想的击球是

直入这个三杆洞，不过前方静候着长长的撒哈拉沙坑。❾ 沙坑遍布的球道通向一个近乎四方形、坡度刁钻的果岭。

后9洞

❿ 属下坡洞，但果岭坡度一直延伸到很远的左后方，极具考验性。⓫ 短铁杆应对准球道高出部分的左侧击球。⓬ 最难打上果岭的一洞，想要躲过周围的20个沙坑，要精心设计打法和路线。⓭ 狭长的果岭守护森严，精准为要义。⓮ 幸运的是此洞是短距离四杆洞，10个深沙坑逶巡在落球区域，球座击球用铁杆更有效。⓯ 祈祷自己能打中球道，这样才能避开左侧烦人的沙坑。⓰ 短距离球洞，想要到达洞口旗杆处要由右向左击球。⓱ 半盲的四杆洞，危机重重，果岭旁的陷阱很深，击球需越过一堆的沙坑。⓲ 令人敬畏的结束洞，其无上荣耀在于诡计多端的起伏果岭，这里如果打出了三连推，就会功亏一篑。

距果岭90码（82米）的地方分布着一串的沙坑。

恶名远扬的"教堂座椅"沙坑位于球道左侧。

第4号球洞 **棘手的一洞**

这个右回旋球洞长100码（91米），被"教堂座椅"沙坑紧拥着，对面拐角处还有一串的陷阱。球不慎击到任何一处沙坑，就意味着想三杆打上这个五杆洞的果岭就绝非易事了。球道右侧更远处环绕着更多的陷阱，无论从哪个角度上进攻果岭，都很难抵达洞口处。

果岭左侧的"撒哈拉"沙坑长达100码（91米）。

这个恶魔般的三杆洞末端的果岭大得惊人。

第十七号球洞处，距果岭50码（45米）的地方环绕着极具惩罚力的沙坑。

第十五号球洞左侧有另一座"教堂座椅"沙坑，右侧也有沙坑和深沟。

第三号球洞左侧雄踞着"教堂座椅"沙坑，右侧是不可小窥的几处陷阱。

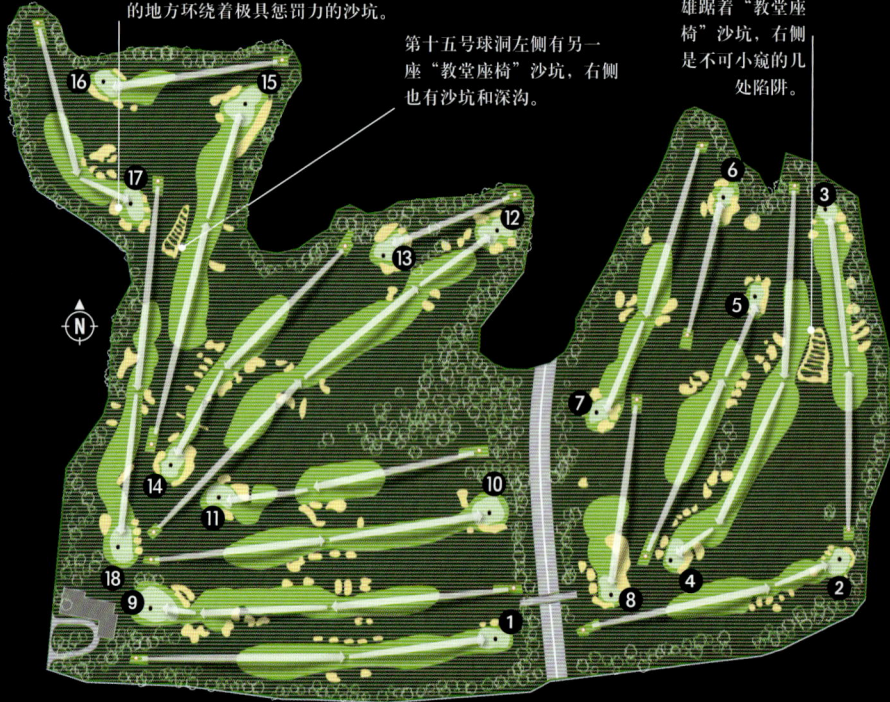

第8号球洞 **大手笔的单击**

从发球台看，通向果岭的地带都被"撒哈拉"沙坑一条条的沙带占据了，只有从后面的发球台来看，还有200码（182米）的距离可以躲开沙坑的一角。最好采用由右偏左的发球路线，这样球就可以直上果岭。任何偏向右侧或打得太直的击球都会让球落入四个陷阱中的一个。

一座大沙坑盘踞在球道右侧。

果岭起伏不平，推球难上加难。

第18号球洞 **为勇士而设**

虽然发球台击球略呈下坡，但右侧有座大沙坑，远处球道两侧分别分布着两对陷阱，它们都会吞掉不完美的击球。可以选择向上将球打上起伏较夸张的果岭，许多接近推球区域的击球都会顺着下坡滚回来，到这里球手可就骑虎难下了。

■ 坡度较大的第六号球洞果岭。

■ 第一号球洞的发球台就在俱乐部会所旁。

■ 起伏的第十八号球洞果岭。

独特的推球区域也是奥克蒙特与众不同之处。如今，一般的设计师都是标准地由后向前呈坡状来修建果岭，这样球手很难确定自己的选择是否正确。但这种情况在奥克蒙特不会出现，许多巧妙的设计让吓人的斜坡、高台和深坑都变得合乎逻辑并富有特色，有些坡度甚至呈由前向后状，如第十号球洞的果岭，这样球要接近洞口旗杆就超乎想象地难了。因为球道又硬又快，球不得不着陆在接近果岭的地方，然后才能想方设法经过下坡进入推球区域，这就得靠运气而不是判断了。

其实，果岭的所有特征都显示出这里的与众不同之处。第九号球洞的果岭几乎呈长方形，第十八号球洞的果岭形似海浪。让球场难上加难的是果岭的速度，用果岭测速仪量甚至可以达到14（见301页），这样的坡度速度之快令人沮丧。

2007年美国公开赛

这些似乎还不足以折磨人，2007年的公开赛上，球场又加长至7230码（6,611米），成为美国公开赛史上长度第二的球场，难度足以撼人。球场有着大满贯史上最长的一洞——667码（610米）长的五杆洞第十二号球洞，还有着四个平均长度为224码（205米）的三杆洞，其中包括长达224码的第八号球洞。难怪在奥克蒙特举办的八届美国公开赛上只有31轮低于标准杆的比赛。值得一提的是，其中有两次都是阿根廷选手安吉尔·卡布雷拉在2007年美国公开赛上取得的，他也是那一年的冠军得主。

奥克蒙特球场虽然难度很大，却一直独树一帜，也被最佳球手认为是真正考验耐心和技巧的地方，要来这里打球，先要有个安全第一的比赛计划。

第三号球洞与第四号球洞之间的教堂座椅沙坑上遍布条状的草带，是全球高尔夫界最知名的沙地陷阱之一。

■ 俱乐部会所的钟表。

■ 起伏不平的第五号球洞果岭。

■ 第二号球洞果岭处的沙坑。

欧石楠荒地球场

和林克斯球场很相似，纯正的欧石楠荒地球场很罕见。虽然在法国北部、比利时、丹麦、荷兰以及美国东北部、亚洲和南非有一些不太知名的翻版，就像其近亲林克斯球场一样，纯正的欧石楠荒地球场只能在英伦岛屿上见到。

△位于苏格兰佩斯郡广袤大地上的格伦伊格尔斯（Gleneagles）是三种锦标赛的举办场地。

◁◁英格兰约克郡天然荒野上的艾尔伍德利（Alwoodley）球场是艾里斯特·麦肯兹博士设计的第一座球场。

◁英格兰加登之舟（Boat of Garten）高尔夫球场位于南因弗内斯的凯恩戈姆斯国家公园内，一片桦树林为之增色不少。

真正的欧石楠荒地球场必须长有石楠，并且具有石楠能够生存的环境。石楠是一种生长在低地、覆盖地表的常绿灌木丛，通常一年中有几次会开粉色或紫色的铃铛形小花，适合酸性沙地土壤，在荒野和松树林里常见。

石楠荒地的地貌特征和澳大利亚南部的广袤沙带很相似，也和北美一些不长石楠却令人惊异的地带

欧石楠荒地球场的一大特征就是那些夺目的沙坑。许多深坑长着石楠或厚厚的草丛，通常都在果岭附近，这就需要球手具有很好的目测能力和击球的准确度。

类似，因此，荒野球场集以上种种于一身。

英伦石楠荒地球场

萨里-伯克郡大沙带（Surrey Berkshire）是一片宽阔、有植被的沙地走廊地带，一直延伸到英格兰的伦敦西南部，在这里可以见到最地道的欧石楠荒地球场：沃顿欧石楠荒地球场（Walton Heath）、桑丁戴尔（Sunningdale）、伯克郡球场（The Berkshire）、斯温利森林球场（Swinley Forest）以及温特沃斯球场

（Wentworth），其间还点缀着圣乔治山（St George's Hill）、沃金（Woking）和汉克里考门（Hankley Common）等球场。在英格兰的腹地还可见许多极佳的欧石楠荒地球场，如利兹附近的艾尔伍德利球场（Alwoodley）、诺丁汉郡高尔夫俱乐部（Notts Golf Club）、甘顿球场（Ganton）以及绝妙的伍德豪尔球场（Woodhall Spa）。其他的欧石楠荒地球场可以在南部海岸地带见到。苏格兰中部的佩思郡以及莫里区也有几处绝佳欧石楠荒地球场之乡，如加登之舟（Boat of Garten）、布莱勒

高里（Blairgowrie）、莱迪班克球场（Ladybank）以及格伦伊格尔斯球场（Gleneagles）。

澳大利亚及美国

除了英伦的这些主要的欧石楠荒地球场外，在澳大利亚墨尔本沙带也有几处欧石楠荒地球场，其中最知名的当属皇家墨尔本高尔夫球场（Royal Melbourne），其他还有金斯顿荒地球场（Kingston Heath）、亨廷戴尔（Huntingdale）及大都市高尔夫俱乐部（Metropolitan Golf Club）。在

美国也有坐落在极具荒地特征地带的一流的松树谷球场（Pine Valley）。

土壤和沙坑

所有欧石楠荒地球场共同之处何在？答案是：土壤。这些沙质土壤有两项任务：一，利于石楠、松树、桦树、金雀花等草丛的生长，有些地方还长有开花的灌木，如杜鹃属的灌木，形成了非常吸引人且浑然天成的球场背景；二，有很好的天然排水性，让人想起坚硬且快速的林克斯场地。

可想而知，在这种以沙地为根基的球场上，沙坑是设计的关键。哈里·科特（Harry Colt）、赫伯特·福勒（Herbert Fowler）、詹姆斯·布莱德、汤姆·邓恩（Tom Dunn）、威利·帕克以及艾利斯特·麦肯兹都是欧石楠荒地球场的顶级设计师，在沙坑设置上他们都费尽心思，既要使之具有真正的威胁性，又要设置巧妙。

许多深坑都很深，边缘长着石楠或厚厚的草丛，且出现在让人三思而后行的地方。虽然如球手所料，果岭一侧会有这样的陷阱，但有些并不在果岭上，而是故意设置在果岭10码到30码（9米到27米）外的地方。球手可以避开它们，也可以把球打到这些沙坑附近，如果地面合适，还是有机会让球打上果岭的。不过，一次小小的判断失误就会让下一次击球成为沙坑中部击球，这样几乎不太可能拿到标准杆。这些沙坑也会引起视觉错觉，更不容易看清远处的场地情况。

球场上许多球洞都穿越了荒地，荒地甚至侵入球道，或者把球道一分为二。松树谷球场的主要特征就是这样，但在英伦诸岛正规的荒野球场上沙坑并不多见。

虽然澳大利亚沙带球场也是由一些著名的欧石楠荒地球场设计师设计建造，但沙坑却略有不同，显得较浅且较大，形状更随意些，常常连成一串而不是单个出现。不过，除松树谷球场的几洞以外，所有欧石楠荒地球场都遵循着一种路线：穿过危险地带而上，到达果岭，这样球手就能将滚动的球打上快速且有一定轮廓的推球地带。

恼人的石楠

欧石楠荒地球场的难度由于野生石楠而变得更难了，其实沙带型的球场的难度就在于草丛和沙地。有些人把一丛白色的石楠看作幸运的象征，可高尔夫球手看到它时一点也不觉得幸运。

从石楠丛里击球简直就是噩梦，比在长草丛击球更具有惩罚性。这种植物奇怪又蓬乱的枝桠会在你要击球时缠住球杆。通常，球手得使用挖起杆或短铁杆，击球得有一定角度，才有可能尽量少接触石楠丛。要谨防球杆的头瞬间勾住石楠的枝桠。

照常规，球手得有足够的耐心，让球杆成一定角度才能将球打到球道安全处，而不是打一些突发奇想的球。

石楠正值花季时，在明媚的阳光下，欧石楠荒地球场可以说具有高尔夫界最迷人的景色。石楠丛虽然美丽缤纷，却是危险之地。如果击球偏离了又直又窄的击球路线，就会在石楠丛里难以脱身。

让球场更通风

有些欧石楠荒地球场正试着通过"开放"地形而回归原来的面貌。伦敦西南的汉克立考门（Hankley Common）采取了清除大树的办法让球场更"通风"，回到1895年刚开辟时的样子。这样，风对球场的影响更大，石楠丛也长得格外茂盛。

■ 汉克立考门高尔夫球场

欧石楠荒地球场的难度由于野生石楠而变得更难了……有些人把一丛白色的石楠看作幸运的象征，可高尔夫球手看到它时一点也不会觉得幸运。

英格兰桑丁戴尔球场

作为欧石楠荒地球场的原型，加上古老的风格和气质以及对高尔夫的高要求，桑丁戴尔成为英格兰极具魅力的一角。在繁密的林地环绕下，老球场也是散步的好地方，让人难以置信的是它距伦敦中心地段仅25英里（40千米），每年这里都会举行一些职业赛和业余比赛。

1900年，一对高尔夫球手兄弟邀请小威利·帕克设计了一座能满足大概100个俱乐部成员（每个成员捐助100英镑）的高尔夫球场，桑丁戴尔的潜力才被开发出来。帕克一个世纪前所看到的这片土地和今天我们看到的并不一样，不过他设计建造的主体和今天是一样的，20世纪20年代，哈里·科特又给球场增添了更多的魅力。

这里丰茂的石楠丛引人注目，特别是从球座沿着球道一路打球时更觉如此。石楠丛在第六号及第七号果岭前横亘而过，不过在一些设计巧妙的沙坑边缘，石楠丛生长不是很恣意。老球场不像其他球场那样刁难人，也未达到许多现代标准。不过其以直球洞为主的设置玄关巧妙，少有的几个狗腿洞弥补了直球洞的单调，方向上的略微改变使得进攻果岭的角度变得很刁钻。

刁钻的击球路线

要想在桑丁戴尔取胜，打球策略至关重要。这里的球道很坚硬且很有弹性，所以击球之前一定要研究好路线，不能强攻，同时要考虑到沙坑的危险，除了第一洞、第二洞以及第六洞以外，沙坑对每一次击球都会造成阻碍。这里能找到典型的欧石楠荒地球场的花样：沿击球路线很近但又与果岭有一定距离的地方设置陷阱，这样进攻果岭的球略有偏差就会被陷阱吞掉。在第十二号、第十六号及第十八号球洞，一串串的沙坑横亘在球道上，形成了典型的威利·帕克特征，也非常具有挑战性。

击球路线的刁钻随着盘旋在附近、紧邻果岭的陷阱应运而生，不过要打出完美路线还要避开其他危险。第七号球洞球座击球决定了进攻果岭的最佳路线，在这里会展现出球手具有怎样高超的高尔夫智慧。

在这座球场抓住"小鸟"的机会还是很多的，这也是这座神圣的欧石楠荒地球场让人感觉良好的一个原因。对所有球手来说，开场就能抓住"小鸟"会有比较好的感觉，而这一般都是能够达到的，因为第一号球洞是标准的492码（450米）五杆洞。不过，右边有大树，远处左边有石楠丛，要想把球打上果岭需要果断地击

第十号球洞是四杆洞，发球台很长，与第九号果岭后部毗邻，需要大幅度爆发式地将球打下山丘。

惊人的开场

这是大满贯赛事上最具有戏剧性的一次开场。2004年维他麦英国女子公开赛上，还剩最后一轮时，英格兰的卡伦·斯塔普斯（Karen Stupples）以一杆之差落后于赫亚瑟·鲍维（Heather Bowie）和拉切尔·特斯科（Rachel Teske）。比赛一开始，斯塔普斯第一号球洞就擒得"老鹰"，然后在第二号球洞用5号铁杆在205码（187米）之外擒得"双鹰"，后来又抓获5只"小鸟"，以超出对手5杆即64杆的成绩收场。接着芬兰选手麦妮·布罗姆奎斯特（Minea Blomqvist）又以62杆的成绩创下了大满贯新纪录，这无论是在男子赛事还是女子赛事的第三轮比赛中都是前所未有的。

克伦·斯塔普斯在向观众挥手致意。

球。桑丁戴尔球场的终场部分是对球手的极大挑战，最后四个球洞也是整个球场最难打的。在第十五号球洞，得先让球越过大片紫色的石楠丛，再从树丛间穿梭而过，才能到达四个沙坑占据着的果岭；第十六号球道中间有一个突兀的沙坑，对击球形成了威胁，一连串的陷阱一直延伸到抬高了的果岭，这样，球手只能将之一一破解，距离的远近就很难判断了。

最后两个球洞是很地道的球洞：第十七号球洞在下坡位置，第十八号球洞在上坡位置，需要球手击球精确、打法完美。如果你能打完最后一洞，坐在优美又独具传统的俱乐部里，可以回想一下，在如此美妙又安静的氛围下打球是一件多么优雅美妙、让人流连忘返的事情。

桑丁戴尔的果岭和球道都掩映在松树、橡树和桦树下，顺着起伏不平的沙地地势分布，这片土地归剑桥大学圣约翰学院所有。

球场

这种老球场并不以现代化标准见长，其魅力在于设计之巧妙、沙坑之刁钻、地面之坚硬以及恣意生长的石楠丛之纠缠。矗立在所有球洞附近的松树、橡树以及桦树也为之增色不少，堪称经典。

第18号球洞　最后一洞

第十八号球洞是许多杰出球手一展球技并一举夺冠的舞台，如詹姆斯·布莱德、哈瑞·沃顿、波比·琼斯、鲍勃·查尔斯、盖瑞·普莱尔、尼克·法尔多以及格里格·诺曼都在这里一展雄风，当然还有一位巾帼不让须眉的杰出女球手——南希·洛佩兹。如果上坡方向的球座击球避开了左右两侧的沙坑，还要继续向上越过一串呈对角线分布的沙坑才能到达果岭，果岭在桑丁戴尔很有名的一棵橡树下，这棵橡树也是桑丁戴尔的第二枚徽章。举行锦标赛的时候，这里右后方经常竖着一面旗子，球手可以利用由左向右的坡度让球靠近球洞。

第三号球洞球道上沙坑遍布。

第十二号球洞的球道上有一连串的陷阱。

进攻果岭的最佳路线就是从右下方击球。

一串呈对角线分布的沙坑横穿过第十四号球洞的球道。

第十八号球洞的发球台略有坡度，和球道形成了一定角度。

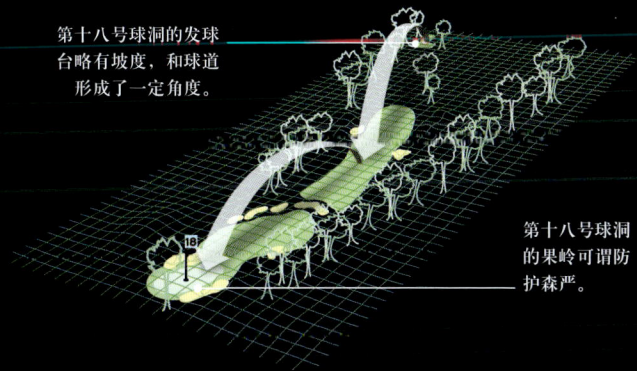

第十八号球洞的果岭可谓防护森严。

■ 由石楠丛围绕、横亘在第十八号球道上的沙坑

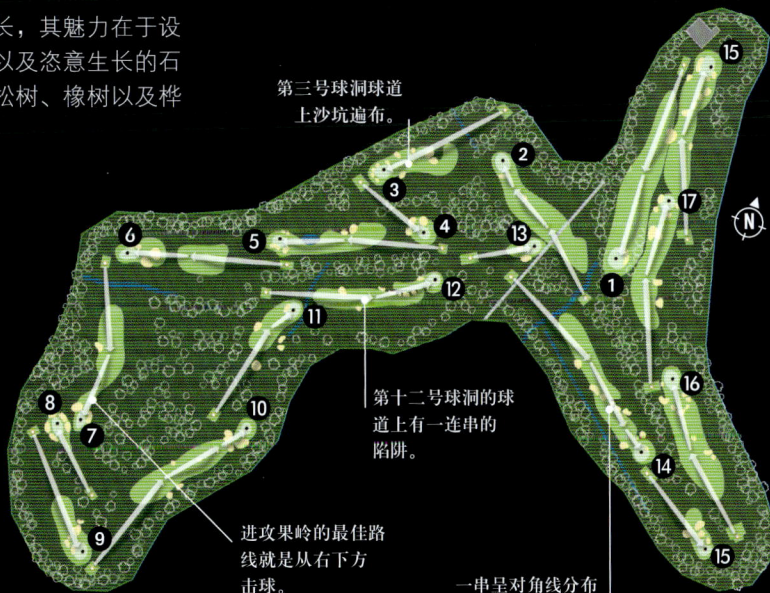

桑丁戴尔球场

英格兰，伯克郡 SL5 9RR
桑丁戴尔，雷德蒙特路
www.sunningdale-golfclub.co.UK

老球场

建于：1901年	标准杆：70
长度：6627码（6060米）	设计者：小威利·帕克

杰出的锦标赛冠军

欧洲公开赛：布赫·兰格(1985年)，格里格·诺曼(1986年)，伊恩·伍斯南(1988年)，彼得·西尼尔(Peter Senior, 1990年)，尼克·法尔多(1992年)

英国女子公开赛：卡伦·韦伯(2004年)，朴世莉(2001年)，克伦·斯塔普斯(2004年)

沃克杯：美国队(1987年)，16(美国队)-7(不列颠及爱尔兰队)

塞弗杯：欧洲大陆队(2000年)

球场计分卡

前9洞			后9洞		
洞序号	码距	标准杆	洞序号	码距	标准杆
1	492	5	10	475	4
2	489	4	11	322	4
3	318	4	12	442	4
4	156	3	13	185	3
5	419	4	14	503	5
6	433	4	15	239	3
7	406	4	16	434	4
8	193	3	17	425	4
9	273	4	18	423	4
前9洞	3179	35	后9洞	3448	35

英格兰伍德豪尔

伍德豪尔的霍特切恩（Hotchkin）高尔夫球场称得上是全球最令人生畏、纯正的欧石楠球场：极具威慑力的击球距离、令人气馁的深沙坑、蔓延生长的灌木丛和石楠丛。这片球场位于苏格兰乡间偏僻的树林地带，人们远程来这里打球就是为了体验一下这里的险恶。这里到处都是自然生长的石楠，纯正的欧石楠特色使之成为英伦诸岛最佳内陆球场。

快要到达这座位于英格兰中部颇受时光洗礼、古香古色的小镇时，你不会想到这里会出现伍德豪尔这样的绿洲之地。农田忽然销声匿迹，出现了树木和掩映在松树、橡树和桦树树冠下的沙质的土壤，这样的土壤最适合石楠、金雀花、蕨类植物和灌木丛生长。不论从哪个方面来说，霍特切恩球场都是出色的高尔夫球场，其球洞各异，增添了球场威严又迷人的一面。

1890年，球手们在镇上用九洞球场打球，直到1905年哈瑞·沃顿才在石楠丛里开辟出了18洞，没过多久，泰勒对之进行了整修。几年以后，哈瑞·考特又进行了润色，随后拥有这片地的斯坦福·霍特切恩（Stanfford Hotchkin）又赋予了此佳作自己的风格。从那以后70年左右，球场一直保持着这样的风格，只是由于现代技术的提升增加了一些新的发球台。

恶名远扬的沙坑

在四种设计思路下形成的这片球场让第一次在这里打球的人感觉非同一般。球手可能都听说过这里恶名远扬的沙坑，不过真正面对时才会意识到怎样准备也无济于事。有人说这球场为一年365天每天都准备了一个沙坑。现在，球场有110个沙坑，可想而知这些都是什么样的沙坑。在困难重重的第二号球洞处挥杆不如意的球手会遭遇一个洞穴式沙坑，它深深地开掘在白桦和金雀花浓荫掩映着的石楠丛中。到此处，球手早已不再指望让球打上果岭，而是在想用什么技巧能脱身。不过，这只是个球道沙坑，和果岭沙坑相比真是小巫见大巫了。

大多数高尔夫球手应对第四号球洞及第五号球洞果岭处的沙坑时都采取避而远之的打法，只要将球打上果岭就可见球技不一般了。第五号球道是短距离球道，上述打法会在这里受到惩罚，得采取球

英国高尔夫之乡

1995年，为了让伍德豪尔更加蓬勃地发展，也为了保证这片出色的欧石楠球场的未来发展，斯坦福·霍特切恩的儿子尼尔把它卖给了英国高尔夫联盟（EGU）。那以后英国高尔夫联盟还修建了另一处球场：布雷肯球场（The Bracken），这里堪称艺术的展示，是为了培养国内高尔夫天才而设的。

布雷肯球场的第十六号球洞。

座击球将球直接打上果岭。

对这样不规则的球场而言，球手得深入其腹地，尤其是对第十二号球洞更不能掉以轻心。这里有5个深得不着边际的陷阱，而果岭宽度只有18码（16米）。左前方的陷阱以及左侧巨大的沙坑称得上是全球高尔夫界最难摆脱的沙坑。球手在前面几洞奋勇前进、兴致勃勃，很完美的一轮球却会在这里功亏一篑。

高难度却不失公平

沙坑给球手带来很大的压力，由此，一般情况下本来很有把握的击球可能因紧张而发挥不好，尤其在发球台击球时，石楠丛和金雀花丛紧拥着球道，球手得考虑把球打得较远，才能越过石楠丛，就更难发挥正常球技了。的确，球座击球难度很大，但却很公平。好的击球会使进攻果岭的视野很好，就没有什么刁钻角度需要处理了。

第二号球洞到第十号球洞都设在宽阔的荒地，从第十一号球洞开始树木开始变得稠密，打球也更让人胆寒，好在每一球洞都清晰可见，打完全场也就完成了全英格兰最令人恐惧的击球。有两套球座供选择，一套在第十七号果岭后侧，从后面的球座击球必须打出210码（192米）远才能到达果岭；另一套球座设在树林深处，进入球道的路线更直，但却得穿过树木之间形成的非常狭窄的通道，这样的通道长达150码（137米）。

这就是伍德豪尔，在每一转弯处都有很多突出的问题，不过总会给你机会得分，比如五杆洞的最后一个球洞就很好得手，这会让你控制好紧张的心情和比赛。这就是高尔夫运动即激动人心又充满危险之处。

第十二号果岭是霍特切恩的一颗小宝石，四周被深深的沙坑环绕，想摆脱沙坑的努力往往会让球手分心。

霍特切恩球场第五号果岭附近的大沙坑及人头顶高，未能打上果岭的球座发球会在此陷入困境。

伍德豪尔球场

英格兰，林肯郡 LN10 6PU
伍德豪尔大路
www.woodhallspagolf.com

霍特切恩球场

建于：1905年　　设计者：哈瑞·考
长度：7080码　　特，哈瑞·沃顿，小
（6474米）　　泰勒，霍特切恩

杰出的锦标赛冠军

英国业余赛：大卫·吉尔福德（David Gilford，1984年），伊恩·贾伯特（Ian Garbutt，1990年），马克·桑德斯（Mark Sanders，1998年）
布拉巴宗奖杯（英国比杆赛）：乔恩·卢帕芮恩（Jochen Lupprian，2000年）
国内训练赛（男子）：英格兰（2001）

球场计分卡

前9洞			后9洞		
洞序号	码距	标准杆	洞序号	码距	标准杆
1	361	4	10	338	4
2	442	4	11	437	4
3	415	4	12	172	3
4	414	4	13	451	4
5	148	3	14	521	5
6	526	5	15	321	4
7	470	4	16	395	4
8	209	3	17	336	3
9	584	5	18	540	5
前9洞	3569	36	后9洞	3511	37

第十一号球洞处横亘着沙坑和石楠丛。

第11号球洞　令人心悸的猛兽

此洞经常被作为四杆洞典范之作，在强劲的西风来临时显得尤为凶猛。高耸的松树围绕在宽阔球道的四周，站在后面的发球台上球手会紧张不已。在这个距离内正好能观察到略微抬升的球道和后面的果岭。第二杆只有略顺下坡越过一大片蔓延的野草、石楠丛及一个大沙坑，才能找到果岭，果岭后方掩映着高大的树木。如果离球座太远或击球距离太远，就得拿出非凡的勇气，把球打得越过荒地。如果没打太远，高分就会在前方招手。

球场

这里堪称全世界最残酷的荒地球场：沙坑呈洞状、沙堤上遍布灌木丛，球道上围绕着松树桦树，危机重重，令人生畏。伍德豪尔的变化多端已成为传奇，它绝非为懦夫而设。

第十一号球道略呈弧形，两侧都是稠密的树木。

第九号球道上散布着沙坑。

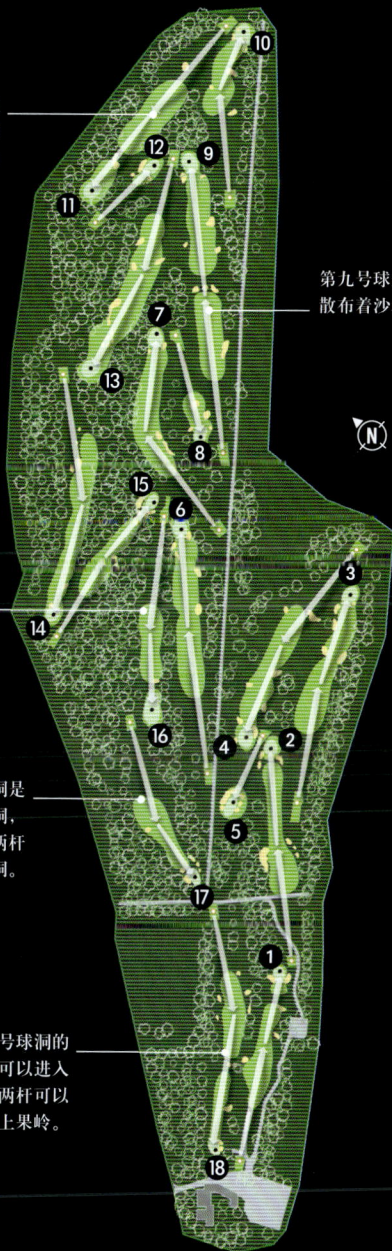

想要打上第十六号果岭需要打出精湛的飞球。

第十七号球洞是左狗腿形球洞，需要精准的两杆才能入洞。

第十八号球洞的长击球可以进入球道，两杆可以打上果岭。

从球座要越过石楠丛打出185码（169米）的距离。

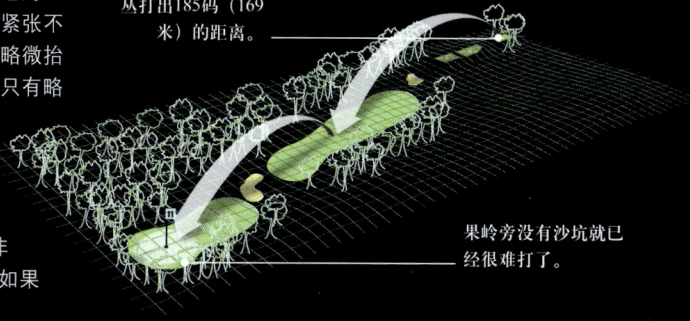

果岭旁没有沙坑就已经很难打了。

澳大利亚皇家墨尔本球场

墨尔本是澳大利亚第二大城市，环绕其周围的沙地地带上分布着几座出色的高尔夫球场，皇家墨尔本球场从中脱颖而出。球场建在坡度起伏较缓的地形之上，地貌特征可以说是荒野和林克斯的交融，球场位居南半球最佳位置，也是世界杯、总统杯、喜力（Heineken）精英赛及多届澳大利亚公开赛等重要赛事的举办之地。

如果要找一片完美的打高尔夫的地方，则非墨尔本沙地地带莫属。呈波浪形的沙地上覆盖着本地生长的灌木丛，掩映在尤加利树和金合欢树的树荫下，是世界著名球场的理想建造环境。

墨尔本高尔夫俱乐部创建于1891年，1895年维多利亚女王授予其皇家称号，直到1931年，由艾里斯特·麦肯兹博士重新设计，进行了两次改建，开放了知名的西部球场，不久东部球场也相继开放。今天，赛事来临时，两个球场一起形成了比赛的绝佳场地。

先形成的西部球场的12个球洞和东部球场的6个球洞组成了闻名的"组合球场"。两个球场结合在一起有两个原因：一是为了让所有球洞都在道路的一侧而不是被道路分开，让观众更容易观看比赛；二是增加了场地的长度，陷阱也更多。"组合球场"长度为7000码（6400米），而西部球场和东部球场长度分别为6589码和6566码（6025米和6004米）。

纸上的小猫

皇家墨尔本球场为沙质土壤，球在球场表面上滚起来很快，有一对草木茂盛的球道，形似纸上画的小猫。不过，如果要得到高分，得发挥出最佳球技，因为球场也有很多微妙之处，很容易就会让球手深陷其中。

麦肯兹博士喜欢让球手自己做出选择，因此球道的有些部分设置会很宽阔。球手可以选择把球打得平稳安全些。不过除非路线不太好，很少有选手愿意放弃高分而这么做。两条路线之间的差异甚至达到了是使用4号铁杆还是8号铁杆的差别。如果能确定好果岭和旁边沙坑的走向，使用越小号的球杆越占有优势。

第十八号球洞的果岭宽大且充满诱惑，但周围是一连串的沙坑，对于那些能安全地处理好球道沙坑、击球精准的球手来讲，抓获小鸟来结束比赛最为理想。

精彩瞬间

2004年喜力精英赛上，厄尼·埃尔斯打出了59杆的惊人成绩，这在比赛中实为罕见。在第一轮中，还剩最后4洞时他低于标准杆12杆，在第十五号球洞他吞了柏忌，不过随后又抓获两只小鸟，恢复了斗志，最后一洞本望再次抓住小鸟，推球却出现了小偏差，不得以场地纪录60杆结束第一轮比赛。第二天，他打出了66分，低于标准杆18杆，然后一杆入洞夺冠。

1926年艾里斯特·麦肯兹博士到澳大利亚做了为期12周的访问，参与设计了18个球场，很多球场都可见他的标志性设计；波浪状起伏的沙地。他设计的沙坑形状让每位球手都能瞥到沙地，也让他们更好地预测并制定策略，不过他也给比赛带来了压力。麦肯兹从未亲眼目睹自己在皇家墨尔本的杰作，他将最后的球场造型交给了信任的伙伴阿历克斯·拉塞尔（Alex Russell）。

皇家墨尔本球场

澳大利亚3193，维多利亚
黑石市，切尔滕纳姆
www.royalmelbourne.com.au

组合球场

建于：1891年　　特·麦肯兹博士，
长度：7002码　　阿历克斯·拉塞尔
（6403米）　　球场纪录：60杆，
标准杆：72杆　　厄尼·埃尔斯
设计者：艾里斯　　（2004）

杰出的锦标赛冠军

世界杯：美国队-本·克伦肖和马克·麦克卡鲍尔
（1988年）
总统杯：国际队（1998年）
喜力精英赛：厄尼·埃尔斯（2002、2003、2004年），
克莱格·帕利（Craig Parry, 2005年）

球场计分卡

前9洞			后9洞		
洞序号	码距	标准杆	洞序号	码距	标准杆
1	429	4	10	465	4
2	480	5	11	439	4
3	333	4	12	433	4
4	440	4	13	354	4
5	176	3	14	509	5
6	451	4	15	383	4
7	148	3	16	201	3
8	305	4	17	558	5
9	455	4	18	443	4
前9洞	3217	35	后9洞	3785	37

皇家墨尔本是麦肯兹的杰作，以任何角度衡量，它都足以和世界其他任何一球场媲美。

——五届公开赛得主彼得·汤姆森

1959年在皇家墨尔本举行的加拿大杯（即后来的世界杯）上组合球场第一次使用，当地球手彼得·汤姆森的击球令人惊叹。汤姆森曾4次获得公开赛冠军，和克尔·纳哥尔（Kel Nagle）搭档后他们取得过打破球场纪录10杆的成绩。

站在任何一个发球台上都可以清晰地看清眼前的一切。这里没有潜伏的诡计，人们的视线会被大片蔓延的沙坑所吸引，沙坑是由白色的沙地和舌状草地构成的。有一些沙坑需要球手接受挑战，让球飞越而过；有些必须小心地避开。英勇无畏并技巧娴熟的球手会比胆怯且不太精准的球手更容易打出理想的球位。

爆发式的击球需要准确又有想象力的铁杆打法，你可以让球跳起来穿过狭窄的入口，也可以让球打上果岭并处于很好的位置。推球面有一定坡度，球也滚得很快，胆怯的球手会更没有信心，推球成了赛中赛。出色的球手可以相对容易地将球打上果岭，可是因为球在场地上滚得很快，可能会在几码远的地方停住，这样，想要保住积分卡上有三次推球的纪录可就是一门艺术了。

骗人的沙坑

如果错失了果岭，球就会陷到沙地里，或者会滚落到坑洼不平的地方。通常沙坑都连在一起，形状像变形的四叶苜蓿的叶子，会把球吞进陷阱的中心深处，许多会卡在紧邻推球面的地方。从这里打出旋转球也不太难，所以这些并不是最可怕的，但如果再加

上有坡度又快速的果岭，它们就有了欺骗性，想要摆脱它们把球打到洞口旗杆处就不容易了。有时即使球打上了果岭，球手也会发现自己面对的是变化多端、六英尺长的标准杆。

冒险、回报和惩罚

麦肯兹和他的老友阿历克斯·拉塞尔修建的球场彰显公平性。尽管难度不小，球手还是可以得到高分。精确的两次挥杆就可以拿下五杆洞，有些短的四杆球洞也可以被英勇无畏的球手成功攻克。第八号球洞（即西部球场的第十号球洞）是经典的决一死战的球洞，只有305码长（279米）。如果要进攻果岭，球手可以挑战位于略呈左狗腿形球洞下风处的大沙坑，不过球杆偏左的话会打到灌木丛中，打得太直球可能会横穿球道落到沙坑里，更糟的还会落到远处厚厚的下层丛林中。本来轻而易举可以抓获的小鸟也许会变成双柏忌。

这就是设计者留下的纪念。球洞的分布和形状都令人赞赏，吸引了众多高尔夫球手来此冒险，同时，也可能会受到相同程度的惩罚。球场这种既值得冒险又会得到回报的特点在组合球场的三个短球洞上更是凸显。技艺娴熟的球手可以利用坡度和有角度的击球让球接近旗杆，如果未能击中目标，球就很难摆脱大片蔓延的沙地、糙草和灌木丛了。

东西两个球场都有着美妙的自然环境，而风会从中作祟，成了很好的考验。两个球场组合成的球场在魅力及风格上略为逊色，却更为专业，毫无疑问地成为南半球最佳球场。

皇家墨尔本高尔夫俱乐部

西部球场上诡计多端的第五号果岭

球场

皇家墨尔本的组合球场集合了两个18洞球场上的最佳球洞。球洞优雅地散布在沙质土壤上，涵盖了宽阔的沙坑和自然生长的灌木丛。击球平面很坚硬，球滚得很快。这也是球场策略性所在，也常常能衡量出谁是最好的高尔夫球手。

前9洞

❶算是比较温柔的起始洞，果岭边只有一个沙坑。❷球能飞跃宽大的球道沙坑的话，就会抓获小鸟。❸是短距离四杆洞，但坡度刁钻的果岭的确考验球手的挖起杆技术。❹抬升的果岭考验着球手选择球杆的策略和击球水平。❺合乎水准的短球球洞，危机四伏，果岭坡度很大。❻长距离右狗腿球洞，应该让球越过陷阱，使击球距离更短。❼上坡球洞，难关就在右侧果岭。❽非常具有冒险性但回报也很可观的球洞，高手可以挑战一下拐角处的沙坑。❾左狗腿球洞，击球可以掠过果岭上的陷阱，创造出最好的进攻路线。

后9洞

❿非常难打的长距离四杆洞，距果岭很近的沙经常吞噬。⓫果岭右侧的一堆沙坑会迷惑住球道右侧的视线。⓬敢于挑战狗腿洞上的大串沙坑才能取得较短的进攻路线。⓭长铁杆朝向拐弯处打出的好球为抓获小鸟创造了机会。⓮球飞跃陷阱后会顺地势滚落，这是一个比较好处理的五杆洞。⓯果岭前面由沙很好地防护着。⓰呈裂口状的长距离三杆洞，由右至左的击球是让球进洞的最好打法。⓱一连串的陷阱离果岭很近，也预示出进攻策略：面对它或避开它。⓲发球台很好处理，不过果岭由大片的沙地环绕，最棒的最后一洞。

第12号 球洞 **设计巧妙**

这个球洞典型地体现了麦肯兹的巧妙设计。首先你得决定要避开多大角度的狗腿。高手可以采取笔直的路线，越过右侧的沙坑，球会顺地势而下，这样击球距离会比安全路线打出的球的距离要短。条状的沙地会把你的注意力吸引到打球方法上来，球可能会打得很高也可能会穿过狭窄的入口。

第十二号球洞有狗腿拐弯，果岭被沙坑守卫着。

第十一号果岭右侧有一连串的沙坑，进攻得有策略。

第八号球洞处有一个巨大的沙坑，给左侧球道制造了麻烦。

不管是靠果岭左侧还是右侧球都会滚到沙地里。

第六号球洞有一处由左至右的狗腿拐弯，果岭有坡度。

球道上没有沙坑，不过第二杆击球会遇到几处陷阱。

第5号 球洞 **可怕的果岭**

在这个三杆洞，呈直线并且距离完美的击球才能让球找到果岭，果岭光滑且坡度很陡。距离过远球会落入草坑和灌木丛中，越过球洞标志旗上果岭的球都很危险，需要三次推球，因为果岭的坡度会让球滚动得很快。

球洞的狗腿拐弯处右侧散布着沙坑。

条状的沙地会让球手在打法上三思而后行。

第17号 球洞 **诡计多端的两难处境**

如果球打得距离远了或路线很直，球手就面临着两难处境：要么挑战沙地，用两杆将球打上果岭；要么往上打，然后短距离切球，躲开果岭左侧，不过球打得靠右也很危险，右侧有沙坑、灌木和边界线。

美国松林二号球场

松林二号球场位于美国北卡罗莱纳州树木浓密的沙地地带，是设计的典范之作，独具娱乐性，也会令人恼火不已，像全球为数不多的几个其他球场一样，它很适合短距离球洞比赛。松林球场共有8座18洞场地，其中松林二号最受欢迎，萨姆·史纳德曾说过："松林二号在我眼里总是第一。"这里堪称经典，世界各地的高尔夫设计师常取法于此。

松林球场的第二号球场果岭复杂，总是令人沮丧，也是对想象力的持久挑战。

松林二号球场是唐纳德·罗斯（Donald Ross）一手打造的。1900年，他来到松林并住了下来，到1907年他已将原来初具雏形的球场改造完毕，松林二号完工，准备继续建三号和四号球场。对罗斯来说，他的"心肝宝贝"还是二号球场，那是他的心血之作。

罗斯的高尔夫天赋

松林二号没有花哨的三杆洞，也没有修剪过的花坛在后面做陷阱。一些绝佳的球洞经过严谨的设计形成了对球手的考验。1935年，为了准备来年的PGA锦标赛，才在果岭上种了草，那时球场已经有6879码（6290米）长了，在长度上遥遥领先。因为表面坚硬，球滚得很快，球手倒是都能应付这样的长度。直至今日，球场并没有大的改变，只是加长了数百码，其四周的防御还和当年一样坚固耐用。

提及沙质的荒地时可就有麻烦了，厚沙形成了百慕大荒地，绵延的松林地面上散落着细松枝，沙坑颇具规模，四周蔓延着本地生长的狗根草。好在球道都很宽阔，从发球台上可以窥见其走向。即便如此，想要征服这座球场，球手的击球必须到达球道的正确点，这样才能从正确的位置进攻球洞，角度不对的话想要生还就困难了，这里果岭的复杂程度足以让有泪不轻弹的男儿淌下泪水。

果岭和其周边环境也是罗斯留给高尔夫球手的礼物。大多数果岭都经过抬升，遍布着小丘和深坑，还散布着沙坑。这样的果岭适合低位滚动却能在高位快速停下的球，如果打不出这样的球，球就会顺着陡峭的果岭边缘滚远，或者滚到果岭上的其他地方。

1935年，唐纳德·罗斯修建完果岭后曾说："这样的设置是对不同打法的短距离球的考验，危险不过

球场

松林二号球场吸引了许多高尔夫球场设计师来这里考察其难度，球手也把这里当做圣地。其土壤本身为沙地，球洞迂回转折，设计复杂的果岭令人惊讶不已，会捉弄所有的来宾。来这里的球手想要得到高分就得拿出"顶级"水平才能应付果岭四周极具考验的坡度。

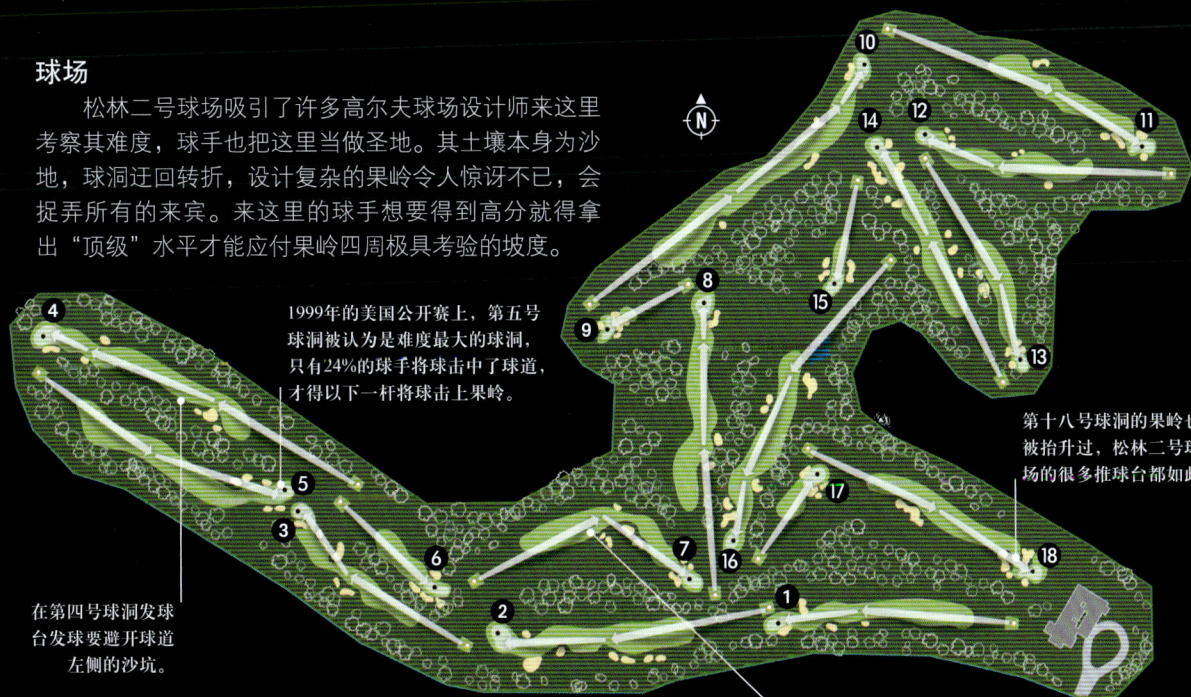

1999年的美国公开赛上，第五号球洞被认为是难度最大的球洞，只有24%的球手将球击中了球道，才得以下一杆将球击上果岭。

第十八号球洞的果岭也被抬升过，松林二号球场的很多推球台都如此。

在第四号球洞发球台发球要避开球道左侧的沙坑。

第七号球洞呈狗腿状，进攻球洞极具挑战。

■ 第五号球洞的小果岭。

第5号球洞 典型的挑战

此球洞代表了松林二号球场球洞之特色。球道宽阔，但要应对右侧必须打出最佳路线才能找到呈一定角度的果岭。球洞洞口很不起眼，稍微偏离正轨，球就会顺着斜坡滚开，要么掉进深深的果岭沙坑里，要么陷进陡峭的护堤里。这样的距离（476码/435米）需要用中长铁杆才能将球击上果岭。

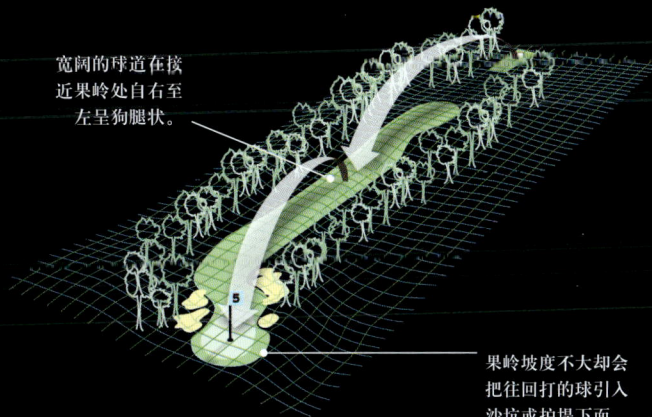

宽阔的球道在接近果岭处自右至左呈狗腿状。

果岭坡度不大却会把往回打的球引入沙坑或护堤下面。

松林球场

美国，北卡罗莱纳州28374
松林镇，卡罗莱纳路远景大道一号
www.pinehurst.com.

松林二号球场

建于：1907年	设计者：唐纳德·罗斯
长度：7335码（6707米）	球场纪录：66杆，彼得·赫德布伦（Peter Hedblom, 2005）
标准杆：70杆	

杰出的锦标赛冠军

美国PGA锦标赛： 邓斯摩·舒特（Densmore Shute, 1936年）
莱德杯： 美国（1951年）
巡赛锦标赛： 克雷格·斯塔德勒（Craig Stadler, 1991年），保罗·阿辛格（1992年）
美国公开赛： 佩恩·斯图亚特（1999年），米歇尔·坎贝尔（2005年）

球场计分卡

前9洞			后9洞		
洞序号	码距	标准杆	洞序号	码距	标准杆
1	405	4	10	611	5
2	472	4	11	478	4
3	384	4	12	451	4
4	568	5	13	380	4
5	476	4	14	471	4
6	224	3	15	206	3
7	407	4	16	510	5
8	467	4	17	190	3
9	190	3	18	445	4
前9洞	3593	35	后9洞	3742	36

"银剑"会员的别针。"银剑"是一个独特的高尔夫俱乐部，由女性组成，于1909年在松林球场成立，旨在为女球手争取与男球手相同的待遇。

如此。选手的第二次击球应该谨慎行事，稍一疏忽就会受到坡度的影响，以至于不得不全力挽救。"

全面的考验

正如罗斯所期望的，松林二号球场无论对劈起球、铲球还是推球都是极大的挑战，如果错失了"向上翘的茶碟"形果岭，球会顺着陡坡滚下去，那只有三条路了：代价颇菲的高击球，如果掌握不好，球会打过球洞顺着果岭另一边滚下去；也可以尝试猛力击球让球跃上果岭，还可以选择推球，一般果岭四周的草坡都修剪得很好。

松林二号很适合使用铁杆，这样才能精准地将球打上果岭，不过球手同时还得是出色的推球手和铲球手。这里的奖牌榜上可都是传奇人物，沃特·哈根、本·侯根、桑姆·史纳德、拜伦·纳尔逊以及杰克·尼克劳斯都曾在此夺冠。全球顶级球手都倾心于松林二号的平衡之美，其优点在于在这里打球测试的是球手全面的能力，而不是简单的力量和摆脱草丛的问题。虽然科技在进步，这座出色的沙带球场仍会吸引人们慕名而来，堪称杰作。除了先进的技术外，这片沙地球场会继续考验层出不穷的新球手。松林二号不愧为大师之作。

新西兰小伙儿击败伍兹

2005年在松林球场举行的美国公开赛上，米歇尔·坎贝尔（Michelle Campbell）以两杆优势战胜泰格·伍兹夺冠。他对欧石楠球场的了解让他稳夺世界顶级球手的称号，成为继鲍勃·查尔斯后的第二位赢得大满贯赛事的新西兰选手。

■ 坎贝尔手捧美国公开赛冠军奖杯。

美国松树谷球场

在费城市中心东南方15英里（24千米）外有一片平静又美丽的绿洲，这就是松树谷球场的所在。这里竟是一座球场，并且是设计者唯一的作品，听起来令人难以置信。此处集沙地、灌木丛和松树林于一体，难度很大，也没有太多的其他空间能举行大满贯赛事，只被作为私人俱乐部，所以只有很少的球手能有幸品味一下在此打球的乐趣。

松树谷球场不论从哪个方面说都是很有难度的球场。它成型于1914年，那时费城有一批疯狂的高尔夫商人，其中一位是酒店老板乔治·克伦普（George Crump），他们选取了布满松树的184英亩（75公顷）荒地来兴建球场。这里天然无雕饰，美不胜收，很适合建造高尔夫球场。克伦普是建造球场的中坚力量，为了完成夙愿，他甚至卖掉了自己的酒店。

克伦普的设计理念非同凡响——在有可能的情况下，每两个连续的球洞都不要互相平行或走向相同。从正在打球的球洞也看不到下一个球洞。这样的理念在松树谷球场都实现了。1918年克伦普去世时球场还有12~15个球洞未修建完，不过他还是为世人留下了一座魅力难以言传的球场，当然也是标志性的挑战。

美女野兽

松树谷的球洞设在地势起伏、未经修剪的沙地灌木丛里，张牙舞爪地占据了近整片荒地。没有为防止犯错而设置的边界，灌木丛就足以充当边界，球道的两侧经常被横穿的灌木丛截断，把球洞孤单地抛在果岭上。想要让球安全到达球洞，需从后发球台上将球打出120码（110米）的距离，要么就得飞越荒地和波光粼粼的湖水。球道处横越的荒地令人胆寒，比如第七号球道上的荒地被称为"地狱的半亩田"，疯长的灌木丛延伸出100码（91米）远，想要两杆抵达这个五杆魔洞无异于天方夜谭，因为离果岭很近处还有另一片荒地。

这无疑成为了松树谷的标志，荒地及其天然状态令人瞠目结舌，也给球手的心理造成了障碍。这片球场既是美女又是野兽，当三次英国沃克杯得主爱德华·斯托里（Edward Storey）总结了他第一次看到宽阔却可怕的第二号球洞时的心情，他说："说吧，是要给它迎头一击还是要给它拍照！"

树丛、荒地或水域好像把松树谷的每个球洞都和另外一个球洞阻断开来，征服有些球洞的果岭无异于解密机密密码。

精彩瞬间

1936年的沃克杯见证了佛朗西斯·威马（Francis Quimet）这位队长的功绩，威马曾是美国最佳业余选手之一、1913年美国公开赛冠军得主。美国队前八次出战沃克杯他曾参战，第九次任队长，创了美国队与不列颠及爱尔兰队对抗九连冠的纪录。这次比赛结果为10 1/2比1 1/2，第二天的个人赛美国队一鼓作气，不列颠及爱尔兰队在八场比赛只得到了半分。

1985年的沃克杯美国队艰苦作战，个人赛上，年轻的选手戴维斯·拉弗三世（Davis Love III）击败了彼得·麦伊弗（Peter McEvoy），5胜4，给两队拉开了距离。拉弗没有带木杆，只好每一洞都用一号铁杆，也以此证明松树谷不仅可以被征服也可以被破解。美国队13比11赢得了比赛。

松树谷球场

美国，新泽西州08021
克莱门顿，松树高地
TEL NO: +1-856-309-3203

球场

建于: 1918年	设计者: 乔治·克
长度: 6999码	伦普, 哈里·科特
（6400米）	
标准杆: 70杆	

杰出的锦标赛冠军

沃克杯: 美国队(1936年)，美国队10 1/2，不列颠及爱尔兰队11/2；美国队(1985)，美国队13，不列颠及爱尔兰队11

球场计分卡

前9洞			后9洞		
洞序号	码距	标准杆	洞序号	码距	标准杆
1	421	4	10	161	3
2	368	4	11	397	4
3	198	3	12	337	4
4	451	4	13	486	4
5	235	3	14	220	3
6	387	4	15	615	5
7	636	5	16	475	4
8	326	4	17	345	4
9	458	4	18	483	4
前9洞	3480	35	后9洞	3519	35

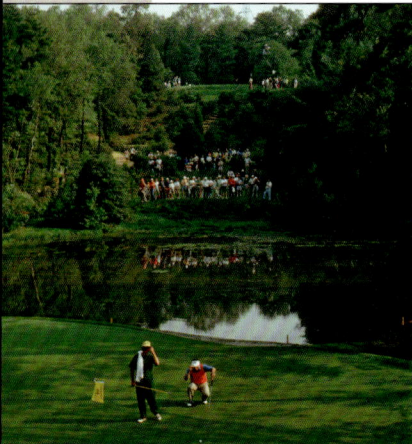
■ 第十四号球洞处的湖泊。

■ 第十七号球洞果岭一瞥。

■ 第十三号球洞果岭树木掩映。

球场

　　原来开阔的灌木荒地现在已被稠密的松林覆盖，由此也形成了松树谷具有挑战性的一面：其发球台、球道和果岭都由荒沙中的小片土地组成。几片宁静的湖水为球场增添了氛围，也形成了更多的陷阱。

第十号球洞的果岭面积不大，不过轮廓清晰。

第十八号球洞果岭宽大且有坡度。

第三号球洞的果岭右侧很高。

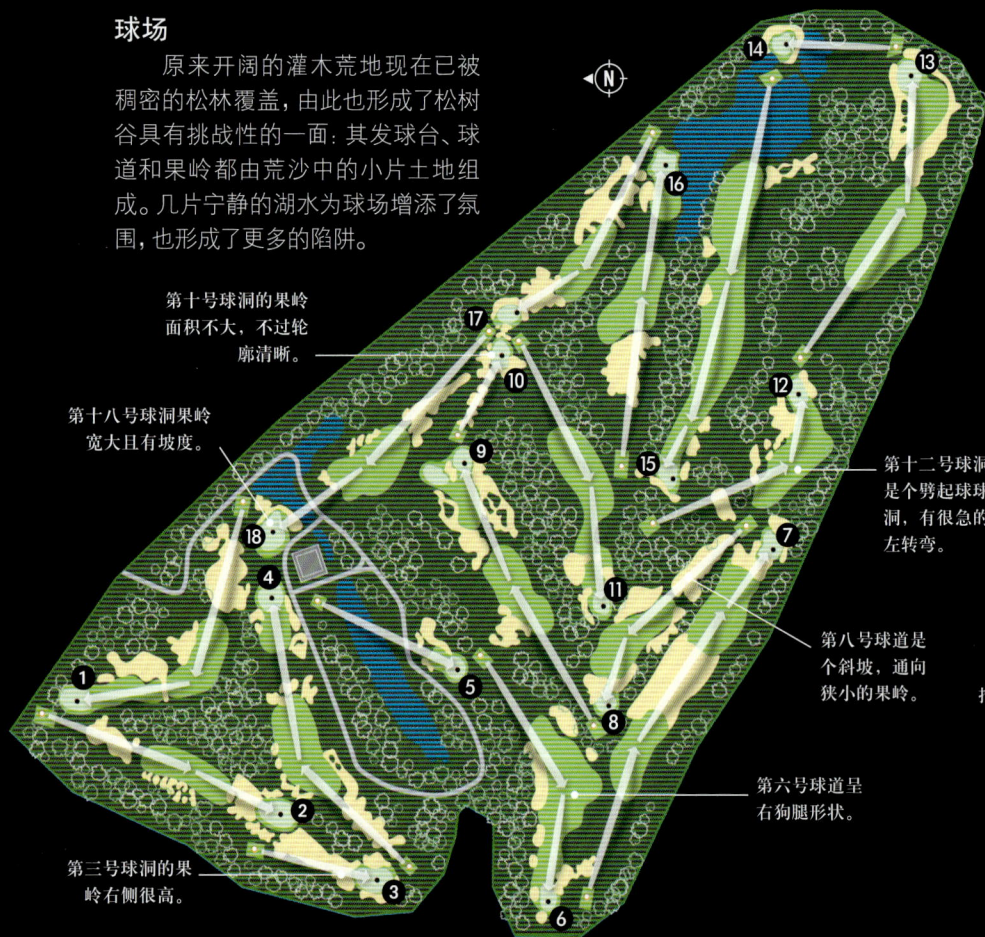

第十二号球洞是个劈起球球洞，有很急的左转弯。

第八号球道是个斜坡，通向狭小的果岭。

第六号球道呈右狗腿形状。

前9洞

Ⓐ球道呈右狗腿状，内侧紧邻着一个大陷阱。Ⓑ致命的直线形四杆球洞，两侧各有一排车印状的沙坑。Ⓒ一片沙海使得这个三杆洞的果岭延伸到一片荒地中。Ⓓ横越球道的沙坑让人不得不打出至少150码（137米）的距离。Ⓔ越过湖水抵达果岭的击球令人生畏，两侧都有危险。Ⓕ这个右狗腿洞会很好地回报飞越荒地的勇猛一击。Ⓖ"地狱的半亩田"沙坑分隔开了果岭，使之成为真正的三杆洞。Ⓗ此球洞虽短却很刁钻，需要在高球位使用挖起杆。Ⓘ从发球台上看这个球洞令人生畏，不过其球道是整个球场最宽阔的，双果岭增加了其难度。

后9洞

Ⓙ前方壶状小沙坑很难缠，全程都是沙地。Ⓚ球道蜿蜒盘旋地延伸到抬高了的果岭上。Ⓛ弯度很急的左狗腿洞，球打得离球洞越远，果岭就越开阔。Ⓜ从右至左的击球才能找到缩在角落里的果岭。Ⓝ另一个让人畏惧的三杆洞，前方和左后方是水域，到处都是树木和沙地。Ⓞ五杆洞，球道慢慢变窄上升进入果岭，两侧都是树木。Ⓟ顺着右侧的勇猛击球能够打出进攻湖边果岭的更直的路线。Ⓠ果岭后方延伸出60码（55米）长的沙地，找到球道至关重要。Ⓡ出色的收场球洞，球需要越过荒地、水域和沙坑。

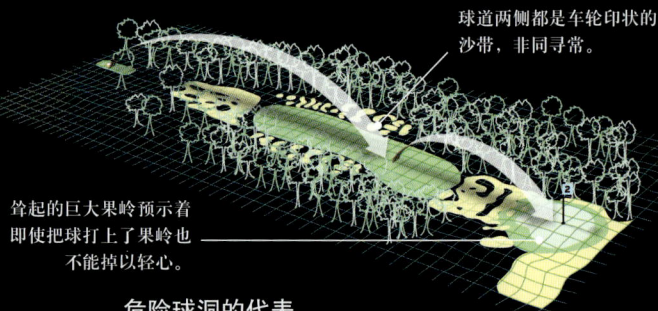
球道两侧都是车轮印状的沙带，非同寻常。

耸起的巨大果岭预示着即使把球打上了果岭也不能掉以轻心。

危险球洞的代表

第2号球洞 短距离四杆洞，难度很大，也代表了松树谷球洞之险恶。如果误失球道，两杆也无法打回果岭，因为前方有50码（46米）的荒沙地，这里只能一杆打出到位的距离。找到果岭后，一般还要有三到四次的推球才能入洞。

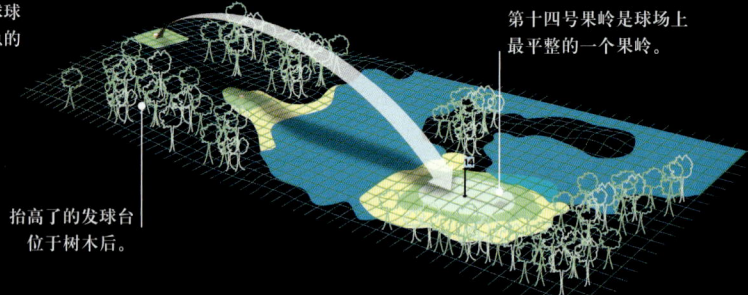
抬高了的发球台位于树木后。

第十四号果岭是球场上最平整的一个果岭。

可怕的三杆洞

第14号球洞 这一洞和看上去的一样难。球打得距离短会掉到湖水中，幸运些也会掉到沙质的湖畔岸上；用劲过大又会打到左后方另一处湖水里，要么就被挂在松树林里。在这里要么就直接找到果岭，要么就得为丢了高分痛心疾首。

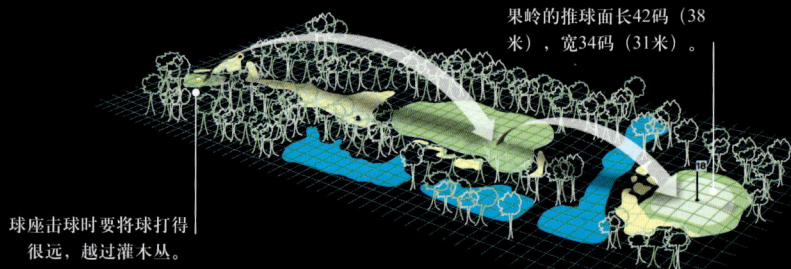
果岭的推球面长42码（38米），宽34码（31米）。

球座击球时要将球打得很远，越过灌木丛。

具有松树谷精神的最后一洞

第18号球洞 最后一洞浓缩了松树谷球场的危险和独特精神。如果为了躲避树木、沙坑和荒地而飞越了短草丛，发球台击球就会有可怕的危险。飞越过宽阔的小溪和一串沙坑到达缓坡状的果岭还是可行的。推球地域也很开阔，一般三杆都能拿下。

第十五号球道上的水域造成了威胁。

第五号球洞处被抬升了的果岭。

狭小却防护很好的第十号果岭。

松树谷球场的球洞看起来令人望而生畏，困扰也会接踵而至，但球道大多宽阔，从发球台算起有60码（55米）宽。不过这可不是球场的全部面目，想要很好地应对这些球洞，球手必须不断地决策从哪面进攻果岭才好。

风险和危险

四杆洞第六号球洞很好地说明了怎样才能应对狗腿洞。球洞向右弯曲，拐角处是一片荒地。想要安全地将球打入球道中心，就好似大胆地在灌木丛上面画一条线一样。这里最能显示出高尔夫有风险但也有回报的一面。绝妙路线经常会和麻烦频出的地方擦肩而过，选择安全路线就要对这些地方敬而远之。

球洞四周及果岭附近的危险无处不在：有9个洞的推球台前面都是灌木丛和沙坑；另一些也几乎被蔓延的沙地所环绕；有些球洞（如第一号球洞）边缘处没有地道的沙坑，却有陡坡直接通向密密的树丛和灌木丛。这里唯一长处就是开阔的推球面，不过也都形状各异，得三次推球才能成功。

球洞异彩纷呈

松树谷球洞可谓异彩纷呈：有很多短距离却捉弄人的四杆洞；长距离的狗腿洞；有一些需要一套球杆（从九号铁杆到木杆）的三杆洞；还有两个令人震撼的五杆洞。无论哪一个球洞都不能等闲视之。

也许这样多种球洞混杂只有一个缺点，那就是两个五杆洞都不可能在两杆内打上果岭。第七号球洞有636码（582米）长，被"地狱半亩田"荒地分隔开来；而第十五号球洞在615码（562米）外，击球距离得越过水域，通过渐渐变窄的向上球道才能进入果岭，而果岭比发球座要高出30英尺（9米）。

可以说松树谷球场有着世界上最棒的短距离洞，无论从景色上说还是从球手的角度来讲都如此。沙地环绕着198码（181米）的第三号球洞；第五号球洞非常地令人震撼，有235码（215米）长，越过了一个池塘和灌木丛才能抵达果岭，果岭四周没有安全网。

第十号球洞可用短铁杆或中号铁杆，果岭狭小却轮廓清晰，四周还围绕着烦人的沙坑，前方的壶状小沙坑被称作"魔鬼的屁眼"，极具惩罚力。第十四号球洞也是三杆洞，需要有大约200码（183米）的击球距离才能越过水域和灌木丛找到果岭前沿。

强者生存

曾有人说松树谷的很多球洞都有"安全第一"的路线，球手因此很容易吞下柏忌，拿下标准杆或想低于标准杆不太容易，因为想更具有进攻性就会有更多的冒险。多年以来俱乐部成员和新来的球手打的一个赌就是：第一次来这里打球不能少于80杆。很多人的确无法打破这个杆数，这个赌注也给俱乐部成员赚了不少钱。但总有失算的时候。1954年，新手阿诺德·帕默来到了这里，他刚赢得了那一年的美国业余选手球赛，他下了个自己当时无力偿还的赌注，也驱使他打出了令人目眩神离的68杆。

只有强者才能战胜比赛对人的折磨、那种精神上的痛苦和此项运动带来的压力，人们积累了很多打球策略及击球方法，不过在这座危机四伏却充满荣耀的球场上，一切都似乎有些黔驴技穷。

甲鱼汤

松树谷有几处湖水，如在第五号球洞、第十五号球道、第十六号球洞及第十八号球洞处都有湖水。在第十四号球洞处，水域形成了同沙地一样的障碍。松树谷的湖水呈网状分布，不仅在有些球洞上对高尔夫球手形成了挑战，而且湖里有很多乌龟，当地有个说法"逮甲鱼"也就是去找乌龟做远近闻名的甲鱼汤，以供应俱乐部餐桌。

水里的乌龟

> 我们把沙坑建得很高，笨拙的球手甚至会扭了脖子。这座球场是为冠军而设的，他们在这里不会陷入困境。
> ——球场的创立者及设计者乔治·克伦普

海滨球场

海滨球场不同于传统的球场，总是充满戏剧性、令人兴奋又富有挑战性，那种激动的感觉无与伦比。澎湃的波涛冲击着人们的听觉和视觉，海水腥咸的气味、翠绿平坦的球道通向果岭，果岭下面就是翻涌着泡沫的海水。对每一位球手而言，这些都是取胜所必经的。

◁◁图中海球场位于加利福尼亚的蒙特利半岛，可以眺望到太平洋，是多种精彩赛事的举办之地。
◁柏树点高尔夫俱乐部也坐落在太平洋的蒙特利半岛之上，下面就是翻涌着泡沫的太平洋，此图为球场的第十六号和第十七号球洞。
▽蒙特利半岛乡村俱乐部海岸球场，其第十一号球洞沐浴在太平洋的海风中。

本书此部分将这些特色球场归为海滨球场，它们虽然都紧靠海洋，有些地势还很险要，但并非严格意义上的林克斯。这些球场中只有柏树点高尔夫俱乐部坐落于加利福尼亚的蒙特利半岛，内陆球洞蜿蜒分布在广阔的沙地上。此外，其余海滨球场的特色球洞都沿着海岸线分布，多数设计在岩石峭壁之上，而非沙丘和茂盛的草地上，球场地表也不同于林克斯球场。硬球道并不常见，球道上草叶茂盛，更适合打高球。

面对汹涌广阔的大海，这些球场与真正的林克斯球场有一个共同点：都受到强劲海风的影响。当沿岸的海风席卷着球场上空的空气时，这里就显示出了林克斯球场的风格，球手得努力让球打低一些，才能不太受到风的影响。

处变不惊

在这些悬崖边打球不仅需要球手控制好挥杆，还需要集中精力处理好手头的每一步，才能防止球被海浪吞掉。想象自己站在悬崖边，手中是蓄势待发的球杆、面前是泛着泡沫的狭窄海岬，远处的球道紧邻崖壁，一切既让人神魂颠倒又令人心生畏惧。在这里，机警胜过最高超的球技，泄气的想法可能会影响比赛甚至毁掉最好的开球。

对这些海滨球场的球洞要心生敬畏，尤其是海风袭来的时候，必须要以积极的心态来应对。球手应尽情欣赏周围的景色，享受风景甚至是在此打球的重要原因之一。不过，打球时需要全神贯注，将美景抛之脑后，集中精神最为关键。

出色的球洞

一流的设计师不能仅依赖地形来大做文章，还需要一些匠心独运的球洞来增加球场的风采。处理得当的话，海洋球场的一些球洞就会独具特色且让球手一旦经历后就难以割舍。

此部分提及的球场——从新西兰的绑匪海角球场、多米加共和国的卡斯德坎普到圆石滩及加州柏树点——都堪称高尔夫球场设计的典范。球洞设计得具有世界级难度，例如柏树点经典的第十六号球洞紧邻海边。

想象自己站在悬崖边，手中是蓄势待发的球杆，面前是泛着泡沫的狭窄海岬。一切既让人神魂颠倒又令人心生畏惧。

崖顶奇观

位于夏威夷拉奈岛的挑战曼内雷高尔夫俱乐部（Challenge at Manele）景色壮丽。此处曾以广袤的凤梨林闻名。球道由杰克·尼克尔亲自设计，1993年向公众开放。微软传奇人物比尔·盖茨的婚礼就是在第十二号果岭举行的。这里有三个球洞紧邻太平洋，其余的球洞都分布在熔岩石上。整个球场充满了原生态的瑰丽，没有一座沙坑。

■ 曼内雷的崖顶球洞

人西洋沿岸的狼谷高尔夫球场（Vale Do Lobo）位于葡萄牙阿尔加维中部。球场地势起伏，桉柏葱郁。

风格迥异

从风格上来说，无论从哪一点上都可见海滨球场和欧石楠球场或林克斯球场迥异的风格。这里的沙坑设计没有定式，几乎完全保留了周围环境的原生状态，球洞与各种植物交相辉映。地面可以不是沙地，因此并不坚硬，球洞设计更加具有目标性。多样的风格与迷人的海景相互交融，使得海边高尔夫激情彭湃、振奋人心。

新西兰的绑匪海角球场沟壑纵横，状如瘦骨嶙峋的手指。这种饱经风霜的球洞在高尔夫球洞中最具戏剧性。

新西兰绑匪海角球场

绑匪海角球场建造历史还不足十年，这样一座现代球场能名声远扬并位居世界前30强实属罕见。它地处新西兰北岛东侧，形如7根瘦骨嶙峋、饱经风霜的巨石手指盘踞霍克湾之上。球洞就分布在峡谷之间起伏的山脊上。

球洞分布在状如手指的巨石面上，这里的崖壁是塘鹅群的休憩之所。

可以用"上头"和"眩晕"来描绘绑匪海角球场，这并不仅仅因为有些球洞悬在陡峭的崖壁上，而且在往回打时球场从400英尺（122米）的高处陡落入南大洋中。

球场从头到尾都很精彩，景色之瑰丽不言而喻，布局设计也可圈可点。球场设计者也是其主人朱利安·罗伯逊（Julian Robertson）——美国对冲基金经理，他也拥有新西兰北部贝壳杉崖高尔夫球场（Kauri Cliff）。他在俄勒冈州太平洋沙丘球场（Pacific Dunes）打高尔夫时，对巧妙利用自然地势修建球场十分感兴趣，于是聘请了该球场的设计者汤姆·多克为他设计建造了绑匪海角球场。

海边的精彩

或许有人认为，拥有如此得天独厚的地理环境，设计出的球场一定不会差。多克最大限度地利用了起伏的地势，设计出了丰富多样的球洞，既刺激又具有挑战性，并能令球手笑逐颜开。2003年对外开放时即赢得了广泛的赞扬。

球场的开局就不和缓，是一个与海面有440英尺（400米）落差的四杆洞。第四号球洞真正掀开了海滨球场精彩的一面，其曲折的球道直通大海。第五号球洞设计巧妙，慢慢将你引向极富冒险性的第六号球洞。这个三杆洞设在深涧之上，令人屏气凝息，左边是直通海滩的断崖，得经由一座木桥才能到达另

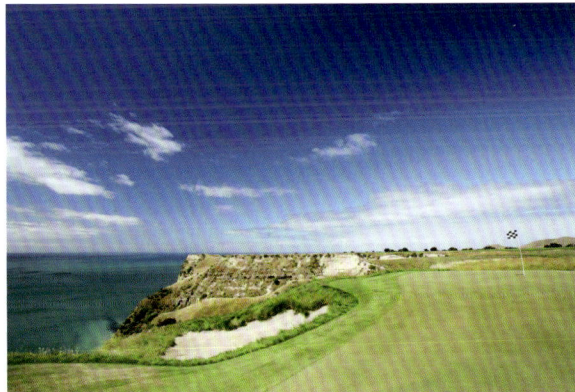

第十三号球洞的球道最短，但果岭很小，右边紧邻悬崖，成为一片小的魔鬼之地。相较之下，左边的沙坑是个不错的选择。

一端，需打225码（206米）的距离才能抵达果岭。

前9洞设计超群且形态各异，只和海洋略有接触；后9洞与悬崖悍然相对。第十二号球洞被形象地称为"无极"。虽然打球时不会直面悬崖，可果岭似乎总在地平线上，能看到的是波光粼粼的海水环绕着的推球区以及远处地平线尽头的山峰。

高水平测试

接下来的第十三号球洞是个"小美人"，不过总让人悬着心。球洞长度仅130码（119米），在纸上看会让人觉得一切轻而易举，但站在发球台上，左下方的浪花拍打着海岸，你可就不会这么想了。海风是绑匪海角球场的一大特色，强劲的海风中，想要打出精确的短铁杆实属不易。如果球偏向左边，那么就祈祷它飞速地落在四个壶状沙坑中的任意一个吧，总比落在海里与鲸鱼嬉戏好些。

四个令人回味无穷的短杆洞过后，就是被称为"海盗跳板"的第十五号球洞，这一洞对勇气与球技提出了极限挑战。一条银色的球道沿着平坦的山脊伸向了650码（594米）外的果岭。球道的右边是60英尺（18米）深的沟壑，左边是看不到的浩瀚的海水。据多克计算，球越过果岭的篱笆消失无踪的话，十秒钟后才会落到水里，由此可见断崖与海水的落差有多深。除非站在崖边（当然别站在危险的地方），否则无法真正地体会到这里的险要。

整个打球过程令人惊叹，球手需要运用各种击球方式，以适应设计理念。只要球能更加接近球洞，可以利用果岭的形状运用急速的发球、长距离倾斜铁杆、迅猛的切击、勇猛的低飞球——这些仅仅是整个球场击球技术运用的一部分。一些沙坑设计刁钻，也给球场添加了风采，使之更接近高水平高尔夫的难度，而球场环境在全球堪称最为壮观。

球场

位于南太平洋高400英尺（122米）的海角上，是绝佳的高尔夫球场，可谓高尔夫的世外桃园。来这里打球既是一场感官之旅，又是一次富有独特挑战性的现代测试。

绑匪海角球场

新西兰霍克湾Te Awanga，克里夫顿大街448号
www.capekidnapper.com

球场

建于：2003年
长度：7137码（6526米）

标准杆：71杆
设计者：汤姆·多克

球场计分卡

前9洞			后9洞		
洞序号	码距	标准杆	洞序号	码距	标准杆
1	440	4	10	470	4
2	540	5	11	224	3
3	205	3	12	460	4
4	511	5	13	130	3
5	420	4	14	348	4
6	225	3	15	650	5
7	453	4	16	500	5
8	182	3	17	463	4
9	403	4	18	480	4
前9洞	3412	35	后9洞	3725	36

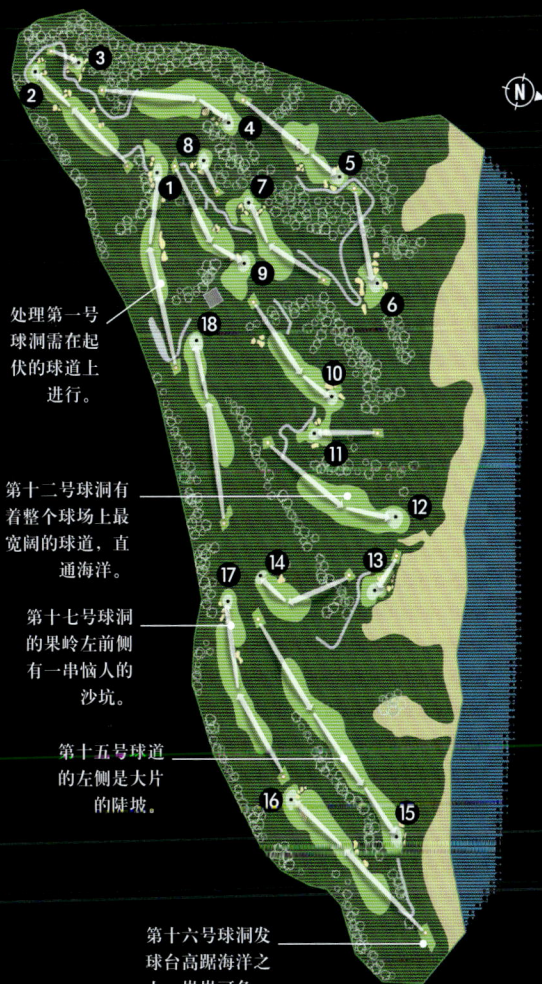

处理第一号球洞需在起伏的球道上进行。

第十二号球洞有着整个球场上最宽阔的球道，直通海洋。

第十七号球洞的果岭左前侧有一串恼人的沙坑。

第十五号球道的左侧是大片的陡坡。

第十六号球洞发球台高踞海洋之上，岌岌可危。

■ 山顶上的第七号球洞果岭

第7号球洞 "十四面旗子"

背靠大海，从抬高的球座上，你可以窥到十四个果岭的分布（此洞也被称作"十四面旗子"），但却看不到这一球洞的果岭！需要全神贯注地进行惊心动魄的一击才能让球越过一片树木繁茂的洼地打上驼峰状的果岭。要很大幅度的击球才可能让球到达峰顶后滚入球道，然后入洞距离就短了许多。果岭位于球道下方的一个山顶上，四周是一出精心设置的水沟。球打得偏右或太长就陷入困境。

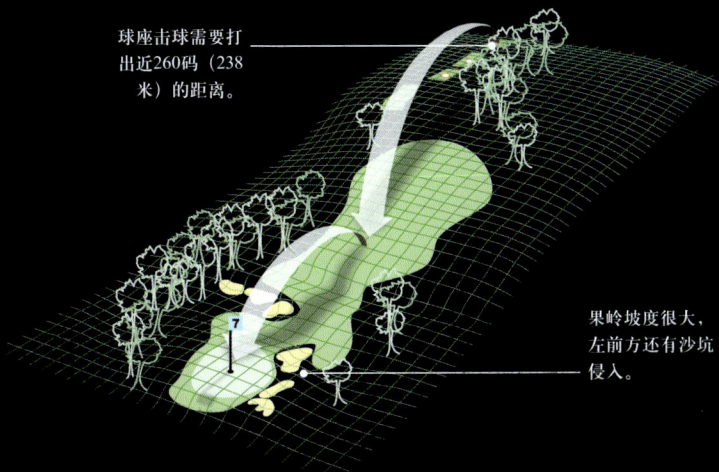

球座击球需要打出近260码（238米）的距离。

果岭坡度很大，左前方还有沙坑侵入。

美国柏树点高尔夫俱乐部

位于加利福尼亚蒙特雷半岛上的柏树点高尔夫俱乐部被称作"高尔夫教皇礼拜堂"。这片球场开辟在树木稀疏的沙丘地带，给人一种神秘气氛：第一次踏上这里潮湿的地面时，会有一种到了高尔夫天堂的感觉，淡淡的海雾笼罩着弯曲的柏树，出奇的静谧更增添了这种感觉。

这片延伸入太平洋的岛屿集世界级高尔夫球场的特点于一身，许多球洞都开辟在柏树丛之间。第十三号球洞与第十四号球洞设在海边，接下来的三个球洞是世界上最知名的海洋球洞，散布在布满岩石的港湾上。

艾利斯特·麦肯兹博士是此球场的设计者。在美国业余赛冠军马里安·霍林斯（Marian Hollins）的协助下，1921年开始修建球场，1928年完工，使这里成为了非同寻常的挑战与激情之旅。在离海较远的地方，麦肯兹在自然的沙堆间设置了球道，果岭的背景是波状起伏的白色沙坑，沙坑独具特色，总在视

线之内，会让球手每一杆都三思而后行。

内部的几个球洞独具自然之美，有几洞散落在树荫笼罩的山坡上。麦肯兹巧妙地利用沙质荒地将球道变得更窄，沙地侵入了球道，令人觉得赏心悦目。麦肯兹这种设计球洞的策略在柏树点很突显，唯一例外的就是朝向海洋的骇人球洞中的第一洞——第十五号球洞。

这个三杆洞不需要什么策略，但必须击中果岭，你只要决策好风向、风力、使用什么样的球杆以及用何种击球方式即可，此外没有什么安全路线之说。发球台设在陆上一角光秃秃的狭窄地带，下面是咆哮的

第十五号球洞是著名的崖顶球洞的第一洞，让人充满期待。在远处的小海湾里看，果岭的每一侧都有沙坑。

柏树点球场

美国加利福尼亚州93953
圆石滩，17英里处
TEL NO: +1-831-624-6444

球场

建于：1928年	设计者：艾利斯特·麦肯兹
长度：6506码（5950米）	
标准杆：72杆	球场纪录：62杆，盖耶·布鲁尔（1963年）

杰出的锦标赛冠军

全国职业·业余赛（与潜望山高尔夫球场和圆石滩球场共同举办）：福兹·佐勒尔（1986年），约翰尼·米勒（1987年），史蒂夫·琼斯（1988年），马克·奥梅亚拉（1989、1990年）

球场计分卡

前9洞			后9洞		
洞序号	码距	标准杆	洞序号	码距	标准杆
1	418	4	10	491	5
2	551	5	11	434	4
3	161	3	12	409	4
4	385	4	13	362	4
5	491	4	14	383	4
6	522	5	15	139	3
7	163	3	16	233	3
8	355	4	17	376	4
9	291	4	18	342	4
前9洞	3337	37	后9洞	3169	35

第十五号球座位于海上一块颈状土地之上。

第九号球洞是个下坡洞，是个很好的短四杆洞。

俱乐部会所位于无与伦比的景色之中。

狗腿洞第十七号球洞的球道通向悬崖顶的果岭。

刮着风的深水坑提醒着那些选择了直线进攻果岭的球手。

果岭横亘在海岬之上，四周环绕着令人炫目的白色沙坑，附近还有布满岩石的小瀑布。

球场

柏树点球场的各种球洞异彩纷呈，沙滩荒地起伏不平，内陆的大树枝桠交错，在三面环海的独特景致下进行险象环生的击球，球手肯定会心满意足，别无他求。由于实行了现代标准，球场被缩短了，但仍极度考验着球手的心理和球技。

■ 诱人的第十六号球洞的果岭

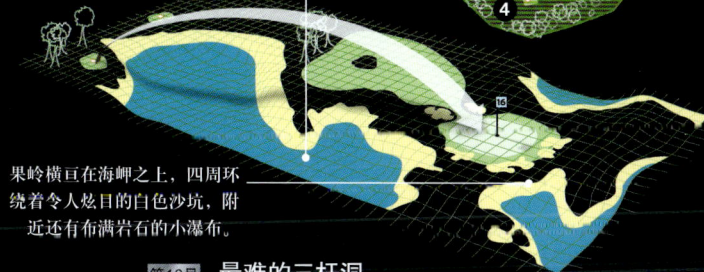

第16号球洞　最难的三杆洞
想要穿过刮着风的深水坑成功将球击到200码（183米）之外的果岭，希望渺茫。另一个选择是瞄准左侧、对准140码（128米）远的球道上的小片土地。

一颗受尽风霜洗礼的柏树独立于崖顶，俯瞰着蒙特雷海湾。球场上大多数球洞附近都有柏树。

海水。果岭就在刁钻的海角之上，上面蜿蜒着一处处的沙地。左侧是布满石榴草的海岸和弯曲的柏树，右侧是陡峭的黑色岩石，两侧都没有其他出路可言。

接下来的球洞更加恐怖：因为击球距离得越过海角。麦肯兹本想把第十六号球洞设计为两杆洞，但在霍林斯的坚持下，最终被建成危险重重的三杆洞。球场上许多极富盛名的球洞后面一般都会设置一个让人略能放松的球洞，可在这里却并非如此，下一洞难以言传的美足能让你目不转睛。

枝干嶙峋、树冠茂盛

除了岩石和大海的魅力，第十七号球洞可谓绝妙的费尽心机的一洞。发球台高悬在海浪拍打的悬崖之上，球道轻巧地呈拱状环绕着太平洋里的大鹅卵石，通向天然海岬之上的果岭。这里还盘踞着一些散乱生长的柏树，它们傲然矗立于球道右侧距发球台250码（229米）的地方，枝干嶙峋，树冠茂盛，可想而知此洞该怎样才能应对。

进攻这座果岭的较短路线是擦着右方的水边而过，不过危险也不少，所以很多球手选择进攻左侧，直奔球道中心，这样就要看选取的路线有多精准以及球会滚多远了。果岭边界由石块和沙地构成，如此，进攻果岭又有了多种打法：如果先选取的路线非常安全，就面临着要进行越过柏树的长距离击球；而如果球滚得离树太近，挡住了视线和路线，那就只能要么打出高球越过树，要么在树叶屏障间找到一个绝妙的击球角度。这里足见打高尔夫要进行怎样的深思熟虑。

令人振奋的第十七号球洞之后就是第十八号球洞了。可以说这一洞难度略有回落，转向了内陆，狗腿形走向，通往朴实无华的俱乐部会所。在这座与众不同又令人难忘的球场上，此洞算是个小角色。

我想没有别处能与这里的绝妙搭配相比了：岩石陡峭的海岸、沙丘、松树林和柏树交相辉映。

——艾利斯特·麦肯兹

美国圆石滩高尔夫球场

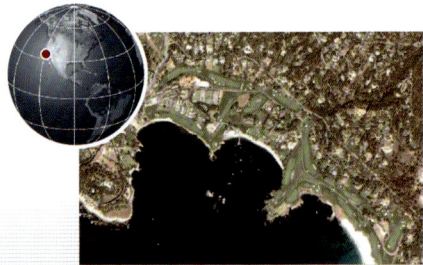

距柏树点球场直线距离不到一英里的地方就是圆石滩高尔夫球场,沿着陡峭的蒙特瑞半岛延伸,以其9个吸引人的球洞著称,这9个球洞临太平洋海岸线而建。许多巡回赛上的精彩时刻都诞生于此——1972年,在俱乐部主办的首场美国公开赛上,杰克·尼克劳斯摘得桂冠;2000年,在此球场举行的美国公开赛上老虎伍兹一举夺冠。在许多高尔夫选手心目中,圆石滩球场有着举足轻重的地位。

圆石滩是世界上最大的公众球场,只要有能低于标准杆的球技和鼓鼓的钱包,你就可以在此尽享高尔夫带来的乐趣。球场于1919年由当地两位著名的业余选手杰克·内维尔(Jack Neville)和道格拉斯·格兰特(Douglas Grant)设计,属当地主要度假村体系的一部分,这片度假胜地属德尔蒙特(Del Monte)水果公司所有。说起圆石滩球场,内维尔总是很谦逊,对自己的杰作也总是轻描淡写:"这里一览无遗,几乎不需要清除什么,最主要的工作是自然地沿着海湾修建球洞。许多年前,还没建球场时,我就把这里当做高尔夫球场了。它是大自然的鬼斧神工,我们所做的就是砍掉些树木,安装几架洒水器,再播撒些种子。"

海边系列球洞

球场基本上保持着原貌,这足以证明其卓越设计。唯一的主要变化就是杰克·尼克劳斯对第五号球洞的重新设计。此洞所处地域海滨原属私人资产,曾有长达70年时间,其所有人拒绝出售这片土地,因而在这70年中这个球洞一直是个内陆球洞。最终,1995年,德尔蒙特公司成功购得这片地产,从而又诞生了著名的一洞。这也意味着第四号球洞到第十号球洞终于形成了海滨系列球洞,他们的确组成了一次优美的海滨之旅。

第四号球洞是一个短距离却很刁钻的四杆洞,其果岭也是典型的小果岭,有坡度,距离海滩仅几码远。尼克劳斯设计的第五号球洞是一个绝妙的单击洞,左边是松树,右边是沙滩,击球需要由左向右躲开前面的沙坑,才能抵达果岭。接着是第六号球洞,是原来海边系列球洞的起始洞。当知道自己即将面临的是高尔夫界最难打的五个球洞时,李·区维诺曾在发球台对观众打趣说:"如果你能在第五号球洞发球,你会觉得这是世界上最好的地方,好到让你欲罢不能。"

闻名遐迩的三杆洞第七号球洞,其果岭位于小小的岩石岬角上,下面是波涛滚滚的太平洋。果岭周围是一圈沙坑。

精彩瞬间

最出色的滚地球是由汤姆·沃森在1982年的美国公开赛上创造的，当时沃森站在深及脚踝的粗草区，左边就是第十七号果岭。他低声对他的球僮说，"我要打进去！"然后轻轻地把杆头往球后一放，球就慢慢地滚了出去，安然入洞，又抓住一个小鸟。沃森高兴地跳起来，围着果岭的边缘跑了起来，手里指着球僮，喊着，"我说我会进！"。最后，沃森又抓获小鸟，以两杆的优势赢得了冠军。从此，他那令人难以置信的滚地球闻名全球，号称"全世界都能听到的击球"。

2000年的美国公开赛上，泰格·伍兹向世人证明，他的确是世界上最佳高尔夫选手之一。在开场赛中，他以65杆的成绩为圆石滩美国公开赛创造了新的纪录。随后分别以69杆和71杆证实了自己的实力，尽管有三柏忌，三轮过后他仍以9杆的优势遥遥领先。周日，老虎没再打出柏忌球，以67杆的成绩击败全场。最终以低于标准杆16杆的成绩结束了比赛，难以置信的是他竟比第二名少15杆——这两项都创造了此项赛事纪录。

圆石滩

美国加利福尼亚州93953
圆石滩，17英里处
www.pebblebeach.com

球场

建于：1919年
长度：6816码
（6232米）
标准杆：72

设计者：杰克·内维尔，道格拉斯·格兰特
球场纪录：62杆，大卫·杜瓦尔（1997年）

杰出的锦标赛冠军

美国公开赛： 杰克·尼克劳斯（1972年），汤姆·沃森（1982年），汤姆·凯特（1992年），泰格·伍兹（2000）
美国业余赛： 大卫·科塞特（David Gossett，1999）
AT&T国家职业—业余配对赛： 菲尔·米克尔森（2005、2007年），阿伦·奥本侯斯勒（Arron Oberholser，2006）

球场计分卡

前9洞			后9洞		
洞序号	码距	标准杆	洞序号	码距	标准杆
1	381	4	10	446	4
2	502	5	11	380	4
3	390	4	12	202	3
4	331	4	13	399	4
5	188	3	14	573	5
6	513	5	15	397	4
7	106	3	16	403	4
8	418	4	17	178	3
9	466	4	18	543	5
前9洞	3295	36	后9洞	3521	36

克罗斯比聚会

美国圆石滩职业-业余配对赛AT&T)是一年一度的巡回赛,每位选手参加四轮即72洞的比赛,大赛上180名职业选手将与180名业余选手进行配对比赛。最初的赛事是1937年在圣达菲高尔夫俱乐部(Rancho Santa Fe Golf Club)举行的,由平克·克罗斯比(Pink Crosby)主办,这也是这项大赛又被亲切地称为"克罗斯比聚会"(简称为"克罗斯比")的缘由。参加过这项比赛的专业选手有泰格·伍兹、菲尔·米克尔森(2007年该项大赛的冠军得主),社会名流有克林特·伊斯特伍德、比尔·默瑞等人。

克林特·伊斯特伍德

如果我此生只剩下最后一场比赛,我会选择圆石滩。她让我一见钟情,是世界上最好的高尔夫球场。
——杰克·尼克劳斯

即使没有风,第六号球洞的开球以及第二杆上坡球也都很难打,因为这是个半盲的五杆洞。击球时,稍微偏右,球就有可能掉进悬崖,下面是波涛汹涌的太平洋。不过,在该球洞确实也能抓获小鸟,而且选手在此也能得到不少积分。第七号球洞是短小的三杆洞。许多选手觉得,对于整场艰苦的比赛而言,此洞是一个喘息的机会,这是可以理解的,毕竟此处景色壮观,视觉享受极佳。其实,这是集"美貌"与"危险"于一身的一洞(见下页)。

从恶魔到救命的恩赐

第八号球洞需要有特殊的打法。第九号球洞也同样可怕,右边是陡峭的悬崖,需要高超的技术。打的稍短或偏左,球就有可能掉入深深小峡谷中,但这总比偏右把球掉入悬崖要保险,那样可就死路一条了。第九号球洞是圆石滩球场最难打的球洞,再加上它通常必须使用长长的铁杆或木杆近距离击球才能把球攻上高高的球位,这就更是难上加难了。

就在球手觉得峰回路转的时候,第十号球洞早已严阵以待。同样,这一洞右侧是临海的悬崖,左侧击球范围内有一大片沙坑群散落在倾斜的球道旁,只有35码(32米)的宽度可以打球,山坡的另一侧会把球引向大海。在此,击球必须避开果岭右前方的峡谷,唯一的恩赐是球在继续前行时,沙坑会挡住球,不让球被小溪吞掉。

第十七号球洞果岭与悬崖之间的沙坑。悬崖下面是汹涌的海浪,果岭状似数字8,当海风迎面吹来时,此洞简直就成了捉摸不着的恶魔。

归途

从转入归途开始,苍翠的球道开始在松柏之间曲折蜿蜒,经历了前面海边断崖上的惊险刺激后,这里显得有点儿平淡无奇。到第十七号球洞时,球道再次延伸至海边,此形状怪异的三杆洞尽头是悬崖峭壁,下面海浪滔滔。果岭形成了一定的角度,形似狭长的数字8,由7个沙坑环绕着,其中前方的一个大沙坑状似鹿角。插在果岭左后方的旗杆最容易迷惑人,因为几码远的地方等待着左飞球的是悬崖峭壁。1972年,杰克·尼克劳斯用一号铁杆击中旗杆,球落在了距球洞仅几英寸的地方,稳夺当年美国公开赛冠军。

第十八号球洞惊险刺激,是一个绝妙的结束洞(见下页)。它见证的最令人难忘的时刻应该是1984年黑尔·厄文抓获小鸟的那一刻。在平克·克罗斯比巡回赛上,厄文起初落后于领先的吉姆·尼尔弗德(Jim Nelford)一杆,后来,他向左侧大海的方向猛地一击,球撞到岩石上又弹了回来,竟然进洞了,厄文得到了加时赛的机会。最终,他顺利夺冠。

这个例子很好地说明了圆石滩会怎样捉弄人,它融合了冒险与智慧,又吸引着你打出终生难忘的好球。

第六号球洞、第七号球洞和第八号球洞都位于半岛之上。

海岸边的第十号球洞。

对球技有极高要求的第九号球洞。

球场

　　离大海较远的地方，球道在松柏树林间蜿蜒穿梭，周围点缀着白色的海沙，但朝向太平洋的球洞还是把选手引到了悬崖边。即使在风平浪静的时候，海边球洞就很难应对，如果再刮上猛烈的海风，会让人叫苦不迭。

前9洞

Ⓐ略向右弯的狗腿洞，击球要瞄准左边的球道陷阱附近。Ⓑ深深的峡谷距果岭有75码（68米）远，是考验攻球策略之地。Ⓒ从发球台由右向左击球才能顺应这个狗腿洞的走向。Ⓓ用短铁杆精准地近距离击球才能把球打上沙地环绕的果岭。Ⓔ虽然看起来朝向悬崖，但想要把球打到球洞旗杆后方，最好从左向右击球。Ⓕ半盲球洞，右侧是大海，需信心百倍才能把球打上球道。Ⓖ出色的单击洞，但需要考虑风的因素，还要全神贯注。Ⓗ此洞需要效果显著的击球，让球飞越一片海湾。Ⓘ最好瞄准左侧球道沙坑内侧击球，球自然滚落后再向中部击球。

后9洞

Ⓙ大胆的击球才能应付侵入果岭右前方的溪谷。Ⓚ在此后部转向内陆的上坡球道很难判断击球方式。Ⓛ前方巨大的沙坑没给球留下什么空间，但必须得把球打上浅果岭。Ⓜ此洞是上坡洞，快果岭坡度很大，近距离击球很难。Ⓝ右狗腿洞一角的沙坑虎视眈眈，最好用三杆来处理。Ⓞ果岭自右向左呈一定坡度，击球要掌握力度，然后采取球洞击球。Ⓟ瞄准球道中部的沙坑，果岭有一定坡度，击球要偏向旗杆右侧。Ⓠ祈祷不要逆风吧，果岭很浅，又呈一定坡度，有风的话这里就变成了魔兽般的三杆洞。Ⓡ三杆洞，最好的路线是球道大树的左侧，但左侧一直危机重重。

第五号球洞的果岭距岩石仅几码远。

第十二号球洞处果岭前方守着一个大沙坑。

如果偏离了第十八号球洞面向左，就会危机重重。

第十七号球洞绝非易事，浅果岭较宽阔却呈一定角度。

球如果打到第十号果岭右侧就会被峡谷吞掉。

呈下坡的球座发球应越过大沙坑。

果岭位于岩石岬角之上，下面就是翻涌的浪花。

球座发球要打上陡坡，属盲区发球。

果岭表面刁钻，下面是翻涌的海浪，深达60英尺（18米）。

第7号球洞　小魔兽

　　这个呈下坡的三杆洞是摄影师梦想的地方，也是大满贯赛事上最短的一洞，却是个小魔兽，很不好驾驭。顺着果岭尽头望去是浩瀚的海洋，所以球手都会担心球打得太远，这样球座发球就不到位了。这样的视觉效果测试着球手的智力与球技，特别是有风的时候更是如此。即使是微风，也要比你预想的多带些球杆，击球也要控制住自己，让球能更低一些并在掌控之内。

第10号球洞　绝妙的击球

　　虽为最后一洞，还是不能期望太多。这个呈弧形的狗腿洞的左侧全被大海包围着，不过也不要以为右侧就能突出重围，那边是边界线。击球对准球道上的大树就可越过这些障碍，击中果岭后部为最佳，这样第三杆才有机会入洞，也更有可能避开果岭附近的大树。

第8号球洞　前景乐观

　　打出不错的球后，朝向山坡前行时，景色美不胜收，你会不由自主地想要在这里体验一番。几码以后球道就消失了，球洞陡然转向右侧，向下穿过陡峭的悬崖，通向沙地环绕的狭小果岭。从球道顶端可以看到长达200码（183米）的击球距离，进攻果岭必须使用长铁杆或球道木杆。

球道狭长，蜿蜒至果岭。

果岭坡度较陡，通向大海。

多米尼加共和国草原之家

这里的珊瑚礁从海里伸出海面，险恶峻峭，呈锯齿状，当地人称之为"犬牙（Dientes del Perro）"，对于这个受海洋影响很大又危机四伏的海滨球场而言，这种叫法名符其实。犬牙就像多米尼加共和国这个宽广的乐园王冠上的宝石，璀璨耀眼，被评为加勒比海地区最好的球场。

巨大的球场

草原之家度假村占地约为7000英亩（2833公顷），这里还有皮特·戴设计的其他两座球场。一个是林克斯球场，一个是戴弗球场（Dye Fore）。戴弗球场是皮特·戴的新作——它长达7770码（7105米），沿沙沃恩河而建，一直延伸至海边。

球场设计者：皮特·戴

作为皮特·戴的杰作——犬牙球场由7个顺海岸分布的球洞而闻名遐迩，每个球洞都紧邻大海，海浪翻滚着拍打岸边，打球时都能感觉到浪花飞溅时扑面的清新水雾。

多米尼加南部的海岸线好像就是为高尔夫应运而生的。不过，当设计师皮特·戴从空中第一眼看到这片土地时，还是有些心存疑虑。贫瘠的土地呈条状，海边杂草丛生，怪石嶙峋，直到戴亲自踏上这片坚实的土地，沿着海岸阔步前行，才发现一些现成的狭长水道和海湾，长度刚好适合打造绝妙的高尔夫球洞。一直以来，他仍然认为他只创造了十一个球洞，而其余"那七个球洞是老天设计的"。

球场于1969年开始兴建，过程长达两年，几乎全部靠人工打造。用镐挖过以后，再用拖拉机拉着沉重的金属条把锯齿状的珊瑚礁打磨平整，然后再从山上运来大量的表层土，用手把土细心地撒在表面。300名当地的工人参与了运土，成就了戴的标志性土丘和盆状沙坑。发球台设在坚硬的岩石表面，小小的波状果岭尽可能安置在接近海洋的地方。甚至种子都是用双手撒到地上的，棕榈树的栽种也有计划。

海滨球洞

内陆球洞隐藏在棕榈树间，球道的两侧点缀着狭长的沙地和沙坑，右侧的球洞非同小可。然而，让人真正铭记和渴望的是那些海滨球洞。在前4个球洞激起你的兴趣之后，到达海边时你会既紧张，又兴奋。第五号球洞是3个沿海而建的球洞之一，这3个球洞都是惊人的三杆洞。第五号洞只有157码（143米），但在发球台和果岭之间有一条水湾切入，除了果岭，没有其他东西。如果海风从左边

呼啸而至，自信的球员才敢把球冲向海洋打出去，希望风能把球吹回到果岭。

第六号球洞和要求极高的第七号球洞难度也相似。距离发球区229码（210米）的第七号球洞大概是整个球场最令人恐惧的球洞，果岭左侧被一片弧形沙地包围，击球时稍微失手，球就可能进入沙地。为了使球场多样化，第十六号短洞又沿着海岸从另一个方向折回来，这样，球道的右侧又变成了海洋。戴很巧妙地在果岭左侧设置了四个极具吸引力的沙坑，目的是为了困住那些不谨慎，容易犯错的选手。

个性显著，令人难忘

这座球场的主题就是海滨球洞。所有发球台上的击球都令人望而生畏，并且击球时不能出现失误，但这又是不可能做到的。经过一定的深思熟虑，然后完美的一击，球会进入一片短草区。但是稍有失误的击球就有可能招致麻烦。如果你错过了球道和果岭，就有可能会遇到球洞旁边的滑坡，这只是两种糟糕状况中略次得一个。但是，戴还是设置了重重危险，这样，如果你的落球点是安全的，只是未中目标，那么仍需进行一些棘手的脱险击球。

其实，由于海洋地势如此相似，戴本可以简单地做一些重复设计，但是他没有。球洞的长度设计得变化多样，果岭和障碍也是如此巧妙，每个都给人以独特的感觉，令人难忘。可是话又说回来了，没有人能忘记犬牙——这也是不可能的。世界上没有哪个球场能有如此多的球洞直接受海洋的影响，当选手打球时，离海洋如此之近，甚至都会分心。

加勒比海的波浪拍打着坚硬的珊瑚礁海岸，犬牙球场知名的7个球洞就设在岸边。

> 这个球场独一无二，会使你垂首顿足，也会佩服得五体投地。
>
> ——盖瑞·科克，1974年他所在球队在世界团体锦标赛中夺冠

草原之家

多米尼加共和国，拉罗马纳
www.casadecampo.com.do

犬牙球场

建于：1969年　　标准杆：72
长度：7471码　　设计者：皮特·戴
（6831米）

杰出的锦标赛冠军

1974年艾森豪杯（Elsenhower Trophy）世界业余团体锦标赛：美国队，乔治·伯恩斯（George Burns），盖瑞·科克，杰瑞·佩特（Jerry Pate），科蒂斯·斯特兰奇

1974年圣灵杯（ESPIRITO SANTO TROPHY）世界女子团体锦标赛：美国队，辛西娅·希尔（Cynthia Hill），黛比·梅西（Debbie Massey），卡罗尔·森普·汤普森（Carol Semple-Thompson）

球场计分卡

前9洞			后9洞		
洞序号	码距	标准杆	洞序号	码距	标准杆
1	404	4	10	405	4
2	390	4	11	604	5
3	551	5	12	483	4
4	489	4	13	201	3
5	176	3	14	497	5
6	501	4	15	374	4
7	229	3	16	204	3
8	414	4	17	463	4
9	602	5	18	484	4
前9洞	3756	36	后9洞	3715	36

第十一号球洞的球道旁边是散布的沙坑。

狗腿形第十号球洞左侧是一个巨大的沙坑。

第十四号球洞右侧是沙地和水域，危机重重。

短小的第十六号球洞没有近距离击球区域。

■ 精彩的第八号球洞。

球场

球洞不可能离海洋更近了，再近海浪就拍打到球道上了。犬牙球场以其7个海边球洞为特色，每个球洞都与众不同，令人望而生畏，不过，这里景色秀丽，令人叹为观止。

第五号球洞虽短小，却扣人心弦。

果岭后方有一片长满草的深深的洼地，意在惩罚过重的击球。

左边岩石纵横的加勒比海海岸对球洞形成了巨大的威胁。

技巧与勇气

第8号球洞

第八号球洞沿曲折的海岸线顺势而建，与锯齿草球场的体育场大球场（戴的另一个杰作）的第十八号洞感觉很相似。球手可能认为向右击球较安全，事实上那边有沙墩和沙坑。近距离击球的确是在考验球手的技术和勇气，右边是一片长满草的山丘，一大片沙坑从前面直切而入。球如果碰到珊瑚礁就极有可能落入大海。

山丘球场

　　山丘高尔夫鼓舞人心、令人叹为观止。由于海拔的不同，这个词语的确符合字面意思。不过，在世界上最高的地方打高尔夫并不现实，在陡峭、没有缓坡的地方是无法建造高尔夫球场的，不过在山谷的高峰之间或起伏的高原上还是可以的，在这种崎岖的环境下建造的高尔夫球场当然奇妙无比。

△卡纳纳斯基斯乡村高尔夫球场（Kananaskis）位于加拿大落基山脉高处的北部林区。

◁◁阿根廷老虎之岛国家公园（Nahuel Huapi）的两个大湖之间是瑶瑶高尔夫球场（LLao LLao），从山上能俯瞰到球场。

◁美丽贝尔高尔夫球场（The Meribel）位于法国赖斯三河（Trios Vallees）地区广袤的阿尔卑斯山山势之上。

山丘球场的基本共同点在于其背景天然去雕饰之美。从球座发球，让球优雅地停在远处的小高峰上会是球手终生难忘的经历。

最著名的山丘高尔夫地带有阿尔卑斯山、奥地利的赛菲尔德（Seefeld）、维尔德莫斯（Wildmoos）、基茨比厄尔（Eichenheim），还有法国的夏蒙尼（Chamonix）、瑞士的克兰斯席瑞（Crans Sur Sierre）等。松林和白桦林盘旋在这些山上，时不时有小溪流过其间，风景绝佳，堪与平原球场媲美。

加拿大和美国之间的落基山上也有许多顶级山丘高尔夫球场：从

英属哥伦比亚的惠斯勒（Whistler）到贾斯珀（Jasper），从断背山（Kananaskis）到阿尔伯达的班芙（Banff），一路南下到科罗拉多，有很多国际认证的球场，如雷德兰兹梅萨（Redlands Mesa）和松树堡球场（Castle Pines）。

山丘球场不会有蜂拥而至的人群，会吸引当地人或勇敢的来客。在阿根廷的巴塔哥尼亚山，游客可以在巴里洛切附近的瑶瑶度假地的湖畔畅游一番，后面是陡峭的安第斯山脉。不丹的皇家廷布球场（Royal Thimpu）位于海拔2570码（2350米）高的地方，是不丹皇室和荒芜的喜马拉雅山上僧侣等人消遣的好去处。

山丘条件

能打山丘高尔夫的球场并不多，这里的地势也非常不同，阿尔卑斯山脉和落基山脉中的有些球场每年有六个月都被白雪覆盖，这不仅限制了使用时间而且给绿化造成了很大困难。打球的场地地表长得是茂盛的草地，表面又应干燥且能让球快速滚动，即使在夏天最热的时候也应如此。对落基山脉最南部的一些球场来说，这里空气干燥稀薄，球滚动起来更快，有些像沙漠气候，球道得经常洒水，这和附近龟裂荒芜的环境形成了鲜明的对比。

不过，不管你在哪座山丘球场打球都会发现两处独特之处：

夏威夷瓦胡岛上的可欧劳球场遍布着繁茂的丛林植被，峡谷蜿蜒曲折，瀑布奔流而下，景色令人叹为观止，当然也有巨大的沙坑，挑战着每一位球手。

一是因为由庞大的山脉作背景，很难准确估量距离，虽然有的球洞四周有松树和柏树环绕，和大山比起来都显得很小，也很难目测出实际长度。二是一些球洞的高度变化急剧，在往山下打或在山坡一侧打球时，球杆好似也会捉弄人了。

海拔的影响

打山丘高尔夫最独特之处在于海拔高度以及高度对球的影响。空气稀薄让球能滚得更远，海拔越高球也滚得越远。常规来讲，比你平时打球距离要远出1/10的长度。例

如，如果你通常用5号铁杆能打出160码（145米）远的话，因为高度的原因在山丘球场可能打出的是176码（161米）远。使用的球杆越长，差距就越大。例如，通常270码（247米）的击球距离在不同的海拔可能达到300码（275米）。这可能是对球手球技的恭维，不过这并不意味着球能打得更好，球打远后可能陷于困境中。在任何一个山丘球场，设计者都要考虑到海拔对发球距离的影响再来相应地设计球洞。三杆洞不能设计得过长（相对而言短球杆打不远），五杆洞会延伸得较远，防止三杆洞占据太多优势。科罗拉多的松树堡球场是PGA巡赛国际赛事的组委会所在地，第一洞有644码（590米）长，整个球场从发球台算起的球道距离达7619码（6967米）。

　　和球手后面要面临的问题相比，以上困难就不值一提了，这个问题就是很多山丘球场的水域。在山谷处修球场比在山坡上

冰山融水形成了卡纳纳斯基斯（Kananaskis）河，河水流过加拿大卡尔加里附近K高尔夫俱乐部基德山球场的第四号球洞，这座壮观的球场由罗伯特·琼斯（Robert Trent Jones）设计，球场背景是石灰石山峰构成的高大山脉，被人们冠以一个恰当的称号："楔形球棒"。

修建容易些，这些地方经常会有奔腾的小溪或湖水。在冰山地域更是如此，季节性的冰雪融水是这些水域的主要来源。布满岩石和冰块的小河会蜿蜒地穿越球场，给球场美丽的风景增添了异彩，球洞和水域也很巧妙地交织在一起。

　　山丘高尔夫无异于一场盛宴，洁净新鲜的空气再加上美不胜收的风景，还有，在这里可能还会打得和泰格·伍兹一样远！

在加拿大英属哥伦比亚的雪山之巅，巨大的针叶树及高山湖泊之间，阿诺德·帕默设计修建了别具一格的惠斯勒球场，带给你独特的高尔夫体验。

加拿大班芙泉球场

高尔夫球场经常受到指摘之处就是球场总是和环境不协调，背景都是人工之作，当然这样的指摘都是出于非高尔夫专业人士。面对坐落在令人心旷神怡的落基山脉上的班芙泉球场时，无人再能对其奇妙的自然环境进行任何指摘，麋鹿可以在平原上自由徜徉，球手得等牡鹿及鹿群过去后才能打球。

班芙泉的形成还要归功于加拿大太平洋铁路的修建。1929年，铁路公司邀请斯坦利·汤普森（Stanley Thompson）来设计一座适合世界顶级球手的高尔夫球场。之前，他已为铁路公司的一家竞争对手在贾斯珀设计修建了一座球场，就在150英里（240公里）之外。

汤普森修建班芙泉时不惜工本，用铁路运来了大量的表层土作为造型和培植之用，花费高达一百万美元，是当时耗资最大的高尔夫球场，不过，每一分钱都没浪费。

球场在以后的80多年里基本保持了原样，只是在20世纪80年代晚期为了容纳一家新的高尔夫俱乐部，球洞做了些顺序上的调整，重置了几座果岭，加入了几个沙坑。

独具匠心之美

球场的全景蔚为壮观，令人着迷，球手从发球台上对每个球洞都可以好好观察一番。汤普森的设计臻于完美，他对沙坑的设置风格几乎成为传奇。和艾利斯特·麦肯兹的设计相似。陷阱四周设计随意，让球手三思而后行，狗腿形球洞拐角处散漫地堆积着层层细沙，连串的陷阱需要最佳的进攻果岭路线。五杆洞处怪异的沙坑会捉弄打高了的球，果岭都防护森严，困难一览无余，没有什么能凭运气得来，班芙泉

班芙泉酒店属于宏伟的苏格兰贵族风格，建于1887—1888年间，也为高尔夫球场定下了基调。

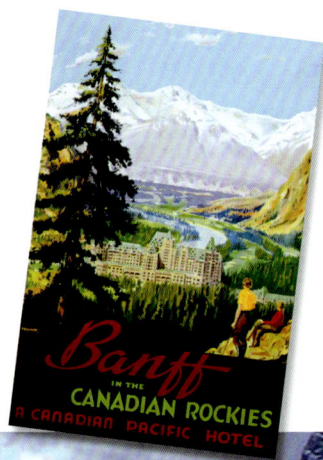

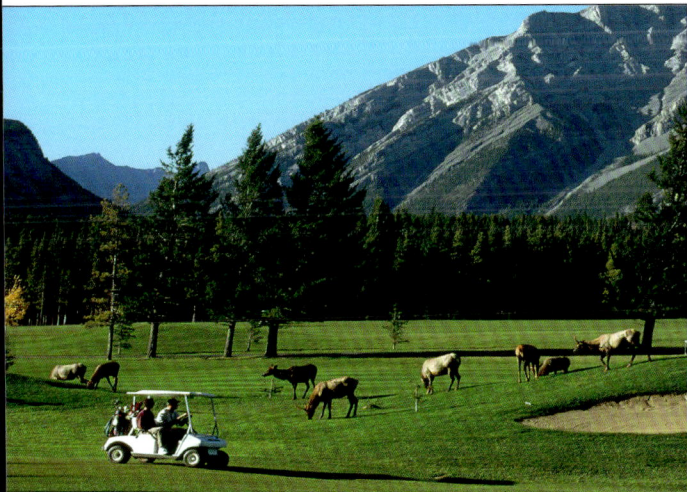

当地球场有条规定:"如击球时球落在了麋鹿身上,此杆可再打一次,不会受到惩罚。"给人们的建议是:打球时如果遇到出来觅食的熊,不要跑,而是慢慢地后退。

之美独具匠心。

　　这里的前9洞有个名字:朗德尔,得名于后面庇荫着这些球洞的朗德尔山(Rundle),后9洞以萨尔弗山(Sulphur)命名。汤普森手下的工人在岩石底层爆破,开凿球洞,这样球洞才能尽可能地接近地表面。这里有知名的一杆洞第二号球洞,也有呈弧形、朝向山的一侧的五杆洞第三号球洞,其奇异的形状难以用目测来决定选取哪支球杆,你不得不依据实际码距,还要考虑到海拔高度的影响。

球洞各具魅力

　　前7洞过后,球洞从朗德尔山优雅地延伸到第八号球洞处,之后就向远处延伸。站在弓河(Bow River)蓝得令人难以置信的河水外几码远的地方,球手必须将目光从美丽的风景上收回来,全神贯注地去寻找越过小湖的果岭。接下来的六个洞被河边的松树和云杉分隔开来,各具魅力:一个触手可及的五杆洞,其果岭离小溪仅15码(14米);两个趣味无穷的三杆洞;三个难度很大的四杆洞。

　　第十四号球洞是汤普森的杰作之一。最佳路线是越过左侧的沙地,要打出255码(233米)远才能清晰地看到果岭。打到沙坑的右侧意味着得采取长距离击球,让球飞跃一连串的沙坑才能接近果岭。这也是独具匠心的一洞,43码(40米)远的高处是萨尔弗山上松荫环绕的老酒店,景观奇特,球手把球径直朝上打时就会欣赏到。

　　班芙泉的最后几洞很适合这个浸淫在自然环境中的球场。球洞都朝向远处点缀着白雪的山脊,在最后一洞五杆狗腿洞处达到了高潮,即使抓了小鸟,美丽的景色和绝佳的球场也会让球手意犹未尽。

班芙泉位于弓河河谷的末端,水中可映出宏伟的朗德尔山和萨尔弗山的山峰。

球场

　　神奇的落基山脉遮住了苍穹,不过球场本身就是一颗明星。弓河蜿蜒流过,松树掩映,加上设计巧妙的沙坑,班芙泉不仅是散步的好地方,更是对高尔夫运动很好的考验:多数目测的感觉都不真实。此处可谓是山丘高尔夫的水准之作。

弓河流经整个球场北侧。

五杆洞第三号球洞果岭距离长且呈波状起伏,后侧较低。

五杆洞第十八号球洞是整个球场登峰造极之作。

第十二号球洞设在河边,是较难的四杆洞。

第十四号球洞处有松林环绕,属匠心之作。

■ 魔鬼的坩埚

班芙泉球场

加拿大,艾伯塔T1B5
班芙,斯普瑞大道405号
www.banffspringsgolfclub.com

桑里·汤普森球场(Sanley Thompson)

建于:1929年	设计者:斯坦利·汤普森
长度:6938码	球场纪录:65杆,默伊·诺
(6344米)	曼(Moe Norman)
标准杆:71杆	

球场计分卡

前9洞			后9洞		
洞序号	码距	标准杆	洞序号	码距	标准杆
1	414	4	10	218	3
2	171	3	11	417	4
3	528	5	12	442	4
4	192	3	13	225	3
5	424	4	14	440	4
6	373	4	15	475	4
7	602	5	16	414	4
8	150	3	17	374	4
9	501	5	18	578	5
前9洞	3355	36	后9洞	3583	35

魔鬼的坩埚

第4号球洞

　　在高尔夫领域中最被认可的前十个球洞中就有班芙泉的第四号球洞。酒钵状的果岭位于冰山融湖的后面,绵延着的松树林似乎能遮蔽住朗德尔山,湖水色彩斑斓,顺着大石块滴落到下面的池塘里。从发球台上看似乎没什么难度,其实四周树木遮掩下的是深深的陷坑,又处在大山的阴影中。这里需要用中号长铁杆精准地击球才能找到果岭,能打出标准杆已很不易。

沙坑四伏的果岭处于朗德尔山的阴影之中。

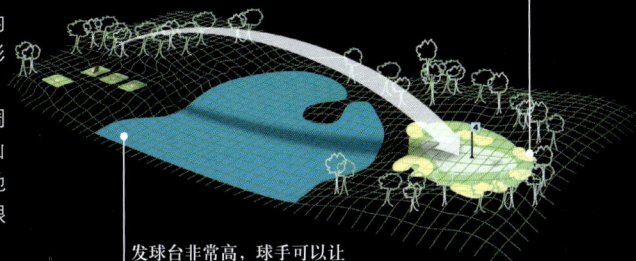

发球台非常高,球手可以让球穿过冰山融湖到达果岭。

沙漠球场

沙漠球场可以说是世界上最具有想象力的球场，场地空旷无垠，设计者可以随意发挥。这里景色迷人，在这样开阔的地面上打高尔夫虽然显得目标明确，但对秩序的要求也是最高。

◁◁◁斯科茨代尔（Scottsdale）高尔夫俱乐部位于亚利桑那州的索诺兰（Sonoran）沙漠中。

◁◁亚利桑那州斯科茨代尔灰鹰（Grayhawk）高尔夫俱乐部的猛禽球场（Raptor）第十八号球洞处的水域非常引人注目。

◁位于亚利桑那州卡立佛甲的沙漠森林球场属最早设计的沙漠球场之一。

▽亚利桑那州索诺兰沙漠中的北特隆球场（Troon North）。巨大的树形仙人掌守卫着每一个球洞。

第一批沙漠球场应该是在中东出现的，草木不生，粗犷耐用。果岭就是知名的赤褐色沙丘，是由开采过石油后被遗弃的沙堆开辟出来的。球手可以把任何一处当做发球台，也可以带个小草垫开始发球。后来，球场上巧妙地设置一些水域，随着这样设置的增加，草地球场也

亚利桑那州斯科茨代尔灰鹰高尔夫俱乐部独具泰龙球场特色的第十七号球洞果岭，四周环绕着水域，号称"魔鬼的饮水池"。

就是绿洲开始出现。

如今，这种草木茂盛、风景优美的沙漠高尔夫球场层出不穷，特别在美国的加利福尼亚州、内华达州、犹他州、新墨西哥州和亚利桑那州，在卡塔尔、巴林、埃及、阿联酋和阿曼等国也有一些这样的球场。

中东地区的沙漠球场是在移动的沙丘之间开辟出来的，而美

亚利桑那州凤凰城JW万豪沙漠岭度假中心的法尔多球场，其第七号球洞四周环绕着天然的沙地陷阱，对高尔夫球手来说简直就是危机四伏。

国的100多座沙漠球场先是在岩石地貌上开辟出来，再用仙人掌和灌木丛加以点缀，都是人工之作，连土壤都是运来的，这里的草需要不断地浇灌。

沙漠球场的草地不得超过90英亩（36公顷）。这样蜿蜒穿越球场的草地地带和周围荒凉的环境形成了明显对比，粗糙的场地由巨石、仙人掌和带刺的灌木丛构成，荒野中还会出现一些"畜类"，如小狼仔、蝎子和响尾蛇之类。

水的问题

在美国地区的沙漠球场，水一直是个复杂的问题。亚利桑那州凤凰城的斯科茨代尔可以算是世界上最知名的沙漠高尔夫地区，这里有150多个高尔夫球场，300万人口。

年平均降水量为8.3英寸（210毫米），这里的水主要是通过管道和运河从北部山区引来，主要是雪水通过虹吸装置从盐河（Salt）和绿河（Verde）里抽取，两条河最终流向加利福尼亚湾。这里的高尔夫球场还有水库，用水泵把用过的水抽出来用于浇灌球场，不过还是有严格的规定来限制用水。

美式球场布局

斯科茨代尔球场散置于索诺兰沙漠中，这里的树形仙人掌非

常有名。这种多刺、长有凹槽的柱形植物可以高达25英尺（7.5米），有些甚至生长了200多年，有它们作为球场独特的背景对高尔夫球手来说是一种危险。特隆以及沙漠山的一些球场是索诺兰沙漠球场布局的杰出代表，岩石凌峭，奇形怪状的树状仙人掌点缀其中。

在美国的其他地方，沙漠形

这里的场面很戏剧化，粗糙的场地由巨石、仙人掌和带刺的灌木丛构成，荒野中还会出现一些"畜类"，如小狼仔、蝎子和响尾蛇之类

状不太清晰，也没有形状突显的植被。近来兴起了把球场建成绿洲的趋势，设计师将平坦无奇的地面改造成了草木繁茂、异彩纷呈的球场环境。

　　两个最好的例子就是影溪球场和拉斯维加斯以外的卡斯卡塔（Cascata）高尔夫俱乐部。两座球场都由赌城的人所修建，都不惜重金，大量的土被挖起重置，任由设计者的想象力驰骋。

　　卡斯卡塔球场花费了约6000万美元，一条长达420英尺（128米）奔流的瀑布顺着人工山体直泻而下，然后从俱乐部中部穿过，极具拉斯维加斯风格。

在纳米比亚的这片沙漠球场上，球手可以在草地上打球，不过只在发球台和果岭处有草，然后，他们就得去对付泥土合成的球道。

迪拜酋长国球场

欧洲巡赛上有迪拜沙漠精英赛，就是在迪拜酋长国球场举办。这片神奇的沙漠球场于1988年建成后就成为波斯湾草地球场的典范之作，当地人称之为"沙漠奇迹"。"Majlis"是阿拉伯语中"会晤"的意思，取其意命名的议会球场（Majlis Course）顺沙丘而建，穿过了棕榈树和高耸的草丛，球场在沙漠中异军突起，这要归功于迪拜酋长穆罕默德。

球场之特色

1993年迪拜沙漠精英赛上，厄尼·埃尔斯第一次在酋长国球场上作战。40轮竞争激烈的比赛中，他没有一轮分数高于标准杆，拿下了令人吃惊的低于标准杆157杆的成绩，平均杆数为68.05。那年，他的十次开战中最糟的是第八次，有八次取得前三名，其中包括三次夺冠，威名大振。

厄尼·埃尔斯在第十三号球洞的第二杆击球。

四周一望无垠，炙热的沙漠上布满了劲风塑造的沙丘，唯一的水域就是波斯湾含盐的海水，在这里建造一座世界级的高尔夫球场的确是个壮举。尽管酋长国球场周围自然环境问题重重，设计者还是成功地将这片荒凉的土地改造成了一块时尚、令人震惊的苍翠之地。

穆罕默德酋长是阿联酋国防部部长，他意识到在他的国度里应该有一座草地高尔夫球场，这座球场要让迪拜在全世界引以为豪。于是，他请来了美国设计师卡尔·立顿（Karl Litten）修建这座出身名门的球场，这也是海湾地区第一座草地球场。

起初，选择合适的地址就是个难题，不是因为找不到沙漠，空旷之地比比皆是，而是因为每次选址都会受到当地贝都因部族的反对；因为这样的选址侵犯了他们放牧骆驼的路线，这是一条古老的放牧路线。所以后来酋长自己捐献了一片矩形的私人用地，在老城西南13英里（21公里）处，距海边只有2英里（3.2公里）。这片190英亩（77公顷）的地域上只有一株树，剩下全是起伏的大沙丘。虽然迪拜城市在不断迅速扩建，但一直到修建球场时，这片地方都人迹罕至。

一天一百万加仑

虽然一切从零开始，立顿还是遇到了很多难题。每次他的工作组用杆子在沙丘处标志出球洞后，第二天就会发现由于沙子的移动，标志都不见了。于是，他决定浇些水，以求固定这些沙子，他们的确这么做了，也浇出了个副产品。

浇水后，好似一夜之间，骆驼草、枣椰树、椰子树、凤凰木和紫色牵牛花都长了出来，就像是几个世纪的等待后突然复活了一样，再加上一些特殊的植物，这里出现了神奇的绿洲效果。设计者利用了附近

一家铝厂用不完的脱盐水来浇灌场地，现在，场地每天仍旧得消耗一百万加仑的水才能保持其焕然如新的状态。

这样的状态在如此的地理条件下的确令人难以置信。设计也同样精彩，球洞起伏低缓，每一洞都和上一个洞不一样，每处转弯都会出现新的问题，球洞之间处于自然的平衡状态。水对球场的作用非同小可，网状的湖面意味着在十个球洞处挥杆时都要应对池塘。不过，有些球洞受到的影响更大，如被水域侵入了球道右侧的第四号球洞，在球道较长的四杆洞第九号球洞处，水域也不受欢迎。这两处加上第十八号球洞是受水域影响最大的球洞了。

前9洞中最难的当数第八号球洞和第九号球洞。第八号球洞是经典的沙漠球洞，向右拐向抬高了的果岭，果岭就在一座中途出现的房子前面。球道的一侧是缠人的灌木丛，如果球手试着去找进入右侧的最佳路线，稍微疏忽球就会落入骆驼草和棕榈树间。沙漠球场的地面虽被压得很结实，不过想摆脱遍布的灌木丛绝非易事。

小鸟球机会频频

后9洞中的老大当数第十号球洞和第十八号球洞，两个都是五杆洞，它们能决定一轮球的输赢。第十号球洞虽然两次长杆可以打上果岭，但四周遍布的沙坑就像给果岭戴了个假发套一样，球得一路飞上果岭才行。

酋长国球场最后一洞是值得冒险的五杆洞。球道自右至左呈90°狗腿形，如果想要两杆打上果岭就得考虑到拐角处，寄希望于球能越过旁边的百慕大角后进入球道，然后球手得打出一个长距离球，飞越波光粼粼的湖面后才能到达又宽又浅的果岭，此球洞输赢之间的路线非常微妙。1996年，科林·蒙哥马利在这里打出了欧洲巡赛的年度最佳杆，球离开球道飞越了湖水，蒙哥夺冠。不过，一年后的伊恩·伍斯南在只差一杆就能夺冠的情况下，却在第三杆挖起杆时把球打到了水里，错失良机。

毫无疑问，议会球场是沙漠沙丘球场的水准之作，职业球手对之钟爱有加。这里完美无瑕，以公平出名，当然还有许多抓获小鸟球的机会，让球手和观众都兴奋不已。托马斯·比约恩保持着这里低于标准杆22杆的球场纪录，他在四轮里都打出了这样的成绩。不过，每年的欧洲最佳球手在这片奇异又诱人的球场上都表现不佳。"沙漠奇迹"名副其实。

在训练场果岭旁是醒目又独特的俱乐部会所，建筑仿照贝多因民族款待客人的帐篷而建。

球场

议会球场展示了高尔夫球场设计及施工的高超技术，实属勇略之作，当然建造上也非常出色。总是焕然如新的球道从沙漠灌木间穿梭而过，经由棕榈树和波光粼粼的湖水，通向整洁有致的果岭。

第十号球洞的果岭几乎全部被沙地围绕。

第十八号球洞的发球得越过湖面。

第四号球洞果岭后面有一座深深的沙坑，右侧还有水域。

第九号球洞的球道紧挨着四个大湖中最大的一个。

第八号球洞是四杆洞，呈上坡状，球道两侧被沙漠灌木围绕。

第三号球洞的球道左侧长着密密的沙漠草。

第二号球道位于水域和树丛之间。

果岭离水域近在咫尺。

球道蜿蜒向右又回旋向左弯曲。

第9号球洞 危险的水域

在这一洞不易拿到标准杆，不过强攻更危险。应顺下坡向湖的方向打，最佳路线是朝向右前方直接击球，不过，那一侧有一个大沙坑在伺机作梗，但如果选取向左后方的安全打法，球就更难打了，因为这个方向上球还要飞越一角水域。

酋长国球场

迪拜 24040邮箱
www.dubaigolf.com

议会球场 Majlis

建于：1988年	设计者：卡尔·立顿
长度：7301码	(Karl Litten)
（6676米）	球场纪录：61杆，厄
标准杆：72杆	尼·埃尔斯(1994年)

迪拜沙漠经典赛获胜者

欧拉沙宝(1998)，托马斯·比约恩(2001)；厄尼·埃尔斯(2002、2005年)；罗伯特·让·德克森(2003)；马克·奥梅亚拉(2004年)；泰格·伍兹(2006年)；亨瑞克·斯坦森(2007)

球场计分卡

前9洞			后9洞		
洞序号	码距	标准杆	洞序号	码距	标准杆
1	458	4	10	549	5
2	351	4	11	169	3
3	568	5	12	467	4
4	188	3	13	550	5
5	436	4	14	434	4
6	485	4	15	190	3
7	186	3	16	425	4
8	459	4	17	350	4
9	463	4	18	564	5
前9洞	3594	35	后9洞	3707	37

■ 湖边的第九号球洞

美国影溪高尔夫俱乐部

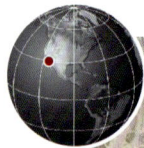

影溪高尔夫俱乐部位于世界最大的赌城拉斯维加斯北部仅几英里的地方，普通来游玩的过客会以为他们遇到了莫哈韦沙漠（Mojave）的海市蜃楼。这座人工球场草木茂盛，风景迷人，自开放以来就受到了人们的欢迎，成为美国最佳新式球场之一，也被列入世界高尔夫球场前一百名内。

球场

纯人工的球场豪华奢侈，球道穿梭于繁茂的植物之间，紧邻着溪水和湖水，设计美轮美奂。

湖水环绕在第四号球洞四周，接近果岭处球道变得更为狭窄。

影溪球场

美国内华达州 89081
北拉斯维加斯，影溪大道3号
www.shadowcreek.com

球场

建于：1989年	设计者：汤姆·法齐奥
长度：7239码（6619米）	球场纪录：60杆，泰格·伍兹（2004年），弗雷德·卡博斯（2007年）
标准杆：72杆	

球场计分卡

	前9洞			后9洞	
洞序号	码距	标准杆	洞序号	码距	标准杆
1	404	4	10	426	4
2	401	4	11	327	4
3	443	4	12	395	4
4	553	5	13	232	3
5	206	3	14	473	4
6	476	4	15	438	4
7	567	5	16	617	5
8	181	3	17	164	3
9	409	4	18	527	5
前9洞	3640	36	后9洞	3599	36

第十八号球洞球道处也有一片一直延伸到果岭的湖水。

第17号球洞

美景令人叹为观止

所有来此打球的滚洞球高手都有机会一睹球场迷人的美景，也能小试一下这个颇有难度的三杆洞。这里的景色上镜也毫不逊色。从后座发球台到果岭的球距达155码（142米）左右，要越过波光粼粼的湖水。左侧的小溪潺潺流动，不断将水注入湖内。一条15英尺（4.5米）高的瀑布从果岭后侧树木掩映的山崖上倾泻而下，景色美不胜收。果岭不大却危机四伏，能打出标准杆是再幸运不过的事了。

球座隐藏在树丛中，果岭呈下坡。

果岭狭小，四周还围绕着沙坑、岩石和水域。

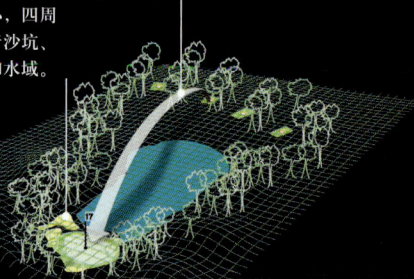

拉斯维加斯的神奇和怪异毋庸置疑，这里有复制的金字塔、埃菲尔铁塔和威尼斯大运河。人们在这里一日赌光上百万也毫不为奇。早在1988年，赌王史蒂夫·韦恩（Steve Wynn）就开始着手建造备受关注的影溪球场。

他的计划雄心勃勃，史无前例：在拉斯维加斯北部9英里（14.5千米）的平坦沙漠地带划出了一片320英亩（1.3平方千米）的地带，邀请了著名设计师汤姆·法齐奥，让他随意设计。预算成了天文数字，非凡的改建就此开始。韦恩非常富有，据说修建球场他毫不吝啬，可谓一掷千金，花费在四千万到六千万美元之间。有位内幕人士谈到这座球场时曾说："史蒂夫对修建影溪在花销上没有上限，只求效果非凡，所以耗资过度。"球场效果令人惊叹，韦恩也发了大财。

法齐奥想建造的不是一片沙漠球场，而是一座真正的球场，只是处于沙漠中而已。如果人们被蒙上双眼带到球场中，双眼被松开后，谁也想不到自己是在莫哈韦沙漠腹地，唯一能让我们觉察到不同的是这里炙热的空气以及远处背景中荒芜的温泉山。

赌徒的钟爱

影溪虽然处于年降雨量不足4.5英寸（115毫米）的地域，却修建得如热带雨林一般。法齐奥运来了200多种植物，修建了人工湖，岩石上流淌着溪流，用土堆垒起了山崖，还有顺崖而下的瀑布，整体球场浑然一体，变化多端，出人意料。可以说是把一种具有装饰感的花园背景和高尔夫球场天衣无缝地结合在了一起。球场每一个球洞都和下一个球洞互相隔绝，由大片的绿叶植物塑型。这里虽没有弯度很大的狗腿洞，但有些球洞也独具特色，特别是第一号、第

第9号球洞绝妙的背景是汤姆·法齐奥对影溪球场设计理念的最佳代表，整洁的球道旁是一条清亮的小溪，背景是雄伟的高山。

四号、第十号以及第十六号球洞。最突出的当数长553码（505米）的第四号球洞，此球洞自右向左略有弯曲，环绕着一片波光粼粼、曲线优美的湖水，湖水紧邻沙地地带。作为和拉斯维加斯相称的球场，这里深得赌徒钟爱，也诱惑着球手来这里冒险一搏。

值得冒险

高尔夫球场上标准的五杆洞都被视为是最具有冒险性但又最值得冒险的球洞，并且最好的往往要留到最后。法齐奥也如此设计，把整个球场所有的特点都汇集于这独具特色的最后一洞上了。在第十八号球洞，发球台被抬高后与球道形成了各种不同的角度，左侧是沙坑和树木，右侧是一串湖泊，三个瀑布顺着果岭右侧倾泻而下，果岭前面横卧着一堆岩石，要打出英勇的长距离杆也得两杆才能将球打上果岭。大多数球手都得选择劈起球，才能让球越过小溪，到达遍布柳树、松树和灌木丛的果岭。

另外值得一提的是这里的三杆洞——第五号球洞和第十三号球洞。第五号球洞长度适中，可以一杆入洞，当球向下越过深深的峡谷时的确让人难以把目光移开。第十三号球洞却野性难驯了，需要使用长铁杆或球道木杆才能顺山势到达角度刁钻的果岭，而紧邻果岭右侧的是小池塘和沙坑。直线可以让你避过拐角处的麻烦，所以最好不要采取左右打法，特别是球洞标志旗在右后方时更是如此。此球洞有230码（210

米）长，的确令人备受折磨，很像看着轮盘在转等结果时赌徒的心情。

影溪球场自开放时起，就以其昂贵著称，一直和世界顶级知名人士关系紧密。篮球传奇人物迈克尔·乔丹、演员乔治·克鲁尼（George Clooney）是这里的常客。这里虽未举行过锦标赛，却有一位给人印象深刻的纪录保持者——泰格·伍兹，他曾在这里打出一场60杆的好成绩。

比杆赛不是影溪球场的特色，它也未得到美国高尔夫协会认证的等级标准。法齐奥想把球场设计为最佳的配对赛球场，让高尔夫球手为得之不易的奖金而打球，大家互相毫不留情。除非是让强盗抢走了巨款，否则你绝不会对这里失望，这里是一种超现实的高尔夫，是一种美妙的体验，很适合这座城市，让人难以置信。

少数人的球场

从技术上来讲，影溪是一座每日付费打球的公共球场，属于米高梅公司（MGM Mirage）。所有来这里打球的人要在其拉斯维加斯的办公处注册，必须先付500美元，作为高档汽车接送费、俱乐部下车时迎接你的私人球僮的费用、练球费用及餐饮费。

■ 拉斯维加斯的米高梅大酒店

高尔夫球场的存在只有一个原因……给来宾带来快乐，其他什么都不重要。
——史蒂夫·韦恩，球场创始人及前主人

美国北特隆球场

再没有能与北特隆球场相媲美的沙漠高尔夫球场了。令人心旌动摇的绿色球道在索诺兰（Sonoran）沙漠的大鹅卵石和灌木丛之间穿梭而过，让人大饱眼福，恰似在这里打球那种大过球瘾的感觉。从覆盖着粗石的平纳克尔峰（Pinnacle）上可以俯瞰到北特隆这片原始的"纪念碑球场"，这里非常完美地利用了史前地貌，效果令人惊叹不止。

北特隆的"新"纪念碑球场第十号球洞旁高高耸立着柱状仙人掌，为这种粗犷的环境增添了静谧感。

咬人的球场

北特隆的沙漠里藏着两种危险：响尾蛇和跳植（Jumping Choila）。响尾蛇以岩石地带为家，不过在这里不常见，亚利桑那州法律禁止捕杀这种蛇类。更危险的是跳植，这种神奇的植物的针状倒钩很像鱼钩，勾住人以后，会吸收人身体里的镁。

■ 沙地上的响尾蛇

提到纯正的沙漠高尔夫球场是什么样子时，很多球手脑海里会浮现出干枯的褐色灌木丛、点缀着柱状大仙人掌、岩石遍布的环境，果岭是整齐的内陆青翠绿地。而北特隆具有上述纯正沙漠场的特质，且堪称完美。

由第三个球道中部的大鹅卵石而得名"纪念碑球场"的设计师为汤姆·韦斯科夫（Tom Weiskopf）和杰·莫里希（Jay Morrish）。这块"石头"对这片沙漠来说很重要，当地规划部门要求球场特别要将其保留下来。设计团队却担心这块大石头是否会给打球带来安全隐患，结果就这块石头的安全保障，斯科茨代尔市和球场签订了责任书。

独具特色的球场

最初的球场是两个环状设计，每环9洞，前9洞逆时针分布于较低部分，后9洞（现在是2007年11月成立的姊妹球场平纳克尔球场的一部分）在较高地势上呈顺时针分布。新的俱乐部会所没有太多野性的感觉，不过也具有一定的挑战性。

这里的确令人望而生畏，球道紧邻着沙地、荆棘灌木丛以及高低不平的鹅卵石，所以很可能陷入麻烦中，不过打球区域较为宽阔。有5个球洞都是在沙漠地表直接开凿的，球道宽阔起伏、果岭也很壮观，没有被灌木丛包围，如知名的第十号球洞。在这样一个球场上，如果球从发球台发出后能弹跳着前行，人们会非常惊奇，因为这里的场地表面处于原始状态，草地经常得修剪。果岭的硬度和速度适中，可以利用其外形来选择进攻果岭的方法，让球接近球洞位置。这里的许多球洞，包括所有的五杆洞都可以让你开怀畅打。站在第十一号发球台上，目视着远处呈弧形漏

"纪念碑球场"第十一号球洞是五杆洞，从发球台上可以看到弧形的球道沿着岩石地表向上通向的生机勃勃的果岭。

球场

　　沙漠干枯的岩石地表上如缎的绿色草带邀请球手来这里接受力量与风格的挑战。巧妙的路线设置、讲究策略的设计、钻出地面的那些远古化石般的仙人掌是沙漠球场的特色之处。

斗状的球道，球手禁不住诱惑想要"大打出手"，也希望能打出由左到右和球道形状吻合的球来。此球洞也是5个在落球位置没有球道沙坑的球洞之一，但球道形状巧妙，球手不要掉以轻心。打球过程中肯定会遇到各种有特色的球道陷阱：有些要让球飞跃而过，有些要让球跳过人，有一些又要采取短距离击球。

　　汤姆·韦瑟夫（Tom Weiskopf）在设计每个球场时都会设置一个让球手有两种选择的短距离四杆洞。北特隆球场也有一个这样独具特色的球洞——360码（280米）长的第六号球洞，3个沙坑将球洞一分为二。一长串的沙坑分布在球洞右端，2个壶状沙坑截断了直线进攻的路线。球手如果将球击出259码（228米）远，就可以避开另一个小的壶状沙坑，可以打上果岭甚至接近球洞。较好的选择是尽量避免麻烦，用挖起杆试试能否将球打到又小又有坡度的果岭之上。

可望而不可及

　　高尔夫球场最应具备的特点就是其利用地形的方式，让人可望而不可及。满目荒野中，发球台经常有些拾级而上的感觉，这样球手能够对一切一览无余。起伏不平的地势会迷惑球手的视线，错误地估计球道路线或者让球打不上果岭。北特隆球场地势起伏不大，线条柔和，地形特点并不夸张，只是环境有些恶劣，不过还是具有球手们所希望的公平。

　　球场上上千株还未完全长成的巨型仙人掌既可以让人们在这里畅享竞技之乐，也给这里带来了一种静谧的感觉。太阳落山时，沙漠沐浴在橘黄色的阳光下，巨型仙人掌也投下了鬼魅的影子，景色别致。北特隆球场会让人觉得不虚此行。

北特隆球场

美国亚利桑那州 85262
斯科茨代尔，BLVD 10320E
www.troonnorthgolf.com

纪念碑球场

建于：1990年
长度：7028码
（6426米）
标准杆：72杆

设计者：汤姆·韦斯科夫和杰·莫里希

球场计分卡

前9洞			后9洞		
洞序号	码距	标准杆	洞序号	码距	标准杆
1	444	4	10	392	4
2	172	3	11	539	5
3	564	5	12	414	4
4	420	4	13	176	3
5	464	4	14	604	5
6	306	4	15	368	4
7	205	3	16	140	3
8	408	4	17	438	4
9	530	5	18	444	4
前9洞	3513	36	后9洞	3515	36

■ 第三号狗腿形球洞

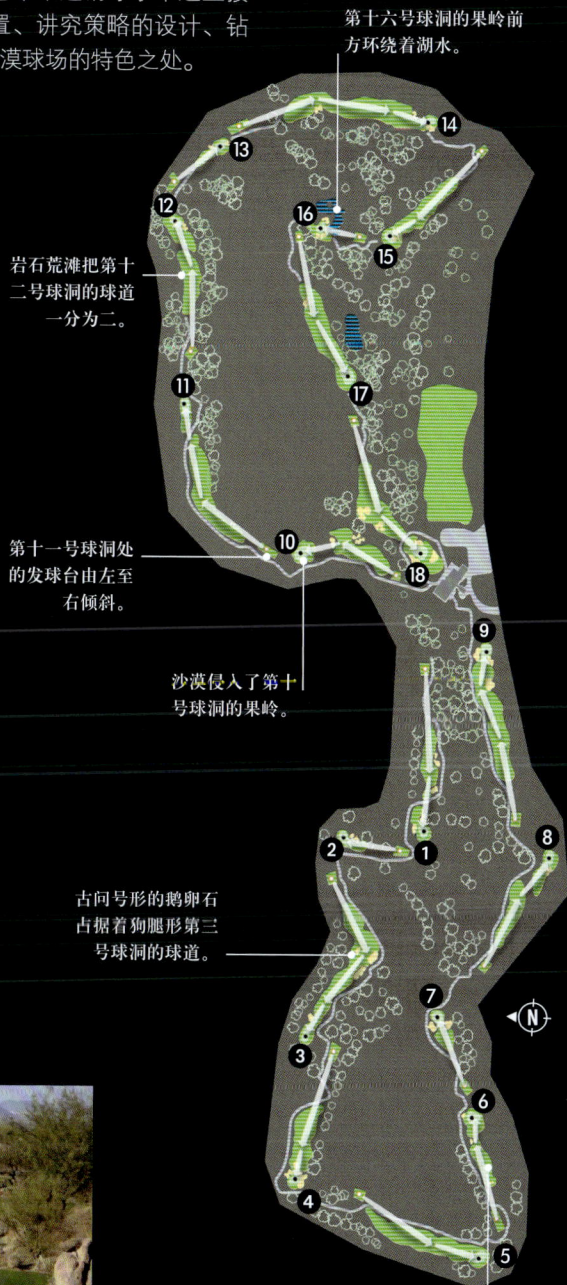

第十六号球洞的果岭前方环绕着湖水。

岩石荒滩把第十二号球洞的球道一分为二。

第十一号球洞处的发球台由左至右倾斜。

沙漠侵入了第十号球洞的果岭。

古问号形的鹅卵石占据着狗腿形第三号球洞的球道。

第六号球洞可以得以掌控，不过得先避过十字形沙坑。

第3号球洞　捉弄人的狗腿洞

此球洞的标志是球道中央的问号形的大鹅卵石，也说明了应该怎样打这一洞。最安全的路线是向左打，不过因为球洞向右拐，这么打意味着再用两杆也未必能打上果岭，不管这两杆有多大力气。有胆量的球手会选择右侧打法，这样就得留意和沙漠连成一体的球道拐弯处，出色的球手可能能找到路线，不过要打上果岭还需要用力向下击球，而离果岭仅40码（36米）远的球道旁就是一个大沙坑。

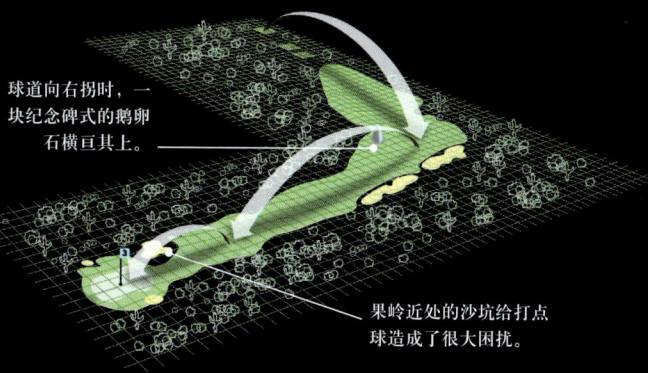

球道向右拐时，一块纪念碑式的鹅卵石横亘其上。

果岭近处的沙坑给打点球造成了很大困扰。

独特的球场

全球的高尔夫球场数以千计，分布于不同的地域，很难把所有球场进行固定归类，有
些球场是各种风格的混搭，有些环境独特，无法将之归于哪一类，本书这一部分推出几座

△佛罗里达州坦帕（Tampa）附近的黑钻石农场（Black Diamond Ranch）球场的石场球场（Quarry Course），其第十五号球洞是精彩的一洞。

◁◁◁普林斯维尔（Princeville）高尔夫球场景色壮观，位于夏威夷基洼岛上。

◁◁津巴布韦象山高尔夫球场位于津巴布韦河岸，可以听到维多利亚瀑布倾泻的水声。

◁南非的迷城球场（The Lost City）属于整体的太阳城球场，有着独特的危险水域。

一片平原疏林球场长成了繁茂的丛林时该怎么称呼？海滨球场和林克斯到底有何不同？由于高尔夫可以在许多地域进行，不可避免，高尔夫球场的归类所以难以界定。球场的建筑特色各有差异，再加入了内陆才有的绿地后，就很难把它简单归为哪一类了。

常理上讲，欧石楠球场一定要有石楠丛，不过具体要有多少才可以说它不会被称作内陆林克斯或公园球场呢？

呼啸峡球场

分类难的问题在呼啸峡球场最为明显：呼啸峡位于美国密歇根湖湖边，是皮特·戴的勇略设计。这里树木不多，平坦的地表杂乱地分布着一些沙丘，沙坑虽然看似无意设置，但数量之多却让人觉得不可思议，密歇根湖又大得像片海洋，土壤是沙质土。

这里该算是林克斯还是海滨球场呢？许多球洞的设计风格在林克斯球场并不常见。例如，有些球洞击球要打上果岭，可这里繁茂的草皮甚至胜过真正的林克斯。所以说，这里虽看似林克斯，打起球来却不像真正的林克斯。

从沼泽地到大制作

较传统的高尔夫球场可以被归为某一类，不过也有一些还是难以确切划分。例如，美国亚利桑那州和乔治亚州乡间沼泽分布很广，这些地方球场的球洞和湿地沼泽交织在一起，虽然可能也有树木，还是难以将之归为某种经典类型。

热带地区的球场也存在这样的问题。在远东地区，湿热的气候下植被很独特，球场几乎是在全然的丛林里修建的。猴子嬉戏于树间，粗草的球道上球几乎滚不起来，能称之为公园球场吗？即便能也就是刚刚够格。

非洲的有些球场修建于干燥的热带草原，动物在球道上漫步。津巴布韦的维多利亚瀑布地区，当地的象山球场得名于球道上徜徉的大象。在克鲁格（Kruger）国家公园旁边的汉斯·麦连斯基（Hans Merensky）公园球场，球手可以见到"五大动物"（狮子、犀牛、大象、水牛和豹子）。

雨林和熔岩地形

高尔夫球场的设计师们想要创造一座独特的球场时什么样的地域都会想到，也会找些非常奇怪的地方建球场。高尔夫运动常常和旅游商机相得益彰，夏威夷群岛上的球场是最好的代表。

基洼岛的最北端是热带雨林，各种植物盘绕在崖壁耸立的山谷中，山谷将岛屿分割开来。这里的球场如普林斯维尔（Princeville）球场也是绿树如荫，但若将其冠之以平原疏林球场的称号的确有些有损平原疏林球场的名声。夏威夷大岛（Big island）熔岩地带的球场就更难以归类了。

活火山岛的两岸都是如刀刃般耸立的黑色熔岩石，是由冒纳罗亚火山（Maunal Loa）和莫纳克亚（MaunaKea）火山喷发出来的熔岩形成或受地层深处地下水压力形成。

熔岩石上很难行走，在这里建高尔夫球场看似不太可能，不过由机器将岩石切割磨碎后就可形成平坦的地表，在其上打高尔夫也就成为超现实的现实了。球道是从别处运来的土覆盖在黑色岩石上堆成的，权当球场的草坪，修整得完美无瑕。这些球场虽然也离海岸很近，但怎样也不能称之为林克斯。

呼啸峡具有林克斯和海滨球场两种球场的特征，位于威斯康星州希博伊根北部密歇根湖岸边两英里以外的地方。

小心第十三号球洞！

南非太阳城有两座非同寻常的球场，其中的迷城球场（Lost CityCourse）风格独特。此球场以彼兰斯堡（Pilansberg）山脉为背景，纵贯了高草地带，途经遍布大鹅卵石的湖泊。其特征最接近沙漠球场，却有一种内陆林克斯的感觉。在第十三号球洞处，果岭和发球台之间有一个巨大的深坑，这里也是 20 多条非洲鳄的老巢，这些鳄鱼就懒洋洋地躺在近处的芦苇丛和水域里。

■ 第十三号球洞处的鳄鱼坑。

威可洛亚岛（Waikoloa）的海滨球场沿着夏威夷大岛的科哈拉（Kohala）海岸线分布，在黑色的熔岩石上开凿而成。设计师为小罗伯特·特隆特·琼斯（Robert Trent Jones Jnr.），景色优美，有很多具有挑战性的水域和沙坑，还可以目睹阿尼奥玛鲁湾（Anaeho omalu）中座头鲸的风采。

苏格兰萝梦湖球场

萝梦湖球场是置于诗意环境中的经典设计，可谓风情万种。其位于格拉斯哥北部，处于一片优美湖水岸边，是一块风水宝地，堪称高尔夫球场的世外桃源。这里1994年才对外开放，是"高尔夫之乡"中的后起之秀。可想而知它会受到怎样的青睐。2000年，萝梦湖球场被评为英伦三大最佳球场之一，仅居于缪菲尔德和皇家乡村高尔夫俱乐部之后。如今它已名列全球百佳球场之列。

毋庸置疑，萝梦湖是出色的平原疏林球场，但是，其多样性及布局景观又不能简单地冠之以此名。这里的球道穿梭于橡树、松树、道格拉斯杉树、落叶松、山毛榉，宜母子和栗子树之间，时不时还有杜鹃等为之增色生辉，不过，球场可不远止这些树木花草。

有几个球洞和沼泽地接壤，边缘长着金雀花、石楠、芦苇、羊齿蕨、紫蓟和树莓；有6个球洞——第三号球洞、第五号球洞、第六号球洞、第十七号球洞和第十八号球洞——和拍岸的湖水近在咫尺，直接会受到影响；其他的球洞也和小河擦肩而过或紧邻着自然生成的小池塘。望向球场全景时，湖水和布满羊齿蕨的特罗萨克斯山的高地山丘会让人大开眼界，感受这里的自然魅力。

公正无私、形式多样

评判一座高尔夫球场可能是很主观的事，不过要想找到真正出色的球场还是得有一些客观标准，毕竟主观判断可能会受到周围环境的影响。在萝梦湖，即使不去看如画的景色也会对球场心生敬畏。

在20世纪80年代晚期，由汤姆·韦斯科夫和杰·莫里希组织的专家设计组应邀来到这里，这片土地几个世纪以来一直是卡胡恩家族（Clan Colquhoun）祖上居住地，其中心地带是知名的罗斯德胡府（Rossdhu House），俯瞰着萝梦湖。两位建筑师认为只有建造一座能与这片土地的魅力与典雅相得益彰的球场，才算实现了自己的心愿。莫里希对球场的成型有很大影响，不过心脏病让他无法更多参与进球场建设，所以韦斯科夫成为卓越设计后真正的操刀手，他自己也曾赢得过1973年公开赛的冠军。

球场公正无私，不同的球洞都给人留下了难忘的记忆。所有的球道都很宽阔，当然还有一些难以应对的危险。不断变化的方向和距离让人着迷，球洞设计变化不会少于15种，有四处不可思议的一杆距离：

萝梦湖球场湖面景色静穆幽雅，远处高山神奇曼妙，在此打过球的人都会为之心旷神怡。

精彩瞬间

2000年在萝梦湖举行的索伦汉姆杯上，欧洲队以14.5比11.5的成绩取胜，从美国队手中夺下了奖杯，球队中一半队员（12人）是瑞典姑娘，最后一天欧洲队得到的5分中有3.5分由凯琳·科什（Carin Koch）、海伦·阿芙德森（Helen Alfredsson）、莉斯拉特·内曼（Liselotte Neumann）和卡特林·尼尔斯马克（Catrin Nilsmark）四人获得。

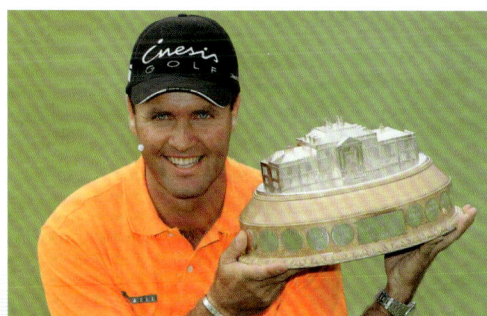

2004年巴克雷斯（Barclays）苏格兰公开赛上，法国球手托马斯·里维特（Thomas Levet）在最后一轮本位于第十四名，即倒数第八的位置，却赢得了比赛。其强劲的63杆使其以一杆优势战胜了米歇尔·坎贝尔，他往回打时仅用了29杆，最后八洞低于标准杆六杆，抓获三只小鸟，全场低于标准杆15杆。

萝梦湖

英格兰，邓巴顿郡G83 8NT
www.lochmond.com

球场

建于：1994年	斯科夫和杰·莫里希
长度：7139码（6528米）	球场纪录：62杆，雷帝夫·古森（1997年）
标准杆：71杆	
设计者：汤姆·韦	

杰出的锦标赛冠军

英国标准人寿保险公司杯赛：李·韦斯特伍德（1998年）；科林·蒙哥马利（1999年）；厄尼·埃尔斯（2000年）
索伦汉姆杯：欧洲队（2000年）
苏格兰公开赛：雷帝夫·古森（2001年），艾杜拉多·罗梅罗（Eduardo Romero, 2002年），厄尼·埃尔斯（2003年），托马斯·里维特（2004年），蒂姆·克拉克（Tim Clark, 2005年），约翰·埃德福斯（Johan Edfors, 2006年），葛列格里·哈维（Greory Havret, 2007年）

球场计分卡

前9洞			后9洞		
洞序号	码距	标准杆	洞序号	码距	标准杆
1	425	4	10	455	4
2	455	4	11	235	3
3	518	5	12	415	4
4	385	4	13	560	5
5	190	3	14	371	4
6	625	5	15	415	4
7	440	4	16	490	4
8	160	3	17	205	3
9	340	4	18	455	4
前9洞	3538	36	后9洞	3601	35

■ 风景如画的第十七号果岭。

■ 绝妙的三杆洞第十七号球洞俯瞰着萝梦湖。

这里应该算是欧洲最好的球场了，设计出色，环境幽雅，非常美丽。

——厄尼·埃尔斯，2000年及2003年萝梦湖英格兰公开赛冠军

从160码到235码（146米到215米），并且方向各异。

有两个短距离球洞属世界级球洞。在第五号球洞发球台，球手可能会瞄准果岭，让球越过一片美丽又天然的荒地，果岭后面是如镜的湖水，四周环绕着巨大的橡树。虽然萝梦湖看起来近在咫尺，其实还有很大的距离，不过波状起伏的果岭和近旁的4个沙坑让人不敢有丝毫懈怠。萝梦湖球场上有很多球洞都景色如画，而第五号球洞更胜一筹。

不过，和另一个三杆洞第十七号球洞比起来，第五号球洞又有些逊色了。第十七号球洞上有一片沼泽宽达205码（187米），令人屏息，这里离萝梦湖只有几步之遥，需要有一定的勇气以及有技巧的左曲球球技，才能让球落在球洞区左侧。2000年索伦汉姆杯上欧洲队的胜利就得之于此，瑞典选手凯琳·科什采取了10英尺长的推球后，2剩1击败了米歇尔·雷德曼（Michelle Redman），美国队就此败北。

有益的沙坑

每个球洞都有自己的特点和挑战性。这里沙坑并不多，却每一座都物尽其用，韦斯科夫一直认为沙地会有不同的效果，并为此颇费脑筋。只有一个沙坑是隐藏起来的，那就是第八号球洞处的一个小沙坑。别处的沙坑都清晰可见，能让球手估量到其深度而目测出应该打出什么样的球。在球道上，沙坑都不深，球手打球精确的话都可以避开这些沙坑。沙坑设置并不是给场地制造麻烦，而是帮助球手制定进攻方式。

果岭旁的陷阱会更深些，与有标志性的陡坡和圆丘相连，就像引人注意的沙地一样，这些天然野生的荒地和可以做标本的大树虽有危险，但也非常夺目。第六号球洞在萝梦湖湖岸的外围，曲折迂回，是长距

离五杆洞，球道两侧各有一颗巨大的橡树，无疑会让球手调整策略，就像球道沙坑所起的作用一样。

策略、优雅与力量

萝梦湖球场很适合惯用中长铁杆的杰出球手，如果推球很拿手会更为有利。果岭很宽阔，但呈弧形，且速度很快，有几种球洞区打法可供选择。这样的特点在第十八号球洞很明显，此洞是一个内敛但有危险性的四杆洞，位于萝梦湖转向罗斯德胡府的弯道左侧。理想的打法是用中号铁杆将球打到坡度较陡的双层果岭上，果岭右后方呈架状。打上果岭也许并不难，不过想让球落在右边最适合作推球的位置还是需要些技巧，这也是在萝梦湖的打球方式，一视同仁，但想要得到高分，就得击球精准。

萝梦湖是英格兰公开赛的故乡，全球的职业球手慕名而来，总是在这里意犹未尽。尼克·法尔多曾说过："这里太美妙了，可以说是大不列颠最佳球场中的佼佼者"；科林·蒙哥马利称球场为"完美无瑕"；厄尼·埃尔斯曾两次在这里夺冠，感慨道："全世界有五座被我奉为女神的高尔夫球场，萝梦湖就是其中之一"。这些都是褒扬之词，却毫不为过。

地域之美为萝梦湖增色不少，此外这里讲究策略、幽雅、宁静又不失力量感，堪称高尔夫球场中最令人畅怀的球场之一。

英格兰萝梦湖

作为设计师，汤姆·韦斯科夫事必躬亲，在球场建设的18个月内他一直住在工地上园艺工人的小屋里。一天清晨，他来到球场的一片沼泽地，这里离第十四号球洞很近，他想看看自己的设计落实成什么样子了，在跳过一条小溪时他滑进了沼泽中，慢慢地被陷进去了，他抓住了岸上的一簇草，可也无法脱身出来，就这样僵持了几个小时后才被救出。

■ 韦斯科夫在萝梦湖。

■ 令人窒息的第五号球洞。

■ 分为两层的第十八号果岭。

球场

萝梦湖优雅中透露着特有的策略，堪称建筑佳作。球洞巧妙地散落在沼泽地和公园风景之间，发球台过后是宽阔的球道和果岭，一切都经过精心设计，广袤的野草、设置巧妙的沙地、耸立的树木和宽阔却波状起伏的推球区域会形成一些危险。

第七号球洞的果岭紧邻萝梦湖。

巨大的橡树环绕着第五号球洞的果岭，后侧是萝梦湖。

第十八号球洞的球道右前方的沙坑的确暗藏危机。

前9洞

Ⓐ 宽阔的球道右侧是一棵傲然独立的橡树。Ⓑ 球道上横亘而过的一堵墙让人对此四杆洞另眼相看。Ⓒ 两杆可以到达果岭，不过右侧近处的湖泊和左侧远处的萝梦湖会惩罚打过来的歪球。Ⓓ 看似简单实则为双果岭（和第二号球洞使用一个果岭），很难应付。Ⓔ 危险的三杆洞，击球得越过一片野生沼泽。Ⓕ 宽阔的五杆洞，萝梦湖就在右侧，巨树成荫，需蛇形的路线才能穿越而过。Ⓖ 果岭紧邻萝梦湖，长号铁杆需打得不差毫厘。Ⓗ 错失果岭的话就很难拿下标准杆了。Ⓘ 需要打出最长距离，不过沙地会擒住太过英勇的击球。

后9洞

Ⓙ 美丽却让人出其不意的四杆洞，果岭前方和左侧紧邻湖泊。Ⓚ 球场上最难的短距离球洞，略呈上坡且较长，通常可使用木杆。Ⓛ 离果岭右侧太近会遭遇到陡坡。Ⓜ 避开球道上的沙坑就很有可能抓获小鸟。Ⓝ 危险的短距离四杆洞，一切皆难预料。Ⓞ 一道小岭不怀好意地将果岭一分为二，使得此洞或敌或友。Ⓟ 从长度和果岭附近的小溪来说，这一洞是非常难的四杆洞。Ⓠ 萝梦湖边颇令人生畏的三杆洞，果岭就像一片穿越沼泽地的绿洲。Ⓡ 发球台发球很危险，左侧是萝梦湖，右侧是沙坑。

第十八号球洞的球道右前方的沙坑的确暗藏危机。

第十六号球洞果岭前侧横亘着一条小溪。

沼泽和高耸的橡树使得险上加险，需精心设计好进攻策略。

第十号球洞果岭处的池塘对击球是一种威胁。

第9号球洞
有欺骗性的一洞

这一洞可能是球场上最短的四杆洞了，如果能打出最远距离，又是顺风的话一杆就能成功，不过它也会出其不意让球手束手就擒。最完美的办法就是避开右前侧的陷阱，果岭附近的这些陷阱会让球手的挖起杆备受压力。此洞貌似简单，所以球手会经常在这里犯下愚蠢的错误。

球洞左侧是一长串沙坑，果岭边缘还有一些。

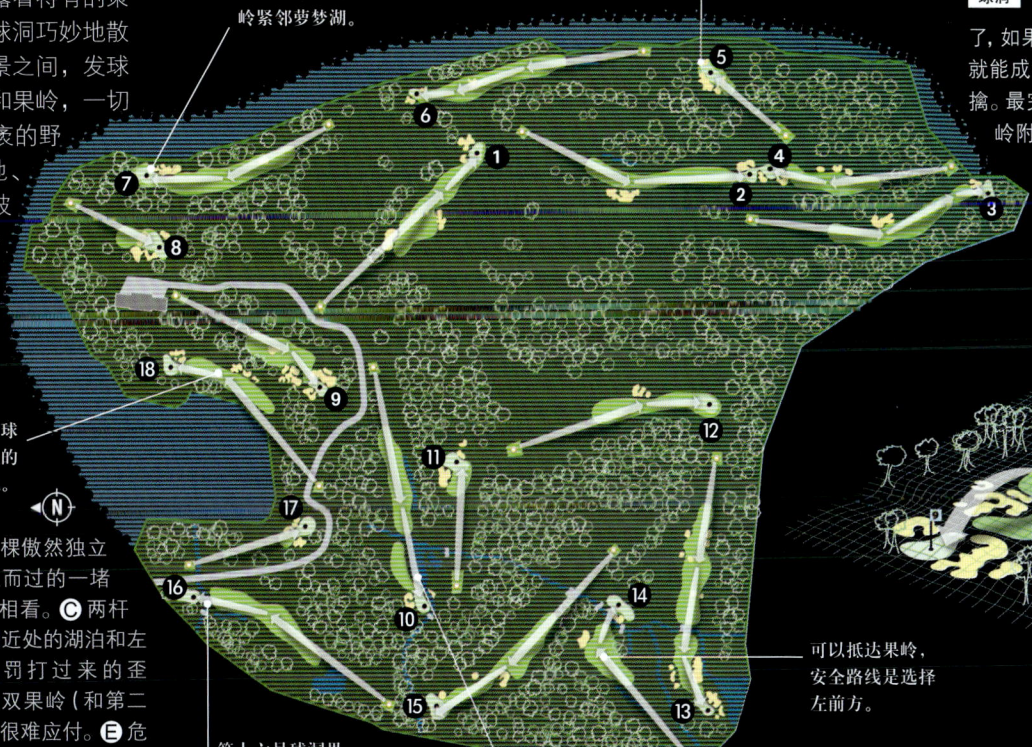

球洞左侧的一个沙坑让球手不敢有丝毫怠慢。

可以抵达果岭，安全路线是选择左前方。

巨大的橡树挡住了观察果岭的视线。

第14号球洞
打球还是死亡

此洞具有冒险性，会让球手有两个选择。安全的"马路"：使用铁杆，从左侧下手，与沼泽外侧和高耸的橡树擦边而过；冒险的打法是打出270码(247米)，越过泥沼，直达果岭。成功便有抓获小鸟的机会，失败就会惨遭惩罚。

球道进行了90°的转弯，转向了小溪和刁钻又有坡度的果岭。

果岭不大，有几座小丘，造成了推球的难度。

第6号球洞
蜿蜒曲折的长距离球洞

此洞为距离超长的五杆洞，几乎没人能两杆抵达果岭。球洞四周点缀着橡树，秘诀是不要被橡树挡住了去路，也不能在粗草地上前进，否则三杆也无法抵达果岭，横亘的沙坑意味着两杆后要留出果岭上进洞所需杆数。

南非太阳城球场

南非太阳城球场常被列为非洲最佳球场，修建在绵延的彼兰斯堡山（Pilansberg）山脚下，地势属高原草地，从约翰内斯堡乘车两个小时的路程即可到达。太阳城的盖瑞·普莱尔高尔夫俱乐部球场勇略双全，也对人们的勇与谋提出了挑战。这里是全球最长的球场之一，适合长距离球手，当然，炎热和海拔也算能助球手一臂之力。

空中俯瞰盖瑞·普莱尔高尔夫俱乐部可以看到右侧的第一号球洞以及前方红色沙坑环绕的第十四号球洞的果岭，还有左侧的湖泊。

第十八号球洞旁的水域经常吞掉攻球洞的球，所以经常得进行清理。

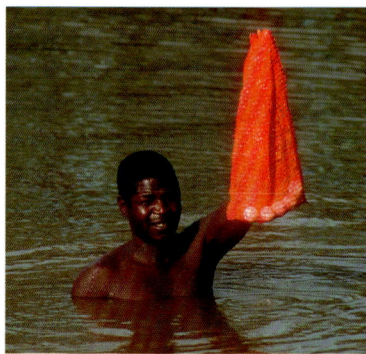

太阳城度假村专门为娱乐而修建，全世界喜欢享乐的人都能畅享这里的颓废精神。盖瑞·普莱尔高尔夫俱乐部风格并不显赫，她端庄而不炫耀。从1979年起，这里就被辟为高尔夫场地。后来盖瑞·普莱尔的团队将广袤的天然高原草地进行了修整，设置了生长着狼尾草的缓坡球道。

彼兰斯堡（Pilansberg）国家公园山势起伏跌宕，古老的火山高耸入云，与之相比，球场相对较平坦。这里没有出其不意夸张的球洞，不过路线的设计以及危险地域的巧妙足以让高尔夫球手小心翼翼。从发球台算起，长达7832码（7162米）的长度使之成为全球最长球场之一。还好，太阳城海拔高度为1120米（3657英尺），所以球能如鹰般尽情翱翔。

球场开放两年后，就举办了第一届百万美金挑战赛，现在此赛事每年一度。此球场现为12种职业邀请赛赛场，巨额收入稳入囊中。多年以来，球场热情好客的特点丝毫未减，总是人群熙攘，上座率和收入都更上一层楼，当然，人们也一直深爱着这片球场。看似令人难以置信的是在长度如此之长的球场上，最佳成绩竟能达到61杆，这是哈灵顿在1993年取得的，

那时还没有今天的科技，尼克·普莱斯也打出过四轮共低于标准杆24杆的成绩。

难缠的陷阱，崎岖的野地

这里当然实属不易，7个球洞都和水域打交道，特别在第九号球洞和第十七号球洞处特别触目惊心。普莱尔沙坑很是难缠，会与球手直面相对，在球道上它们不难对付，就像大多数沙坑一样，都在击球距离之内，只是使已经狭窄的落球区域更加具有难度。但是果岭附近的沙坑都是在前方推球区域的拐角处设置的（或者是在推球区域前方呈环状分布，如第十四号球洞），这些具有侵扰作用的沙坑要求击球要高且准才能躲过它们抵达果岭。许多推球区域都藏在这些陷阱后面，连球洞的标旗都难找到。

许多球洞都有一个通道，让球能顺势而上，不过这个通道都很狭窄，果岭又都略有升高，这样，球可能会在果岭前面就停滞不前了。球如果找不到球道的话会难上加难。果岭四周是粗糙的狼尾草，球可能会在长草的球道上滚上一段距离，可这种草如果在球道一侧长到几英尺高时就像线绳一样难缠。如果是百

球场

　　长度出乎人想象、较高的要求使得球手在打球时除了要有好的球技外还得有耐心，长长的草丛和肆虐的沙地都极具挑战，不过炎热和海拔还能助人一臂之力。

五杆洞第九号球洞末端的果岭旁是伺机而侯的水域。

第十二号果岭由大沙坑守护着。

第十七号球洞的球道左侧全是水域。

第九号球洞球道边上的一处陷阱悄然侵入运球区域。

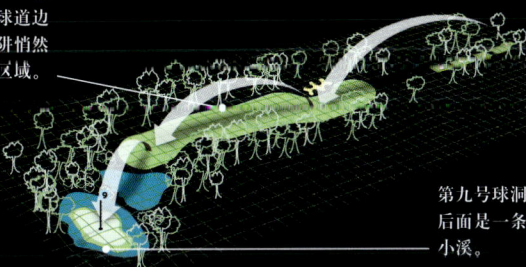

第九号球洞果岭宽而浅，后面是一条潺潺流动的小溪。

■ 景色迷人的第九号球洞

第9号球洞　煽动观众

　　在此洞，发球台的挑战足以煽动观众，不过到了果岭就令人兴趣盎然了。一条小溪顺着果岭边缘倾泻而下，注入前方的湖泊，由此又汇入一条瀑布，泻入低处的另一个湖泊。要想两杆拿下此洞，得有非凡的勇气。厄尼·埃尔斯认为："球洞的设置通常针对的是打上果岭的第一杆，一般会令人望而生畏。我打到果岭时用了两杆铁杆，但如果遇到的是个三号木杆的击球距离，我可能退避三舍了。即使打得离湖很近，如果旗杆是在左后方或右侧，也很难入洞，稍微偏几码的话，球就会被水吞掉"。

太阳城

南非，PO BOX 6，太阳城0316
www.sun-international.com

球场

建于：1979年　　设计者：盖瑞·普莱尔
长度：7162米　　球场纪录：63杆，厄
（7832码）　　尼·埃尔斯（2002年）

杰出的锦标赛冠军

莱利银行高尔夫挑战赛（百万美金挑战赛）：尼克·普莱斯（1997、1998年），厄尼·埃尔斯（1999、2000、2002年），塞尔吉奥·加西亚（2001、2003年），雷蒂夫·古森（2004年），吉姆·弗瑞克（2005、2006年），伊梅尔曼（2007年）

女子高尔夫世界杯赛：瑞典队（2006年）的安妮卡·索伦斯坦与莉斯拉特·内曼（Liselotte Neumann）

球场计分卡

前9洞			后9洞		
洞序号	米距	标准杆	洞序号	米距	标准杆
1	403	4	10	500	5
2	520	5	11	419	4
3	411	4	12	200	3
4	195	3	13	406	4
5	449	4	14	550	5
6	388	4	15	431	4
7	206	3	16	193	3
8	450	4	17	437	4
9	545	5	18	459	4
前9洞	3567	36	后9洞	3595	36

慕大草，想掌控住球几乎不太可能。除此之外，高原草地侵入了每一球洞，形成了"闲人免进"区域！灼人的热浪和啾啾鸣叫的昆虫也给这里带来了别样的感觉。

　　最后五洞可以说是对此球场冰冷无情的总结。从一个长距离五杆洞第十四号球洞开始向回转，此洞的果岭由一个大沙坑和崎岖不平的小岛守护着。第十五号球洞要用猛力的两杆才能找到果岭，而入口处非常狭窄且有两个陷阱，几乎一半的果岭都位于右前方的沙坑后面。第十六号球洞是整个球场上最短的三杆洞，击球进洞比较容易，可第十七号球洞左侧都是水域，需要长铁杆或球道金属杆才能击中果岭，而果岭伸入了水域，令人恐惧。

英雄用武之地

　　即使战胜了狼尾草、水域、荆棘灌木丛和特快速的果岭，第十八号球洞也不会让你偃旗息鼓。此洞是非常独特的四杆洞，球道呈左狗腿形，还在一个湖泊之上。球击得离湖越近越好，这样，想要短距离将球推上略微抬升的果岭就不难了。两个深陷的沙坑守

卫着果岭入口，右后方想要找到球洞位置不太可能，这也是百万美金挑战赛上最具挑战性的时刻，球迷们经常疯狂地为自己支持的球手加油，喧闹不已。

　　这里实属英雄用武之地——广袤又荒蛮，没有处心积虑的计谋，也没有精巧的设置，却不失准确、力量、纯净和一些野气。

顽固的沙坑和让击球举步维艰的狼尾草包围着第十四号球洞。

中国观澜湖高尔夫球会

这片离香港很近的度假胜地成为了中国高尔夫的成功楷模，并成为全球最大的高尔夫综合球场，这就是观澜湖。这里有12座18洞球场，每一座都是高尔夫界知名人士的手笔，其中大部分人都是职业人士。西班牙艺术大师、两届大师赛冠军乔塞·马里亚·奥拉沙宝设计建造的球场是其中最长的球场，2007年欧米茄观澜湖高尔夫世界杯赛就在这里举行。

中国的面积居世界第三，拥有世界近1/4的人口，但就高尔夫运动来说却刚刚起步。1984年，第一座18洞球场兴建，由此揭开了高尔夫球场的神秘面纱。到2007年，中国大陆已经修建了200多座高尔夫球场，另有700多座正在设计或施工中。

观澜湖度假中心横跨深圳东莞，距香港市区仅56千米，它引领着中国高尔夫球革命。这里的球场建筑师名单简直就是高尔夫名人榜，有杰克·尼克劳斯、格里格·诺曼、厄尼·埃尔斯、安妮卡·索伦斯坦、维杰·塞恩、大卫·杜瓦尔多、尾崎将司、大卫·利百特、皮特·戴以及乔塞·马里亚·奥拉沙宝，还有中国名将张连伟。

除了度假中心地域广阔的特征外，观澜湖有着引以为豪的亚洲最大的职业装备专营店，还有一座宏伟的俱乐部会所，占地约300 000平方英尺（28 000平方米），近7英亩（2.8公顷）。尽管这里离主要的工业城市较近，但在起伏的山丘环绕之下，这里成为一片僻静的山谷。所有的球场背景都一样，但施密特·柯利设计公司和球场职业人士共同合作，确保了每座球场都有自己的特色并能体现出球手自己的想法和观点。

沙地特色

奥拉沙宝球场没有什么玄机，5个发球台使得好似人人都能在此打球。不过，其长度离奇，且球洞都设在边缘地带，又伴有小溪和湖泊，即使世界顶级球手也要在此经受一番考验。掌控比赛的不仅是这些，奥拉沙宝向来被认为是最好的短距离高尔夫球手，又擅长沙坑设计，所以沙地为此球场主要特色也就毫不为奇了。

球场的5个三杆洞之间共有21个沙坑，除此之外，前9洞共有68个沙坑，后9洞共有86个，实为可观。有很多还不是简单的壶状小沙坑，而是巨大的变形虫形状的陷阱，还有伸出去的草坡和陡峭的表面。勇猛的击球落入球洞拐弯处的话，往往会被果岭沙坑吞掉。其他的沙坑也各有长处，可以让球陷入更多的麻烦中。

球洞之首

观澜湖高尔夫球会的216洞中最出色的两洞：一个是诺曼球场的第四号球洞，呈下坡、一杆可以打上果岭，果岭却很不保险，后面和左侧都是湖水；另一个是埃尔斯球场的第四号球洞，下降了44码（40米），左侧是一条布满岩石的溪流，是弧形的左狗腿洞。

法尔多球场的第十六号球洞。

观澜湖度假中心距香港很近，湖光山色，魅力无穷。

高水平的挑战

奥拉沙宝在球道设计上还算仁慈，许多都设的中规中矩，所以球座发球一般不会偏离球道。第一号球洞沿着其他球场的边缘而设，接下来的球洞渐渐向北延伸，一直延伸到俱乐部会所。美丽的三杆洞第八号球洞设在树木繁茂的山坡上，回首可以看到度假中心。然后球场交错混合，顺着山脉向下延伸到达了两个五杆洞——第九号球洞和第十一号球洞，倾斜幅度很大，向下延伸60英尺（18米）后到达球道。

由于高度变化很大，得巧妙地处理上坡球洞。如第十号球洞，虽然为短距离球洞，却比下坡球道更要求精准。第十五号球洞是一个呈钩状的长距离五杆洞（见右图），此处球场与其他球场相连接。

第十八号球洞位于一座大山后面，与其他球洞完全隔离，独树一帜，从俱乐部会所可以俯瞰到此球洞，洞长460码（420米），这最后一洞是个很有力量的四杆洞——位于一座弓形湖水边，水边也没有沙坑，不会吞掉球座击球或向左的击球。此洞的确是这样一个有力又兴致盎然的高尔夫球场的高潮部分，让人遐想连篇，是高尔夫人梦寐以求的地方。

球场

奥拉沙宝球场高度上的变化与弧形的狗腿洞和球道交织在一起，还有侵入球道的沙坑、呈波浪形的果岭、快速的推球平面，所有这些都表明在这里不仅得打出高质量的短杆也需要有力且精准的长杆。

第十一号球洞的球道较长，是下坡狗腿形球洞。

一条宽阔的沟渠隔开了第三号球道和果岭。

第十三号球洞的果岭很宽阔，四周是修剪整齐的草坪和起伏的缓坡。

一条河湾断开了第十五号果岭球道。

第十七号果岭略有升高，有几座沙坑紧紧环绕着。

第十八号球洞位于湖水和俱乐部会所之间。

第十五号球洞处的湖水。

发球台击球会滚下山，奔向下面巨大的沙坑。

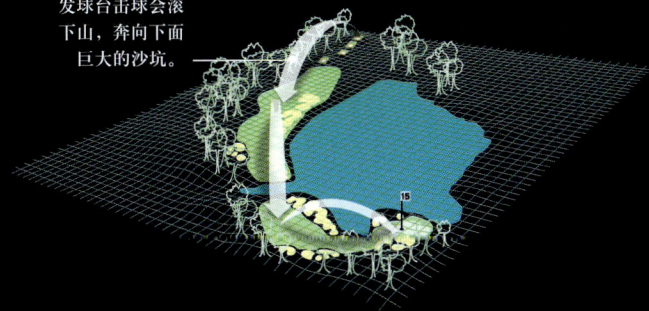

观澜湖

中国深圳，518110
观澜湖路1号
www.missionhillsgroup.com

奥拉沙宝球场

建于：2003年	标准杆：72杆
长度：6726米（7356码）	设计者：乔塞·马里亚·奥拉沙宝

杰出的锦标赛冠军

欧米茄观澜湖世界杯：苏格兰队（2007年，科林·蒙哥马利和马克·沃伦）
王朝杯：亚洲16 1/2 日本71/2（2003年）

球场计分卡

前9洞			后9洞		
洞序号	码距	标准杆	洞序号	码距	标准杆
1	447	4	10	404	4
2	175	3	11	568	5
3	548	5	12	457	4
4	441	4	13	241	3
5	176	3	14	401	4
6	476	4	15	580	5
7	566	5	16	432	4
8	214	3	17	197	3
9	573	5	18	460	4
前9洞	3616	36	后9洞	3740	36

第15号球洞 弧度刁钻

呈钩形的球洞自右向左环绕着湖水呈弧形，从球道右侧延伸到山脚。最吸引人的是大片的沙地，9个巨大的碗型沙坑位于狗腿洞的内侧，外侧也有几个沙坑。这里要看球能击出多远，有三种选择：打到横截球道的溪流附近；直接打上沙坑遍布的第二部分球道；或朝向果岭重击。球自己呈弧形回转回来，这样高手可能让球直达果岭，那也得越过水域。从后面的发球台上打出280码（256米）的距离中有240码（220米）得越过湖水，这的确只有远距离击球高手才能做到，也风险十足。

美国锯齿草体育馆大球场

这里是对打球和心理的双重考验，体育馆大球场设在佛罗里达州湿润的大沼泽地带，本为训练而建。这里的每一球洞都有自己的特色，不过最著名的当数第十七号球洞。锯齿草是"巡回赛球员俱乐部"场地之一，在这里打球感觉像是高尔夫职业巡赛。

20 世纪 70 年代晚期，在佛罗里达设置了 PGA 巡赛总部。锯齿草美巡赛管理委员会主席迪安·比曼（Deane Beman）灵机一动，觉得在管委会家门口修建一座球场可以笼络住每年一度的巡赛每站夺冠选手，美巡赛因其场地规模而被列为"第五大大满贯赛事"。

皮特·戴被推选并任命为设计师，将这片靠近大西洋的沼泽地带开辟成震撼世界的球场。不过用这一句话来概括戴的成就就太过简单了，戴不但要将沙质沼泽开辟成最有难度的球场，而且还要能容纳蜂拥而至的观众，还得给他们提供非常好的观球位置，以前还没有哪座球场特别考虑到观看比赛的问题。比曼也提出他想将果岭设计得复杂些，至少要有四"层"，这样在远处有四处地点可以进行切击入洞，每一处又是专为某一天的比赛而设的。

修建球场

戴的工程队开始改造广阔的沼泽地带，他运来了一车车的沙子，在沼泽地里垫出了一片片的打球区域，正如戴的绰号"谋略家戴"（Dye-abollical）一样，这里也被改造成为一座智勇双全的球场。

体育场球场于 1980 年开放，不过没有立即成为球手们的首选。1982 年第一次巡赛在这里举行，杰瑞·佩特（Jerry Pate）赢得了冠军。一些知名的球星对其有些微词，本·克伦肖说道："这是达斯·维达（Darth Vader）设计的高尔夫战事之星"；杰克·尼克劳斯认为球场和他的打法很不对路："我一直不擅长让充满力量的五号铁杆停住"。戴听取了大家的看法，设计做了调整，果岭较容易了些。

2006 年，球场又进行了大规模翻修，不过原球场和球场路线基本没有改变。加深了沙坑，设置了更

值得一提并声名在外的第十七号洞吸引了很多人来到锯齿草，有的人亲自来体验打球，有的人来观看比赛，PGA 巡赛的职业球手为之恶魔般的魅力叫苦连天。

精彩瞬间

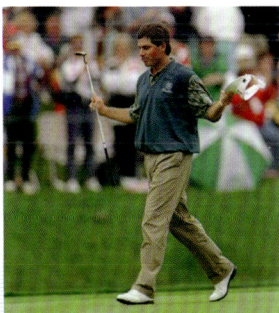

1984年，深受球迷们喜爱的弗雷德·卡博斯来到锯齿草体育场大球场比赛，在第二轮中他创下了球场纪录：64杆，即将首次赢得两个冠军头衔。1992年卡博斯在此再次创下63杆的纪录，其中他在第十七号球洞的表现让观众大开眼界，这一洞也是人们来这里观赛的原因，无论是亲身经历还是作为观众，人们都会感到职业巡赛的喜忧参半。卡博斯对第十七号球洞卷土重来，势不可挡，他第一杆和湖水打了交道，不过下一杆却打出了漂亮的三杆标准杆。

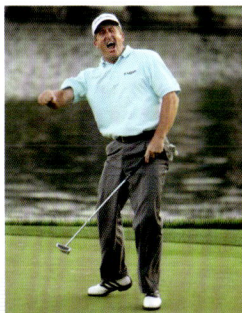

2005年的职业巡赛上，48岁的美国球手弗雷德·冯克（Fred Funk）夺冠，成为此知名赛事上年龄最大的球手。冯克以直击球和长距离球知名，所以他在这种难度突出的条件下夺冠的确值得庆贺。整整一周都风雨交加，冯克第四轮的平均分较稳：76.5，这也是巡赛历史上最高得分，不过他继续打出了一个71，以低于标准杆9杆的成绩结束了比赛，胜出卢克·唐纳德（Luke Donald）、斯科特·维普兰克（Scott Verplank）和汤姆·雷曼（Tom Lehman）一杆。

锯齿草球场

美国佛罗里达州32082，
庞特维达海滩（Ponte Vedra），冠军道110号
www.tpc.com

体育场球场

建于：1980年　设计者：皮特·戴
长度：7215码（6597米）　球场纪录：63杆，弗雷德·卡博斯（1992年）
标准杆：72杆

杰出的锦标赛冠军

选手锦标赛：弗雷德·卡博斯（1996）、史蒂夫·埃尔金顿（1997）、贾斯汀·李奥纳多（1998）、大卫·杜瓦尔（1999）、哈尔·萨顿（Hal Sutton, 2000）、泰格·伍兹（2001）、克莱格·佩克斯（Craig Perks, 2002）、戴维斯·拉弗三世（2003）、亚当·斯科特（2004）、弗雷德·冯克（2005）、斯蒂芬·亚梅斯（Stephen Ames, 2006）、菲尔·迈克尔森（2007）

球场计分卡

前9洞 洞序号	码距	标准杆	后9洞 洞序号	码距	标准杆
1	392	4	10	424	4
2	532	5	11	535	5
3	177	3	12	358	4
4	384	4	13	181	3
5	466	4	14	467	4
6	393	4	15	449	4
7	442	4	16	507	5
8	219	3	17	137	3
9	583	5	18	447	4
前9洞	3588	36	后9洞	3627	36

第四号球道右侧是个长长的沙坑。

第二号球道右侧的沙坑很难让人摆脱。

第九号果岭处的击球面临着遭遇沙坑的危险。

在第十一号球洞，球座击球要向右打出，然后重新定位。

巨大的沙带几乎包裹住了果岭。

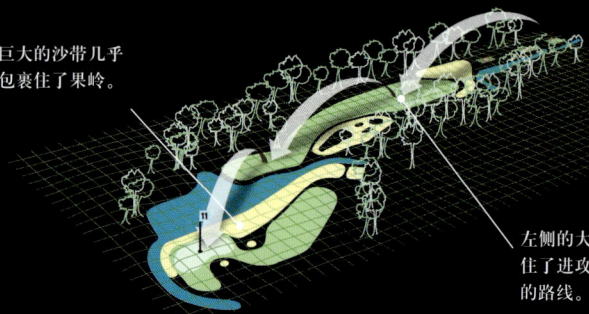

左侧的大树挡住了进攻果岭的路线。

在第十七号球洞处，球击到水里并不鲜见。

在第十六号球洞，击球必须遵循球道标线。

第11号 球洞　危机四伏

此绝妙的球洞如能打出精准的击球可以两杆攻克，但危机四伏：巨大的沙坑、巨树、阻隔开球道的危险水域、果岭旁的沙带，这些都增加了挖起杆的难度。

从发球台到果岭的距离有120码（110米）。

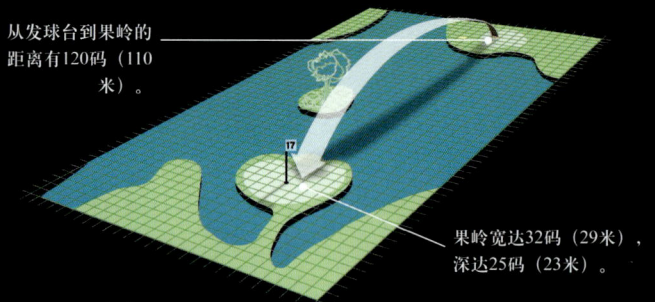

果岭宽达32码（29米），深达25码（23米）。

第17号 球洞　魔鬼岛

将球打上这一魔鬼球洞的果岭的确令人望而生畏，旋转的风让一切更糟糕。精准的击球可以确保球平安无恙，但太过用力的击球会撞到后方的球场界限。

向右侧想要避开水域的击球会被大树阻挡。

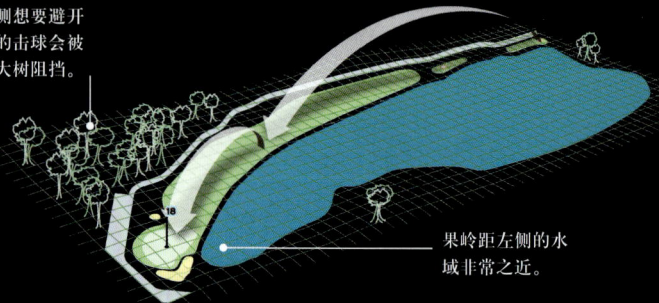

果岭距左侧的水域非常之近。

第18号 球洞　危机重重

第十八号球洞是个环绕着湖水呈拱形的弯曲的四杆洞，如果为了避开水域而对准果岭左侧击球，想要从右侧脱水而出，就会遇到隆起的草坡或烦人的壶状沙坑。果岭呈陡坡通向水域，从那里想要铲球或推球而上果岭可是大伤脑筋之事。

球场

此专为世界最佳球手设计，同时很好地考虑到了观众，这座现代球场诞生于沼泽滩之上，有着全球最离谱的球洞。最后三个球洞的确不枉来这里打球所交的费用。

前9洞

A 有胆量的话，可以从右侧入手选择最佳路线进入狭窄的果岭。B 可以到达标准杆的五杆洞，不过整个过程中都危机四伏。C 这里适合短距离击球，这样可以将球铲上双层果岭。D 蜿蜒的沙坑保护着右侧虽小却严峻的果岭，果岭前侧是水域，首要的是精准。E 长距离四杆洞，沙地遍布，果岭附近也让人心惊肉跳。F 击球可以越过左侧外围的一大片陷阱，果岭上还有长草的沙坑，边缘是沙地。G 略呈S形的球洞侧面有三条大沙带。H 10个沙坑守护着长果岭，错失果岭意味着很难拿到标准杆。I 具有策略性的五杆洞，被一条水道分为两半。从右侧打第三杆较好。

后9洞

J 靠左的击球会遇到170码（155米）外的沙坑，不过从那边击球是最好的路线。K 令人生畏的五杆洞，果岭就在湖边，值得冒险。L 为了清晰地看到果岭，要从右侧击球，与沙坑擦肩而过。M 从短距离球洞左侧击球，球肯定会落入水中。N 如果打到右侧250码（229米）外的沙坑，就可能吞下柏忌或更糟。O 略向右的狗腿状球洞，只能从球道下手。P 超大的五杆洞，很容易擒鹰或擒双鹰，最难处理的是第二杆，右侧是水域。Q 属原始的岛屿球洞，令人激动也恼火不已，拿下标准杆弥足珍贵。R 势不可挡的四杆洞，左侧全是水域，右侧也没什么安全之地。

■ 令人赞叹的第十一号球洞　　■ 第十五号球洞果岭　　■ 第十三号球洞旁有一片危险的水域

多的荒地及湖区，还种植了 200 棵棕榈树、橡树和松树。最重要的是所有的球座、球道和果岭都是在沙地基础上重建的，目的是让球场更加坚硬，也更快速。

职业人士认为几年的使用后，球场应加以整修。球场的果岭坡度做了微妙的改变，从发球台发球进攻果岭的路线也改变了。多年以来没有很大改变的是球场长度。15 年后只增加了 300 码（274 米），不过接下来的重重危机会让球手觉得长度其实并非难事。

令人心跳停止的击球

出色的击球无疑是比赛的关键，这里很多球道是由大沙带构成，树木位置设置也很巧妙，挡住了朝向果岭的直路线，12 个球洞上都有水域，并由蜿蜒的沙地所环绕，对球座击球影响很大。不过，总有一条球座发球的可选路线，也有一条进攻高果岭的最佳路线，由此能顺利找到球洞旗杆。

整个球场足以令人心跳停止，除了臭名昭著的第十七号球洞形成了巨大的挑战外，第十一号球洞和第十六号球洞极大地考验了选手的心理和体力。这两个球洞都在两杆范围内，可以擒获老鹰，但也很有冒险性。在第十六号球洞，击球路线必须遵循球道路线自右至左，否则球就会陷在近旁的草丛里，那样只能选择打点球了。左侧紧邻果岭高耸的大橡树，给第二杆造成了难度。此球洞让人会向右侧靠，而果岭向外伸出通向湖泊，右侧全是水域，往这边靠无疑会带来灾难性的后果。

第十六号球洞是球场中较重要的一洞，值得冒险，接下来的两洞是球场上最难的两洞。对于巡赛来说，这三个球洞可以决定胜负。2002 年，新西兰选手克莱格·佩克斯向人们展示出这三洞有多么重要：最后三洞时，他落后对手一杆，差五杆才能达到标准杆。在第十六号球洞，他第二杆下赌注地使用了四号铁杆，球刚好越过水面，困在了草丛里，他从此处切出了老鹰球，领先了一杆。接着安全进攻第十七号球

触霉头的第十七号球洞

第十七号球洞的生成纯属意外，皮特·戴的工程队在挖地时发现了一处高质量的沙地地层，就把它全挖掘了出来，这样形成了一个令球手气馁的巨坑，戴的妻子爱丽丝认为应该把这里建造成一座岛屿果岭。结果戴将这里设计为一个最具挑战性的三杆洞，也给球手带来触霉头的一洞——在这里打球会让人不寒而栗。每年，在附近水域里大约能找到 120 000 个球。2007 年的职业巡赛上，职业球手们在第一天竟把 50 个球打到了水里，一个赛事共有 94 个球被击到了水里，两个数字都堪称打破纪录。

从上方俯瞰到的魔鬼岛。

这就像和牙医约好下午三点钟去做根管手术。一上午都会想着它，一整天都感觉很糟，知道自己怎样都得必须面对它。

——马克·卡卡维奇亚（Mark Calcavecchia）谈到第十七号球洞时感言

洞，抓获了小鸟从而领先两杆，不过这还不算结束。到第十八号球洞，也是球场上最难打的一洞，他一杆正好把球打到了树丛里，不得不使用长铁杆将之劈出，这一杆球飞过了果岭，落入了乱草丛中，值得一提的是，佩克斯再次劈起球成功，拿下标准杆。

体育场球场可以说是个笑里藏刀的地方，也是出色的巡赛赛场，到这里来的人都会热血沸腾、付出汗水、热泪盈眶，连观众都会感受到世界级球星经历的那种波谷波峰的感觉。

爬行的高尔夫球迷　　第十七号球洞的标志　　锯齿草球场的俱乐部会所

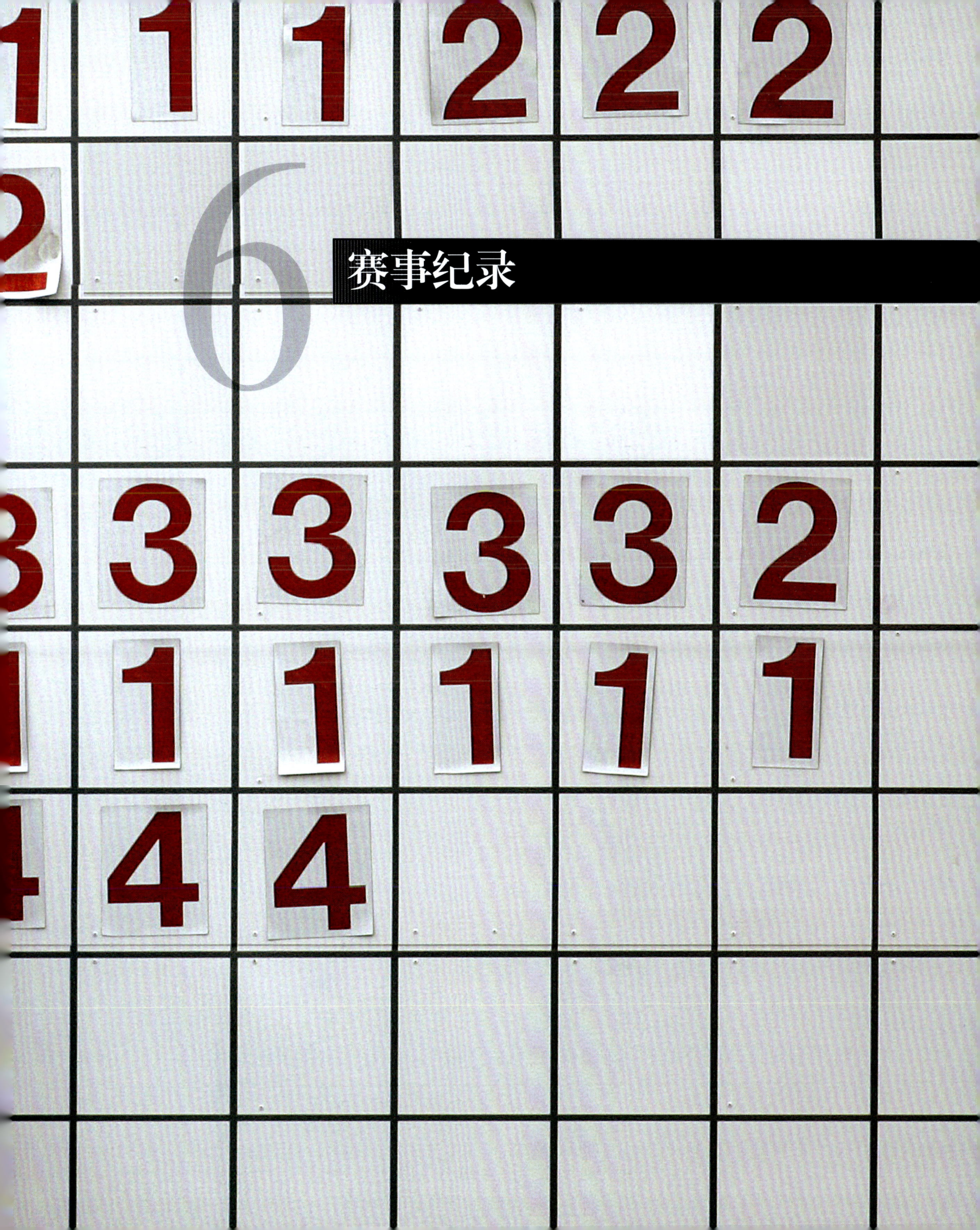

6

赛事纪录

莱德杯

36 场比赛

美国队24次夺冠; 欧洲队10次夺冠; 平局2次

年度	地点	冠军	
1927	美国马萨诸塞州, 伍斯特乡村俱乐部	美国队9½	英国队2½
1929	英格兰利兹, 沼泽镇高尔夫俱乐部	英国队7	美国队5
1931	美国俄亥俄州哥伦布市赛欧托高尔夫俱乐部	美国队9	英国队3
1933	英格南港及兰安斯代尔高尔夫俱乐部	英国队6½	美国队5½
1935	美国新泽西里奇伍德乡村俱乐部	美国队9	英国队3
1937	英格兰南港及兰安斯代尔高尔夫俱乐部	美国队8	英国队4
1939-45	由于二战未举行比赛		
1947	美国俄勒冈州波特兰高尔夫俱乐部	美国队11	英国队1
1949	英格兰斯卡伯勒甘顿高尔夫俱乐部	美国队7	英国队5
1951	美国北卡罗来纳州松林乡村俱乐部	美国队9½	英国队2½
1953	英格兰温特沃斯温特沃斯高尔夫俱乐部	美国队6½	英国队5½
1955	美国加州棕榈溪雷鸟乡村俱乐部	美国队8	英国队4
1957	英格兰约克郡林迪克高尔夫俱乐部	英国队7½	美国队4½
1959	美国加州棕榈沙漠埃尔多拉多高尔夫俱乐部	美国队8½	英国队3½
1961	英格兰皇家兰瑟姆及圣安妮	美国队14½	英国队9½
1963	美国佐治亚州亚特兰大东湖高尔夫俱乐部	美国队23	英国队9
1965	英格兰南港皇家伯克戴尔高尔夫俱乐部	美国队19½	英国队12½
1967	美国德克萨斯州休斯顿冠军高尔夫俱乐部	美国队23½	英国队18½
1969	英格兰南港皇家伯克戴尔高尔夫俱乐部	美国队16	英国队16
1971	美国密苏里州圣路易斯沃森老球场	美国队18½	英国队13½
1973	苏格兰东洛锡安缪菲尔德	美国队19	英国队13
1975	美国宾夕法尼亚州利戈尼尔月桂山谷	美国队21	英国队11
1977	英格兰皇家兰瑟姆圣安妮	美国队12½	英国队7½
1979	美国塞弗吉尼亚州绿蔷薇乡村俱乐部	美国队17	英国队11
1981	英格兰萨里郡沃尔顿欧石楠高尔夫俱乐部	美国队18½	英国队11½
1983	美国佛罗里达州棕榈滩花园 PGA国家高尔夫俱乐部	美国队16½	英国队13½
1985	英格兰萨顿科菲尔德贝尔弗利	欧洲队16½	美国队13½
1987	美国俄亥俄州缪菲尔德村高尔夫俱乐部	欧洲队15	美国队13
1989	英格兰萨顿科菲尔德贝尔弗利	欧洲队14	美国队14
1991	美国南卡罗来纳州基洼岛海洋球场	美国队14½	欧洲队13½
1993	英格兰萨顿科菲尔德贝尔弗利	美国队15	欧洲队13
1995	美国纽约州罗切斯特橡树山乡村俱乐部	欧洲队14½	美国队13½
1997	西班牙索托格兰德瓦德玛拉高尔夫俱乐部	欧洲队14½	美国队13½
1999	美国马萨诸塞州布鲁克林乡村俱乐部	美国队14½	欧洲队13½
2002	英格兰萨顿科菲尔德贝尔弗利	欧洲队15½	美国队12½
2004	美国密歇根州布洛姆菲尔德奥克兰乡村俱乐部	欧洲队18½	美国队9½
2006	爱尔兰基尔代郡斯特拉梵K俱乐部	欧洲队18½	美国队9½

莱德杯参赛次数最多的选手

美国队

比利·贾斯伯	八次	1961,1963,1965,1967,1969,1971,1973,1975
雷蒙德·弗洛德	八次	1969,1975,1977,1981,1983,1985,1991,1993
兰尼·沃德金斯	八次	1977,1979,1983,1985,1987,1989,1991,1993
桑姆·史纳德	七次	1937,1947,1949,1951,1953,1955,1959
汤姆·凯特	七次	1979,1981,1983,1985,1987,1989,1993
吉恩·利特尔	七次	1961,1963,1965,1967,1969,1971,1973
阿诺德·帕默	六次	1961,1963,1965,1967,1971,1973
吉恩·萨拉曾	六次	1927,1929,1931,1933,1935,1937
杰克·尼克劳斯	六次	1969,1971,1973,1975,1977,1981
李·特维诺	六次	1969,1971,1973,1975,1979,1981

欧洲队

尼克·法尔多	十一次	1977,1979,1981,1983,1985,1987,1989,1991,1993, 1995,1997
老克里斯蒂·奥康纳	十次	1955,1957,1959,1961,1963,1965,1967,1969,1971, 1973
伯纳德·兰格	十次	1981,1983,1985,1987,1989,1991,1993,1995,1997, 2002
戴·里斯	九次	1937,1947,1949,1951,1953,1955,1957,1959,1961
伯纳德·加拉切尔	八次	1969,1971,1973,1975,1979,1981,1983
伯纳德·亨特	八次	1953,1957,1959,1961,1963,1965,1967,1969
伊恩·伍斯南	八次	1983,1985,1987,1989,1991,1993,1995,1997
尼尔·克尔斯	八次	1961,1963,1965,1967,1969,1971,1973,1977
皮特·埃利斯	八次	1953,1957,1959,1961,1963,1965,1967,1969
山姆·托兰斯	八次	1979,1983,1985,1987,1989,1991,1993,1995

莱德杯最高得分者

美国		欧洲	
比利·贾斯伯	23½	尼克·法尔多	25
阿诺德·帕默	23	伯纳德·兰格	24
兰尼·沃德金斯	21½	赛弗·巴雷斯特罗斯	22½
李·特维诺	20	科林·蒙哥马利	21½
杰克·尼克劳斯	18½	乔塞·玛利亚·奥拉沙宝	17½
吉恩·利特尔	18	托尼·杰克林	17
汤姆·凯特	17	伊恩·伍斯南	16½
黑尔·厄尔文	14	伯纳德·加拉切尔	15½
雷蒙德·弗洛德德	13½	彼得·奥特修斯	15½
朱里斯·博罗斯	11	尼尔·克尔斯	15½

莱德杯参加赛事最多的选手

美国		欧洲	
比利·贾斯伯	37	尼克·法尔多	46
兰尼·沃德金斯	34	伯纳德·兰格	42
阿诺德·帕默	32	尼尔·克尔斯	40
雷蒙德·弗洛德德	31	赛弗·巴雷斯特罗斯	37

各类巡赛

美国巡赛——职业收入

泰格·伍兹	70,806,251美元	弗雷德·冯克	20,573,742美元
维杰·塞恩	53,209,805美元	尼克·普莱斯	20,551,208美元
菲尔·米克尔森	43,634,626美元	斯图尔特·艾波比	20,375,810美元
戴维斯·拉弗三世	35,403,813美元	斯图亚特·辛克	20,165,873美元
吉姆·弗瑞克	33,977,874美元	斯科特·维普兰克	20,150,965美元
厄尼·埃尔斯	29,681,047美元	汤姆·雷曼	19,663,876美元
戴维斯·汤姆斯	27,769,092美元	迈克·韦尔	19,562,777美元
贾斯汀·李奥纳多	21,735,922美元	克利斯·迪玛科	19,267,352美元
马克·卡卡维奇亚	21,119,798美元	佛雷德·卡博斯	19,172,199美元
肯尼·佩里	21,048,332美元	斯科特·霍克	18,487,114美元

欧洲PGA巡赛——职业收入

科林·蒙哥马利	22,493,466欧元	乔塞·玛利亚·奥拉沙宝	11,444,248欧元
厄尼·埃尔斯	19,461,026欧元	迈克尔·坎贝尔	10,784,295欧元
雷帝夫·古森	17,079,652欧元	安吉·卡布瑞拉	10,626,180欧元
派洛·哈灵顿	15,445,592欧元	塞尔吉奥·加西亚	9,638,814欧元
达伦·克拉克	15,436,426欧元	伊恩·伍斯南	9,584,347欧元
李·韦斯特伍德	13,124,030欧元	大卫·霍维尔	9,235,655欧元
伯纳德·兰格	12,408,558欧元	保罗·麦克金尼	9,030,886欧元
托马斯·比约恩	12,017,660欧元	尼克拉斯·法斯	8,094,693欧元
米高·安琪·西蒙尼斯	11,647,100欧元	伊恩·保尔特	8,036,562欧元
维杰·塞恩	11,594,502欧元	尼克·法尔多	7,988,684欧元

美国巡赛夺冠次数最多的球手

桑姆·史纳德	82次	吉恩·利特尔	29次
杰克·尼克劳斯	73次	保罗·鲁彦	29次
本·侯根	64次	李·特维诺	29次
阿诺德·帕默	62次	亨利·皮卡德	26次
*泰格·伍兹	57次	汤米·阿默	25次
拜伦·纳尔逊	52次	约翰尼·米勒	25次
比利·贾斯伯	51次	盖瑞·普莱尔	24次
沃特·哈根	44次	麦克唐纳·史密斯	24次
卡里·米德尔科夫	40次	约翰尼·法雷尔	22次
吉恩·萨拉曾	39次	雷蒙德·弗洛德	22次
汤姆·沃特森	39次	威利·麦克法兰尼	21次
劳埃德·曼鲁姆	36次	兰尼·沃德金斯	21次
霍顿·史密斯	32次	克雷格·伍德	21次
哈利·库帕	31次	吉姆·巴尼斯	20次
吉姆·德马特	31次	黑尔·厄文	20次
*菲尔·尼克尔森	31次	比尔·麦洪	20次
*维杰·塞恩	31次	格雷格·诺曼	20次
雷欧·迪亚哥	30次	道格-桑德斯	20次

* 是本书编撰完成时在巡赛上的表现

PGA巡赛单赛季内夺冠次数最多的球手

拜伦·纳尔逊	18次	1945年
本·侯根	13次	1946年
桑姆·史纳德	11次	1950年
本·侯根	10次	1948年
保罗·鲁彦	9次	1933年
泰格·伍兹	9次	2000年
维杰·塞恩	9次	2004年
霍顿·史密斯	8次	1929年
吉恩·萨拉曾	8次	1930年
阿诺德·帕默	8次	1960, 1962年
约翰尼·米勒	8次	1974年

英国公开赛

（*为延时赛后夺冠）

1860年，普勒斯特维克（12洞场地）

老威利·帕克	55	59	60	174
老汤姆·莫里斯	58	59	59	176

1861年，普勒斯特维克

老汤姆·莫里斯	54	56	53	163
老威利·帕克	54	54	59	167
威廉姆·道	59	58	54	171

1862年，普勒斯特维克

老汤姆·莫里斯	54	56	53	163
老威利·帕克	59	59	58	176
查理·亨特	59	58	54	171

1863年，普勒斯特维克

老威利·帕克	56	54	58	168
老汤姆·莫里斯	56	58	56	170
大卫·帕克	55	63	54	172

1864年，普勒斯特维克

老汤姆·莫里斯	56	58	56	170
安德鲁·斯塔思	56	57	56	169
罗伯特·安德鲁	57	58	60	175

1865年，普勒斯特维克

安德鲁·斯塔思	55	54	53	162
老威利·帕克	56	52	56	164

1866年，普勒斯特维克

老威利·帕克	54	56	59	169
大卫·帕克	58	57	56	171
罗伯特·安德鲁	58	59	59	176

1867年，普勒斯特维克

老汤姆·莫里斯	58	54	58	170
老威利·帕克	58	56	58	172
安德鲁·斯塔思	61	57	56	174

1868年，普勒斯特维克

小汤姆·莫里斯	50	55	52	157
罗伯特·安德鲁	53	54	52	159
老威利·帕克	58	50	54	162

1869年，普勒斯特维克

小汤姆·莫里斯	51	54	49	154
老汤姆·莫里斯	54	50	53	157
S穆尔·菲尔古森	57	54	54	165

1870年，普勒斯特维克

小汤姆·莫里斯	47	51	51	149
鲍勃·寇克	52	52	57	161
大卫·斯塔思	54	49	58	161

1871年，未举行

1872年，普勒斯特维克

小汤姆·莫里斯	57	56	53	166
大卫·斯塔思	56	52	61	169
威廉·多曼	63	60	54	177

1873年，圣安德鲁斯皇家古老高尔夫俱乐部

汤姆·基德	91	88	179
杰米·安德森	91	89	189
鲍勃·寇克	91	92	183
小汤姆·莫里斯	94	89	183

1874年，马瑟尔堡

蒙戈·帕克	75	84	159
小汤姆·莫里斯	83	78	161
乔治·帕克斯顿	80	82	162

1875年，普勒斯特维克

老威利·帕克	56	59	51	166
鲍勃·马丁	56	58	54	168
蒙戈·帕克	59	57	55	171

1876年，圣安德鲁斯皇家古老高尔夫俱乐部

大卫·斯塔思拒绝参加延时赛，故冠军归鲍勃·马丁所有。

鲍勃·马丁	86	90	176
大卫·斯塔思	86	90	176
老威利·帕克	94	89	183

1877年，马瑟尔堡

杰米·安德森	40	42	37	41	160
鲍勃·普林格	44	38	40	40	162
威廉·卡斯格拉夫	41	39	44	40	164

1878年，普勒斯特维克

杰米·安德森	53	53	51	157
鲍勃·寇克	53	55	51	159
JOF 莫里斯	50	56	55	161

1879年，圣安德鲁斯皇家古老高尔夫俱乐部

杰米·安德森	84	85	169
杰米·阿兰	88	84	172
安德鲁·科考蒂	86	86	172

1880年，马瑟尔堡

鲍勃·菲尔古森	81	81	162
彼得·帕克斯顿	81	86	168
奈德·卡斯格拉夫	82	86	168

1881年，普勒斯特维克

鲍勃·菲尔古森	53	60	57	170
杰米·安德森	57	60	56	171
奈德·卡斯格拉夫	61	59	57	177

1882年，圣安德鲁斯皇家古老高尔夫俱乐部

鲍勃·菲尔古森	83	88	171
威利·弗尼	88	86	174
杰米·安德森	87	88	175

1883年，马瑟尔堡

*威利·弗尼	75	84	159
鲍勃·菲尔古森	78	81	159
威廉·布朗	83	77	160

1884年，普勒斯特维克

杰克·辛普森	78	82	160
威利·弗尼	80	94	164
道格拉斯·罗兰	81	83	164

1885年，圣安德鲁斯皇家古老高尔夫俱乐部

鲍勃·马丁	84	87	171
阿奇·辛普森	83	89	172
大卫·艾顿	89	84	173

1886年，马瑟尔堡

大卫·布朗	79	78	157
威利·坎贝尔	78	81	159
本·坎贝尔	79	81	160

1887年，普勒斯特维克

小威利·帕克	82	79	161
鲍勃·马丁	81	81	162
威利·坎贝尔	77	87	164

1888年，圣安德鲁斯皇家古老高尔夫俱乐部

杰克·彭斯	86	85	171
大卫·安德森	86	86	172
本·塞耶斯	85	87	172

1889年，马瑟尔堡

*小威利·帕克	39	39	39	38	155
安德鲁·科考蒂	39	38	39	39	155
本·塞耶斯	39	40	41	39	159

1890年，普勒斯特维克

小约翰·博尔	82	82	164
威利·弗尼	85	82	167
阿奇·辛普森	85	82	167

1891年，圣安德鲁斯皇家古老高尔夫俱乐部

休·科考蒂	83	83	166
威利·弗尼	84	84	168
安德鲁·科考蒂	84	84	168

1892年，马瑟尔堡
第一届为时两天、72洞的锦标赛
哈罗德·希尔顿	78	81	72	74	305
约翰·博尔	75	80	74	79	308
桑迪·赫德	77	78	77	76	308

1893年，普勒斯特维克
W·欧切洛利	78	81	81	82	322
约翰尼·雷德利	80	83	80	81	324
桑迪·赫德	82	81	78	84	325

1894年，桑德维奇皇家圣乔治球场
JH·泰勒	84	80	80	81	326
道格拉斯·罗纳德	86	79	84	82	331
安德鲁·科考蒂	86	79	83	84	332

1895年，圣安德鲁斯皇家古老高尔夫俱乐部
JH·泰勒	86	78	80	78	322
桑迪·赫德	82	77	82	85	326
安德鲁·科考蒂	81	83	84	84	332

1896年，缪菲尔德
*哈里·汎顿	83	78	78	77	316
JH·泰勒	77	78	81	80	316
威利·弗尼	78	79	82	89	319

1897年，霍尔湖皇家利物浦
哈罗德·希尔顿	80	75	84	75	314
詹姆斯·布莱德	80	74	82	79	315
乔治·普夫特	80	79	79	79	317

1898年，普勒斯特维克
哈里·沃顿	79	75	77	76	307
小威利·帕克	76	75	78	79	308
哈罗德·希尔顿	76	81	77	75	309

1899年，桑德维奇皇家圣乔治球场
哈里·沃顿	76	76	81	77	310
杰克·怀特	79	79	82	75	315
安德鲁·科考蒂	81	79	82	77	319

1900年，圣安德鲁斯皇家古老高尔夫俱乐部
JH·泰勒	79	77	78	75	309
哈里·沃顿	79	81	80	77	317
詹姆斯·布莱德	82	81	80	79	322

1901年，缪菲尔德
詹姆斯·布莱德	79	76	74	80	309
哈里·沃顿	77	78	79	78	312
JH·泰勒	79	83	74	77	313

1902年，霍尔湖皇家利物浦
桑迪·赫	77	76	73	81	307
詹姆斯·布莱德	78	76	80	74	308
哈里·沃顿	72	77	80	79	308

1903年，普勒斯特维克
哈里·沃顿	73	77	72	78	300
汤姆·沃顿	76	81	75	74	306
杰克·怀特	77	78	74	79	308

1904年，桑德维奇皇家圣乔治球场
杰克·怀特	80	75	72	69	296
詹姆斯·布莱德	77	80	69	71	297
JH·泰勒	77	78	74	68	297

1905年，圣安德鲁斯皇家古老高尔夫俱乐部
詹姆斯·布莱德	81	78	78	81	318
罗兰德·琼斯	81	77	87	78	323
JH·泰勒	80	85	78	80	323

1906年，缪菲尔德
詹姆斯·布莱德	77	76	74	73	300
JH·泰勒	77	72	75	80	304
哈里·沃顿	77	73	77	78	305

1907年，霍尔湖皇家利物浦
阿诺德·马西	76	81	78	77	312
JH·泰勒	79	79	76	80	314
乔治·普夫特	81	79	80	75	317

1908年，普勒斯特维克
詹姆斯·布莱德	70	72	77	72	291
汤姆·博尔	76	73	76	74	299
泰德·雷	79	71	75	76	301

1909年，迪欧皇家第五港口
JH·泰勒	74	73	74	74	295
汤姆·博尔	74	75	76	76	301
詹姆斯·布莱德	79	75	73	74	301

1910年，圣安德鲁斯皇家古老高尔夫俱乐部
詹姆斯·布莱德	76	73	74	76	299
桑迪·赫德	78	74	75	76	303
乔治·邓肯	73	77	71	83	304

1911年，桑德维奇皇家圣乔治球场
*哈里·沃顿	74	74	75	80	303
阿诺德·马西	75	78	74	76	303
桑迪·赫德	77	73	76	78	304

1912年，缪菲尔德
泰德·雷	71	73	76	75	295
哈里·沃顿	75	72	81	71	299
詹姆斯·布莱德	77	71	77	78	303

1913年，霍尔湖皇家利物浦
JH·泰勒	74	73	74	74	295
泰德·雷	79	71	75	76	301

1914年，普勒斯特维克
哈里·沃顿	73	77	78	78	306
泰德·雷	74	78	74	73	309
米歇尔·莫伦	77	80	78	75	310

1915-1919年，未举办赛事

1920年，迪欧皇家第五港口
乔治·邓肯	80	80	71	72	303
桑迪·赫德	72	81	77	75	305
泰德·雷	72	83	78	73	306

1921年，圣安德鲁斯皇家古老高尔夫俱乐部
*乔克·哈金森	72	75	79	70	296
荣格·韦瑟德	78	75	72	71	296
汤姆·克里根	74	80	72	72	298

1922年，桑德维奇皇家圣乔治球场
沃特·哈根	76	73	79	72	300
吉姆·巴尼斯	75	76	77	73	301
乔治·邓肯	76	75	81	69	302

1923年，特隆
阿瑟·哈沃斯	73	73	73	76	295
沃特·哈根	76	71	74	75	296
麦克唐纳·史密斯	80	73	69	75	297

1924年，霍尔湖皇家利物浦
沃特·哈根	77	73	74	77	301
恩斯特·R·怀特康柏	77	70	77	78	302
弗莱克·鲍尔	78	75	74	77	304

1925年，普勒斯特维克
吉姆·巴尼斯	70	77	79	74	300
阿奇·辛普森	76	75	75	75	301
泰德·雷	77	76	75	73	301

1926年，皇家兰瑟姆及圣安妮
波比·琼斯	72	72	73	74	291
艾尔·沃彻斯	71	75	69	78	293
沃特·哈根	68	77	74	76	295

1927年，圣安德鲁斯皇家古老高尔夫俱乐部
波比·琼斯	68	72	73	72	285
奥布里·布姆尔	76	70	73	72	291
弗雷德·罗伯森	76	72	69	74	291

1928年，桑德维奇皇家圣乔治球场

沃特·哈根	75	73	72	72	292
吉恩·萨拉曾	72	76	73	73	294
阿奇·科普斯顿	75	74	73	73	295

1929年，缪菲尔德

沃特·哈根	75	73	72	72	292
约翰尼·法瑞尔	72	75	76	75	298
利奥·狄戈尔	71	69	82	77	299

1930年，霍尔湖皇家利物浦

波比·琼斯	70	72	74	75	291
利奥·狄戈尔	74	73	71	75	293
麦克唐纳·史密斯	70	77	75	71	293

1931年，卡诺斯蒂

汤米·阿默	73	75	77	71	296
乔塞·乔拉杜	76	71	73	77	297
波西·埃利斯	74	78	73	73	298

1932年，桑德维奇皇家王子球场

吉恩·萨拉曾	70	69	70	74	283
麦克唐纳·史密斯	71	76	71	70	288
阿瑟·哈沃斯	74	71	68	76	289

1933年，圣安德鲁斯皇家古老高尔夫俱乐部

*丹尼·舒特	73	73	73	73	292
克雷格·伍德	77	72	68	75	292
利奥·狄戈尔	75	70	71	77	293
悉德·艾斯特布鲁克	73	72	71	77	293
吉恩·萨拉曾	72	73	73	75	293

1934年，桑德维奇皇家圣乔治球场

亨利·考顿	67	65	72	79	283
塞德·布瑞斯	76	71	70	71	288
阿尔夫·帕德汉	71	70	75	74	290

1935年，缪菲尔德

阿尔夫·派瑞	69	75	67	72	283
阿尔夫·帕德汉	70	72	74	71	287
查理·怀特康柏	71	68	73	76	288

1936年，霍尔湖皇家利物浦

阿尔夫·帕德汉	73	72	71	71	287
吉姆·亚当斯	71	73	71	73	288
亨利·考顿	73	72	70	74	289

1937年，卡诺斯蒂

亨利·考顿	74	73	72	71	290
瑞格·怀特康柏	72	70	74	76	292
查尔斯·莱西	76	75	70	72	293

1938年，桑德维奇皇家圣乔治球场

瑞格·怀特康柏	71	71	75	78	295
吉姆·亚当斯	70	71	78	78	297
亨利·考顿	74	73	77	74	298

1939年，圣安德鲁斯皇家古老高尔夫俱乐部

迪克·伯顿	70	72	77	71	290
约翰尼·布拉	77	71	71	73	292
约翰尼·法伦	71	73	71	79	294

1946年，圣安德鲁斯皇家古老高尔夫俱乐部

桑姆·史尼德	71	70	74	75	290
约翰尼·布拉	71	72	72	79	294
波比·洛克	69	74	75	76	294

1947年，霍尔湖皇家利物浦

弗雷德·达利	73	70	78	72	293
瑞格·霍恩	77	74	72	71	294
弗兰克·斯特纳汉	71	74	72	71	294

1948年，缪菲尔德

亨利·考顿	71	66	75	72	284
弗雷德·达利	72	71	73	73	289
罗伯托·德文森佐	70	73	72	75	290

1949年，桑德维奇皇家圣乔治球场

*波比·洛克	69	76	68	70	283
哈里·布莱德肖	68	77	68	70	283
罗伯托·德文森佐	68	77	68	70	283

1950年，特隆

波比·洛克	69	72	70	68	279
罗伯托·德文森佐	72	71	68	70	281
弗雷德·达利	75	72	69	66	282

1951年，皇家波特拉什

马克思·福克纳	71	70	70	74	285
安东尼奥·塞尔达	74	72	71	70	287
查理·沃德	75	73	74	68	290

1952年，皇家兰瑟姆及圣安妮

波比·洛克	69	71	74	73	283
彼得·汤姆森	68	73	77	70	288
弗雷德·达利	67	69	77	76	289

1953年，卡诺斯蒂

本·侯根	73	71	70	68	282
安东尼奥·塞尔达	75	71	69	71	286
戴·里斯	72	70	73	71	286

1954年，伯克戴尔

彼得·汤姆森	72	71	69	71	283
波比·洛克	74	71	69	70	284
戴·里斯	72	71	69	70	284

1955年，圣安德鲁斯皇家古老高尔夫俱乐部

彼得·汤姆森	71	68	70	72	281
约翰尼·法伦	73	67	73	70	283
弗兰克·乔尔	70	71	69	74	284

1956年，霍尔湖皇家利物浦

彼得·汤姆森	70	70	72	74	286
弗洛里·范多克	71	74	70	74	289
罗伯托·德文森佐	71	70	79	70	290

1957年，圣安德鲁斯皇家古老高尔夫俱乐部

波比·洛克	69	72	68	70	279
彼得·汤姆森	73	69	70	70	282
艾瑞克·布朗	67	72	73	71	283

1958年，皇家兰瑟姆及圣安妮

*彼得·汤姆森	66	72	67	73	278
戴夫·托马斯	70	68	69	71	278
艾瑞克·布朗	73	70	65	71	279

1959年，缪菲尔德

盖瑞·普莱尔	75	71	70	68	284
弗雷德·布洛克	68	70	74	74	286
弗洛里·范多克	70	70	73	73	286

1960年，圣安德鲁斯皇家古老高尔夫俱乐部

克尔·纳哥尔	69	67	71	71	278
阿诺德·帕默	70	71	70	68	279
罗伯托·德文森佐	67	67	75	73	282

1961年，伯克戴尔

阿诺德·帕默	70	73	69	72	284
戴·里斯	68	74	71	72	285
尼尔·克尔斯	70	77	69	72	288

1962年，特隆

阿诺德·帕默	71	69	67	69	276
凯尔·纳哥尔	71	71	70	70	282
布莱恩·休格特	75	71	74	69	289
菲尔·荣格斯	75	70	72	72	289

1963年，皇家兰瑟姆及圣安妮

鲍勃·查尔斯	68	72	66	71	277
菲尔·荣格斯	67	68	73	69	277
杰克·尼克劳斯	71	67	70	70	278

1964年，圣安德鲁斯皇家古老高尔夫俱乐部

托尼·勒玛	73	68	68	70	279
杰克·尼克劳斯	76	74	66	68	284
罗伯托·德文森佐	76	72	70	67	285

1965年，皇家伯克戴尔

彼得·汤姆森	74	68	72	71	285
布莱恩·休格特	73	68	76	70	287
克里斯蒂·奥康纳	69	73	74	71	287

1966年，缪菲尔德

杰克·尼克劳斯	70	67	75	70	282
邓·桑德斯	71	70	72	70	283
戴维·托马斯	72	73	69	69	283

1967年，霍尔湖皇家利物浦

罗伯托·德文森佐	70	71	67	70	278
杰克·尼克劳斯	71	69	71	69	280
克莱伍·克拉克	70	73	69	72	284
盖瑞·普莱尔	72	71	67	74	284

1968年，卡诺斯蒂

盖瑞·普莱尔	74	71	71	73	289
鲍勃·查尔斯	72	72	71	76	291
杰克·尼克劳斯	76	69	73	73	291

1969年，皇家兰瑟姆及圣安妮

托尼·杰克林	68	70	70	72	280
鲍勃·查尔斯	66	69	75	72	282
罗伯托·德文森佐	72	73	66	72	283
彼得·汤姆森	71	70	70	72	283

1970年，圣安德鲁斯

*杰克·尼克劳斯	68	69	73	73	283
邓·桑德斯	68	71	71	73	283
哈罗德·亨宁	67	72	73	73	285
李·特维诺	68	68	72	77	285

1971年，皇家伯克戴尔

李·特维诺	69	70	69	70	278
吕良焕	70	70	69	70	279
托尼·杰克林	69	70	70	71	280

1972年，缪菲尔德

李·特维诺	71	70	66	71	278
杰克·尼克劳斯	70	72	71	66	279
托尼·杰克林	69	72	67	72	280

1973年，皇家特隆

汤姆·韦斯科夫	68	67	71	70	276
尼尔·克尔斯	71	72	70	66	279
约翰尼·米勒	70	68	69	72	279

1974年，皇家兰瑟姆及圣安妮

盖瑞·普莱尔	69	68	75	70	282
彼得·奥特修斯	71	71	73	71	286
杰克·尼克劳斯	74	72	70	71	287

1975年，卡诺斯蒂

*汤姆·沃特森	71	67	69	72	279
杰克·纽顿	69	71	65	74	279
波比·科尔	72	66	66	76	280
约翰尼·米勒	71	69	66	74	280
杰克·尼克劳斯	69	71	68	72	280

1976年，皇家伯克戴尔

约翰尼·米勒	72	68	73	66	279
杰克·尼克劳斯	74	70	72	69	285
赛弗·巴雷斯特罗斯	69	69	73	74	285

1977年，坎伯利

汤姆·沃特森	68	70	65	65	268
杰克·尼克劳斯	68	70	65	66	269
休伯特·格林	72	66	74	67	279

1978年，圣安德鲁斯

杰克·尼克劳斯	71	72	69	69	281
汤姆·凯特	72	69	72	70	283
西蒙·欧文	70	75	67	71	283
本·克伦肖	70	69	73	71	283
雷蒙德·弗洛德	69	75	71	68	283

1979年，皇家兰瑟姆及圣安妮

赛弗·巴雷斯特罗斯	73	65	75	70	283
杰克·尼克劳斯	72	69	73	72	286
本·克伦肖	72	71	72	71	286

1980年，缪菲尔德

汤姆·沃特森	68	70	64	69	271
李·特维诺	68	67	71	69	275
本·克伦肖	70	70	68	69	277

1981年，皇家圣乔治球场

比尔·荣格斯	72	66	67	71	276
伯纳德·兰格	73	67	70	70	280
马克·詹姆斯	72	70	68	73	283
雷蒙德·弗洛德	74	70	69	70	283

1982年，皇家特隆

汤姆·沃特森	69	71	74	70	284
彼得·奥特修斯	74	67	74	70	285
尼克·普莱斯	69	69	74	73	285

1983年，皇家伯克戴尔

汤姆·沃特森	67	68	70	70	275
安迪·宾	70	69	70	67	276
黑尔·厄文	69	68	72	67	276

1984年，圣安德鲁斯

赛弗·巴雷斯特罗斯	69	68	70	69	276
伯纳德·兰格	71	68	68	71	278
汤姆·沃特森	71	68	66	73	278

1985年，皇家圣乔治

桑迪·莱勒	68	71	73	70	282
佩恩·斯图亚特	70	75	70	68	283
马克·欧米拉	70	72	70	72	284

1986年，坎伯利

格雷格·诺曼	74	63	74	69	280
格登·J·布兰迪	71	68	75	71	285
伯纳德·兰格	72	70	76	68	286
伊恩·伍斯南	70	74	70	72	286

1987年，缪菲尔德

尼克·法尔多	68	69	71	71	279
罗杰·戴维斯	64	73	74	69	280
保罗·阿辛格	68	68	71	73	280

1988年，皇家兰瑟姆及圣安妮

赛弗·巴雷斯特罗斯	67	71	70	65	273
尼克·普莱斯	70	67	69	69	275
尼克·法尔多	71	69	68	71	279

1989年，皇家特隆

*马克·卡卡维奇业	71	68	68	68	275
韦恩·格拉蒂	68	67	69	71	275
格雷格·诺曼	69	70	72	64	275

1990年，圣安德鲁斯

尼克·法尔多	67	65	67	71	270
马克·麦克那蒂	74	68	68	65	275
佩恩·斯图亚特	68	68	68	71	275

1991年，皇家伯克戴尔

伊恩·贝克·芬奇	71	71	64	66	272
迈克·哈伍德	68	70	69	67	274
马克·欧米拉	71	68	67	69	275

1992年，缪菲尔德

尼克·法尔多	66	64	69	73	272
约翰·库克	66	67	70	70	273
乔塞·奥拉沙宝	70	67	69	68	274

1993年，皇家圣乔治

格雷格·诺曼	66	68	69	64	267
尼克·法尔多	69	63	70	67	269
伯纳德·兰格	67	66	70	67	270

1994年，坎伯利

尼克·普莱斯	69	66	67	66	268
杰斯佩·帕纳维克	68	66	68	67	269
福兹·佐勒尔	71	66	64	70	271

1995年，圣安德鲁斯

*约翰·达利	67	71	73	71	282
康斯坦丁·罗卡	69	70	70	73	282
斯蒂芬·鲍特雷	70	72	72	69	283

1996年，皇家兰瑟姆及圣安妮

汤姆·雷曼	67	67	64	73	271
马克·麦克卡伯尔	67	69	71	66	273
厄尼·埃尔斯	68	67	71	67	273

1997年，皇家特隆

贾斯汀·雷奥纳德	69	66	72	65	272
杰斯佩·帕纳维克	70	66	66	73	275
达伦·克拉克	67	66	71	71	275

1998年，皇家伯克戴尔

*马克·欧米拉	72	68	72	68	280
布莱恩·沃茨	68	69	73	70	280
泰格·伍兹	65	73	77	66	281

1999年，卡诺斯蒂

*保尔·劳列	73	74	76	67	290
贾斯汀·雷奥纳德	73	74	71	72	290
让·范德维尔德	75	68	70	77	290

2000年，圣安德鲁斯

泰格·伍兹	67	66	67	69	269
厄尼·埃尔斯	66	72	70	69	277
托马斯·比约恩	69	69	68	71	277

2001年，皇家兰瑟姆及圣安妮

大卫·杜瓦尔	69	73	65	67	274
尼克拉斯·法斯	69	69	72	67	277
比利·梅费尔	69	72	67	70	278

2002年，缪菲尔德

*厄尼·埃尔斯	70	66	72	70	278
史提夫·埃尔金顿	71	73	68	66	278
斯图尔特·亚普雷拜	73	70	70	65	278
汤姆斯·里维特	72	66	74	66	278

2003年，桑德维奇皇家圣乔治

本·柯蒂斯	72	72	70	69	283
维杰·塞恩	75	70	69	70	284
托马斯·比约恩	73	70	69	72	284

2004年，皇家特隆

*托德·汉密尔顿	71	67	67	69	274
厄尼·埃尔斯	69	69	68	68	274
菲尔·米克尔森	73	66	68	68	275

2005年，圣安德鲁斯

泰格·伍兹	66	67	71	70	274
科林·蒙哥马利	71	66	70	72	279
弗雷德·卡博斯	68	71	73	68	280

2006年，霍尔湖皇家利物浦

泰格·伍兹	67	65	71	67	270
克里斯·迪马科	70	65	69	68	272
厄尼·埃尔斯	68	65	71	71	275

2007年，卡诺斯蒂

*派洛·哈灵顿	69	73	68	67	277
塞尔吉奥·加西亚	65	71	68	73	277
安德里斯·罗密欧	71	70	70	67	278

名人赛

美国佐治亚州奥古斯塔，奥古斯塔国家高尔夫球场
（ *为延时赛后夺冠）

1934年

霍顿·史密斯	70	72	70	72	284
克莱格·伍德	71	74	69	71	285
比利·伯克	72	71	70	73	286
保罗·鲁彦	74	71	70	71	286

1935年

吉恩·萨拉曾	68	71	73	70	282
克雷德·伍德	69	72	68	73	282
奥林·杜特拉	70	70	70	74	284

1936年

霍顿·史密斯	74	71	68	72	285
哈瑞·库帕	70	69	71	76	286
吉恩·萨拉曾	68	71	73	70	282

1937年

拜伦·纳尔逊	66	72	75	70	283
拉尔夫·古德赫	69	72	68	76	285
埃德·达德利	70	71	71	74	286

1938年

亨利·皮卡德	71	72	72	70	285
哈瑞·库帕	68	77	71	71	287
拉尔夫·古德赫	73	70	73	71	287

1939年

拉尔夫·古德赫	71	68	70	69	279
桑姆·史尼德	70	70	72	68	280
比利·伯克	69	72	71	70	282
小罗森·利特	72	72	68	70	282

1940年

吉米·德马雷特	67	72	70	71	280
洛尹德·曼光	64	75	71	74	284
拜伦·纳尔逊	69	72	74	70	285

1941年

克莱格·伍德	66	71	71	72	280
拜伦·纳尔逊	71	69	73	70	283
桑姆·史尼德	73	70	68	64	285

1942年

*拜伦·纳尔逊	68	67	72	73	280
本·侯根	73	70	67	70	280
保罗·鲁彦	67	73	72	71	283

1946年

赫曼·基泽	69	68	71	74	282
本·侯根	74	70	69	70	283
鲍勃·汉密尔顿	75	69	71	72	287

1947年

吉米·德马雷特	69	71	70	71	281
拜伦·纳尔逊	69	72	72	70	283
弗兰克·斯特拉纳汉	73	72	70	68	283

1948年

克劳德·哈蒙	70	70	69	70	279
卡里·米德尔科夫	74	71	69	70	284
奇克·哈伯特	71	70	70	76	287

1949年

桑姆·史尼德	73	75	67	67	282
约翰尼·布拉	74	73	69	69	285
洛尹德·曼光	69	74	72	70	285

1950年

吉米·德马雷特	70	72	72	69	283
吉米·法瑞尔	70	67	73	75	285
桑姆·史尼德	71	74	70	72	287

1951年

本·侯根	70	72	70	68	280
斯奇·利格尔	73	68	70	71	282
洛尹德·曼光	69	74	70	73	286
卢·沃希姆	71	71	72	72	286

1952年

桑姆·史尼德	70	67	77	72	286
小杰克·伯克	76	67	78	69	290
奥尔·贝希林克	70	76	71	74	291
汤米·波尔特	71	71	75	74	291
吉米·法瑞尔	72	70	77	72	291

1953年

本·侯根	70	69	66	69	274
埃德·奥利弗	69	73	67	70	279
洛尹德·曼光	74	68	71	69	282

1954年

*桑姆·史尼德	74	73	70	72	289
本·侯根	72	73	69	75	289
威廉·巴顿	70	74	75	71	290

1955年

卡里·米德尔科夫	72	65	72	70	279
本·侯根	73	68	72	73	286
桑姆·史尼德	72	71	74	70	287

1956年

小杰克·伯克	72	71	75	71	289
肯·凡托里	66	69	75	71	290
卡里·米德尔科夫	67	72	75	77	291

1957年

道格·福特	72	73	72	66	283
桑姆·史尼德	72	68	74	72	286
吉米·德马雷特	72	70	75	70	287

1958年

阿诺德·帕默	70	73	68	73	284
道格·福特	74	71	70	70	285
弗雷德·霍金斯	71	75	68	71	285

1959年

小阿特·瓦尔	73	74	71	66	284
卡里·米德尔科夫	74	71	68	72	285
阿诺德·帕默	71	70	71	74	286

1960年

阿诺德·帕默	67	73	72	70	282
肯·凡托里	73	69	71	70	283
道·芬斯特沃德	71	70	72	71	284

1961年

盖瑞·普莱尔	69	68	69	74	280
查尔斯·科伊	72	71	69	69	281
阿诺德·帕默	68	69	73	71	281

1962年

阿诺德·帕默	70	66	69	75	280
盖瑞·普莱尔	67	71	71	71	280
道·芬斯特沃德	74	68	65	73	280

1963年

杰克·尼克劳斯	74	66	74	72	286
托尼·勒玛	74	69	74	70	287
朱里斯·博罗斯	76	69	71	72	288
桑姆·史尼德	70	73	74	71	288

1964年

阿诺德·帕默	69	68	69	70	276
戴夫·马尔	70	73	69	70	282
杰克·尼克劳斯	71	73	71	67	282

1965年

杰克·尼克劳斯	67	71	64	69	271
阿诺德·帕默	70	68	72	70	280
盖瑞·普莱尔	65	73	69	73	280

1966年

*杰克·尼克劳斯	68	76	72	72	288
汤米·雅克布斯	75	71	70	72	288
小盖伊·布鲁尔	74	72	72	70	288

1967年

小盖伊·布鲁尔	74	72	72	70	288
波比·尼克劳斯	72	69	70	70	281
伯特·杨西	67	73	71	73	284

1968年

鲍勃·戈比	70	70	71	66	277
罗伯托·德文森佐	69	73	70	66	278
伯特·杨西	71	71	72	65	279

1969年

乔治·阿彻	67	73	69	72	281
小比利·加士伯	66	71	71	74	282
乔治·纳德森	70	73	69	70	282
汤姆·韦斯科夫	71	71	69	71	282

1970年

*小比利·加士伯	72	68	68	71	279
吉恩·利特尔	69	70	70	70	279
盖瑞·普莱耶	74	68	68	70	280

1971年

查尔斯·库迪	66	73	70	70	279
约翰尼·米勒	72	73	68	68	281
杰克·尼克劳斯	70	71	68	72	281

1972年

杰克·尼克劳斯	68	71	73	74	286
布鲁斯·克莱姆顿	72	75	69	73	289
波比·米歇尔	73	72	71	73	289
汤姆·韦斯科夫	74	71	70	74	289

1973年

托米·阿龙	68	73	74	68	283
杰西·史尼德	70	71	73	70	284
吉姆·杰姆森	73	71	70	71	285
彼德·奥斯特修斯	73	70	68	74	285

1974年

盖瑞·普莱耶	71	71	66	70	278
戴夫·史塔克顿	71	66	70	73	280
汤姆·韦斯科夫	71	69	70	74	280

1975年

杰克·尼克劳斯	68	67	73	68	276
约翰尼·米勒	75	71	65	66	277
汤姆·韦斯科夫	69	72	66	70	277

1976年

雷蒙德·弗洛德	65	66	70	70	271
本·科伦肖	70	70	72	67	279
杰克·尼克劳斯	67	69	73	73	282
拉瑞·齐格勒	67	71	72	72	282

1977年

汤姆·沃特森	70	69	70	67	276
杰克·尼克劳斯	72	70	70	66	278
汤姆·凯特	70	73	67	70	280
唐·马森格尔	70	73	67	70	280

1978年

盖瑞·普莱耶	72	72	69	64	277
罗德·方瑟斯	73	66	70	69	278
伯特·格林	72	69	65	72	278
汤姆·沃特森	73	68	68	69	278

1979年

福兹·佐勒尔	70	71	69	70	280
埃德·史尼德	68	67	69	76	280
汤姆·沃特森	68	71	70	71	280

1980年

赛弗·巴雷斯特罗斯	66	69	68	72	275
吉比·吉尔伯特	70	74	68	67	279
杰克·纽顿	68	74	69	68	279

1981年

汤姆·沃特森	71	68	70	71	280
约翰尼·米勒	69	72	73	68	282
杰克·尼克劳斯	72	65	75	72	282

1982年

*克雷格·斯塔德勒	75	69	67	73	284
丹·波尔	75	75	67	67	284
赛弗·巴雷斯特罗斯	73	73	68	71	285
杰瑞·派特	74	73	67	71	285

1983年

赛弗·巴雷斯特罗斯	68	70	73	69	280
本·科伦肖	76	70	70	68	284
汤姆·凯特	70	72	73	69	284

1984年

本·科伦肖	67	72	70	68	277
汤姆·沃特森	74	67	69	69	279
戴维·爱德华兹	71	70	72	67	280
吉尔·摩根	73	71	69	67	280

1985年

伯纳德·兰格	72	74	68	68	282
赛弗·巴雷斯特罗斯	72	71	71	70	284
雷蒙德·弗洛德	70	73	69	72	284
柯蒂斯·斯特兰奇	80	65	68	71	284

1986年

杰克·尼克劳斯	74	71	69	65	279
汤姆·凯特	70	74	68	68	280
格雷格·诺曼	70	72	68	70	280

1987年

*拉里·麦斯	70	72	72	71	285
赛弗·巴雷斯特罗斯	73	71	70	71	285
格雷格·诺曼	73	74	66	72	285

1988年

桑迪·莱勒	71	67	72	71	281
马克·卡卡维奇亚	71	69	72	70	282
克雷格·斯塔德勒	76	69	70	68	283

1989年

*尼克·法尔多	68	73	77	65	283
斯科特·霍克	69	74	71	69	283
本·科伦肖	71	72	70	71	284
格雷格·诺曼	74	75	68	67	284

1990年

*尼克·法尔多	71	72	66	69	278
雷蒙德·弗洛德	70	68	68	72	278
约翰·休斯顿	66	74	68	75	283
兰尼·沃德金斯	72	73	70	68	283

1991年

伊恩·伍斯南	72	66	67	72	277
乔塞·奥拉沙宝	68	71	69	70	278
Ben Crenshaw	70	73	68	68	279
本·科伦肖	72	73	69	65	279
兰尼·沃德金斯	67	71	70	71	279
汤姆·沃特森	68	68	70	73	279

1992年

弗雷德·卡博斯	69	67	69	70	275
雷蒙德·弗洛德	69	68	69	71	277
克雷·帕文	72	71	68	67	278

1993年

伯纳德·兰格	68	70	69	70	277
克里普·贝克	72	67	72	70	281
约翰·达利	70	71	73	69	283
史提夫·埃尔金顿	71	70	71	71	283
汤姆·雷曼	67	75	73	68	283

1994年

乔塞·奥拉沙宝	74	67	69	69	279
汤姆·雷曼	70	70	69	72	281
拉里·麦斯	68	71	72	71	282

1995年

本·科伦肖	70	67	69	68	274
戴维斯·拉弗三世	69	69	71	66	275
杰·哈斯	71	64	72	70	277
格雷格·诺曼	73	68	68	68	277

1996年

尼克·法尔多	69	67	73	67	276
格雷格·诺曼	63	69	71	78	281
菲尔·尼克尔森	65	73	72	72	282

1997年

泰格·伍兹	70	66	65	69	270
汤姆·凯特	77	69	66	70	282
汤米·托利斯	72	72	72	67	283

1998年

马克·欧米拉	74	70	68	67	279
弗雷德·卡博斯	69	70	71	70	280
大卫·杜瓦尔	71	68	74	67	280

1999年

乔塞·奥拉沙宝	70	66	73	71	280
戴维斯·拉弗三世	69	72	70	71	282
格雷格·诺曼	71	68	71	73	283

2000年

维杰·塞恩	72	67	70	69	278
厄尼·埃尔斯	72	67	74	68	281
罗伦·罗伯茨	73	69	71	69	282
大卫·杜瓦尔	73	65	74	70	282

2001年

泰格·伍兹	70	66	68	68	272
大卫·杜瓦尔	71	66	70	67	274
菲尔·米克尔森	67	69	69	70	275

2002年

泰格·伍兹	70	69	66	71	276
雷帝夫·古森	69	67	69	74	279
菲尔·米克尔森	69	72	68	71	280

2003年

迈克·韦尔	70	68	75	68	281
伦·玛蒂亚斯	73	74	69	65	281
菲尔·米克尔森	73	70	72	68	283

2004年

菲尔·米克尔森	72	69	69	69	279
厄尼·埃尔斯	70	72	71	67	280
崔京周	71	70	72	69	282

2005年

泰格·伍兹	74	66	65	71	276
克里斯·迪马科	67	67	74	68	276
卢克·唐纳德	68	77	69	69	283
雷帝夫·古森	71	75	70	67	283

2006年

菲尔·米克尔森	70	72	70	69	281
蒂姆·卡拉克	70	72	72	69	283

2007年

扎克·约翰逊	71	73	76	69	289
罗里·萨巴蒂尼	73	76	73	69	290
雷帝夫·古森	76	76	70	69	290
泰格·伍兹	73	74	72	72	290

美国公开赛

1895年，罗得岛州新港高尔夫俱乐部

赫雷斯·罗林	45	46	41	41	173
小威利·邓	43	46	44	42	175
詹姆斯·福利斯	46	43	44	43	176
AW·史密斯	47	43	44	42	176

1896年，纽约州南安普顿，辛尼克山高尔夫俱乐部

詹姆斯·福利斯	78	74	152
赫雷斯·罗林	79	76	155
乔·劳埃德	76	81	157

1897年，伊利诺伊州，芝加哥高尔夫俱乐部

乔·劳埃德	83	79	162
威利·安德森	79	84	163
小威利·邓	87	81	168
詹姆斯·福利斯	80	89	168

1898年，马萨诸塞州，汉米尔顿，麦欧皮亚狩猎俱乐部

弗雷德·赫德	84	85	75	84	328
艾利克斯·史密斯	78	86	86	85	335
威利·安德尔森	81	82	87	86	336

1899年，马里兰州，巴尔的摩高尔夫俱乐部

威利·史密斯	77	82	79	77	315
沃尔·费茨乔恩	85	80	79	82	326
乔治·勒欧	82	79	89	76	326
WH·魏	80	85	80	81	326

1900年，伊利诺伊州，芝加哥高尔夫俱乐部

哈瑞·沃顿	79	78	76	80	313
JH·泰勒	76	82	79	78	315
大卫·贝尔	78	83	83	78	322

1901年，马萨诸塞州，汉米尔顿，麦欧皮亚狩猎俱乐部

*威利·安德尔森	84	83	83	81	331
艾利克斯·史密斯	82	82	87	80	331
威利·史密斯	84	86	82	81	333

1902年，纽约州，花园城，花园城高尔夫俱乐部

劳伦斯·奥奇特罗尼	78	78	74	77	307
斯图亚特·加德纳	82	76	77	78	313
沃特·特莱维斯	82	82	75	74	313

1903年，新泽西州，斯普林菲尔德，巴特斯罗高尔夫俱乐部

*威利·安德尔森	73	76	76	82	307
大卫·布朗	79	77	75	76	307
斯图亚特·加德纳	77	77	82	79	315

1904年，伊利诺伊州，格伦维尤高尔夫俱乐部

威利·安德尔森	75	78	78	72	303
吉尔伯特·尼克劳斯	80	76	79	73	308
弗雷德·麦肯兹	76	79	74	80	309

1905年，马萨诸塞州，汉米尔顿，麦欧皮亚狩猎俱乐部

威利·安德尔森	81	80	76	77	314
艾利克斯·史密斯	76	80	80	80	316
帕西·巴利特	81	80	77	79	317
彼得·罗伯特森	97	80	81	77	317

1906年，伊利诺伊州，湖森林，昂温萨俱乐部

艾利克斯·史密斯	73	74	73	75	295
威利·史密斯	73	81	74	74	302
劳伦斯·奥奇特罗尼	76	78	75	76	305
詹姆斯·梅登	80	73	77	75	305

1907年，宾夕法尼亚州，费拉德尔菲亚高尔夫俱乐部

艾利克斯·罗斯	76	74	76	76	302
吉尔伯特·尼克劳斯	80	73	72	79	304
艾利克斯·坎贝尔	78	74	78	75	305

1908年，马萨诸塞州，汉米尔顿，麦欧皮亚狩猎俱乐部

*弗雷德·麦克劳德	82	82	81	77	322
威利·史密斯	77	82	85	78	322
艾利克斯·史密斯	80	83	83	81	327

1909年，新泽西州，恩格尔伍德高尔夫俱乐部

乔治·萨金特	75	72	72	71	290
汤姆·马克纳马拉	73	69	75	77	294
艾利克斯·史密斯	76	73	74	72	295

1910年，宾夕法尼亚州，费拉德尔菲亚高尔夫俱乐部

*艾利克斯·史密斯	73	73	79	73	298
约翰·马克德蒙特	74	74	75	75	298
麦克唐纳德·史密斯	74	78	75	71	298

1911年，伊利诺伊州，芝加哥高尔夫俱乐部

*约翰·马克德蒙特	81	72	75	79	307
迈克·布莱迪	76	77	79	75	307
乔治·辛普森	76	77	79	75	307

1912年，纽约州，布法罗，布法罗板球俱乐部

约翰·马克德蒙特	74	75	74	71	294
汤姆·马克纳马拉	74	80	73	69	296
迈克·布莱迪	72	75	73	79	299
艾利克斯·史密斯	77	70	77	75	299

1913年，马萨诸塞州，布鲁克林，乡村俱乐部

*弗朗西斯·奥梅特	77	74	74	79	304
哈瑞·沃顿	75	72	78	79	304
泰德·瑞	79	70	76	79	304

1914年，伊利诺伊州，蓝岛，米德洛西安

沃特·哈根	68	74	75	73	290
小查尔斯·艾凡斯	76	74	71	70	291
弗雷德·麦克劳德	78	73	75	71	297
乔治·萨金特	74	77	74	72	297

1915年，新泽西州，斯普林菲尔德，巴特斯罗高尔夫俱乐部

杰罗米·D·特拉弗斯	76	72	73	76	297
汤姆·马克纳马	78	71	74	75	298
鲍勃·麦克唐纳德	72	77	73	78	300

1916年，明尼苏达州，明尼阿波斯，明尼可达俱乐部

小查尔斯·艾凡斯	70	69	74	73	286
乔克·胡奇森	73	75	72	68	288
吉姆·巴恩斯	71	74	71	74	290

1917-1918年，第一次世界大战，未举行赛事

1919年，马萨诸塞州，西纽顿，布莱溪乡村俱乐部

*沃特·哈根	78	73	75	75	301
迈克·布莱迪	74	74	73	80	301
乔克·胡奇森	78	76	76	76	306
汤姆·马克纳马拉	80	73	79	74	306

1920年，俄亥俄州，托莱多，因弗内斯俱乐部

爱德华·瑞	74	73	73	75	295
老杰克·伯克	75	77	72	72	296
雷欧·迪亚哥	71	74	73	77	296
乔克·胡奇森	69	76	74	77	296
哈瑞·沃顿	74	73	71	78	296

1921年，马里兰州，切维蔡斯，哥伦比亚乡村俱乐部

詹姆斯·M·巴恩斯	69	75	73	72	289
沃特·哈根	79	73	72	74	289
弗雷德·麦克劳德	74	74	76	74	298

1922年，伊利诺伊州，俄勒冈，斯科基

吉恩·萨拉曾	72	73	75	68	288
约翰·布莱克	71	71	75	68	289
波比·琼斯	74	72	70	73	289

1923年，纽约州，因伍德，因伍德乡村俱乐部

*波比·琼斯	71	73	76	76	296
波比·克鲁克山克	73	72	78	73	296
乔克·胡奇森	70	72	82	78	302

1924年，密歇根州，奥克兰丘乡村俱乐部

希尔·沃克	74	74	74	75	297
波比·琼斯	74	73	75	78	300
比尔·麦洪	72	75	76	78	301

1925年，马萨诸塞州，伍斯特，伍斯特乡村俱乐部

*威廉·麦克法兰	74	67	72	78	291
波比·琼斯	77	70	70	74	291
约翰尼·法雷尔	71	74	69	78	292
弗朗西斯·威马	70	73	73	76	292

1926年，俄亥俄州，哥伦比亚，赛欧托乡村俱乐部

约翰尼·法雷尔	76	79	69	73	297
乔·特里萨	71	74	72	77	294
雷欧·迪亚哥	72	76	75	74	297
约翰尼·法雷尔	76	79	69	73	297
吉恩·萨拉曾	78	77	72	70	297

1927年，宾夕法尼亚州，奥克蒙特，奥克蒙特乡村俱乐部

*汤米·阿默	78	71	76	76	301
哈瑞·库珀	74	76	74	77	301
吉恩·萨拉曾	74	74	80	74	302

1928年，伊利诺伊州，马特森，奥林匹亚田野乡村俱乐部

*约翰尼·法雷尔	77	74	71	72	294
约翰尼·法雷尔	73	71	73	77	294
罗纳德·汉考克	74	77	72	72	295

1929年，纽约州，马马洛内克，翼脚高尔夫俱乐部

*小罗伯特·T·琼斯	69	75	71	79	294
艾尔·埃斯皮诺萨	70	72	77	75	294
吉恩·萨拉曾	71	71	76	78	296
丹尼·舒特	73	71	76	76	296

1930年，明尼苏达州，明尼阿波利斯，因特拉肯乡村俱乐部

小罗伯特·T·琼斯	71	73	68	75	287
麦克唐纳德·史密斯	70	75	74	70	289
霍顿·史密斯	72	70	76	74	292

1931年，俄亥俄州，托莱多，因弗内斯俱乐部

*比利·伯克	73	72	74	73	292
乔治·冯·奥姆	75	69	73	75	292
雷欧·迪亚哥	72	76	75	74	297

1932年，纽约州，法拉盛，鲜草地乡村俱乐部

吉恩·萨拉曾	74	76	70	66	286
波比·克鲁克山克	78	74	69	68	289
菲尔·帕金斯	76	69	74	70	289

1933年，伊利诺伊州，格伦维尤，北岸高尔夫俱乐部

约翰·古德曼	75	66	70	76	287
拉尔夫·古德赫	76	71	70	71	288
克雷格·伍德	73	74	71	72	290

1934年，宾夕法尼亚州，阿德摩尔，梅里恩高尔夫俱乐部

奥林·杜特拉	76	74	71	72	293
吉恩·萨拉曾	73	72	73	76	294
哈瑞·库珀	76	74	74	71	295
威非·考克斯	71	75	74	75	295
波比·克鲁克山克	71	71	77	76	295

1935年，宾夕法尼亚州，奥克蒙特，奥克蒙特乡村俱乐部

小桑姆·帕克斯	77	73	73	76	299
吉米·汤普森	73	73	77	78	301
沃特·哈根	77	76	73	76	302

1936年，新泽西州，斯普林菲尔德，巴特斯罗高尔夫俱乐部

托尼·马利龙	73	69	73	67	282
哈瑞·库珀	71	70	70	73	284
克拉伦斯·克拉克	69	75	71	72	287

1937年，密歇根州，奥克兰丘乡村俱乐部

拉尔夫·古德赫	71	69	72	69	281
桑姆·史尼德	69	73	70	71	285
波比·克鲁克山克	73	73	67	72	285

1938年，科罗拉多州，伊格伍德，樱桃山乡村俱乐部

拉尔夫·古德赫	74	70	71	69	284
迪克·麦兹	73	68	70	79	290
哈瑞·库珀	76	69	76	71	292
托尼·潘纳	78	72	74	68	292

1939年，宾夕法尼亚州，西肯肖霍肯，宾夕法尼亚乡村俱乐部

*拜伦·纳尔逊	72	73	71	68	284
克雷格·伍德	70	71	71	72	284
丹尼·舒特	70	72	70	72	284

1940年，俄亥俄州，克利夫兰，坎特伯利高尔夫俱乐部

*罗森·利特	72	69	73	73	287
吉恩·萨拉曾	71	74	70	72	287
霍顿·史密斯	69	72	78	69	288

1941年，德克萨斯州，福特沃斯，殖民地乡村俱乐部

克雷格·伍德	73	71	70	70	284
丹尼·舒特	69	75	72	71	287
约翰尼·布勒	75	71	72	71	289
本·侯根	74	77	68	70	289

1942-1945年，第二次世界大战，未举行赛事

1946年，俄亥俄州，克利夫兰，坎特伯利高尔夫俱乐部

*洛尹德·曼光	74	70	68	72	284
维克·格兹	71	69	72	72	284
拜伦·纳尔逊	71	71	69	73	284

1947年，密苏里州，克莱顿，路易斯乡村俱乐部

*卢·沃希姆	70	70	71	71	282
桑姆·史尼德	72	70	70	70	282
波比·洛克	68	74	70	73	285
艾德·奥利弗	73	70	71	71	285

1948年，加利福尼亚州，洛杉矶，里维埃拉乡村俱乐部

本·侯根	67	72	68	69	276
吉米·德马雷特	71	70	68	69	278
吉姆·特里萨	71	69	70	70	280

1949年，伊利诺伊州，梅地那，梅地那乡村俱乐部

卡里·米德尔科夫	75	67	69	75	286
克莱顿·希夫内尔	72	71	71	73	287
桑姆·史尼德	73	73	71	70	287

1950年，宾夕法尼亚州，阿德摩尔，梅里恩高尔夫俱乐部

*本·侯根	72	69	72	74	287
洛尹德·曼光	72	69	69	76	287
乔治·法齐奥	73	72	72	70	287

1951年，明尼苏达州，布隆菲尔德山，奥克兰丘

本·侯根	76	75	71	67	287
克莱顿·希夫内尔	72	75	73	69	289
波比·洛克	73	71	74	73	291

1952年，德克萨斯州，达拉斯，诺斯伍德俱乐部

朱里斯·博罗斯	71	71	68	71	281
艾德·奥利弗	71	72	70	72	285
本·侯根	69	69	74	74	286

1953年，宾夕法尼亚州，奥克蒙特，奥克蒙特乡村俱乐部

本·侯根	67	72	73	71	283
桑姆·史尼德	72	69	72	76	289
洛尹德·曼光	72	70	74	75	292

1954年，新泽西州，斯普林菲尔德，巴特斯罗高尔夫俱乐部

艾德·福格尔	71	70	71	72	284
吉恩·利特	70	69	76	70	285
洛尹德·曼光	72	71	72	71	286
迪克·梅尔	72	71	70	73	286

1955年，加利福尼亚州，圣弗朗斯西科，奥林匹克俱乐部

*杰克·弗莱克	76	69	75	67	287
本·侯根	72	73	72	70	287
汤姆·保尔特	67	77	75	73	292
桑姆·史尼德	79	69	70	74	292

1956年，纽约州，罗切斯特，橡树山乡村俱乐部

卡里·米德尔科夫	71	70	70	70	281
朱里斯·博罗斯	71	71	71	69	282
本·侯根	72	73	72	70	282

1957年，俄亥俄州，托莱多，因弗内斯俱乐部

*迪克·梅尔	70	68	74	70	282
卡里·米德尔科夫	71	70	70	70	281
吉米·德马雷特	68	73	70	72	293

1958年，俄克拉荷马州，突沙市，南山乡村俱乐部

汤姆·保尔特	71	71	69	72	283
盖瑞·普莱尔	75	68	73	71	287
朱里斯·博罗斯	71	75	72	71	289

1959年，纽约州，马马洛内克，翼脚高尔夫俱乐部

小比尔·贾斯伯	70	68	69	74	282
鲍勃·罗斯伯格	75	70	67	71	283
克劳德·哈蒙	72	70	70	71	284
迈克·索查克	71	70	72	71	284

1960年，科罗拉多州，伊格伍德，樱桃山乡村俱乐部

阿诺德·帕默	72	71	72	65	280
杰克·尼克劳斯	71	71	69	71	282
朱里斯·博罗斯	73	69	68	73	283
道·芬斯特沃德	71	69	70	73	283
杰克·弗勒克	70	70	72	71	283
杜齐·哈里森	74	70	70	69	283
泰德·科罗尔	72	69	75	67	283
迈克·索查克	68	67	73	75	283

1961年，密歇根州，奥克兰丘乡村俱乐部

吉恩·利特	73	68	72	68	281
鲍勃·戈比	70	72	69	71	282
道格·桑德斯	72	67	71	72	282

1962年，宾夕法尼亚州，奥克蒙特，奥克蒙特乡村俱乐部

*杰克·尼克劳斯	72	70	72	69	283
阿诺德·帕默	71	68	73	71	283
波比·尼克劳斯	70	72	70	73	285
菲尔·荣格斯	74	70	69	72	285

1963年，马萨诸塞州，布鲁克林，乡村俱乐部

朱里斯·博罗斯	71	74	76	72	293
杰克·卡比特	70	74	76	75	293
阿诺德·帕默	73	68	77	74	293

1964年，哥伦比亚特区，华盛顿，国会乡村俱乐部

肯·范图利	72	70	66	70	278
汤米·雅各布斯	72	64	70	76	282
鲍勃·查尔斯	72	72	71	68	283

1965年，密苏里州，圣路易斯，贝尔瑞夫乡村俱乐部

盖瑞·普莱尔	70	70	71	71	282
克尔·纳哥尔	68	73	72	69	282
弗兰克·比尔德	74	69	70	71	284

1966年，加利福尼亚州，圣弗朗斯西科，奥林匹克俱乐部

*小比尔·贾斯伯	69	68	73	68	278
阿诺德·帕默	71	66	70	71	278
杰克·尼克劳斯	71	71	69	74	285

1967年，新泽西州，斯普林菲尔德，巴特斯罗高尔夫俱乐部

杰克·尼克劳斯	71	67	72	65	275
阿诺德·帕默	69	68	73	69	279
唐·詹纽瑞	69	72	70	70	281

1968年，纽约州，罗切斯特，橡树山乡村俱乐部

李·特维诺	69	68	69	69	275
杰克·尼克劳斯	72	70	70	67	279
伯特·杨西	67	68	70	76	281

1969年，德克萨斯州，休斯顿，冠军球场

奥维利·莫帝	71	70	68	70	281
迪恩·比曼	68	69	73	72	282
奥尔·盖伯格	68	72	72	70	282
鲍勃·罗斯伯格	70	69	72	71	282

1970年，明尼苏达州，查斯卡，黑泽汀国家高尔夫俱乐部

托尼·杰克林	71	70	70	70	281
戴维·黑尔	75	68	71	73	288
鲍勃·查尔斯	76	71	75	67	289
鲍勃·伦	77	72	70	70	289

1971年，宾夕法尼亚州，阿德摩尔，梅里恩高尔夫俱乐部

*李·特维诺	70	72	69	69	280
杰克·尼克劳斯	69	72	68	71	280
吉姆·科伯特	69	69	73	71	282
鲍勃·罗斯伯格	71	72	69	72	282

1972年，加利福尼亚州，圆石滩，圆石滩高尔夫林克斯

杰克·尼克劳斯	71	73	72	74	290
布鲁斯·克莱姆顿	74	70	72	74	293
阿诺德·帕默	77	68	73	76	294

1973年，宾夕法尼亚州，奥克蒙特，奥克蒙特乡村俱乐部

约翰·米勒	71	69	76	63	279
约翰·施利	73	70	67	69	279
汤姆·维斯科普夫	73	69	69	70	281

1974年，纽约州，马马洛内克，翼脚高尔夫俱乐部

黑尔·厄文	73	70	71	73	287
佛瑞斯特·费泽尔	75	70	74	68	287
洛·葛兰姆	71	75	74	70	290
伯特·杨西	76	69	73	72	290

1975年，伊利诺伊州，梅地那，梅地那乡村俱乐部

*洛·葛兰姆	74	72	68	73	287
约翰·马哈菲	73	71	72	71	287
弗兰克·比尔德	74	69	67	78	288
本·克伦肖	70	68	76	74	288
Hale Irwin	74	71	73	70	288
鲍勃·默非	74	73	72	69	288

1976年，佐治亚州，德鲁斯，亚特兰大运动员俱乐部

杰瑞·佩特	71	69	69	68	277
奥尔·盖伯格	70	69	71	69	279
汤姆·维斯科普夫	73	70	68	68	279

1977年，俄克拉荷马州，突沙市，南山乡村俱乐部

休伯特·格林	69	67	72	70	278
洛·葛兰姆	72	71	68	68	279
汤姆·维斯科普夫	71	71	68	71	281

1978年，科罗拉多州，伊格伍德，樱桃山乡村俱乐部

安迪·诺斯	70	70	71	74	285
JC·史尼德	70	72	72	72	286
戴夫·史塔克顿	71	73	70	72	286

1979年，俄亥俄州，托莱多，因弗内斯俱乐部

黑尔·厄文	74	68	67	75	284
杰瑞·佩特	71	74	69	72	286
盖瑞·普莱耶	73	73	72	68	286

1980年，新泽西州，斯普林菲尔德，巴特斯罗高尔夫俱乐部

杰克·尼克劳斯	63	71	70	68	272
青木功	68	68	68	70	274
凯斯·费格斯	66	70	70	70	276
罗恩·海克尔	66	70	69	71	276
汤姆·沃特森	71	68	67	70	276

1981年，宾夕法尼亚州，阿德摩尔，梅里恩高尔夫俱乐部

大卫·格拉汉姆	68	68	70	67	273
乔治·彭斯	69	66	68	73	276
比尔·荣格斯	70	68	69	69	276

1982年，加利福尼亚州，圆石滩，圆石滩高尔夫林克斯

汤姆·沃特森	72	72	68	70	282
杰克·尼克劳斯	74	70	71	69	284
波比·克拉佩特	71	73	72	70	286
丹·波尔	72	74	70	70	286
比尔·荣格斯	70	73	69	74	286

1983年，宾夕法尼亚州，奥克蒙特，奥克蒙特乡村俱乐部

拉瑞·尼尔森	75	73	65	67	280
汤姆·沃特森	72	70	70	69	281
吉尔·诺曼	73	72	70	68	283

1984年，纽约州，马马洛内克，翼脚高尔夫俱乐部

*福兹·佐勒尔	71	66	69	70	276
格雷格·诺曼	70	68	69	69	276
柯蒂斯·斯特兰奇	69	70	74	68	281

1985年，明尼苏达州，布隆菲尔德山，奥克兰丘

安迪·诺斯	70	65	70	74	279
戴夫·巴尔	70	68	70	72	280
陈志忠	65	69	69	77	280
丹尼斯·沃特森	72	65	73	70	280

1986年，纽约州，南汉普敦，辛尼克山高尔夫俱乐部

雷蒙德·弗洛德	75	68	70	66	279
齐普·贝克	75	73	68	65	281
兰尼·沃特金斯	74	70	72	65	281

1987年，加利福尼亚州，圣弗朗西斯科，奥林匹克俱乐部

斯科特·辛普森	71	68	70	68	277
汤姆·沃特森	72	65	71	70	278
赛弗·巴雷斯特罗斯	68	75	68	71	282

1988年，马萨诸塞州，布鲁克林，乡村俱乐部

*柯蒂斯·斯特兰奇	70	67	69	72	278
尼克·法尔多	72	67	68	71	278
马克·欧米拉	71	72	66	71	280
史蒂夫·佩特	72	69	72	67	280

1989年，纽约州，罗切斯特，橡树山乡村俱乐部

柯蒂斯·斯特兰奇	71	64	73	70	278
齐普·贝克	71	69	71	68	279
马克·麦克卡伯尔	70	68	72	69	279
伊恩·伍斯南	70	68	73	68	279

1990年，伊利诺伊州，梅地那，梅地那乡村俱乐部

*黑尔·厄文	69	70	74	67	280
迈克·唐纳德	67	70	72	71	280
比利·瑞·布朗	69	71	69	72	281
尼克·法尔多	72	72	68	68	281

1991年，明尼苏达州，查斯卡，黑泽汀国家高尔夫俱乐部

*佩恩·斯图亚特	67	70	73	72	282
斯考特·辛普森	70	68	72	72	282
弗雷德·卡博斯	70	70	75	70	285
拉瑞·尼尔森	73	72	72	68	285

1992年，加利福尼亚州，圆石滩，圆石滩高尔夫林克斯

汤姆·凯特	71	72	70	72	285
杰夫·斯鲁曼	73	74	69	71	287
科林·蒙哥马利	70	71	77	70	288

1993年，新泽西州，斯普林菲尔德，巴特斯罗高尔夫俱乐部

李·间生	67	67	69	69	272
佩恩·斯图亚特	70	66	68	70	274
保罗·阿辛格	71	68	69	69	277

1994年，宾夕法尼亚州，奥克蒙特，奥克蒙特乡村俱乐部

*厄尼·埃尔斯	69	71	66	73	279
洛伦·罗伯茨	76	69	74	70	279
科林·蒙哥马利	71	65	73	70	279

1995年，纽约州，南汉普敦，辛尼克山高尔夫俱乐部

克雷·帕文	72	69	71	68	280
格雷格·诺曼	68	67	74	73	282
汤姆·雷曼	70	72	67	74	283

1996年，明尼苏达州，布隆菲尔德山，奥克兰丘

史蒂夫·琼斯	74	66	69	69	278
汤姆·雷曼	71	72	65	71	279
戴维斯·拉弗三世	71	69	70	69	279

1997年，马里兰州，贝塞斯达，国会乡村俱乐部

厄尼·埃尔斯	71	67	69	69	276
科林·蒙哥马利	65	76	67	69	277
汤姆·雷曼	67	70	68	75	278

1998年，加利福尼亚州，圣弗朗西斯科，奥林匹克俱乐部

李·间生	73	66	73	68	280
佩恩·斯图亚特	66	71	70	74	281
鲍勃·特维	68	70	73	73	284

1999年，北卡罗来纳州，松林村，松林二号高尔夫俱乐部

佩恩·斯图亚特	68	69	72	70	279
菲尔·米克尔森	67	70	73	70	280
维杰·塞恩	69	70	73	69	281
泰格·伍兹	68	71	72	70	281

2000年，加利福尼亚州，圆石滩，圆石滩高尔夫林克斯

泰格·伍兹	65	69	71	67	272
盖尔·安吉尔·希门尼斯	66	74	76	71	287
厄尼·埃尔斯	74	73	68	72	287
约翰·休斯顿	67	75	76	70	288

2001年，俄克拉荷马州，突沙市，南山乡村俱乐部

雷帝夫·古森	66	70	69	71	276
马克·布鲁克斯	72	64	70	70	276
斯图亚特·辛克	69	69	67	72	277

2002年，纽约州，法明德尔，佩奇州立公园（黑色球场）

泰格·伍兹	67	68	70	72	277
菲尔·米克尔森	67	70	73	70	280
杰夫·马格特	69	73	68	72	282

2003年，伊利诺伊州，奥林匹克田野乡村俱乐部

吉姆·福瑞克	67	66	67	72	272
史蒂芬·勒尼	67	68	68	72	275
肯尼·佩利	72	71	69	67	279
迈克·威尔	73	67	68	71	279

2004年，纽约州，南汉普顿，辛尼克山高尔夫俱乐部

雷帝夫·古森	70	66	69	71	276
菲尔·米克尔森	68	66	73	71	278
杰夫·马格特	68	67	74	72	281

2005年，北卡罗来纳州，松林村，松林二号高尔夫俱乐部

米歇尔·坎贝尔	71	69	71	69	280
泰格·伍兹	70	71	72	69	282
塞尔吉奥·加西亚	71	69	75	70	285
蒂姆·克拉克	76	69	70	70	285
马克·亨斯比	71	68	72	74	285

2006年，纽约州，马马洛内克，翼脚高尔夫俱乐部

杰夫·奥格维	71	70	72	72	285
吉姆·福瑞克	70	72	74	70	286
科林·蒙哥马利	69	71	75	71	286
菲尔·米克尔森	70	73	69	74	286

2007年，宾夕法尼亚州，奥克蒙特，奥克蒙特乡村俱乐部

安吉尔·卡布雷拉	69	71	76	69	285
吉姆·福瑞克	71	75	70	70	286
泰格·伍兹	71	74	69	72	286

美国PGA

（*为延时赛后夺冠）

1916年，纽约州，布朗克斯维尔，希瓦诺伊乡村俱乐部
吉姆·巴恩斯击败麦克法兰，胜出一杆

1919年，纽约州，长岛，工程师乡村俱乐部
吉姆·巴恩斯击败弗雷德·麦克劳德，6&5

1920年，伊利诺伊州，芝加哥，弗劳思莫尔
乔克·胡奇森击败道格拉斯·埃德加，胜出一杆

1921年，纽约州，洛科威，因伍德乡村俱乐部
沃特·哈根击败吉姆·巴恩斯，3&2

1922年，宾夕法尼亚州，奥克蒙特，奥克蒙特乡村俱乐部
吉恩·萨拉曾击败艾米特·弗洛奇，胜出一杆

1923年，纽约州，佩勒姆高尔夫俱乐部
吉恩·萨拉曾击败沃特·哈根，胜出一杆

1924年，纽约州，弗兰奇斯普林
沃特·哈根击败吉姆·巴恩斯，胜出两杆

1925年，伊利诺伊州，奥林匹亚田野乡村俱乐部
沃特·哈根击败比尔·麦洪，6&5

1926年，纽约州，长岛，索尔兹伯里高尔夫俱乐部
沃特·哈根击败雷欧·迪亚哥，5&3

1927年，德克萨斯州，达拉斯，西达克瑞斯特高尔夫俱乐部
沃特·哈根击败乔·特里萨，胜出一杆

1928年，马里兰州，巴尔的摩，五农场乡村俱乐部
雷欧·迪亚哥击败艾尔·埃斯皮诺萨，6&5

1929年，加利福尼亚州，洛杉矶，希尔克莱森特高尔夫俱乐部
雷欧·迪亚哥击败约翰尼·法雷尔，6&4

1930年，纽约州，法拉盛，鲜草地乡村俱乐部
汤米·阿默击败吉恩·萨拉曾，胜出一杆

1931年，罗得岛，罗琼福，瓦讷摩塞特乡村俱乐部
汤米·克里维击败丹尼·舒特，2&1

1932年，明尼苏达州，圣保罗，凯勒高尔夫俱乐部
奥林·杜特拉击败弗兰克·沃什，4&3

1933年，威斯康星州，密尔沃基，兰丘乡村俱乐部
吉恩·萨拉曾击败韦利·格金，5&4

1934年，纽约州，威廉姆维尔，水牛公园俱乐部
保罗·鲁彦击败克雷格·伍德，胜出一杆（38洞赛）

1935年，俄克拉荷马州，俄克拉荷马市，双子山乡村俱乐部
约翰尼·雷奥塔击败汤米·阿默，5&4

1936年，北卡罗来纳州，松林乡村俱乐部
丹尼·舒特击败杰米·汤普森，3&2

1937年，宾夕法尼亚州，阿斯平沃，匹兹伯格田野俱乐部
丹尼·舒特击败哈罗德·麦克斯巴登，胜出一杆

1938年，宾夕法尼亚州，萧尼乡村俱乐部
保罗·鲁彦击败桑姆·史尼德，8&7

1939年，纽约州，法拉盛，珀莫诺科乡村俱乐部
亨利·皮卡德击败拜伦·纳尔逊，胜出一杆（37洞赛）

1940年，宾夕法尼亚州，赫施，赫施乡村俱乐部
拜伦·纳尔逊击败桑姆·史尼德，胜出一杆

1941年，科罗拉多州，丹佛，樱桃山乡村俱乐部
维克·格兹击败桑姆·史尼德，胜出一杆（38洞赛）

1942年，新泽西州，亚特兰大市，海景乡村俱乐部
桑姆·史尼德击败吉姆·特里萨，2&1

1943年，由于第二次世界大战，未举行赛事

1944年，华盛顿州，斯波坎市，马尼托乡村俱乐部
鲍勃·汉米尔顿击败拜伦·纳尔逊，胜出一杆

1945年，俄亥俄州，代顿，梦瑞乡村俱乐部
拜伦·纳尔逊击败桑姆·史尼德，4&3

1946年，俄勒冈州，波特兰市，波特兰高尔夫俱乐部
本·侯根击败埃德·奥利弗，6&4

1947年，密歇根州，底特律，棕榈谷乡村俱乐部
吉姆·费利尔击败奇克·哈伯特，5&4

1948年，密苏里州，圣路易斯，诺斯伍德丘乡村俱乐部
本·侯根击败迈克·特里萨，7&6

1949年，弗吉尼亚州，里士满，赫米达吉乡村俱乐部
桑姆·史尼德击败约翰尼·帕默，3&2

1950年，俄亥俄州，哥伦布，赛欧托乡村俱乐部
查德勒·哈珀击败小亨利·威廉姆斯，4&3

1951年，宾夕法尼亚州，奥克蒙，奥克蒙特乡村俱乐部
桑姆·史尼德击败沃特尔·伯克默，7&6

1952年，美国肯塔基州，路易斯维尔，大泉乡村俱乐部
杰米·特里萨击败奇克·哈伯特，胜出一杆

1953年，迈阿密州，伯明翰，伯明翰高尔夫俱乐部
沃特尔·伯克默击败菲莱斯·托扎，2&1

1954年，明尼苏达州，圣保罗市，凯勒高尔夫俱乐部
奇克·哈伯特击败沃特尔·伯克默，4&3

1955年，密歇根州，诺斯威尔，草地溪乡村俱乐部
道格·福特击败米德尔科夫，4&3

1956年，马萨诸塞州，加顿，蓝山乡村俱乐部高尔夫俱乐部
杰克·波尔克击败泰德·克罗尔，3&2

1957年，俄亥俄州，代顿市，迈阿密谷高尔夫俱乐部
莱昂尼尔·哈特击败道·芬斯特沃德，3&1

1958年，宾夕法尼亚州，哈福镇，兰诺奇乡村俱乐部
道·芬斯特沃德　67　72　67　67　276
比利·贾斯伯　73　67　68　70　278
桑姆·史尼德　73　67　67　73　280

1959年，迈阿密，圣路易斯公园，明尼阿波利斯市
鲍勃·罗斯伯格　71　72　68　66　277
杰瑞·巴博　69　65　71　71　278
道格·桑德斯　72　66　68　72　278

1960年，俄亥俄州，亚克朗市，火石乡村俱乐部
杰·赫伯特　72　67　72　70　281
吉姆·费利尔　71　74　66　71　282
道格·桑德斯　70　71　69　73　283

1961年，伊利诺伊州，奥林匹克田野乡村俱乐部
杰瑞·巴博　69　67　71　70　277
唐·詹纽瑞　72　66　67　72　277
道格·桑德斯　70　68　74　68　280

1962年，宾夕法尼亚州，牛顿广场，亚伦尼米克高尔夫俱乐部
盖瑞·普莱耶　72　67　69　70　278
鲍勃·高比　69　72　71　67　279
乔治·拜尔　69　70　71　71　281
杰克·尼克劳斯　71　75　69　67　281

1963年，德克萨斯州，达拉斯竞技俱乐部
杰克·尼克劳斯　69　73　69　68　279
戴夫·雷根　75　70　67　69　281
布鲁斯·克莱姆顿　70　73　65　74　282

1964年，俄亥俄州，哥伦布市，哥伦布乡村俱乐部
波比·尼克劳斯　64　71　69　67　271
杰克·尼克劳斯　67　73　70　64　274
阿诺德·帕默　68　68　69　69　274

1965年，宾夕法尼亚州，利戈尼尔，桂树谷高尔夫俱乐部
戴夫·马尔	70	69	70	71	280
比利·贾斯伯	70	70	71	71	282
杰克·尼克劳斯	69	70	72	71	282

1966年，俄亥俄州，亚克朗市，火石乡村俱乐部
奥尔·盖伯格	68	72	68	72	280
达德利·威桑	74	72	66	72	284
比利·贾斯伯	73	73	70	70	286

1967年，科罗拉多州，丹佛市，科伦拜恩乡村俱乐部
*唐·詹纽瑞	71	71	71	68	281
唐·马辛格尔	70	75	70	66	281
杰克·尼克劳斯	67	75	69	71	282

1968年，德克萨斯州，圣安东尼奥，胡桃山谷乡村俱乐部
朱里斯·博罗斯	71	71	70	69	281
鲍勃·查尔斯	72	70	70	69	281
阿诺德·帕默	71	69	72	70	282

1969年，俄亥俄州，代顿市，NCR乡村俱乐部
瑞·弗洛德	69	66	67	74	276
盖瑞·普莱尔	71	65	71	70	277
伯特·格林尔	71	68	68	71	279

1970年，俄克拉荷马州，突沙市，南山乡村俱乐部
戴夫·史塔克顿	70	70	66	73	279
鲍勃·墨非	71	73	71	66	281
阿诺德·帕默	70	72	69	70	281

1971年，佛罗里达州，棕榈滩，PGA国家球场
杰克·尼克劳斯	69	69	70	73	281
比利·贾斯伯	71	73	71	68	283
汤米·波尔特	72	74	69	69	284

1972年，明尼苏达州，布隆菲尔德山，奥克兰丘乡村俱乐部
盖瑞·普莱尔	71	71	67	72	281
托米·阿龙	71	71	70	71	283
吉姆·杰姆森	69	72	72	70	283

1973年，俄亥俄州，克利夫兰，坎特伯利高尔夫俱乐部
杰克·尼克劳斯	72	68	68	69	277
布鲁斯·克莱姆顿	71	73	67	70	281
曼森·鲁道夫	69	70	70	73	282
JC 史尼德	71	74	68	69	282
兰尼·沃德金斯	73	69	71	69	282

1974年，北卡罗来纳州，克莱蒙斯，坦格伍德高尔夫俱乐部
李·特维诺	73	66	68	69	276
杰克·尼克劳斯	69	69	70	69	277
波比·柯尔	69	68	71	71	279

1975年，俄亥俄州，亚克朗市，火石乡村俱乐部
杰克·尼克劳斯	70	68	67	71	276
布鲁斯·克莱姆顿	71	63	70	69	278
汤米·维斯科普夫	70	71	70	68	279

1976年，马里兰州，贝塞斯达，国会乡村俱乐部
戴夫·史塔克顿	70	72	69	70	281
瑞·弗洛德	72	68	71	71	282
唐·詹纽瑞	70	69	71	72	282

1977年，加利福尼亚州，圆石滩，圆石滩高尔夫球会
*兰尼·沃德金斯	69	71	72	70	282
吉恩·里特	67	69	69	76	282
杰克·尼克劳斯	69	71	70	73	283

1978年，宾夕法尼亚州，奥克蒙特，奥克蒙特乡村俱乐部
*约翰·马哈菲	75	67	68	66	276
杰瑞·佩特	72	70	66	68	276
汤姆·沃特森	67	69	67	73	276

1979年，明尼苏达州，布隆菲尔德山，奥克兰丘乡村俱乐部
*大卫·格拉汉姆	69	68	70	65	272
本·克伦肖	69	67	69	67	272
莱德·考尔德韦尔	67	70	66	71	274

1980年，纽约州，罗切斯特，橡树山乡村俱乐部
杰克·尼克劳斯	70	69	66	69	274
安迪·宾	72	71	68	70	281
罗恩·海克尔	70	69	69	75	283

1981年，佐治亚州，德鲁斯，亚特兰大竞技俱乐部
拉瑞·尼尔森	70	66	66	71	273
福兹·佐勒尔	70	68	68	71	277
丹·波尔	69	67	73	69	278

1982年，俄克拉荷马州，突沙市，南山乡村俱乐部
瑞·弗洛德	63	69	68	72	272
兰尼·沃德金斯	71	68	69	67	275
弗雷德·卡博斯	67	71	72	66	276
卡尔文·皮特	69	70	68	69	276

1983年，加利福尼亚州，太平洋巴丽萨德斯，里维埃拉乡村俱乐部
哈尔·萨顿	65	66	72	71	274
杰克·尼克劳斯	73	65	71	66	275
彼得·雅克布森	73	70	68	65	276

1984年，阿拉巴马州，伯明翰，沙洲溪乡村俱乐部
李·特维诺	69	68	67	69	273
盖瑞·普莱尔	74	63	69	71	277
兰尼·沃德金斯	68	69	68	72	277

1985年，科罗拉多州，伊格伍德，樱桃山乡村俱乐部
休伯特·格林	67	69	70	72	278
李·特维诺	66	68	75	71	280
安迪·宾	71	70	72	68	281

1986年，俄亥俄州，托莱多，因弗内斯俱乐部
鲍勃·特维	72	70	64	70	276
格雷格·诺曼	65	68	69	76	278
彼得·雅克布森	68	70	70	71	279

1987年，佛罗里达州，棕榈滩，PGA国家球场
*拉瑞·尼尔森	70	72	73	72	287
兰尼·沃德金斯	70	70	74	73	287
斯科特·霍克	74	74	71	69	288

1988年，俄克拉荷马州，埃德蒙德，橡树高尔夫俱乐部
杰夫·斯鲁曼	69	70	68	65	272
保罗·阿辛格	67	66	71	71	275
汤米·中岛	69	68	74	67	278

1989年，伊利诺伊州，霍桑伍德，坎珀尔湖高尔夫俱乐部
佩恩·斯图亚特	74	66	69	67	276
安迪·宾	70	67	74	66	277
迈克·雷德	66	67	70	74	277
柯蒂斯·斯兰奇	70	68	70	69	277

1990年，阿拉巴马州，伯明翰，沙洲溪乡村俱乐部
韦恩·格拉蒂	72	67	72	71	282
弗雷德·卡博斯	69	71	73	72	285
吉尔·摩根	77	72	65	72	286

1991年，印第安纳州，卡梅尔，弯杆高尔夫俱乐部
约翰·达利	69	67	69	76	276
布鲁斯·利兹克	68	69	72	70	279
小吉姆·加拉格尔	70	72	72	67	281

1992年，密苏里州，圣路易斯，贝尔瑞夫乡村俱乐部
尼克·普莱斯	70	70	68	70	278
约翰·库克	71	72	67	71	281
尼克·法尔多	68	70	76	67	281
小吉姆·加拉格尔	72	66	76	67	281
吉恩·索尔斯	67	69	70	75	281

1993年，俄亥俄州，托莱多，因弗内斯俱乐部
*保罗·阿辛格	69	66	69	68	272
格雷格·诺曼	68	68	67	69	272
尼克·法尔多	68	68	69	68	274

1994年，俄克拉荷马州，突沙市，南山乡村俱乐部
尼克·普莱斯	67	65	70	67	269
克雷·帕文	70	67	69	69	275
菲尔·米克尔森	68	71	67	70	276

1995年，加利福尼亚州，太平洋巴丽萨德斯，里维埃拉乡村俱乐部
*史提夫·埃尔金顿	68	67	68	64	267
科林·蒙哥马利	68	65	66	72	269
杰夫·马格特	66	69	65	69	269

1996年，肯塔基州，路易斯维尔，瓦哈拉高尔夫俱乐部
*马克·布鲁克斯	68	70	69	70	277
肯尼·派瑞	66	72	71	68	277
史提夫·埃尔金顿	68	67	68	64	267
汤米·托勒斯	69	71	71	67	278

卡夫纳比斯科锦标赛

前身为高露洁黛娜岸赛(Colgate Dinah Shore)
1972-1981；纳比斯科黛娜海岸赛（Nabisco
DiahShore）1982-1999年；纳比斯科锦标赛
（2000-2001年）。加利福尼亚州幻象山庄
（Rancho Mirage）米逊丘乡村俱乐部（Mission
Hills Country）。

1972年
珍·布雷拉克	213（-3）	
卡洛尔·曼恩	216	
朱迪·兰金	216	

1973年
米奇·怀特	284（-4）	
乔西·卡兹米尔斯基	286	

1974年
*乔安·普伦蒂斯	289	
珍·布雷拉克	289	
桑德拉·海莉	289	

1975年
桑德拉·帕默	285（-5）	
凯西·麦可幕兰	284	

1976年
朱迪·兰金	285（-3）	
贝蒂·布芬特	288	

1977年
凯西·维特沃斯	289（+1）	
乔安妮·卡娜	290	
莎莉·利特	290	

1978年
*桑德拉·普斯特	283（-5）	
潘妮·普兹	283	

1979年
*桑德拉·普斯特	276（-12）	
南茜·洛佩兹	277	

1980年
多娜·卡波尼	275(-13)	
艾米·奥尔科特	277	

1981年
南茜·洛佩兹	277（-11）	
卡洛琳·希尔	279	

1982年
萨莉·利特	278（-10）	
赫里斯·斯塔西	281	
桑德拉·海莉	281	

1983年
艾米·奥尔科特	282（-6）	
贝斯·丹尼尔	284	
凯西·维特沃斯	284	

1984年
*朱莉·尹柯斯特	280（-8）	
派特·布拉德利	280	

1985年
爱丽丝·米勒	275（-15）	
简·史蒂芬森	278	

1986年
派特·布拉德利	280（-8）	
沃尔·斯金纳	282	

1987年
*贝蒂·金	283（-5）	
帕蒂·希汉	283	

1988年
艾米·奥尔科特	274（-14）	
科琳·沃克	276	

1989年
朱莉·尹柯斯特	279（-9）	
泰米·格林	284	
乔安妮·卡娜	284	

1990年
派兹·金	283（-5）	
凯西·波兹维特	285	
雪莉·福隆	285	

1991年
艾米·奥尔科特	273（-15）	
多蒂·莫奇丽	281	

1992年
*多蒂·莫奇丽	279（-9）	
Juli Inkster	279	

1997年, 纽约州, 马马洛内克, 翼脚高尔夫俱乐部
戴维斯·拉弗	66	71	66	66	269
贾斯汀·里奥纳多	68	70	65	71	274
杰夫·马格特	69	69	73	65	276

1998年, 华盛顿州, 雷德蒙德, 萨哈利乡村俱乐部
维杰·塞恩	70	66	67	68	271
斯蒂夫·史翠克	69	68	66	70	273
史提夫·埃尔金顿	69	69	69	67	274

1999年, 伊利诺伊州, 梅地那, 梅地那乡村俱乐部
泰格·伍兹	70	67	68	72	277
塞尔吉奥·加西亚	66	73	68	71	278
斯图亚特·辛克	69	70	68	73	280

2000年, 肯塔基州, 路易斯维尔, 瓦哈拉高尔夫俱乐部
*泰格·伍兹	66	67	70	67	270
鲍勃·梅	72	66	66	66	270
托马斯·比约恩	72	68	67	68	275

2001年, 佐治亚州, 德鲁斯, 亚特兰大竞技俱乐部
大卫·汤姆斯	66	65	65	69	265
菲尔·尼克尔森	66	66	66	68	266
斯蒂大·劳维利	67	67	66	68	268

2002年, 明尼苏达州, 查斯卡, 黑泽汀国家高尔夫俱乐部
里奇·毕姆	72	66	72	68	278
泰格·伍兹	71	69	72	67	279
克里斯·莱利	71	70	72	70	283

2003年, 纽约州, 罗切斯特市, 橡树山乡村俱乐部
肖恩·米歇尔	69	68	69	70	276
查德·坎贝尔	69	72	65	72	278
蒂莫西·克拉克	72	70	68	69	279

2004年, 威斯康星州, 科勒, 呼啸峡
*维杰·塞恩	67	68	69	76	280
克里斯·迪马科	68	70	71	71	280
贾斯汀·里奥纳多	66	69	70	75	280

2005年, 新泽西州, 斯普林菲尔德, 巴特斯罗高尔夫俱乐部
菲尔·尼克尔森	67	65	72	72	276
汤姆斯·比约恩	71	71	63	72	277
史提夫·埃尔金顿	68	70	68	71	277

2006年, 伊利诺伊州, 梅地那, 梅地那乡村俱乐部
泰格·伍兹	69	68	65	68	270
肖恩·米歇尔	69	70	67	69	275
卢克·唐纳德	68	68	66	74	276
塞尔吉奥·加西亚	69	70	67	70	276
亚当·斯哥特	71	69	69	67	276

1993年
海伦·阿尔夫莱德森　284（-4）
艾米·本兹　286
蒂娜·巴利特　286

1994年
多娜·安德鲁斯　276（-12）
劳拉·戴维斯　277

1995年
南希·博文　255（-3）
苏希·雷德曼　286

1996年
帕蒂·希汉　281（-7）
凯利·罗宾森　282
梅格·马龙　282
安妮卡·索伦斯坦　282

1997年
派兹·金　276（-12）
克丽丝·切特尔　278

1998年
派特·赫斯特　281（-7）
海伦·多布森　282

1999年
多蒂·派珀　269（-19）
梅格·马龙　275

2000年
凯莉·韦伯　274（-14）
多蒂·派珀　269（-19）

2001年
安妮卡·索伦斯坦　281（-7）
凯莉·韦伯　284
詹尼斯·莫迪　284
多蒂·派珀　284
福岛晃子　284
瑞秋·泰斯克　284

2002年
安妮卡·索伦斯坦　280（-8）
莉斯拉特·内曼　281

2003年
帕翠卡·莫尼尔·莱伯和　281（-7）
安妮卡·索伦斯坦　282

2004年
格蕾丝·帕克　277（-11）
艾瑞·桑　278

2005年
安妮卡·索伦斯坦　273（-15）
罗斯·琼斯　281

2006年
*凯利·韦伯　279（-9）
劳瑞娜·奥查娅　279

2007年
摩根·普莱索尔　285（-3）
卡莉娜·马修　286
布丽塔尼·里尼克尔　286

麦当劳女子PGA锦标赛

前身为女子PGA锦标赛，1955-1986；马自达女子PGA锦标赛，1987-1993；麦当劳女子PGA锦标赛，1994-2000；AIG（美国国际集团）承办的麦当劳女子PGA锦标赛。

1955年
Orchard Ridge, CC, Ft Wayne, IN
++贝弗莉·汉森　220　4&3
鲁西·萨格斯　223

1956年
迈阿密，底特律，森林湖乡村俱乐部
*马勒尼·海格　291
帕蒂·伯格　291

1957年
宾夕法尼亚州，匹兹堡，丘吉尔谷
路易斯·萨格斯　285
薇菲·史密斯　288

1958年
宾夕法尼亚州，匹兹堡，丘吉尔谷
米奇·怀特　288
菲伊·克罗克尔　294

1959年
印第安纳州，弗伦奇力克，谢瑞顿酒店乡村俱乐部
贝特西·罗尔丝　288
帕蒂·伯格　289

1960年
印第安纳州，弗伦奇力克，谢瑞顿酒店乡村俱乐部
米奇·怀特　292
路易斯·萨格斯　295

1961年
内华达州，拉斯维加斯，星尘乡村俱乐部
米奇·怀特　287
路易斯·萨格斯　296

1962年
内华达州，拉斯维加斯，星尘乡村俱乐部
朱迪·金博尔　282
夏利·斯珀克　286

1963年
内华达州, 拉斯维加斯, 星尘乡村俱乐部
米奇·怀特　　　　294（+10）
玛丽·莱娜·福克　　296
玛丽·米尔斯　　　　296
路易斯·萨格斯　　　296

1964年
内华达州, 拉斯维加斯, 星尘乡村俱乐部
玛丽·米尔斯　　　　278（-6）
米奇·怀特　　　　　280

1965年
内华达州, 拉斯维加斯, 星尘乡村俱乐部
桑德拉·海莉　　　　279（-5）
克里福德·A·科瑞德　280

1966年
内华达州, 拉斯维加斯, 星尘乡村俱乐部
歌利亚·埃雷特　　　282（-2）
米奇·怀特　　　　　285

1967年
马萨诸塞州, 萨顿, 欢乐谷乡村俱乐部
凯西·维特沃斯　　　284（-8）
夏利·英格霍尔　　　285

1968年
马萨诸塞州, 萨顿, 欢乐谷乡村俱乐部
＋桑德拉·普斯特　294（+2）
凯西·维特沃斯　　　294

1969年
纽约州, 开米希亚湖, 康考德高尔夫俱乐部
贝特西·罗尔丝　　　293（+1）
苏希·博尔宁　　　　297
卡洛尔·曼恩　　　　297

1970年
马萨诸塞州, 萨顿, 欢乐谷乡村俱乐部
*夏利·英格霍尔　285（-7）
凯西·维特沃斯　　　285

1971年
马萨诸塞州, 萨顿, 欢乐谷乡村俱乐部
凯西·维特沃斯　　　288（-4）
凯西·艾亨　　　　　292

1972年
马萨诸塞州, 萨顿, 欢乐谷乡村俱乐部
凯西·艾亨　　　　　292
简·布莱洛克　　　　299

1973年
马萨诸塞州, 萨顿, 欢乐谷乡村俱乐部
玛丽·米尔斯　　　　288（-4）
贝蒂·布尔芬特　　　289

1974年
马萨诸塞州, 萨顿, 欢乐谷乡村俱乐部
桑德拉·海莉　　　　288（-4）
乔安·卡内　　　　　290

1975年
马里兰州, 巴尔的摩, 青松岭高尔夫俱乐部
凯西·维特沃斯　　　288
桑德拉·海莉　　　　289

1976年
马里兰州, 巴尔的摩, 青松岭高尔夫俱乐部
贝蒂·布尔芬特　　　287
朱迪·兰金　　　　　288

1977年
南卡罗来纳州, 美特尔海滩, 湾树高尔夫种植园
樋口久子　　　　　　279（-9）
派特·布莱德利　　　282
桑德拉·普斯特　　　282
朱迪·兰金　　　　　282

1978年
俄亥俄州, 金斯岛, 杰克·尼克劳斯高尔夫中心
南希·洛佩兹　　　　275（-13）
艾米·奥尔科特　　　281

1979年
俄亥俄州, 金斯岛, 杰克·尼克劳斯高尔夫中心
多娜·卡波尼　　　　279（-9）
杰瑞林·布里茨　　　282

1980年
俄亥俄州, 金斯岛, 杰克·尼克劳斯高尔夫中心
莎莉·利特　　　　　285（-3）
简·布拉洛克　　　　288

1981年
俄亥俄州, 金斯岛, 杰克·尼克劳斯高尔夫中心
多娜·卡波尼　　　　280（-8）
杰瑞林·布里茨　　　281
派特·梅尔斯　　　　281

1982年
俄亥俄州, 金斯岛, 杰克·尼克劳斯高尔夫中心
简·史蒂芬森　　　　279（-9）
乔安·卡内　　　　　281

1983年
俄亥俄州, 金斯岛, 杰克·尼克劳斯高尔夫中心
帕蒂·希汉　　　　　279（-9）
桑德拉·海莉　　　　281

1984年
俄亥俄州, 金斯岛, 杰克·尼克劳斯高尔夫中心
帕蒂·希汉　　　　　272（-16）
贝斯·丹尼尔　　　　282
派特·布莱德利　　　282

1985年
俄亥俄州, 金斯岛, 杰克·尼克劳斯高尔夫中心
南希·洛佩兹　　　　273（-15）
爱丽丝·米勒　　　　281

1986年
俄亥俄州, 金斯岛, 杰克·尼克劳斯高尔夫中心
派特·布莱德利　　　277（-11）
帕蒂·希汉　　　　　278

1987年
俄亥俄州, 金斯岛, 杰克·尼克劳斯高尔夫中心
简·格蒂斯　　　　　275（-13）
贝特西·金　　　　　276

1988年
俄亥俄州, 金斯岛, 杰克·尼克劳斯高尔夫中心
雪莉·特纳　　　　　281（-7）
艾米·奥尔科特　　　281

1989年
俄亥俄州, 金斯岛, 杰克·尼克劳斯高尔夫中心
南希·洛佩兹　　　　274（-14）
刚本绫子　　　　　　277

1990年
马里兰州, 贝塞斯达, 贝塞斯达乡村俱乐部
贝斯·丹尼尔　　　　280（-4）
罗斯·琼斯　　　　　281

1991年
马里兰州, 贝塞斯达, 贝塞斯达乡村俱乐部
梅格·马龙　　　　　274（-10）
派特·布莱德利　　　275
刚本绫子　　　　　　275

1992年
马里兰州, 贝塞斯达, 贝塞斯达乡村俱乐部
贝特西·金　　　　　267
乔安·卡内　　　　　278
卡伦·诺贝尔　　　　278
赖斯洛特·纽曼　　　278

1993年

马里兰州, 贝塞斯达, 贝塞斯达乡村俱乐部

帕蒂·希汉	275(-9)
劳莉·默顿	276

1994年

特拉华州, 惠灵顿, 杜邦乡村俱乐部

劳拉·戴维斯	279(-5)
爱丽丝·里兹曼	280

1995年

特拉华州, 惠灵顿, 杜邦乡村俱乐部

凯利·罗宾森	274(-10)
劳拉·戴维斯	280

1996年

特拉华州, 惠灵顿, 杜邦乡村俱乐部

劳拉·戴维斯	213(E)
朱莉·皮尔斯	214

1997年

特拉华州, 惠灵顿, 杜邦乡村俱乐部

*克丽丝·约翰逊	281(-3)
丽塔·林德利	281

1998年

特拉华州, 惠灵顿, 杜邦乡村俱乐部

朴世莉	273(-11)
多娜·安德鲁斯	276
丽萨·海克尼	276

1999年

特拉华州, 惠灵顿, 杜邦乡村俱乐部

朱莉·尹柯斯特	268
赖斯洛特·纽曼	272

2000年

特拉华州, 惠灵顿, 杜邦乡村俱乐部

*朱莉·尹柯斯特	281(-3)
斯特凡·克罗齐	281

2001年

特拉华州, 惠灵顿, 杜邦乡村俱乐部

凯利·韦伯	270(-14)
劳拉·戴兹	272

2002年

特拉华州, 惠灵顿, 杜邦乡村俱乐部

朴世莉	279(-5)
贝斯·丹尼尔	282

2003年

特拉华州, 惠灵顿, 杜邦乡村俱乐部

*安妮卡·索伦斯坦	278(-6)
格蕾丝·帕克	278

2004年

特拉华州, 惠灵顿, 杜邦乡村俱乐部

安妮卡·索伦斯坦	271(-13)
安诗璇	274

2005年

马里兰州, 哈佛德格雷斯, 布勒岩石高尔夫俱乐部

安妮卡·索伦斯坦	277(-11)
魏圣美	280

2006年

马里兰州, 哈佛德格雷斯, 布勒岩石高尔夫俱乐部

*朴世莉	280(-8)
凯利·韦伯	280

2007年

马里兰州, 哈佛德格雷斯, 布勒岩石高尔夫俱乐部

苏珊·佩特森	274(-14)
凯利·韦伯	275

美国女子公开赛

1946年

华盛顿州, 斯波坎市, 斯波坎乡村俱乐部

++帕蒂·伯格	5&4
贝蒂·詹姆森	

1947年

北卡罗来纳州, 格林斯博罗, 斯塔蒙特森林乡村俱乐部

贝蒂·詹姆森	295
(a)萨莉·赛森斯	301
(a)波莉·瑞利	301

1948年

新泽西州, 诺斯菲尔德, 大西洋城乡村俱乐部

贝贝·萨哈蕾亚斯	300
贝蒂·希克斯	308

1949年

马里兰州, 兰德欧弗, 乔治王子乡村俱乐部

路易丝·萨格斯	291
贝贝·萨哈蕾亚斯	305

1950年

堪萨斯州, 维查, 绵延山乡村俱乐部

贝贝·萨哈蕾亚斯	291
(a)贝特西·罗尔丝	300

1951年

佐治亚州亚特兰大德鲁伊山高尔夫俱乐部/球场

贝特西·罗尔丝	293
路易丝·萨格斯	298

1952年

宾夕法尼亚州, 费城, 巴拉高尔夫俱乐部/球场

路易丝·萨格斯	284
玛罗琳·哈吉	291
贝蒂·詹姆森	291

1953年

纽约州, 罗切斯特, 罗切斯特乡村俱乐部

+贝特西·罗尔丝	302	70
杰姬·庞	302	77

1954年

马萨诸塞州, 皮博迪, 沙龙乡村俱乐部

贝贝·萨哈蕾亚斯	291
贝蒂·希克斯	303

1955年
堪萨斯州, 维查, 维查乡村俱乐部
费伊·克罗克　299
玛丽·莱娜·福克　303
路易丝·萨格斯　303

1956年
明尼苏达州, 德鲁斯, 北陆乡村俱乐部
＋凯西·科尼利斯　302　75
芭芭拉·麦克因泰尔　302　82

1957年
纽约州, 马马洛内克, 翼脚高尔夫俱乐部
贝特西·罗尔丝　299
帕蒂·伯格　305

1958年
密歇根州, 底特律, 森林湖乡村俱乐部
米奇·怀特　290
路易斯·萨格斯　295

1959年
宾夕法尼亚州, 匹兹堡, 丘吉尔乡村俱乐部
米奇·怀特　287
路易斯·萨格斯　299

1960年
马萨诸塞州, 伍斯特, 伍斯特乡村俱乐部
贝特西·罗尔丝　299
乔伊斯·伊斯克　293

1961年
新泽西州, 斯普林菲尔德, 巴特斯罗高尔夫大俱乐部
米奇·怀特　293
贝特西·罗尔丝　299

1962年
南卡罗来纳州, 美特尔海滩, 沙丘高尔夫俱乐部
穆尔勒·布瑞尔　301
乔·安·普伦蒂斯　303
露丝·杰森　303

1963年
俄亥俄州, 辛辛那提, 肯伍德乡村俱乐部
玛丽·米尔斯　289(-3)
桑德拉·海莉　292
路易斯·萨格斯　292

1964年
加利福尼亚州, 丘拉维斯塔, 圣迭戈乡村俱乐部
＋米奇·怀特　290(-2) 70
露丝·杰森　290　72

1965年
新泽西州, 诺斯菲尔德, 大西洋城乡村俱乐部
卡洛尔·曼恩　290(+2)
凯茜·科内里乌斯　292

1966年
明尼苏达州, 明尼阿波利斯市, 黑泽汀高尔夫俱乐部
桑德拉·斯普兹克　297(+9)
卡洛尔·曼恩　298

1967年
弗吉尼亚州, 热泉, 热泉高尔夫&网球俱乐部
(a)凯瑟琳·瑟琳·玛兰蒂诺
苏希·伯宁　296
贝斯·斯通　296

1968年
宾夕法尼亚州, 弗利伍德, 姆斯兰姆泉高尔夫俱乐部
苏希·伯宁　289(+5)
米奇·怀特　292

1969年
佛罗里达州, 彭萨科拉, 斯尼克山
多娜·卡珀尼　294(+2)
佩吉·威尔森　295

1970年
俄克拉荷马州, 马斯科吉, 马斯科吉乡村俱乐部
多娜·卡珀尼　287(+3)
桑德拉·海莉　288
桑德拉·斯普兹克　288

1971年
宾夕法尼亚州, 伊利, 卡瓦乡村俱乐部
乔安·卡内　288
凯西·惠特沃斯　295

1972年
纽约州, 马马洛内克, 翼脚高尔夫俱乐部
苏希·伯宁　299(+1)
凯西·艾亨　300
帕姆·巴内特　300
朱迪·兰金　300

1973年
纽约州, 罗切斯特, 罗切斯特乡村俱乐部
苏希·伯宁　299(+1)
歌利亚·埃雷特　295

1974年
伊利诺斯州, 拉格朗日, 拉格朗日乡村俱乐部
桑德拉·海莉　295(+7)
卡洛尔·曼恩　296
贝斯·斯通　296

1975年
新泽西州, 诺斯菲尔德, 大西洋城乡村俱乐部
桑德拉·帕默　295(+7)
乔安·卡内　290
萨莉·利特　290

1979年
康涅狄格州, 法尔费尔德, 布鲁克劳恩乡村俱乐部
杰瑞林·布里茨　284(-4)
黛比·玛希　286
桑德拉·帕默　286

1980年
田纳西州, 纳什维尔, 里奇兰乡村俱乐部
艾米·奥尔科特　280(-4)
霍莉丝·斯泰西　289

1981年
伊利诺斯州, 拉格朗日, 拉格朗日乡村俱乐部
派特·布莱德利　279(-9)
贝斯·丹尼尔　280

1982年
加利福尼亚州, 萨克拉门托, 艾尔帕索乡村俱乐部
珍妮特·安德森　283(-5)
贝斯·丹尼尔　289
桑德拉·海莉　289
多娜·怀特　289
乔安·卡内　289

1983年
俄克拉荷马州, 突沙市, 雪松岭乡村俱乐部
简·史蒂芬森　290(+6)
乔安·卡内　291
帕蒂·希汉　291

1984年
马萨诸塞州, 皮博迪, 塞伦乡村俱乐部
霍莉丝·斯泰西　290(+2)
罗斯·琼斯　291

1985年
新泽西州, 斯普林菲尔德, 巴特斯罗高尔夫俱乐部
凯西·贝克　280(-8)
朱迪·迪金森　283

1986年
俄亥俄州, 代顿, NCR高尔夫俱乐部
+简·格蒂斯　　　　287 (-1) 71
莎莉·利特　　　　　287　73

1987年
新泽西州, 平原镇, 平原镇乡村俱乐部
+劳拉·戴维斯　　　285 (-3) 71
刚本绫子　　　　　285　73
乔安·卡内　　　　　285　74

1988年
马里兰州, 巴尔的摩, 巴尔的摩乡村俱乐部
莉斯拉特·内曼　　　277 (-7)
帕蒂·希汉　　　　　280

1989年
密歇根州, 奥伦湖, 印第安林高尔夫&乡村俱乐部
派兹·金　　　　　　278 (-4)
南希·洛佩兹　　　　282

1990年
佐治亚州, 德鲁斯, 亚特兰大竞技俱乐部
派兹·金　　　　　　284 (-4)
帕蒂·希汉　　　　　285

1991年
德克萨斯州, 福特沃斯, 殖民地乡村俱乐部
梅格·马龙　　　　　283
派特·布莱德利　　　285

1992年
宾夕法尼亚州, 奥克蒙特, 奥克蒙特乡村俱乐部
+帕蒂·希汉　　　　280 (-4) 72
朱莉·尹柯斯特　　　280　74

1993年
印第安纳州, 卡梅尔, 弯杆高尔夫俱乐部
劳莉·默顿　　　　　280 (-8)
多娜·安德鲁斯　　　281
海伦·阿尔夫莱德森　281

1994年
密歇根州, 奥伦湖, 印第安林高尔夫&乡村俱乐部
帕蒂·希汉　　　　　280
泰米·格林　　　　　278

1995年
科罗拉多州, 布罗德摩尔科罗拉多泉
安妮卡·索伦斯坦　　273
梅格·马龙　　　　　279

1996年
北卡罗来纳州, 南杉, 松针屋高尔夫俱乐部
安妮卡·索伦斯坦　　272 (-8)
克里斯·萨特　　　　278

1997年
俄勒冈州, 柯尼勒斯, 南瓜脊高尔夫俱乐部
埃里森·尼克劳斯　　274 (-10)
南希·洛佩兹　　　　275

1998年
威斯康星州, 科勒, 黑狼高尔夫度假村
+*朴世莉　　　　　290 (+6) 73
(a)珍妮·乔斯里朋　290　73

1999年
密西西比州, 西点, 古老韦弗利高尔夫俱乐部
朱莉·恩克斯特　　　272 (-16)
雪莉·特纳　　　　　277

2000年
伊利诺伊州, 自由镇, 荣誉俱乐部
凯利·韦伯　　　　　282 (-6)
梅格·马龙　　　　　287
克里斯汀·柯尔　　　287

2001年
北卡罗来纳州, 南杉, 松针屋高尔夫俱乐部
凯利·韦伯　　　　　273 (-7)
朴世莉　　　　　　　281

2002年
堪萨斯州, 哈金森, 美国草原沙丘乡村俱乐部
朱莉·恩克斯特　　　276 (-4)
安妮卡·索伦斯坦　　278

2003年
俄勒冈州, 柯尼勒斯, 南瓜脊高尔夫俱乐部
+希拉里·伦克　　　283　(-1) 70
安吉拉·斯坦福特　　283　71
凯利·罗宾森　　　　283　73

2004年
马萨诸塞州, 南哈德利, 果园高尔夫俱乐部
梅格·马龙　　　　　274
安妮卡·索伦斯坦　　276

2005年
科罗拉多州, 樱桃山谷, 樱桃山高尔夫球场
金周妍　　　　　　　287
(a)布列塔妮·郎　　289
(a)摩根·普利瑟　　289

2006年
罗得岛, 新港, 新港乡村俱乐部
+安妮卡·索伦斯坦　284　(E) 70
派特·赫斯特　　　　284

2007年
北卡罗来纳州, 南杉, 松针屋高尔夫俱乐部
克里斯汀·柯尔　　　279
安吉拉·帕克　　　　281
劳瑞娜·奥查娅　　　281

英国女子公开赛

1994年
英格兰, 米尔顿凯恩斯, 沃本高尔夫乡村俱乐部
莉斯拉特·内曼　　280(-12)

1995年
英格兰, 米尔顿凯恩斯, 沃本高尔夫乡村俱乐部
凯利·韦伯　　278(-14)

1996年
英格兰, 米尔顿凯恩斯, 沃本高尔夫乡村俱乐部
艾米丽·克莱恩　　277(-15)

1997年
英格兰, 伯克郡, 桑丁戴尔高尔夫俱乐部
凯利·韦伯　　269(-19)

1998年
英格兰, 蓝开夏郡, 皇家兰瑟姆及圣安妮
雪莉·斯坦恩豪尔　　292(+4)

1999年
英格兰, 米尔顿凯恩斯, 沃本高尔夫乡村俱乐部
雪莉·斯坦恩豪尔　　283(-9)

2000年
英格兰, 南港, 皇家伯克戴尔高尔夫俱乐部
索菲·古斯塔夫森　　282(-10)

2001年
英格兰, 伯克郡, 桑丁戴尔高尔夫俱乐部
朴世莉　　277(-11)
金美贤　　279

2002年
苏格兰, 埃尔郡, 爱丽莎球场, 坎伯利球场
凯利·韦伯　　273(-15)
米歇尔·埃利斯　　275
宝拉·马蒂　　275

2003年
英格兰, 蓝开夏郡, 皇家兰瑟姆及圣安妮
安妮卡·索伦斯坦　　278(-10)
朴世莉　　279(-9)

2004年
英格兰, 伯克郡, 桑丁戴尔高尔夫俱乐部
卡伦·斯塔普斯　　269(-19)
拉切尔·特斯科　　274(-14)

2005年
英格兰, 南港, 皇家伯克戴尔高尔夫俱乐部
张晶　　272(-16)
索菲·古斯塔夫森　　276

2006年
英格兰, 蓝开夏郡, 皇家兰瑟姆及圣安妮
雪莉·斯坦恩豪尔　　281(-7)
索菲·古斯塔夫森　　284
克里斯汀·柯尔　　284

2007年
苏格兰, 圣安德鲁斯
劳瑞娜·奥查娅　　287(-5)
玛莉亚·约斯　　291
李智英　　291

索尔海姆杯

年度	地点	欧洲队	美国队
1990	美国佛罗里达州, 诺娜湖	4.5	11.5
1992	苏格兰爱丁堡, 达勒玛豪伊	11.5	6.5
1994	美国西弗吉尼亚, 格林布赖尔	7.0	13.0
1996	威尔士, 圣皮埃尔万豪酒店	11.0	17.0
1998	美国俄亥俄州, 缪菲尔德村高尔夫俱乐部	12.0	16.0
2000	苏格兰, 萝梦湖高尔夫俱乐部	14.5	11.5
2002	美国明尼苏达州, 因特拉肯乡村俱乐部	12.5	15.5
2003	瑞典, 巴斯维克高尔夫乡村俱乐部	17.5	10.5
2005	美国印第安纳州, 弯杆高尔夫俱乐部	12.5	15.5
2007	瑞典哈尔姆斯塔德高尔夫俱乐部	12	16
总计获胜次数		3次	7次

图例
* 平手再赛后获胜　延时赛
+ 18洞延时赛后获胜
++ 配对赛决赛获胜

路宽高尔夫俱乐部
专注健康高尔夫运动

预防高尔夫运动伤害　调理高尔夫运动伤害　延长高尔夫运动生命

原首长保健医主理
垂询电话:18810284351